建筑施工企业管理人员岗位资格培训教材

建筑施工企业管理人员
相关法规知识

（第二版）

建筑施工企业管理人员岗位资格培训教材编委会　组织编写

叶万和　周显峰　王龙飞　主编

中国建筑工业出版社

图书在版编目（CIP）数据

建筑施工企业管理人员相关法规知识/叶万和等主编. —2版. —北京：中国建筑工业出版社，2012.10
（建筑施工企业管理人员岗位资格培训教材）
ISBN 978-7-112-14593-5

Ⅰ.①建… Ⅱ.①叶… Ⅲ.①建筑法-中国-岗位培训-教材 Ⅳ.①D922.297

中国版本图书馆CIP数据核字（2012）第190694号

本书是《建筑施工企业管理人员岗位资格培训教材》之一，为第二版，根据建设部人事教育司审定的建筑企业关键岗位管理人员培训大纲，结合当前建筑施工培训的实际需要进行编写，在编撰过程中，力求使培训教材重点体现科学性、针对性、实用性、前瞻性和注重岗位技能培训的原则。在编写各部分内容时，力求做到理论联系实际，既注重建筑施工工艺的阐述，也注重管理能力的培养，以便学员通过培训达到掌握岗位知识和能力目的。

本书既可作为建筑施工企业对施工员进行短期培训的岗位培训教材，也可作为基层施工管理人员学习参考用书。

* * *

责任编辑：刘 江 张伯熙
责任设计：张 虹
责任校对：张 颖 党 蕾

建筑施工企业管理人员岗位资格培训教材
建筑施工企业管理人员相关法规知识
（第二版）
建筑施工企业管理人员岗位资格培训教材编委会 组织编写
叶万和 周显峰 王龙飞 主编

*

中国建筑工业出版社出版、发行（北京西郊百万庄）
各地新华书店、建筑书店经销
北京红光制版公司制版
北京云浩印刷有限责任公司印刷

*

开本：787×1092毫米 1/16 印张：17½ 字数：576千字
2013年1月第二版 2016年4月第二十二次印刷
定价：**40.00**元
ISBN 978-7-112-14593-5
（22656）

版权所有 翻印必究
如有印装质量问题，可寄本社退换
（邮政编码 100037）

《建筑施工企业管理人员岗位资格培训教材》

编写委员会

(以姓氏笔画排序)

艾伟杰　中国建筑一局（集团）有限公司
冯小川　北京城市建设学校
叶万和　北京市德恒律师事务所
李树栋　北京城建集团有限责任公司
宋林慧　北京城建集团有限责任公司
吴月华　中国建筑一局（集团）有限公司
张立新　北京住总集团有限责任公司
张囡囡　中国建筑一局（集团）有限公司
张俊生　中国建筑一局（集团）有限公司
张胜良　中国建筑一局（集团）有限公司
陈　光　中国建筑一局（集团）有限公司
陈　红　中国建筑一局（集团）有限公司
陈御平　北京建工集团有限责任公司
周　斌　北京住总集团有限责任公司
周显峰　北京市德恒律师事务所
孟昭荣　北京城建集团有限责任公司
贺小村　中国建筑一局（集团）有限公司

出 版 说 明

建筑施工企业管理人员（各专业施工员、质量员、造价员，以及材料员、测量员、试验员、资料员、安全员等）是施工企业项目一线的技术管理骨干。他们的基础知识水平和业务能力的大小，直接影响到工程项目的施工质量和企业的经济效益；他们的工作质量的好坏，直接影响到建设项目的成败。随着建筑业企业管理的规范化，管理人员持证上岗已成为必然，其岗位培训工作也成为各施工企业十分关心和重视的工作之一。但管理人员活跃在施工现场，工作任务重，学习时间少，难以占用大量时间进行集中培训；而另一方面，目前已有的一些培训教材，不仅内容因多年没有修订而较为陈旧，而且科目较多，不利于短期培训。有鉴于此，我们通过了解近年来施工企业岗位培训工作的实际情况，结合目前管理人员素质状况和实际工作需要，以少而精的原则，于2007年组织出版了这套"建筑施工企业管理人员岗位资格培训教材"，2012年，由于我国建筑工程设计、施工和建筑材料领域等标准规范已部分修订，一些新技术、新工艺和新材料也不断应用和发展，为了适应当前建筑施工领域的新形势，我们对本套教材中的8个分册进行了相应的修订。本套丛书分别为：

◇《建筑施工企业管理人员相关法规知识》（第二版）
◇《土建专业岗位人员基础知识》
◇《材料员岗位实务知识》（第二版）
◇《测量员岗位实务知识》（第二版）
◇《试验员岗位实务知识》
◇《资料员岗位实务知识》（第二版）
◇《安全员岗位实务知识》（第二版）
◇《土建质量员岗位实务知识》（第二版）
◇《土建施工员（工长）岗位实务知识》（第二版）
◇《土建造价员岗位实务知识》（第二版）
◇《电气质量员岗位实务知识》
◇《电气施工员（工长）岗位实务知识》
◇《安装造价员岗位实务知识》
◇《暖通施工员（工长）岗位实务知识》
◇《暖通质量员岗位实务知识》
◇《统计员岗位实务知识》
◇《劳资员岗位实务知识》

其中，《建筑施工企业管理人员相关法规知识》（第二版）为各岗位培训的综合科目，《土建专业岗位人员基础知识》为土建专业施工员、质量员、造价员培训的综合科目，其他分册则是根据不同岗位编写的。参加每个岗位的培训，只需使用2~3册教材即可（土建专业施工员、质量员、造价员岗位培训使用3册，其他岗位培训使用2册），各书均按照企业实际培训课时要求编写，极大地方便了培训教学与学习。

本套丛书以现行国家规范、标准为依据，内容强调实用性、科学性和先进性，可作为施工企业管理人员的岗位资格培训教材，也可作为其平时的学习参考用书。希望本套丛书能够帮助广大施工企业管理人员顺利完成岗位资格培训，提高岗位业务能力，从容应对各自岗位的管理工作。也真诚地希望各位读者对书中不足之处提出批评指正，以便我们进一步完善和改进。

中国建筑工业出版社

2012年8月

第二版前言

自本书第一版出版后,我国工程建设领域的法律法规又发生了重大的变化和更新。例如,拆迁制度中,新出台的《国有土地房屋征收与补偿条例》取代了原有的《城市房屋拆迁管理条例》,进一步完善了我国房屋征收的相关法律制度;资质制度中,《建筑业企业资质管理规定》、《建设工程勘察设计资质管理规定》、《工程监理企业资质管理规定》同时施行,补充和完善了建筑企业、勘察设计以及监理企业的资质规范;招投标制度中,新出台了《招标投标法实施条例》,改善了以往招标投标法律制度中缺乏行政法规的断层问题;另外还有几部基本法律也做了较大的修订,包括消防法、保险法、劳动合同法等。针对上述法律变化,我们对于本书所涉及的内容做了及时的更新和调整,力求使读者能够了解到最具实效性的建设工程法律制度。

本书由北京合森律师事务所叶万和、周显峰及英国品诚梅森律师事务所北京代表处王龙飞共同编写。

第 一 版 前 言

进入 21 世纪以来，在市场推动和政府引导的双重作用下，我国建筑业正在经历着一场工程项目管理人员整体素质水平的重大变革。

2002 年 12 月 5 日，国家人事部和建设部发布实施《建筑师执业资格制度暂行规定》，我国开始对建设工程总承包及施工管理专业技术人员实行建造师执业资格制度。这是我国提升项目经理综合能力，从而提高项目管理水平的一项重大举措。毋庸置疑，对于任何一个建设工程施工项目而言，项目经理都是其组织枢纽和管理核心，项目经理的能力和素质，往往直接决定了一个工程项目的得失成败。但是，"一个好汉三个帮"，任何一个工程项目的顺利实施，仅靠项目经理一个人的能力和水平显然是绝不可能的，还需要来自各种工程专业管理人员的支持配合，共同形成一个有机的具有组织能力的项目管理班子。同时，工程专业管理人员队伍，又是诞生项目经理的摇篮，因此，提高各类工程专业管理人员的综合素质，同样是提升我国工程项目管理水平的一项不可或缺的重要任务。

随着我国工程建设领域法制化进程的不断深入发展，法律在工程项目管理过程中的重要性越来越突出。我们在给项目业主、承包商提供大量工程专业法律支持的过程中，深切地体会到我国建筑施工企业整体法律意识的薄弱。客观的说，我国承包商和业主之间的严重不平等地位，来自于"业主市场"方面的因素固然重要，但承包商在工程项目施工过程中不注意研究合同，不善于用法律武器保护自己，常常也是导致承包商被动履约的一个重要因素。在这种背景下，提高工程项目管理人员的法律意识，将法律意识贯穿到工程项目管理的每个环节，已经越来越得到全行业的认同。

我国工程建设领域的法律建设正处在一个新旧交替的关键阶段，近年来出台了大量有关工程建设项目招投标、质量、安全和建设工程合同方面的法律、法规和重要司法解释。特别是作为我国建筑业根本大法的《建筑法》，目前也已进入了全面修订工作的实质性阶段。为了帮助包括项目经理、各类专业管理人员在内的工程项目管理人员能够更好地学法、用法，把握我国工程建设领域最新的立法动态和典型案例，依据我国工程建设领域最新的法律、法规和相关司法解释，结合作者在工程建设法律事务领域的一些实践心得，特别编者了这部教材。全书共分十章，基本涵盖了我国工程建设领域，特别是建设工程施工合同管理的主要法律问题。后附的工程建设纠纷案例也是经过认真筛选编排的，并加上了对这些案例的评析，以帮助读者活学活用，更深刻地体会这些看似枯燥的法律条文在实践中是如何具体应用的。

本书由北京德恒律师事务所叶万和与周显峰共同编写。我们作为专业法律人，都有在建筑施工企业工作的经历，因此对建筑业具有深厚的感情，也非常希望通过自己的努力，能够为这些被我们视同亲人、朋友的业界同仁们提供一点积极有益的帮助。正是基于这种美好的初衷，我们才在工作极度紧张繁忙的情况下，有些"不自量力"地承接了这部教材的编写工作。由于时间紧迫，这本专业法律用书在内容和体系上仍有很多不足和遗憾之处，还远没有达到我们期望的水平。如果条件允许的话，希望能够在将来的修订工作中弥补这些遗憾。为此，我们衷心地希望广大读者和业界同仁多提宝贵意见！

目 录

第一章 工程建设法律体系与民法基本制度 ... 1
第一节 法律体系及法的表现形式 ... 1
一、法律体系 ... 1
二、法的形式 ... 1
第二节 民事法律基本制度 ... 3
一、民事法律关系主体 ... 3
二、代理制度 ... 4
三、诉讼时效制度 ... 6

第二章 建筑市场基本法律制度 ... 10
第一节 建筑施工许可制度 ... 10
一、建筑工程施工许可制度的概念及适用范围 ... 10
二、建设单位申请领取施工许可证应具备的法定条件 ... 10
三、领取施工许可证的法律后果 ... 12
第二节 建设工程企业资质等级许可制度 ... 12
一、建筑业企业资质 ... 13
二、工程勘察、设计企业资质 ... 13
三、工程监理企业资质 ... 14
第三节 建筑业专业人员执业资格制度 ... 14
一、执业资格制度综述 ... 14
二、建造师执业资格制度 ... 15
第四节 建设工程发包制度 ... 16
一、建设工程应当依法招标 ... 16
二、提倡实行工程总承包 ... 16
三、禁止将建设工程肢解发包和违约指定采购 ... 17
第五节 建设工程承包制度 ... 17
一、建设工程承包单位的资质等级许可制度 ... 17
二、联合承包 ... 18
三、禁止转包 ... 18
第六节 建设工程分包制度 ... 18
一、建设工程分包单位的资质等级许可制度 ... 18
二、总承包单位与分包单位的连带责任 ... 18
三、禁止违法分包 ... 19
第七节 建设工程监理制度 ... 19
一、实行强制监理的建设工程范围 ... 19
二、工程监理单位资质等级许可制度 ... 20

三、工程监理的依据、内容和权限 ································ 21
　　四、禁止工程监理单位实施的违法行为 ································ 22

第三章　建设工程招标投标制度 ································ 23
第一节　建设工程招标投标概述 ································ 23
　　一、建设工程招标投标的基本概念 ································ 23
　　二、工程建设项目招标范围和规模标准 ································ 23
　　三、建设工程招投标的基本法律要求 ································ 25
第二节　建设工程招标 ································ 27
　　一、招标必备条件 ································ 27
　　二、招标方式 ································ 27
　　三、招标组织与招标申请 ································ 28
　　四、招标文件的编制 ································ 30
　　五、发布招标公告或发出招标邀请书 ································ 31
　　六、资格预审 ································ 33
　　七、工程标底的编制 ································ 37
　　八、发售招标文件 ································ 38
　　九、组织踏勘现场和答疑 ································ 39
第三节　建设工程投标 ································ 40
　　一、投标人的资格要求 ································ 40
　　二、组织投标机构 ································ 41
　　三、编制投标文件 ································ 42
　　四、投标文件的送达 ································ 44
　　五、联合投标 ································ 45
　　六、有关投标人的法律禁止性规定 ································ 46
第四节　建设工程开标、评标、中标 ································ 47
　　一、开标 ································ 47
　　二、评标委员会 ································ 48
　　三、评标 ································ 50
　　四、中标 ································ 54

第四章　建设工程安全生产管理制度 ································ 58
第一节　建设单位的安全责任 ································ 58
　　一、建设单位提供有关资料的责任 ································ 58
　　二、禁止建设单位实施的违法行为 ································ 58
　　三、确定安全生产费用 ································ 59
　　四、依法进行拆除工程的发包 ································ 59
第二节　勘察、设计、工程监理及相关单位的安全责任 ································ 60
　　一、勘察、设计单位的安全责任 ································ 60
　　二、工程监理单位的安全责任 ································ 60
　　三、相关单位的安全责任 ································ 61
第三节　施工单位的安全责任 ································ 62
　　一、安全生产许可证制度 ································ 62
　　二、施工单位的基本安全生产责任 ································ 63

第五章　建设工程质量管理制度 ··· 67
第一节　建设工程质量监督制度 ··· 67
一、建设工程质量监督的主体 ··· 67
二、竣工验收备案制度 ··· 68
三、工程质量事故报告和调查处置制度 ····································· 69
第二节　参建各方主体的质量责任 ··· 70
一、建设单位的质量责任 ··· 70
二、勘察设计单位的质量责任 ··· 73
三、工程监理单位的质量责任 ··· 74
四、施工单位的质量责任 ··· 75
五、建设工程质量保修制度 ··· 77

第六章　工程建设强制性标准制度 ··· 79
第一节　工程建设标准的分类 ··· 79
一、我国工程建设标准的基本法律体系 ····································· 79
二、工程建设标准的分级 ··· 79
三、工程建设强制性标准和推荐性标准 ····································· 80
第二节　工程建设强制性标准的实施与监督管理 ························· 81
一、工程建设强制性标准的实施 ··· 81
二、实施工程建设强制性标准的监督管理 ································· 81

第七章　建设工程环境保护及消防法律制度 ································· 83
第一节　建设工程项目环境影响评价制度 ····································· 83
一、建设项目环境影响评价的分类管理 ····································· 83
二、建设项目环境影响评价文件的审批管理 ··························· 83
三、环境影响的后评价和跟踪管理 ··· 84
第二节　环境保护三同时制度 ··· 84
一、设计阶段 ··· 84
二、试生产阶段 ··· 84
三、竣工验收和投产使用阶段 ··· 84
第三节　建设工程项目的环境污染防治制度 ································· 85
一、水污染防治 ··· 85
二、大气污染防治 ··· 85
三、环境噪声污染防治 ··· 86
四、固体废物污染防治 ··· 86
第四节　建设工程项目节能管理制度 ··· 87
一、我国关于节能的总体规划 ··· 87
二、建设工程项目节能管理的基本规定 ····································· 87
第五节　建设工程消防法律制度 ··· 88
一、建筑工程消防设计审核与验收 ··· 88
二、机关、团体、企事业单位应当履行的消防安全职责 ······· 89
三、工程建设中应当采取的消防安全措施 ································· 89

第八章 建设工程保险及劳动合同法律制度 … 91
第一节 建设工程保险合同法律制度 … 91
一、建设工程保险概述 … 91
二、保险合同的基本概念和分类 … 93
三、保险合同的内容、订立和生效 … 95
四、保险合同的履行 … 97
第二节 劳动合同法律制度 … 100
一、劳动合同的概念和特征 … 100
二、劳动合同的内容及效力 … 101
三、劳动合同的终止和解除 … 103

第九章 建设工程合同法律制度 … 106
第一节 合同法的一般规定 … 106
一、合同法的适用范围 … 106
二、合同法的基本原则 … 106
第二节 合同的订立 … 107
一、要约 … 107
二、承诺 … 109
三、合同的一般条款 … 111
四、合同的形式 … 112
五、缔约过失责任 … 113
第三节 合同的效力 … 114
一、合同的成立要件 … 114
二、无效合同的认定与处理 … 115
三、可撤销合同 … 120
四、效力待定的合同 … 123
五、附条件和附期限合同 … 125
第四节 合同履行 … 126
一、合同履行的一般规定 … 126
二、抗辩权 … 129
三、代位权 … 132
四、撤销权 … 134
第五节 合同的变更和转让 … 136
一、合同变更 … 136
二、合同转让 … 137
第六节 合同权利义务终止 … 140
一、合同权利义务终止的情形 … 140
二、合同的解除 … 142
第七节 违约责任 … 144
一、违约责任的构成要件 … 144
二、承担违约责任的形式 … 144
三、违约责任的免责 … 146
第八节 最高人民法院关于审理建设工程施工合同的司法解释要点 … 147

一、如何认定施工合同无效 ·· 147
二、施工合同无效应当如何进行结算 ·································· 149
三、垫资条款是否有效，垫资款利息如何处理 ······················ 150
四、"阴阳合同"，将以哪个作为结算依据 ···························· 151
五、设计变更在约定不明时将如何计价 ······························· 152
六、发包人拖延结算，承包人将获得怎样的法律保护 ············ 152
七、拖欠工程款的利息如何确定 ·· 153
八、发包人直接指定分包的质量缺陷责任 ···························· 153
九、发包人未经竣工验收提前交付使用的，将承担什么样的责任 ··· 154
十、法院将对农民工采取什么样的特殊保护措施 ·················· 155

第十章 建设工程施工合同范本体系 ······························· 156

第一节 《建设工程施工合同》（GF-1999-0201）应用 ······ 156
一、《协议书》的应用 ··· 156
二、《通用条款》的应用 ·· 158
三、《专用条款》的应用 ·· 194

第二节 建设工程分包合同 ·· 194
一、国内建设工程分包合同（劳务）的主要内容 ·················· 194
二、《建设工程项目管理规范》对分包合同的要求 ················ 195
三、FIDIC 土木工程施工分包合同条件 ······························ 196

附录1 典型案例及评析 ·· 198
案例1 ··· 198
案例2 ··· 199
案例3 ··· 199
案例4 ··· 202
案例5 ··· 203
案例6 ··· 205
案例7 ··· 207
案例8 ··· 208
案例9 ··· 210
案例10 ··· 211
案例11 ··· 213
案例12 ··· 215
案例13 ··· 216
案例14 ··· 218
案例15 ··· 220
案例16 ··· 221
案例17 ··· 224
案例18 ··· 228
案例19 ··· 229
案例20 ··· 230

案例 21	231
案例 22	235
案例 23	236
案例 24	237
案例 25	239
案例 26	240
案例 27	241
案例 28	243
案例 29	244
案例 30	245
案例 31	247
案例 32	248
案例 33	249
案例 34	251
案例 35	251
案例 36	252
案例 37	254
案例 38	255
案例 39	256
案例 40	257 |//
附录 2 《建设工程安全生产管理条例》图解要点	260

第一章　工程建设法律体系与民法基本制度

第一节　法律体系及法的表现形式

一、法律体系

法律体系（也称为部门法体系），是指一国的全部现行法律规范，按照一定的标准和原则，划分为不同的法律部门而形成的内部和谐一致、有机联系的整体。

我国的法律体系通常包括下列部门：

（一）宪法。宪法是整个法律体系的基础，主要表现形式是《中华人民共和国宪法》。此外，选举法、立法法、特别行政区基本法等也属于宪法部门。

（二）民法。民法是调整平等主体的公民之间、法人之间、公民和法人之间的财产关系和人身关系的法律，主要由《中华人民共和国民法通则》（下称《民法通则》）和单行民事法律组成，包括合同法、担保法、专利法、著作权法、婚姻法等。

（三）商法。商法是调整平等主体之间的商事关系或商事行为的法律，包括公司法、保险法、票据法等。我国实行"民商合一"的原则，商法虽然是一个相对独立的法律部门，但民法的许多规定也通用于商法。

（四）经济法。经济法是调整国家在经济管理中发生的经济关系的法律，包括建筑法、招标投标法、反不正当竞争法、税法等。

（五）行政法。行政法是国家行政管理活动中各种社会关系得法律规范的总和。包括行政处罚法、行政复议法、行政监察法、治安管理处罚法等。

（六）劳动法与社会保障法。劳动法是调整劳动关系的法律，主要包括《中华人民共和国劳动法》；社会保障法是调整有关社会保障、社会福利的法律，包括安全生产法、消防法等。

（七）自然资源与环境保护法。自然资源与环境保护法是关于保护环境和自然资源、防治污染和其他公害的法律。自然资源法包括土地管理法、节约能源法等；环境保护方面的法律包括环境保护法、环境影响评价法、噪声污染环境防治法等。

（八）刑法。刑法是规定犯罪和刑罚的法律，主要是《中华人民共和国刑法》（下称《刑法》）。

（九）诉讼法。诉讼法（又称诉讼程序法），是有关各种诉讼活动的法律，其作用在于从程序上保护实体法的正确实施。诉讼法主要包括民事诉讼法、行政诉讼法、刑事诉讼法。仲裁法、律师法、法官法、检察官法等也大体属于该法律部门。

二、法的形式

法的形式，实质是法的效力等级问题。根据《中华人民共和国宪法》和《中华人民共

和国立法法》(下称《立法法》)及有关规定,我国法的形式主要包括:

(一)宪法:宪法是我国的根本大法,在我国的法律体系中具有最高的法律效力。

(二)法律:广义上的法律,泛指《立法法》调整的各类法的规范性文件;狭义上的法律,仅指全国人大及其常委会制定的规范性文件。在这里,我们仅指狭义上的法律。法律的效力低于宪法,但高于其他的法。

按照法律制定的机关及调整的对象和范围不同,法律可分为基本法律和一般法律。

基本法律是由全国人民代表大会制定和修改的,规定和调整国家和社会生活中某一方面带有基本性和全面性的社会关系的法律,如《民法通则》、《合同法》、《刑法》和《民事诉讼法》等。

一般法律是由全国人民代表大会常务委员会制定或修改的,规定和调整除由基本法律调整以外的,涉及国家和社会生活某一方面的关系的法律,如《建筑法》、《招标投标法》、《安全生产法》和《仲裁法》等。

(三)行政法规:行政法规是最高国家行政机关即国务院制定的规范性文件,如《建设工程质量管理条例》、《建设工程勘察设计管理条例》、《建设工程安全生产管理条例》、《安全生产许可证条例》和《建设项目环境保护管理条例》等。行政法规的效力低于宪法和法律。

(四)地方性法规:地方性法规是指省、自治区、直辖市以及省、自治区人民政府所在地的市和经国务院批准的较大的市的人民代表大会及其常委会,在其法定权限内制定的法律规范性文件,如《黑龙江省建筑市场管理条例》、《内蒙古自治区建筑市场管理条例》、《北京市招标投标条例》、《深圳经济特区建设工程施工招标投标条例》等。地方性法规具有地方性,只在本辖区内有效,其效力低于法律和行政法规。

(五)行政规章:行政规章是由国家行政机关指定的法律规范性文件,包括部门规章和地方政府规章。

部门规章是由国务院各部、委制定的法律规范性文件,如《工程建设项目施工招标投标办法》(2003年3月8日国家发改委等7部委30号令)、《评标委员会和评标方法暂行规定》(2001年7月5日国家发改委等7部委令第12号发布)、《建筑业企业资质管理规定》(2007年6月26日建设部令第159号发布)等。部门规章的效力低于法律、行政法规。

地方政府规章是由省、自治区、直辖市以及省、自治区人民政府所在地的市和国务院批准的较大的市的人民政府所制定的法律规范性文件。地方政府规章的效力低于法律、行政法规,低于同级或上级地方性法规。

(六)最高人民法院司法解释规范性文件。

最高人民法院对于法律的系统性解释文件和对法律适用的说明,对法院审判有约束力,具有法律规范的性质,在司法实践中具有重要的地位和作用。在民事领域,最高人民法院制定的司法解释文件有很多,例如:《关于贯彻执行〈中华人民共和国民法通则〉若干问题的意见(试行)》、《关于审理建设工程施工合同纠纷案件适用法律问题的解释》等。

(七)国际条约:国际条约是指我国作为国际法主体同外国缔结的双边、多边协议和其他具有条约、协定性质的文件,如《建筑业安全卫生公约》等。国际条约是我国法的一种形式,对所有国家机关、社会组织和公民都具有法律效力。

此外，自治条例和单行条例、特别行政区法律等，也属于我国法的形式。

第二节 民事法律基本制度

一、民事法律关系主体

民事法律关系主体（简称民事主体），是指民事法律关系中享受权利，承担义务的当事人和参与者，包括公民（自然人）、法人和其他组织。

（一）公民（自然人）

我国《宪法》规定，凡具有中华人民共和国国籍的人都是中华人民共和国公民。

公民作为民事主体的一种，能否通过自己的行为取得民事权利、承担民事义务，取决于其是否具有民事行为能力。所谓民事行为能力，是指民事主体通过自己的行为取得民事权利、承担民事义务的资格。民事行为能力分为完全民事行为能力、限制民事行为能力、无民事行为能力三种：

1. 完全民事行为能力

《民法通则》第11条规定："18周岁以上的公民是成年人，具有完全民事行为能力，可以独立进行民事活动，是完全民事行为能力人。16周岁以上不满18周岁的公民，以自己的劳动收入为主要生活来源的，视为完全民事行为能力人。"

2. 限制民事行为能力

《民法通则》第12条第1款规定："10周岁以上的未成年人是限制民事行为能力人，可以进行与他的年龄、智力相适应的民事活动。"

《民法通则》第13条第2款还规定："不能完全辨认自己行为的精神病人是限制民事行为能力人，可以进行与他的精神健康状况相适应的民事活动；其他民事活动由他的法定代理人代理，或者征得他的法定代理人的同意。"

3. 无民事行为能力

《民法通则》第12条第2款规定："不满10周岁的未成年人是无民事行为能力人，由他的法定代理人代理民事活动。"

《民法通则》第13条第1款规定："不能辨认自己行为的精神病人是无民事行为能力人，由他的法定代理人代理民事活动。"

（二）法人

《民法通则》第36条规定："法人是具有民事权利能力和民事行为能力，依法独立享有民事权利和承担民事义务的组织。"

根据《民法通则》第37条的规定，法人应当具备四个条件：

（1）依法成立；
（2）有必要的财产或经费；
（3）有自己的名称、组织机构和场所；
（4）能够独立承担民事责任。

《民法通则》把法人分为企业法人、机关法人、事业单位法人和社会团体法人四类。后三类又总称为非企业法人。企业法人是指以营利为目的的法人，是法人中数量最大的一种。是否以将利润分配给出资人为目的，是企业法人与非企业法人的根本区别。根据组织形式不同，可以将企业法人分为公司法人和非公司法人。其中，公司法人是企业法人的主要形态。

法人的法定代表人，是依照法律或者法人组织章程规定，代表法人行使职权的负责人。例如，根据2005年10月27日修订发布的《中华人民共和国公司法》（以下简称《公司法》）第13条的规定，"公司法定代表人依照公司章程的规定，由董事长、执行董事或者经理担任，并依法登记"。法定代表人在履行职务时，其行为就是法人的行为。法定代表人与法人的代理人不同。法定代表人的代表权来源于法律和法人的章程，而代理人的代理权源于法人的授权——法人的授权则是通过其法定代表人进行的。

（三）其他组织

根据我国《合同法》及相关法律的规定，法人以外的其他组织也可以成为民事法律关系的主体，称为非法人组织。根据最高人民法院《关于适用〈中华人民共和国民事诉讼法〉若干问题的意见》（1992年）第40条的规定，其他组织是指合法成立、有一定的组织机构和财产，但又不具备法人资格的组织。在实践中，较为常见的主要包括：

(1) 法人依法设立并领取营业执照的分支机构；
(2) 依法登记领取营业执照的私营独资企业、合伙组织；
(3) 依法登记领取营业执照的合伙型联营企业；
(4) 依法登记领取我国营业执照的中外合作经营企业、外资企业等。

分公司是最典型的非法人组织，属于"法人依法设立并领取营业执照的分支机构"。《公司法》第14条第1款规定："公司可以设立分公司。设立分公司，应当向公司登记机关申请登记，领取营业执照。分公司不具有法人资格，其民事责任由公司承担。"分公司与子公司的根本区别在于：前者不具有法人资格，不能独立承担民事责任，其民事责任由总公司承担；而后者根据《公司法》第14条第2款的规定，具有法人资格，依法独立承担民事责任。

二、代理制度

（一）代理的概念

根据《民法通则》的有关规定，代理是指"代理人在代理权限内，以被代理人名义实施民事法律行为"。"被代理人对代理人的代理行为，承担民事责任"。代理涉及三方当事人，分别是被代理人、代理人和代理关系的第三人。

自然人和法人均可成为代理人，但法律对代理人资格有特别规定的除外。例如，《招标投标法》中规定，招标投标活动中的招标代理机构应当依法设立，并具备法律规定的条件。

代理有狭义和广义之分。狭义代理仅指代理人以本人的名义进行的代理，即直接代理；广义的代理除直接代理外，还包括间接代理，即代理人以自己名义实施民事法律行为，然后将该行为法律后果间接或直接归于被代理人的代理。我国《民法通则》规定的是直接代理，但《中华人民共和国合同法》（以下简称《合同法》）在"委托合同"一章中规定了间接委托，事实上承认了间接代理。

（二）代理的种类

根据《民法通则》第64条第1款的规定，代理包括委托代理、法定代理和指定代理。

1. 委托代理

委托代理是代理人根据被代理人授权而进行的代理。在工程建设领域，通过委托代理实施民事法律行为的情形较为常见，例如：

（1）招标人委托招标代理机构进行招标活动；

（2）投标人委托授权代表签署投标文件、参加开标或签订合同等；

（3）建设单位委托工程监理单位或项目管理单位对工程项目实施管理；

（4）建筑施工企业法定代表人委托项目经理对工程项目施工全面负责等。

《民法通则》第65条规定，民事法律行为的委托代理，可以用书面形式，也可以用口头形式。法律规定用书面形式的，应当用书面形式。书面委托代理的授权委托书应当载明下列事项：

（1）代理人的姓名或者名称；

（2）代理事项、权限和期间；

（3）委托人签名或者盖章。

实施委托代理时，委托书授权必须明确。否则，根据《民法通则》第65条的规定，代理人应当向第三人承担民事责任，代理人负连带责任。在工程建设领域，因委托代理权问题而导致的纠纷十分常见。各方当事人必须时刻注意加强内部委托授权的管理，建立严格完善的委托授权管理机制，否则，将可能承担不利的法律后果。

此外，委托代理事项必须合法。否则，根据《民法通则》第67条的规定，代理人知道被委托代理的事项违法仍然进行代理活动的，或者被代理人知道代理人的代理行为违法不表示反对的，由被代理人和代理人负连带责任。

2. 法定代理

法定代理是根据法律的直接规定而产生的代理。《民法通则》第14条规定："无民事行为能力人、限制民事行为能力人的监护人是他们的法定代理人。"

3. 指定代理

指定代理是根据人民法院或者有关机关的指定而产生的代理。例如，根据最高人民法院《关于适用〈中华人民共和国民事诉讼法〉若干问题的意见》（1992年）第67条的规定，在诉讼中，如果无民事行为能力人、限制民事行为能力人事先没有确定监护人，有监护资格的人又协商不成的，由人民法院在他们之间指定的人担任诉讼之中的代理人。

（三）无权代理和表见代理

无权代理，指行为人没有代理权、超越代理权或代理权终止。根据《合同法》第48条第1款的规定："行为人没有代理权、超越代理权或者代理权终止后以被代理人名义订立的合同，未经被代理人追认，对被代理人不发生效力，由行为人承担责任"。同时，根据《民法通则》第66条的规定，第三人知道行为人没有代理权、超越代理权或者代理权已终止还与行为人实施民事行为给他人造成损害的，由第三人和行为人负连带责任。

《合同法》第49条还规定了表见代理制度："行为人没有代理权、超越代理权或者代理权终止后以被代理人名义订立合同，相对人有理由相信行为人有代理权的，该代理行为有效。"表见代理属于无权代理的一种特殊情形，其与一般无权代理的区别在于：善意相对人如果有理由相信行为人有代理权，则为保护善意相对人的合法权益，法律特别规定该代理行为对被代理人具有法律约束力。

三、诉讼时效制度

一、诉讼时效的概念

诉讼时效，指权利人在法定期间内不行使权利即丧失请求人民法院予以保护的权利。

超过诉讼时效期间，在法律上发生的效力是权利人的胜诉权消灭，即丧失请求法院保护的权利。超过诉讼时效期间权利人起诉，如果符合民事诉讼法规定的起诉条件，法院仍然应当受理。但是，如果法院经受理后查明诉讼时效期间已经经过，将判决驳回诉讼请求。

应当注意的是，超过诉讼时效期间，权利人虽然丧失胜诉权，但是实体权利本身并不消灭。根据《民法通则》第138条的规定，超过诉讼时效期间，当事人自愿履行的，不受诉讼时效限制。《最高人民法院关于审理民事案件适用诉讼时效制度若干问题的规定》(2008年)第22条进一步详细规定诉讼时效期间届满，当事人一方向对方当事人作出同意履行义务的意思表示或者自愿履行义务后，又以诉讼时效期间届满为由进行抗辩的，人民法院不予支持。

诉讼时效主要适用于各种财产性质的请求权。其中，最高人民法院在《关于审理民事案件适用诉讼时效制度若干问题的规定》中特别规定，债权请求权可以适用诉讼时效，但对于支付存款本息请求权、兑付国债、金融债券以及向不特定对象发行的企业债券本息请求权以及基于投资关系产生的缴付出资请求权作了除外规定。这是因为前两种请求权的实现关系到社会公共利益的保护，如果适用诉讼时效的规定，则将使民众的切身利益受到损害。缴付出资请求权不适用诉讼时效的规定，否则，有违公司资本充足原则，且不利于对其他足额出资的股东及公司债权人的保护。另外，根据最高人民法院《关于贯彻执行〈中华人民共和国民法通则〉若干问题的意见（试行）》第176条的规定，法律、法规对索赔时间和对产品质量等提出异议的时间有特殊规定的，按特殊规定办理。

二、诉讼时效期间的种类

根据我国《民法通则》及有关法律的规定，诉讼时效期间通常可划分为三类。

（一）普通诉讼时效

除了法律有特别规定，民事权利适用普通诉讼时效期间。《民法通则》第135条规定："向人民法院请求保护民事权利的诉讼时效期间为2年，法律另有规定的除外。"

（二）特别诉讼时效期间

对于特殊的民事权利，法律认为有必要适用更长或更短的诉讼时效期间，因此进行特别规定。

例如，根据《民法通则》第136条的规定，下列的诉讼时效期间为1年：

（1）身体受到伤害要求赔偿的；
（2）出售质量不合格的商品未声明的；
（3）延付或者拒付租金的；
（4）寄存财物被丢失或者损毁的。

又如，根据《合同法》第129条的规定，因国际货物买卖合同和技术进出口合同争议提起诉讼或者申请仲裁的期限为4年。

（三）最长诉讼时效期间

《民法通则》第 137 条规定，从权利被侵害之日起超过 20 年的，人民法院不予保护。

这里规定的最长诉讼时效期间，通常也称为权利的最长保护期限。最长诉讼时效期间与普通诉讼时效和特别诉讼时效有很大不同，主要是起算时间不同，可否中止、中断也不同。

三、诉讼时效期间的起算

《民法通则》第 137 条规定，诉讼时效期间从知道或者应当知道权利被侵害时起计算。在下列情况下，诉讼时效期间的计算方法是：

1. 附延缓条件的债权，从条件成就之时开始计算，但如果还定有履行期限，则从履行期限届满之时起开始计算。

2. 附起始期的债权，从起始期到来之时开始计算，但如果还定有履行期限，则从履行期限届满之时起开始计算。

3. 未约定履行期限的合同，可以确定履行期限的，诉讼时效期间从履行期限届满之日起计算；不能确定履行期限的，诉讼时效期间从债权人要求债务人履行义务的宽限期届满之日起计算，但债务人在债权人第一次向其主张权利之时明确表示不履行义务的，诉讼时效期间从债务人明确表示不履行义务之日起计算。

4. 人身损害赔偿的诉讼时效期间，伤害明显的，从受伤害之日起算；伤害当时未曾发现，后经检查确诊并能证明是由侵害引起的，从伤势确诊之日起算。

5. 当事人约定同一债务分期履行的，诉讼时效期间从最后一期履行期限届满之日起计算。

6. 合同被撤销，返还财产、赔偿损失请求权的诉讼时效期间从合同被撤销之日起计算。

7. 返还不当得利请求权的诉讼时效期间，从当事人一方知道或者应当知道不当得利事实及对方当事人之日起计算。

8. 管理人因无因管理行为产生的给付必要管理费用、赔偿损失请求权的诉讼时效期间，从无因管理行为结束并且管理人知道或者应当知道本人之日起计算。本人因不当无因管理行为产生的赔偿损失请求权的诉讼时效期间，从其知道或者应当知道管理人及损害事实之日起计算。

四、诉讼时效期间的中止和中断

（一）诉讼时效期间中止

《民法通则》第 139 条规定，在诉讼时效期间的最后六个月内，因不可抗力或者其他障碍不能行使请求权的，诉讼时效中止。从中止时效的原因消除之日起，诉讼时效期间继续计算。

根据上述规定，诉讼时效中止，应当同时满足以下两个条件：

1. 权利人由于不可抗力或者其他障碍，不能行使请求权

其中，不可抗力是指不能预见、不能避免、并不能克服的客观情况；其他障碍，根据最高人民法院《关于贯彻执行〈中华人民共和国民法通则〉若干问题的意见（试行）》第 172 条的规定，主要是指在诉讼时效期间的最后 6 个月内，权利被侵害的无民事行为能力人、限制民事行为能力人没有法定代理人，或者法定代理人死亡、丧失代理权，或者法定代理人本人丧失行为能力的。

2. 导致权利人不能行使请求权的事由发生在诉讼时效期间的最后6个月

如果发生在6个月以上的时间，则不发生诉讼时效中止的效力。如果虽然有关事由开始时，诉讼时效还有6个月以上的时间，但是事由延续到了6个月以内，则从诉讼时效期间的最后6个月的开始时刻，发生诉讼时效中止。

符合上述两个条件，诉讼时效中止，即诉讼时间期间暂时停止计算。等到诉讼时效中止原因消除后，也就是权利人开始可以行使请求权时起，诉讼时效期间继续计算。

（二）诉讼时效期间中断

《民法通则》第140条规定，诉讼时效因提起诉讼、当事人一方提出要求或者同意履行义务而中断。从中断时起，诉讼时效期间重新计算。

诉讼时效制度是为了促使权利人及时行使权利，以使当事人之间的权利义务关系及时明确。"法律不保护躺在权利上睡觉的人"，当权利人达到法定期限仍未行使权利时，法律将不再保护其权利。但是，如果当事人已经在行使权利，就应当重新计算诉讼时效期间，即诉讼时效中断。换句话讲，只有权利人一次性持续的不行使权利达到法定期限时，才属于超过诉讼时效期间。

根据《民法通则》的上述规定，导致诉讼时效中断的情形包括以下三种：

1. 起诉

权利人依法向法院提起诉讼，是导致诉讼时效中断的重要原因。特别是当权利人没有证据证明导致诉讼时效中断的其他情形时，向法院起诉将是权利人确保不丧失诉讼时效的重要手段。除向法院起诉外，《最高人民法院关于审理民事案件适用诉讼时效制度若干问题的规定》（2008年）还规定了下列事项与提起诉讼具有同等诉讼时效中断的效力，均可产生诉讼时效中断的法律后果。

（1）申请仲裁；
（2）申请支付令；
（3）申请破产、申报破产债权；
（4）为主张权利而申请宣告义务人失踪或死亡；
（5）申请诉前财产保全、诉前临时禁令等诉前措施；
（6）申请强制执行；
（7）申请追加当事人或者被通知参加诉讼；
（8）在诉讼中主张抵消；
（9）其他与提起诉讼具有同等诉讼时效中断效力的事项。

2. 债权人提出要求

实践中，债权人直接向债务人主张权利，是诉讼时效中断最常见的情形。但是，权利人应当注意保全有关证据。

根据《最高人民法院关于审理民事案件适用诉讼时效制度若干问题的规定》（2008年）具有下列情形之一的，应当认定为"当事人一方提出要求"，产生诉讼时效中断的效力：

（1）当事人一方直接向对方当事人送交主张权利文书，对方当事人在文书上签字、盖章或者虽未签字、盖章但能够以其他方式证明该文书到达对方当事人的；
（2）当事人一方以发送信件或者数据电文方式主张权利，信件或者数据电文到达或者应当到达对方当事人的；

（3）当事人一方为金融机构，依照法律规定或者当事人约定从对方当事人账户中扣收欠款本息的；

（4）当事人一方下落不明，对方当事人在国家级或者下落不明的当事人一方住所地的省级有影响的媒体上刊登具有主张权利内容的公告的，但法律和司法解释另有特别规定的，适用其规定。

3. 债务人同意履行义务

债务人通过一定的方式向债权人表示同意履行债务，将使当事人之间的债权债务关系变得明确，因此也将产生诉讼时效中断的法律后果。如果债务人没有直接表示同意履行债务，但是明确承认了债务的存在，或者同意分期履行债务等，均可发生诉讼时效中断。

诉讼时效中止、中断均可适用于普通诉讼时效期间和特别诉讼时效期间，但是不适用于最长诉讼时效期间。

第二章 建筑市场基本法律制度

第一节 建筑施工许可制度

一、建筑工程施工许可制度的概念及适用范围

建筑工程施工许可制度,是指由国家授权有关行政主管部门,在建筑工程施工开始以前,依建设单位申请,对该项工程是否符合法定的开工必备条件进行审查,对符合条件的建筑工程发给施工许可证,允许建设单位开工建设的制度。

这里的"建筑工程",指各类房屋建筑工程,包括其附属设施的建造和配套的线路、管道、设备的安装工程。

我国实行建筑工程施工许可制度,一方面,有利于确保建筑工程在开工前符合法定条件,进而为其开工后顺利实施奠定基础;另一方面,也有利于有关行政主管部门全面掌握建筑工程的基本情况,依法及时有效的实施监督和指导,保证建筑活动依法进行。

《建筑法》第7条规定,"建筑工程开工前,建设单位应当按照国家有关规定向工程所在地县级以上人民政府建设行政主管部门申请领取施工许可证。"

但是,以下两类建筑工程不需要领取施工许可证:

1. 国务院建设行政主管部门确定的限额以下的小型工程。根据《建筑工程施工许可管理办法》(2001年7月4日建设部令第91号重新发布)规定,主要指工程投资额在30万元以下或者建筑面积在300平方米以下的建筑工程。

2. 按照国务院规定的权限和程序批准开工报告的建筑工程。

二、建设单位申请领取施工许可证应具备的法定条件

根据《建筑法》第8条,建设单位申请领取施工许可证时,应当具备一系列前提条件。建设行政主管部门应当自收到申请之日起十五日内,对符合条件的申请颁发施工许可证。建设单位在领取施工许可证时应当具备的条件包括:

(一)已经办理该建筑工程用地批准手续

(二)在城市规划区的建筑工程,已经取得规划许可证

根据《中华人民共和国城乡规划法》的有关规定,在城市规划区内进行建设需要申请用地的,建设单位在依法办理用地批准手续之前,必须先取得该工程的建设用地规划许可证;建设单位在申请办理开工手续前,还必须取得建设工程规划许可证件。

鉴于取得建设用地规划许可证是取得建设工程规划许可证法定必经前置程序,《建筑工程施工许可管理办法》对此处的"规划许可证",进一步明确规定为"建设工程规划许可证"。

(三)需要拆迁的,其拆迁进度符合施工要求

需要先期进行拆迁的建筑工程，其拆迁工作状况直接影响到整个建筑工程能否顺利进行。在建筑工程开始施工时，拆迁的进度必须符合工程开工的要求，这是保证该建筑工程正常施工的基本条件。

拆迁工作必须依法进行。根据《国有土地上房屋征收与补偿条例》的有关规定，征收必须是为了保障国家安全、促进国民经济和社会发展等公共利益需要，即因国防、外交需要和由政府组织实施的能源、交通、水利、教科文卫体、资源环保、防灾减灾、文物保护、社会福利、市政公用等公共事业需要以及保障性安居工程建设、旧城区改建需要可以实行房屋征收。并且征收应当符合国民经济和社会发展规划、土地利用总体规划、城乡规划和专项规划。房屋征收实施应当先补偿、后搬迁。即作出房屋征收决定的市、县级人民政府对被征收人给予补偿后，被征收人应当在补偿协议约定或者补偿决定确定的搬迁期限内完成搬迁。任何单位和个人不得采取暴力、威胁或者违反规定中断供水、供热、供气、供电和道路通行等非法方式迫使被征收人搬迁。禁止建设单位参与搬迁活动。

（四）已经确定建筑施工企业

建设单位确定建筑施工企业，必须依据《建筑法》、《招标投标法》及其相关规定进行。《建筑工程施工许可管理办法》第4条进一步规定，发生以下几种情形，所确定的施工企业无效：

1. 按照规定应该招标的工程没有招标；
2. 应该公开招标的工程没有公开招标；
3. 肢解发包工程；
4. 将工程发包给补具备相应资质条件。

（五）有满足施工需要的施工图纸及技术资料

按照设计深度不同，设计文件可以分为方案设计文件、初步设计文件和施工图设计文件。根据《建设工程勘察设计管理条例》第26条的规定，对以上几类设计文件的要求分别是：

1. 编制方案设计文件，应当满足编制初步设计文件和控制概算的需要；
2. 编制初步设计文件，应当满足编制招标文件、主要设备材料订货和编制施工图设计文件的需要；
3. 编制施工图设计文件，应当满足设备材料采购、非标准设备制作和施工的需要，并注明建设工程合理使用年限。

施工图设计文件是进行施工作业的技术依据，是在施工过程中保证建筑工程质量的关键因素。因此，在开工前必须有满足施工需要的施工图纸和技术资料。鉴于施工图设计文件对工程质量的重要性，《建设工程质量管理条例》第11条规定，"建设单位应当将施工图设计文件报县级以上人民政府建设行政主管部门或者其他有关部门审查"。"施工图设计文件未经审查批准的，不得使用"。

据此，《建筑工程施工许可管理办法》第4条进一步规定，建设单位在申请领取施工许可证时，除了应当"有满足施工需要的施工图纸及技术资料"，还应满足"施工图设计文件已按规定进行了审查"。

（六）有保证工程质量和安全的具体措施

《建设工程质量管理条例》第13条进一步规定："建设单位在领取施工许可证或者开

工报告之前，应当按照国家有关规定办理工程质量监督手续。"《建设工程安全生产管理条例》第 10 条第 1 款也规定："建设单位在领取施工许可证时，应当提供建设工程有关安全施工措施的资料"；第 42 条第 1 款规定："建设行政主管部门在审核发放施工许可证时，应当对建设工程是否有安全措施进行审查，对没有安全施工措施的，不得颁发施工许可证"。

（七）建设资金已经落实

建筑活动需要较多的资金投入，建设单位在建筑工程施工过程中必须拥有足够的建设资金。根据本条规定，申请领取施工许可证时必须有已经落实的建设资金，这是预防拖欠工程款，保证施工顺利进行的基本经济保障。对此，《建筑工程施工许可管理办法》第 4 条进一步具体规定为：

1. 建设工期不足一年的，到位资金原则上不得少于工程合同价的 50%，建设工期超过一年的，到位资金原则上不得少于工程合同价的 30%；

2. 建设单位应当提供银行出具的到位资金证明，有条件的可以实行银行付款保函或者其他第三方担保（注：我国目前已开始在房地产开发项目推行业主工程款支付担保制度）。

（八）法律、行政法规规定的其他条件

建筑工程申请领取施工许可证，除了应当具备以上七项条件外，还应当具备其他法律、行政法规规定的有关建筑工程开工的条件。这样规定的目的是为了同其他法律、行政法规的规定相衔接，避免出现遗漏。例如，根据《中华人民共和国消防法》（以下简称《消防法》），对于按规定需要进行消防设计的建筑工程，建设单位应当将其消防设计图纸报送公安消防机构审核；未经依法审核或者审核不合格的，负责审批该工程施工许可的部门不得给予施工许可，建设单位、施工单位不得施工；其他建设工程取得施工许可后经依法抽查不合格的，应当停止施工。

三、领取施工许可证的法律后果

（一）建设单位应当自领取施工许可证之日起 3 个月内开工。因故不能按期开工的，应当向发证机关申请延期；延期以两次为限，每次不超过 3 个月。既不开工又不申请延期或者超过延期时限的，施工许可证自行废止。

（二）在建的建筑工程因故中止施工的，建设单位应当自中止施工之日起 1 个月内，向发证机关报告，并按照规定做好建筑工程的维护管理工作。建筑工程恢复施工时，应当向发证机关报告；中止施工满 1 年的工程恢复施工前，建设单位应当报发证机关核验施工许可证。

第二节 建设工程企业资质等级许可制度

在我国，对从事建筑活动的建设工程企业——建筑施工企业、勘察单位、设计单位和工程监理单位，实行资质等级许可制度。

《建筑法》第 13 条规定："从事建筑活动的建筑施工企业、勘察单位、设计单位和工程监理单位，按照其拥有的注册资本、专业技术人员、技术装备和已完成的建筑工程业绩等资质条件，划分为不同的资质等级，经资质审查合格，取得相应等级的资质证书后，方可在其资质等级许可的范围内从事建筑活动。"

国务院建设行政主管部门负责全国建筑业企业资质、建设工程勘察、设计资质、工程监理企业资质的归口管理工作，国务院铁道、交通、水利、信息产业、民航等有关部门配合国务院建设行政主管部门实施相关资质类别和相应行业企业资质的管理工作。

新设立的企业，应到工商行政管理部门登记注册手续并取得企业法人营业执照后，方可到建设行政主管部门办理资质申请手续。任何单位和个人不得涂改、伪造、出借、转让企业资质证书，不得非法扣押、没收资质证书。

一、建筑业企业资质

根据《建筑业企业资质管理规定》（2007年9月1日建设部令第159号发布），我国建筑业企业资质分为施工总承包、专业承包和劳务分包三个序列。这三类建筑业企业按照各自工程性质和技术特点，分别划分为若干资质类别。其中，施工总承包企业划分为12个类别，专业承包企业划分为60个类别，劳务分包企业划分为13个类别。

各资质类别按照各自规定的条件划分为若干等级。例如：房屋建筑工程施工总承包企业资质分为特级、一级、二级、三级；地基与基础工程专业承包企业资质分为一级、二级、三级；木工作业分包企业资质分为一级、二级。

二、工程勘察、设计企业资质

根据《建设工程勘察设计资质管理规定》（2007年6月26日建设部令第160号发布），我国建设工程勘察、设计资质分为工程勘察资质、工程设计资质。

（一）工程勘察企业资质

工程勘察资质分为工程勘察综合资质、工程勘察专业资质、工程勘察劳务资质。

工程勘察综合资质只设甲级；工程勘察专业资质设甲级、乙级，根据工程性质和技术特点，部分专业可以设丙级；工程勘察劳务资质不分级别。

（二）工程设计企业资质

工程设计资质分为工程设计综合资质、工程设计行业资质、工程设计专业资质和工程设计专项资质。

工程设计综合资质只设甲级；工程设计行业资质、工程设计专业资质、工程设计专项资质设甲级、乙级。

根据工程性质和技术特点，个别行业、专业、专项资质可以设丙级，建筑工程专业资质可以设丁级。

取得工程设计综合资质的企业，可以承接各行业、各等级的建设工程设计业务；取得工程设计行业资质的企业，可以承接相应行业相应等级的工程设计业务及本行业范围内同级别的相应专业、专项（设计施工一体化资质除外）工程设计业务；取得工程设计专业资质的企业，可以承接本专业相应等级的专业工程设计业务及同级别的相应专项工程设计业务（设计施工一体化资质除外）；取得工程设计专项资质的企业，可以承接本专项相应等级的专项工程设计业务。

三、工程监理企业资质

根据《工程监理企业资质管理规定》(2007年6月26日建设部令第158号发布)，工程监理企业资质分为综合资质、专业资质和事务所资质。其中，专业资质按照工程性质和技术特点划分为若干工程类别。综合资质、事务所资质不分级别。专业资质分为甲级、乙级；其中，房屋建筑、水利水电、公路和市政公用专业资质可设立丙级。

第三节　建筑业专业人员执业资格制度

一、执业资格制度综述

在我国，对建筑业专业技术人员实行执业资格制度。

根据《中华人民共和国注册建筑师条例》(国务院令第184号，以下简称《注册建筑师条例》)及《中华人民共和国注册建筑师条例实施细则》(建设部令第167号)、《注册结构工程师执业资格制度暂行规定》(建设[1997]222号)、《注册监理工程师管理规定》(建设部令第147号)、《注册造价工程师管理办法》(建设部令第150号)、《注册咨询工程师(投资)执业资格制度暂行规定》(人发[2001]127号)、《建造师执业资格制度暂行规定》(人发[2002]111号)、《勘察设计注册工程师管理规定》(建设部令第137号)等行政法规、部门规章和行政规范性文件，我国目前在建筑业实行执业资格制度的专业技术人员包括：注册建筑师、注册工程师、监理工程师、造价工程师、注册咨询工程师、建造师等。

前述被纳入执业资格制度的专业技术人员，应当经全国统一考试合格，取得执业资格证书并经注册后，方可分别以注册建筑师、注册结构工程师、监理工程师、造价工程师、注册咨询工程师、建造师等名义执业。

注册执业人员在执业过程中应遵守如下规定：
(1) 不得以个人名义私自承接业务；
(2) 不得同时受聘于两个以上单位执行业务；
(3) 不得准许他人以本人名义执行业务。

违反前述规定的，将受到没收违法所得、罚款、责令停止执业或吊销资格证书等行政处罚。给他人造成损失的，还应当依法承担赔偿责任。

注册执业人员造成质量、安全事故的，将承担如下法律责任：
(1) 根据《建设工程质量管理条例》第72条规定，违反该条例规定，注册建筑师、注册结构工程师、监理工程师等注册执业人员因过错造成质量事故的，责令停止执业1年；造成重大质量事故的，吊销执业资格证书，5年内不予注册；情节特别恶劣的，终身不予注册。
(2) 根据《建设工程安全生产管理条例》第58条规定，注册执业人员未执行法律、法规和工程建设强制性标准的，责令停止执业3个月以上1年以下；情节严重的，吊销执业资格证书，5年内不予注册；造成重大安全事故的，终身不予注册；构成犯罪的，依照刑法有关规定追究刑事责任。

二、建造师执业资格制度

（一）建造师的注册要求

《建造师执业资格制度暂行规定》适用于建设工程项目总承包、施工管理的专业技术人员。申请参加一级建造师执业资格考试，应当具备《建造师执业资格制度暂行规定》规定的条件。

参加一级建造师执业资格考试合格，由各省、自治区、直辖市人事部门颁发人事部统一印制，人事部、建设部用印的《中华人民共和国一级建造师执业资格证书》。该证书在全国范围内有效。

取得建造师执业资格证书的人员，必须经过注册登记，方可以建造师名义执业。申请注册的人员必须同时具备如下条件：

(1) 取得建造师执业资格证书；

(2) 无犯罪记录；

(3) 身体健康，能坚持在建造师岗位上工作；

(4) 经所在单位考核合格。

建造师执业资格注册有效期一般为3年，有效期满前3个月，持证者应到原注册管理机构办理再次注册手续。

经注册的建造师有下列情况之一的，由原注册管理机构注销注册：

(1) 不具有完全民事行为能力的。

(2) 受刑事处罚的。

(3) 因过错发生工程建设重大质量安全事故或有建筑市场违法违规行为的。

(4) 脱离建设工程施工管理及其相关工作岗位连续2年（含2年）以上的。

(5) 同时在2个及以上建筑业企业执业的。

(6) 严重违反职业道德的。

（二）建造师的执业范围

建造师经注册后，有权以建造师名义担任建设工程项目施工的项目经理及从事其他施工活动的管理。根据《建造师执业资格制度暂行规定》，建造师的执业范围包括：

(1) 担任建设工程项目施工的项目经理。

(2) 从事其他施工活动的管理工作。

(3) 法律、行政法规或国务院建设行政主管部门规定的其他业务。

建造师分为一级建造师（Constructor）和二级建造师（Associate Constructor）。按照建设部颁布的《建筑业企业资质等级标准》，一级建造师可以担任特级、一级建筑业企业资质的建设工程项目施工的项目经理；二级建造师可以担任二级及以下建筑业企业资质的建设工程项目施工的项目经理。

（三）建造师的执业要求

根据《建造师执业资格制度暂行规定》，一级建造师应具备如下执业技术能力：

(1) 具有一定的工程技术、工程管理理论和相关经济理论水平，并具有丰富的施工管理专业知识。

(2) 能够熟练掌握和运用与施工管理业务相关的法律、法规、工程建设强制性标准和行业管理的各项规定。

（3）具有丰富的施工管理实践经验和资历，有较强的施工组织能力，能保证工程质量和安全生产。

（4）有一定的外语水平。

建造师在工作中，必须严格遵守法律、法规和行业管理的各项规定，恪守职业道德。

建造师必须接受继续教育，更新知识，不断提高业务水平。

第四节　建设工程发包制度

一、建设工程应当依法招标

建设工程的发包方式主要有两种：招标发包和直接发包。《建筑法》第19条规定："建筑工程依法实行招标发包，对不适用于招标发包的可以直接发包。"

建设工程的招标发包，主要适用《招标投标法》及其有关规定。《招标投标法》第3条规定了必须进行招标的工程建设项目范围。在该范围内并且达到国家规定的规模标准的工程建设项目的勘察、设计、施工、监理、重要设备和材料的采购都必须依法进行招标。有关建设工程招标投标的具体内容，详见第三章。

对于不适于招标发包可以直接发包的建设工程，发包单位虽然可以不进行招标，但应当将建设工程发包给具有相应资质条件的承包单位。《建筑法》第22条规定，"建筑工程实行直接发包的，发包单位应当将建筑工程发包给具有相应资质条件的承包单位。"

二、提倡实行工程总承包

《建筑法》第24条第1款规定，"提倡对建筑工程实行总承包。"建设工程的总承包方式按承包的内容不同，分为工程总承包和施工总承包。其中，施工总承包是我国较为传统的工程承包方式，其主要特征是设计、施工分别由两家不同的承包单位承担；而工程总承包，则是指"从事工程总承包的企业受业主委托，按照合同约定对工程项目的勘察、设计、采购、施工、试运行（竣工验收）等实行全过程或若干阶段的承包"❶。《建筑法》第24条第2款规定，"建筑工程的发包单位可以将建筑工程的勘察、设计、施工、设备采购一并发包给一个工程总承包单位，也可以将建筑工程勘察、设计、施工、设备采购的一项或者多项发包给一个工程总承包单位"。

工程总承包是国际通行的工程建设项目组织实施方式。积极推行工程总承包，是深化我国工程建设项目组织实施方式改革，提高工程建设管理水平，保证工程质量和投资效益，规范建筑市场秩序的重要措施；是勘察、设计、施工企业调整经营结构，增强综合实力，加快与国际工程承包和管理方式接轨，适应社会主义市场经济发展和加入世界贸易组织后新形势的必然要求；是贯彻党的十六大关于"走出去"的发展战略，积极开拓国际承包市场，带动我国技术、机电设备及工程材料的出口，促进劳务输出，提高我国企业国际竞争力的有效途径。

---

❶ 引自建设部《关于培育发展工程总承包和工程项目管理企业的指导意见》建市［2003］30号。

三、禁止将建设工程肢解发包和违约指定采购

（一）禁止发包单位将建设工程肢解发包

《建筑法》第24条规定，"禁止将建筑工程肢解发包"，"不得将应当由一个承包单位完成的建筑工程肢解成若干部分发包给几个承包单位"。根据《建设工程质量管理条例》第78条规定，"肢解发包"是指"建设单位将应当由一个承包单位完成的建设工程分解成若干部分发包给不同的承包单位的行为"。建设单位（发包单位）将应当由一个承包单位整体承包的工程，肢解成若干部分分别发包给几个承包单位，容易造成管理秩序混乱、责任不清，进而严重影响工程安全和质量。鉴此，《建筑法》对此作出了禁止性规定。

（二）发包单位不得违约指定承包单位采购

《建筑法》第25条规定："按照合同约定，建筑材料、建筑构配件和设备由工程承包单位采购的，发包单位不得指定承包单位购入用于工程的建筑材料、建筑构配件和设备或者指定生产厂、供应商。"

建筑材料、建筑构配件和设备的采购权归属，是建设工程发包的一项非常重要的内容，需要发承包双方通过合同进行约定。在实践中，发包单位通常按包工包料的方式将工程发包给承包单位，对于需要由发包单位自己采购的，应当在合同中明确约定发包人的供货品种、规格、型号、数量、单价、质量等级、供货时间和地点等。但是，对于承包单位依据合同约定有权采购的建筑材料、建筑构配件和设备，如果发包单位指定承包商采购，将构成违约，承包单位有权拒绝；如果由于发包单位指定的建筑材料、建筑构配件和设备不符合强制性标准造成建设工程质量缺陷的，发包单位应当承担过错责任[❶]。

第五节 建设工程承包制度

一、建设工程承包单位的资质等级许可制度

我国对建设工程承包单位（包括勘察、设计、施工单位）实行资质等级许可制度。《建筑法》第26条第1款规定："承包建筑工程的单位应当持有依法取得的资质证书，并在其资质等级许可的业务范围内承揽工程。"目前，对有关建设工程勘察、设计、施工企业的资质等级、业务范围等作出统一规定的分别是《建设工程勘察设计企业资质管理规定》（建设部令第93号）《建筑业企业资质管理规定》（建设部令第87号），详见本章第二节。

为了规范建筑施工企业的市场行为，严格建筑施工企业的市场准入，《建筑法》第26条第2款对违反资质许可制度的行为作出如下规定：

（1）禁止建筑施工企业超越本企业资质等级许可的业务范围承揽工程；

（2）禁止以任何形式用其他建筑施工企业的名义承揽工程；

（3）禁止建筑施工企业以任何形式允许其他单位或者个人使用本企业的资质证书、营业执照，以本企业的名义承揽工程。

[❶] 见最高人民法院《关于审理建设工程施工合同纠纷案件适用法律问题的解释》第12条。

二、联合承包

《建筑法》第 27 条规定："大型建筑工程或者结构复杂的建筑工程,可以由两个以上的承包单位联合共同承包。共同承包的各方对承包合同的履行承担连带责任。

两个以上不同资质等级的单位实行联合共同承包的,应当按照资质等级较低的单位的业务许可范围承揽工程。"

《招标投标法》及其相关规定对"联合体投标"问题作出了更具体规定,详见第三章。

三、禁止转包

《建筑法》第 28 条规定："禁止承包单位将其承包的全部建筑工程转包给他人,禁止承包单位将其承包的全部建筑工程肢解以后以分包的名义分别转包给他人。"《建设工程质量管理条例》第 78 条则将"转包"定义为"承包单位承包建设工程后,不履行合同约定的责任和义务,将其承包的全部建设工程转给他人或者将其承包的全部建设工程肢解以后以分包的名义分别转给其他单位承包的行为"。

转包的主要特征是:转包方往往仅从受转包方收取一定比例或数额的管理费,不按照其与发包方的合同约定进行工程建设。在实践中,转包行为是造成偷工减料、管理不善,并导致工程质量和安全事故频发的主要原因之一,因此被我国法律所严格禁止。

第六节 建设工程分包制度

一、建设工程分包单位的资质等级许可制度

我国对建设工程的分包单位实行资质等级许可制度。《建筑法》第 29 条规定,"建筑工程总承包单位可以将承包工程中的部分工程发包给具有相应资质条件的分包单位"。据此,《建筑业企业资质管理规定》第 5 条进一步规定:

1. 承担施工总承包的企业可以对所承接的工程全部自行施工,也可以将非主体工程或者劳务作业分包给具有相应专业承包资质或者劳务分包资质的其他建筑业企业。

2. 获得专业承包资质的企业,可以承接施工总承包企业分包的专业工程或者建设单位按照规定发包的专业工程。专业承包企业可以对所承接的工程全部自行施工,也可以将劳务作业分包给具有相应劳务分包资质的劳务分包企业。

3. 获得劳务分包资质的企业,可以承接施工总承包企业或者专业承包企业分包的劳务作业。

二、总承包单位与分包单位的连带责任

《建筑法》第 29 条第 2 款规定："建筑工程总承包单位按照总承包合同的约定对建设单位负责;分包单位按照分包合同的约定对总承包单位负责。总承包单位和分包单位就分包工程对建设单位承担连带责任。"

连带责任既可以依合同约定产生,也可以依法律规定产生。建设单位虽然和分包单位之间没有合同关系,但是当分包工程发生质量、安全、进度等方面问题给建设单位造成损

失时，建设单位既可以根据总承包合同向总承包单位追究违约责任，也可以根据法律规定直接要求分包单位承担损害赔偿责任，分包单位不得拒绝。总承包单位和分包单位之间的责任划分，应当根据双方的合同约定或者各自过错大小确定；一方向建设单位承担的责任超过其应承担份额的，有权向另一方追偿。

三、禁止违法分包

《建筑法》禁止违法实施分包，违法分包的情形具体包括：

1. 总承包单位将建设工程分包给不具备相应资质条件的单位的；
2. 建设工程总承包合同中未有约定，又未经建设单位认可，承包单位将其承包的部分建设工程交由其他单位完成的；
3. 施工总承包单位将建设工程主体结构的施工分包给其他单位的；
4. 分包单位将其承包的建设工程再分包的。

第七节 建设工程监理制度

《建筑法》第30条第1款规定："国家推行建筑工程监理制度。"

建设工程监理，是指具有相应资质条件的工程监理单位依法接受建设单位的委托，依照法律、法规以及有关技术标准、设计文件和建设工程承包合同，对建设工程质量、建设工期和建设资金使用等实施的专业化监督管理。

根据《建筑法》的有关规定，建设单位与其委托的工程监理单位应当订立书面委托合同。工程监理单位应当根据建设单位的委托，客观、公正地执行监理业务。建设单位和工程监理单位之间是一种委托代理关系，适用《民法通则》有关代理的法律规定。

实行建设工程监理制度，是我国工程建设领域管理体制改革的重大举措。我国自1988年开始推行建设工程监理制度。经过近十年的探索总结，《建筑法》以法律形式正式确立了工程监理制度。国务院《建设工程质量管理条例》、《建设工程安全生产管理条例》则进一步规定了工程监理单位的质量责任、安全责任。

一、实行强制监理的建设工程范围

《建筑法》第30条第2款规定："国务院可以规定实行强制监理的建筑工程的范围。"国务院《建设工程质量管理条例》第12条规定了必须实行监理的建设工程，《建设工程监理范围和规模标准规定》（2001年1月17日建设部令第86号发布）则对必须实行监理的建设工程做出了更具体的规定。

（一）国家重点建设项目

国家重点建设项目是指依据《国家重点建设项目管理办法》所确定的对国民经济和社会发展有重大影响的骨干项目。

（二）大中型公用事业工程

大中型公用事业工程是指项目总投资额在3000万元以上的下列工程项目：

1. 供水、供电、供气、供热等市政工程项目；
2. 科技、教育、文化等项目；

3. 体育、旅游、商业等项目；

4. 卫生、社会福利等项目；

5. 其他公用事业项目。

（三）成片开发建设的住宅小区工程

建筑面积在5万平方米以上的住宅建设工程必须实行监理；5万平方米以下的住宅建设工程，可以实行监理，具体范围和规模标准，由省、自治区、直辖市人民政府建设行政主管部门规定。

（四）利用外国政府或者国际组织贷款、援助资金的工程，范围包括：

1. 使用世界银行、亚洲开发银行等国际组织贷款资金的项目；

2. 使用国外政府及其机构贷款资金的项目；

3. 使用国际组织或者国外政府援助资金的项目。

（五）国家规定必须实行监理的其他工程是指：

1. 项目总投资额在3000万元以上关系社会公共利益、公众安全的下列基础设施项目：

（1）煤炭、石油、化工、天然气、电力、新能源等项目；

（2）铁路、公路、管道、水运、民航以及其他交通运输业等项目；

（3）邮政、电信枢纽、通信、信息网络等项目；

（4）防洪、灌溉、排涝、发电、引（供）水、滩涂治理、水资源保护、水土保持等水利建设项目；

（5）道路、桥梁、地铁和轻轨交通、污水排放及处理、垃圾处理、地下管道、公共停车场等城市基础设施项目；

（6）生态环境保护项目；

（7）其他基础设施项目。

2. 学校、影剧院、体育场馆项目。

二、工程监理单位资质等级许可制度

我国对工程监理单位实行资质等级许可制度。《建筑法》第31条规定："实行监理的建筑工程，由建设单位委托具有相应资质条件的工程监理单位监理。"

《建设工程质量管理条例》第34条第1款进一步规定："工程监理单位应当依法取得相应资质等级的证书，并在其资质等级许可的范围内承担工程监理业务。"目前，对有关工程监理企业的资质等级、业务范围等作出统一规定的是《工程监理企业资质管理规定》（2007年6月26日建设部令第158号发布），见本章第二节。

为了规范工程监理单位的市场行为，严格工程监理单位的市场准入，《建设工程质量管理条例》第2款对违反工程监理单位资质许可制度的行为作出如下禁止性规定：

（1）禁止工程监理单位超越本单位资质等级许可的范围承担工程监理业务；

（2）禁止以其他工程监理单位的名义承担工程监理业务；

（3）禁止工程监理单位允许其他单位或者个人以本单位的名义承担工程监理业务。

三、工程监理的依据、内容和权限

（一）工程监理的依据

根据《建筑法》、《建设工程质量管理条例》、《建设工程安全生产管理条例》的有关规定，工程监理的依据包括：

1. 法律、法规。工程监理单位执行监理任务，必须符合法律、法规的规定。工程监理单位既不能亲自实施违法行为，也不能接受建设单位委托的违法事项，如弄虚作假、降低工程质量等。否则，根据《建筑法》第69条的规定，造成损失的，工程监理单位应当与建设单位承担连带赔偿责任。

2. 有关的技术标准。技术标准分为强制性标准和推荐性标准。强制性标准是各参建单位都必须执行的标准，而推荐性标准则是可以自主决定是否采用的标准。通常情况下，建设单位如要求采用推荐性标准，应当与设计单位或施工单位在合同中予以明确约定。经合同约定采用的推荐性标准，对合同当事人同样具有法律约束力，设计或施工未达到该标准，将构成违约行为。

3. 设计文件。设计文件不仅是施工的依据，也是监理的依据。工程监理人员如果发现施工不符合设计要求，应当到要求施工单位改正，这既是工程监理单位依法享有的权利，同时也是其依法应当履行的义务。同时，工程监理人员如果发现工程设计有瑕疵，依法有义务向建设单位报告要求设计单位改正。

4. 建设工程承包合同。建设单位和承包单位通过订立建设工程承包合同，明确双方的权利和义务。工程监理单位作为建设单位的委托代理人，其在委托授权范围内享有的权利，只能来源于建设单位在建设工程承包合同中的权利。因此，工程监理单位代表建设单位实施监理工作，不能脱离建设工程承包合同。

（二）工程监理的内容和权限

1. 工程监理的内容

根据《建筑法》的有关规定，工程监理的内容可以概括为工程监理单位对承包单位在质量、工期和资金使用等方面的监督，即实践中所谓的"三控制"。当然，由于工程监理单位和建设单位之间属委托代理关系，因此，工程监理单位的监理工作内容、监理权限还将取决于双方合同的具体约定，并且该约定要向被监理的承包单位披露。为此，《建筑法》第33条特别强调："实施建筑工程监理前，建设单位应当将委托的工程监理单位、监理的内容及监理权限，书面通知被监理的建筑施工企业。"

2. 工程监理的权限

《建筑法》第32条第2款、第3款分别规定了工程监理人员的监理权限和义务：

（1）工程监理人员认为工程施工不符合工程设计要求、施工技术标准和合同约定的，有权要求建筑施工企业改正。

（2）工程监理人员发现工程设计不符合建筑工程质量标准或者合同约定的质量要求的，应当报告建设单位要求设计单位改正。

《建设工程质量管理条例》第37条第2款还规定："未经监理工程师签字，建筑材料、建筑构配件和设备不得在工程上使用或者安装，施工单位不得进行下一道工序的施工。未经总监理工程师签字，建设单位不拨付工程款，不进行竣工验收。"详见1Z301144相应内容。

四、禁止工程监理单位实施的违法行为

根据《建筑法》第 34 条、35 条的规定，工程监理单位还应当遵守如下强制性法律规定：

（一）工程监理单位与被监理工程的承包单位以及建筑材料、建筑构配件和设备供应单位不得有隶属关系或者其他利害关系。

工程监理单位与本监理工程的承包单位、供应单位之间是监督与被监督的关系。工程监理单位应当根据建设单位的委托，客观、公正的执行监理任务。如果工程监理单位与承包单位或供应单位之间隶属关系或其他利害关系，将很可能影响工程监理单位的客观性和公正性，并最终损害委托方建设单位的利益。鉴此，《建筑法》第 34 条第 3 款作出了相应的禁止性规定。

（二）工程监理单位不得转让监理业务。

建设单位之所以将监理工作委托给某个工程监理单位，往往是出于对该单位综合能力的信任，而并不仅仅取决于其监理费报价是否较低。因此，和其他委托代理合同一样，建设工程委托监理合同通常是建立在信赖关系的基础上，具有较强的人身性。工程监理单位接受委托后，应当自行完成工程监理工作，不得转让监理业务。

（三）工程监理单位不按照委托监理合同的约定履行监理义务，对应当监督检查的项目不检查或者不按照规定检查，给建设单位造成损失的，应当承担相应的赔偿责任。

工程监理单位应当与建设单位签订建设工程委托监理合同，明确双方的权利义务。工程监理单位不按照委托监理合同的约定履行监理义务，首先是对建设单位的一种违约，因此要承担相应的违约责任；如果给建设单位造成损失，这种违约责任将主要表现为赔偿损失。当然，工程监理单位不按约定或法律规定履行监理义务的行为，除应当对建设单位承担违约责任以外，还有可能依法承担罚款、降低资质等级等行政责任；构成犯罪的，还要承担刑事责任。

（四）工程监理单位与承包单位串通，为承包单位谋取非法利益，给建设单位造成损失的，应当与承包单位承担连带赔偿责任。

如前所述，工程监理单位与建设单位之间是代理与被代理的关系；而相对于建设工程委托监理合同，承包单位是第三人。根据《民法通则》第 66 条的规定，代理人和第三人串通，损害被代理人的利益的，由代理人和第三人负连带责任。《建筑法》第 35 条第 2 款规定的内容，与《民法通则》第 66 条规定的内容是一致的。

第三章 建设工程招标投标制度

第一节 建设工程招标投标概述

一、建设工程招标投标的基本概念

（一）建设工程招标和投标

建设工程招标投标活动，是我国建设工程承包合同订立的最主要方式。《建筑法》第19条规定："建筑工程依法实行招标发包，对不适于招标发包的可以直接发包。"

建设工程招标是指发包人率先提出工程的条件和要求，发布招标广告吸引或直接邀请众多投标人参加投标并按照规定格式从中选择承包人的行为。建设工程投标是指投标人在同意招标人拟订好的招标文件的前提下，对招标项目提出自己的报价和相应条件，通过竞争努力被招标人选中的行为。

合同的订立一般要经过要约和承诺两个阶段，有的合同还要经过要约邀请的阶段和签订合同书阶段。建设工程合同的订立同样要采取要约、承诺的方式。《合同法》第15条规定，招标人发布招标公告的行为属于要约邀请，据此，投标人投标的行为属于要约，招标人发出中标通知书的行为属于承诺。

（二）建设工程招标投标当事人和其他参与人

1. 建设工程招标投标当事人

建设工程招标投标当事人，又称建设工程招标投标活动主体，是指依照法律规定能够参与建设工程招标投标法律关系，享受相应权利和承担相应义务的人，主要指招标人和投标人。

（1）招标人，是依照招标投标法的规定提出招标项目、进行招标的法人或其他组织。

（2）投标人，是指响应投标、参加投标竞争的法人或者其他组织。在实践中，非企业法人的其他组织通常不能成为建设工程施工和勘察、设计投标的主体。

2. 建设工程招标投标其他参与人

除招标人和投标人以外，建设工程招标投标的参与人还包括招标代理机构、评标委员会等。

招标代理机构，是指依法设立、从事招标代理业务并提供相关服务的社会中介组织。评标委员会，是指由招标人的代表和有关技术、经济方面的专家组成、负责评标事宜的机构。

建设工程招标投标活动是程序性很强的经济活动，招标投标活动当事人应当按照法律规定的程序开展活动，只有这样，有关各方的合法权益才能得到保护。

二、工程建设项目招标范围和规模标准

《中华人民共和国招标投标法》（以下简称《招标投标法》）第3条规定了在中华人民

共和国境内进行工程建设项目包括项目的勘察、设计、施工、监理以及与工程建设有关的重要设备、材料等的采购，必须依照《招标投标法》进行招标，新出台的《招标投标法实施条例》又对工程建设项目的进行了明确的定义，是指工程以及与工程建设有关的货物、服务。其中工程，是指建设工程，包括建筑物和构筑物的新建、改建、扩建及其相关的装修、拆除、修缮等；与工程建设有关的货物，是指构成工程不可分割的组成部分，且为实现工程基本功能所必需的设备、材料等；与工程建设有关的服务，是指为完成工程所需的勘察、设计、监理等服务。

（一）工程建设项目招标范围

1. 大型基础设施、公用事业等关系社会公共利益、公众安全的项目

根据国家发展计划委员会2000年5月1日发布的第3号令《工程建设项目招标范围和规模标准规定》，关系社会公共利益、公众安全的基础设施项目的范围包括：

（1）煤炭、石油、天然气、电力、新能源等能源项目；

（2）铁路、公路、管道、水运、航空以及其他交通运输业等交通运输项目；

（3）邮政、电信枢纽、通信、信息网络等邮电通信项目；

（4）防洪、灌溉、排涝、引（洪）水、滩涂治理、水土保持、水利枢纽等水利项目；

（5）道路、桥梁、地铁和轻轨交通、污水排放及处理、垃圾处理、地下管道、公共停车场等城市设施项目；

（6）生态环境保持项目；

（7）其他基础设施项目。

关系社会公共利益、公众安全的公用事业项目的范围包括：

（1）供水、供电、供气、供热等市政工程项目；

（2）科技、教育、文化等项目；

（3）体育、旅游等项目；

（4）卫生、社会福利等项目；

（5）商品住宅，包括经济适用住房；

（6）其他公用事业项目。

2. 全部或者部分使用国有资金投资或者国家融资的项目

根据该规定，使用国有资金投资项目的范围包括：

（1）使用各级财政预算资金的项目；

（2）使用纳入财政管理的各种政府性专项建设基金的项目；

（3）使用国有企业事业单位自有资金，并且国有资产投资者实际拥有控制权的项目。

根据该规定，国家融资项目的范围包括：

（1）使用国家发行债券所筹资金的项目；

（2）使用国家对外借款或者担保所筹资金的项目；

（3）使用国家政策性贷款的项目（例如，使用国家开发银行、中国农业发展银行、中国进出口银行等政策性银行的贷款）；

（4）国家授权投资主体融资的项目；

（5）国家特许的融资项目。

3. 使用国际组织或者外国政府资金的项目

根据该规定，使用国际组织或者外国政府资金的项目的范围包括：

（1）使用世界银行、亚洲开发银行等国际组织贷款资金的项目；

（2）使用外国政府及其机构贷款资金的项目（例如，日本海外经协力基金贷款、日本输出入银行贷款、日本黑字环流贷款、科威特阿拉伯经济发展基金贷款）；

（3）使用国际组织或者外国政府援助资金的项目。

（二）工程建设项目招标规模标准

《工程建设项目招标范围和规模标准规定》规定的上述各类工程建设项目，包括项目的勘察、设计、施工、监理以及与工程建设有关的重要设备、材料等的采购，达到下列标准之一的，必须进行招标：

1. 施工单项合同估算价在 200 万元人民币以上的；
2. 重要设备、材料等货物的采购，单项合同估算价在 100 万元人民币以上的；
3. 勘察、设计、监理等服务的采购，单项合同估算价在 50 万元人民币以上的；
4. 单项合同估算价低于第 1、2、3 项规定的标准，但项目总投资额在 3000 万元人民币以上的。

（三）可以不进行招标的项目范围

《招标投标法》第 66 条规定："涉及国家安全、国家秘密抢险救灾或者属于利用扶贫资金实行以工代赈、需要使用农民工等特殊情况，不适宜进行招标的项目，按照国家规定可以不进行招标。"

根据《招标投标法实施条例》第 9 条规定，除了上述可以不进行招标的特殊情况外，有下列情形之一的，可以不进行招标：

（1）需要采用不可替代的专利或者专有技术；

（2）采购人依法能够自行建设、生产或者提供；

（3）已通过招标方式选定的特许经营项目投资人依法能够自行建设、生产或者提供；

（4）需要向原中标人采购工程、货物或者服务，否则将影响施工或者功能配套要求；

（5）国家规定的其他特殊情形。

但是招标人不得为适用上述规定弄虚作假，否则视为规避招标。

根据《工程建设项目施工招标投标办法》（国家发展计划委员会、建设部等七部委员会联合发布 30 号令，2003 年 5 月 1 日起施行）第 12 条的规定，工程建设项目有下列情形之一的，依法可以不进行施工招标：

（1）涉及国家安全、国家秘密或者抢险救灾而不适宜招标的；

（2）属于利用扶贫资金实行以工代赈需要使用农民工的；

（3）施工主要技术采用特定的专利或者专有技术的；

（4）施工企业自建自用的工程，且该施工企业资质等级符合工程要求的；

（5）在建工程追加的附属小型工程或者主体加层工程，原中标人仍具备承包能力的；

（6）法律、行政法规规定的其他情形。

三、建设工程招投标的基本法律要求

（一）禁止规避招标

《招标投标法》第 4 条规定："任何单位和个人不得将依法必须进行招标的项目化整为

零或者以其他任何方式规避招标。"

有关当事人为获取非法利益，常常会千方百计地规避招标。化整为零规避招标，一般是指将一个符合依法必须进行招标的项目划分为若干部分，使每部分在规模上都低于依法必须进行招标的项目，从而达到规避招标的目的。除采取化整为零的方式外，比较常见的还有虚假招标等方式，如利用设置巨额投标保证金等不合理的条件排斥潜在的投标人；或表面招标，实际已暗中确定承包人等。

对于规避招标的行为，《招标投标法》第49条规定："违反本法规定，必须进行招标的项目而不招标的，将必须进行招标的项目化整为零或者以其他任何方式规避招标的，责令限期改正，可以处项目合同金额千分之五以上千分之十以下的罚款；对全部或者部分使用国有资金的项目，可以暂停项目执行或者暂停资金拨付；对单位直接负责的主管人员和其他直接责任人员依法给予处分。"

（二）遵循公开、公平、公正和诚实信用的原则

《招标投标法》第5条规定："招标投标活动应当遵循公开、公平、公正和诚实信用的原则。"

1. 公开原则

公开原则要求招标投标的法律、法规、政策公开；招标投标具体过程公开，包括招标公开（在公开招标中）、开标公开、评标和中标的结果公开等。

公开原则保证各投标人能够公平的得到各种信息，防止只让局部范围内的少数招标人知道招标信息，从而保证招标的广泛性、竞争性、透明性和公平性等。

2. 公平原则

公平原则要求给予所有投标人平等的机会，使其享有同等的权利，履行同等的义务，不得以任何理由排斥或歧视任何潜在投标人。

同时，针对招标投标活动中的地区保护主义和部门保护主义，《招标投标法》第6条特别规定："依法必须进行招标的项目，其招标投标活动不受地区或者部门的限制。任何单位和个人不得违法限制或者排斥本地区、本系统以外的法人或者其他组织参加投标，不得以任何方式非法干涉招标投标活动。"这也是公平原则在招标投标活动中的重要体现。

（三）国家依法对招标投标活动实施监督

《招标投标法》第7条规定："招标投标活动及其当事人应当接受依法实施的监督。有关行政监督部门依法对招标投标活动实施监督，依法查处招标投标活动中的违法行为。对招标投标活动的行政监督及有关部门的具体职权划分，由国务院规定。"

对招标投标活动的监督包括社会监督、行政监督和司法监督，这里主要指行政监督。招标投标的行政监督是招标投标法律规范涉及的重要问题，为了保证招标投标活动依法进行，需要行政机关对其进行有效的监督，并依法对违法行为进行查处。

由于招标投标项目涉及的面很广，我国目前是由多个部门分别进行监督管理。根据中央机构编制委员会办公室《关于国务院有关部门实施招标投标活动行政监督的职责分工的意见》（国办发［2000］34号）：属国家重点建设项目的招标投标，由国家计委组织国家重大建设项目稽查特派员进行监督管理；工业（含内贸）、水利、交通、铁道、民航、信息产业等行业和产业项目的招投标活动的监督执法，分别由经贸、水利、

交通、铁道、民航、信息产业等行政主管部门负责；各类房屋建筑及其附属设施的建造和与其配套的线路、管道、设备的安装项目和市政工程项目的招投标活动的监督执法，由建设行政主管部门负责；进口机电设备采购项目的招投标活动的监督执法，由外经贸行政主管部门负责。

这种多部门管理的格局，虽然有利于发挥各部门专业管理的长处，但也造成了难以避免的问题和矛盾，既使基层单位常常难以适从，也容易造成部门行业垄断的现象。因此，必须对我国的招标投标管理体制进行适当的改革，以建立起适合我国国情的、高效精简的招标投标监督管理体制。

第二节 建设工程招标

一、招标必备条件

建设工程招标必须具备一定的条件，不具备这些条件就不能进行招标。

《招标投标法》第9条规定："招标项目按照国家有关规定需要履行项目审批手续的，应当先履行审批手续，取得批准。招标人应当有进行招标项目的相应资金或者资金来源已经落实，并应当在招标文件中如实载明。"

《工程建设项目施工招投标办法》第8条规定："依法必须招标的工程建设项目，应当具备下列条件才能进行施工招标：

（一）招标人已经依法成立；

（二）初步设计及概算应当履行审批手续的，已经批准；

（三）招标范围、招标方式和招标组织形式等应当履行核准手续的，已经核准；

（四）有相应资金或资金来源已经落实；

（五）有招标所需的设计图纸及技术资料。"

《招标投标法》和《工程建设项目施工招标投标办法》对招标项目工程资金或资金来源应当落实的规定，对解决当前工程建设领域中建设单位虚假出资、承包单位带资承包等严重扰乱市场秩序的行为具有十分重要的意义。

根据实践经验，对建设工程招标的条件，最基本和最关键的是要把握住两条：一是建设项目已合法成立，办理了报建登记。招标项目按照国家有关规定需要履行项目审批手续的，应当先履行审批手续，取得批准。二是建设资金已基本落实，工程任务承接者确定后能实际开展动作。

二、招标方式

《招标投标法》规定，招标分为公开招标和邀请招标。据此，议标这种招标方式已被我国法律所禁止。

（一）公开招标

公开招标亦称无限竞争性招标，是指招标人以招标公告的方式邀请不特定的法人或者其他组织招标。采用这种招标方式可为所有的承包人提供一个平等竞争的机会，发包人有较大的选择余地，有利于降低工程造价，提高工程质量和缩短工期。不过，这种招标方式可能导致招标人对资格预审和评标工作量加大，招标费用支出增加；同时也是投标人中标几率减小，从而增加其投标前期风险。

《工程建设项目施工招标投标办法》第11条规定"国务院发展计划部门确定的国家重点建设项目和各省、自治区、直辖市人民政府确定的地方重点建设项目，以及全部使用国有资金投资或者国有资金投资占控股或者主导地位的工程建设项目，应当公开招标。"但根据《招标投标法实施条例》的规定，国有资金占控股或主导地位的依法必须招标的项目，有下列情形之一的，可以邀请招标：

（1）技术复杂、有特殊要求或者受自然环境限制，只有少量潜在投标人可供选择；

（2）采用公开招标方式的费用占项目合同金额的比例过大。

世界银行的贷款项目公开招标方式又分为国际竞争性招标和国内竞争性招标。其中，国际竞争性招标是世界银行贷款项目的主要招标方式，目前我国同世界银行商定，限额在100万美元以上的采用国际竞争性招标。

（二）邀请招标

邀请招标亦称有限招标，是指招标人以投标邀请书的方式邀请特定的法人或者其他组织投标。采用这种招标方式，由于被邀请参加竞争的投标者为数有限，不仅可以节省招标费用，而且能提高每个投标者的中标机率，所以对招标、投标双方都有利。不过，这种招标方式限制了竞争范围，把许多可能的竞争者排除在外，是不符合自由竞争、机会均等原则的。

《招标投标法》第11条规定："国务院发展计划部门确定的国家重点项目和省、自治区、直辖市人民政府确定的地方重点项目不适宜公开招标的，经国务院发展计划部门或者省、自治区、直辖市人民政府批准，可以进行邀请招标。"

《工程建设项目施工招标投标办法》第11条规定应当公开招标的建设项目，有下列情形之一的，经批准可以进行邀请招标：

1. 项目技术复杂或有特殊要求，只有少量几家潜在投标人可供选择的；
2. 受自然地域环境限制的；
3. 涉及国家安全、国家秘密或者抢险救灾，适宜招标但不宜公开招标的；
4. 拟公开招标的费用与项目的价值相比，不值得的；
5. 法律、法规规定不宜公开招标的。

国家重点建设项目的邀请招标，应当经国务院发展计划部门批准；地方重点建设项目的邀请招标，应当经各省、自治区、直辖市人民政府批准。

全部使用国有资金投资或者国有资金投资占控股或者主导地位的并需要审批的工程建设项目的邀请招标，应当经项目审批部门批准，但项目审批部门只审批立项的，由有关行政监督部门审批。

三、招标组织与招标申请

应当招标的工程建设项目，办理报建登记手续后，凡已满足招标条件的，均可组织招标，办理招标事宜。根据招标人是否具有招标资质，可以将组织招标分为自行招标和委托招标两种情况。

（一）招标人自行招标

由于建设工程招标是一项经济性、技术性很强的专业活动，因此，招标人自己组织招标，必须具备一定的条件和遵守必要的法律程序。

1. 自行招标应当具备的条件

《招标投标法》第12条规定："招标人具有编制招标文件和组织评标能力的，可以自行办理招标事宜。任何单位和个人不得强制其委托招标代理机构办理招标事宜。"根据国家计委2000年7月1日颁布的《工程建设项目自行招标试行办法》第4条的规定，招标人自行办理招标事宜，应当具有编制招标文件和组织评标的能力，具体包括：

（1）具有项目法人资格（或者法人资格）；

（2）具有与招标项目规模和复杂程度相适应的工程技术、概预算、财务和工程管理等方面专业技术力量；

（3）有从事同类工程建设项目招标的经验；

（4）设有专门的招标机构或者拥有3名以上专职招标业务人员；

（5）熟悉和掌握招标投标法及有关法规规章。

2. 自行招标应当遵守的法律程序

根据《工程建设项目自行招标试行办法》的有关规定，招标人自行招标的，应当遵守如下法律程序：

（1）项目法人或者组建中的项目法人应当在国家计委上报项目可行性研究报告时，一并报送符合该办法第4条规定的书面材料。

（2）国家计委审查招标人报送的书面材料，核准招标人符合本办法规定的自行招标条件的，招标人可以自行办理招标事宜。任何单位和个人不得限制其自行办理招标事宜，也不得拒绝办理工程建设有关手续。

（3）国家计委审查招标报送的书面材料，认定招标人不符合本办法规定的自行招标条件的，在批复可行性研究报告时，要求招标人委托招标代理机构办理招标事宜。

（4）招标人自行招标的，应当自确定中标人之日起十五日内，向国家计委提交招标投标情况的书面报告。

（二）招标人委托招标

招标人不具备自行招标能力的，必须委托具备相应资质的招标代理机构代为办理招标事宜。这既是保证工程招标的质量和效率的客观需要，也是符合国际惯例的通行做法。

《招标投标法》第13~15条对招标代理机构应当具备的条件、资格认定等作出了原则规定。《招标投标法实施条例》第11~14条又对招标代理机构的要求进行了补充，包括招标代理机构应当拥有一定数量的取得招标职业资格的专业人员；招标代理机构代理招标业务，应当遵守招标投标法和本条例关于招标人的规定；招标代理机构不得在所代理的招标项目中投标或者代理投标，也不得为所代理的招标项目的投标人提供咨询；招标代理机构不得涂改、出租、出借、转让资格证书；等等。并且规定对于招标代理机构的监督管理依法由国务院住房城乡建设、商务、发展改革、工业和信息化等部门按照规定的职责分工。为了加强对工程建设项目招标代理机构的资格管理，维护工程建设项目招标投标活动当事人的合法权益，根据《招标投标法》，建设部于2000年6月30日发布实施了建设部令第79号《工程建设项目招标代理机构资格认定办法》，对招标代理行业进行规范管理。

（三）房屋建筑和市政基础设施施工招标备案手续

根据《房屋建筑和市政基础设施工程建设项目施工招标投标办法》第12条的规定，招标人自行办理施工招标事宜的，应当在发布招标公告或者发出投标邀请书的5日前，向工程所在地县级以上地方人民政府建设行政主管部门备案，并报送下列材料：

（1）按照国家有关规定办理审批手续的各项批准文件；

（2）该办法第11条所列条件的证明材料，包括专业技术人员的名单、职称证书或者执业资格证书及其工作经历的证明材料；

（3）法律、法规、规章规定的其他材料。

招标人不具备自行办理施工招标事宜条件的，建设行政主管部门应当自收到备案材料之日起5日内责令招标人停止自行办理施工招标事宜。

（四）招标申请

已废止的建设部第23号令《工程建设施工招标投标管理办法》规定招标单位向招标投标办事机构提出招标申请书。实践中，各地一般规定，招标人进行招标，要向招标投标管理机构申报招标申请书。招标申请书经批准后，就可以编制招标文件、评标定标办法和标底，并将这些文件报招标投标管理机构批准。招标人或招标代理机构也可在申报招标申请书时，一并将已经编制完成的招标文件、评标定标办法和标底，报招标投标管理机构批准。经招标投标管理机构对上述文件进行审查认定后，就可发布招标公告或发出投标邀请书。

招标申请书是招标人向政府主管机构提交的要求开始组织招标、办理招标事宜的一种文书。其主要内容包括：招标单位的资质、招标工程具备的条件、拟采用的招标方式和对投标人的要求等。制作或填写招标申请书，是一项实践性很强的基础工作，要充分考虑不同招标类型的不同特点，按照规范化的要求进行。

四、招标文件的编制

（一）招标文件的重要性

招标文件是规范整个招标过程、确定招标人与投标人权利义务的重要依据。招标文件的重要性主要体现在：

1. 确定招标人与投标人的权利义务关系

招标文件中规定各种具体条件，要求潜在投标人按照既定标准参加投标。投标人只要参加投标，就意味着接受招标人的各项要求。招标人与投标人在整个招标投标过程中，每一步骤都应按照招标文件的规定办理，也就是说，招标文件对招标人和投标人具有法律约束力。

2. 招标文件是投标人编制投标文件的依据

招标文件中规定了投标条件和投标文件的填写格式等事项，投标人必须按照招标文件的要求编制投标书。投标人在编制投标书时，对某些事项的修改、补充仅限于一定范围内且由招标机构最终决定是否接受。

3. 招标文件是招标人和投标人订立合同的基础

招标文件不仅包括招标项目的技术要求、投标报价要求和评标标准等所有实质性要求和条件，还包括签订合同的主要条款。中标的投标文件应当对招标文件的实质性要求和条件作出响应。依照《招标投标法》的规定，招标人和中标人应当自中标通知书发出之日起30日内，按照招标文件和中标人的投标文件订立合同。因此，招标文件是招标人和投标人订立合同的基础。

（二）招标文件的内容

《招标投标法》第19条规定："招标人应当根据招标项目的特点和需要编制招标文件。招标文件应当包括招标项目的技术要求、对投标人资格审查的标准、投标报价要求和评标标准等所有实质性要求和条件以及拟签订合同的主要条款。

国家对招标项目的技术、标准有规定的，招标人应当按照其规定在招标文件中提出相应要求。

根据新出台的《招标投标法实施条例》第15条规定，编制依法必须进行招标的项目的资格预审文件和招标文件，应当使用国务院发展改革部门会同有关行政监督部门制定的标准文本。

招标项目需要划分标段、确定工期的，招标人应当合理划分标段、确定工期，并在招标文件中载明。"

在具体实践中，工程建设项目的种类和招投标活动实施的阶段不同，招标文件的内容也不同。《工程建设项目施工招标投标办法》第24条规定招标人根据施工招标项目的特点和需要编制招标文件。招标文件一般包括下列内容：1.投标邀请书；2.投标人须知；3.合同主要条款；4.投标文件格式；5.采用工程量清单招标的，应当提供工程量清单；6.技术条款；7.设计图纸；8.评标标准和方法；9.投标辅助材料。

（三）编制招标文件应当注意的事项

1. 招标文件的编制应遵循公平原则

《招标投标法》第20条规定："招标文件不得要求或者标明特定的生产供应者以及含有倾向或者排斥潜在投标人的其他内容。"

公平原则是招投标活动所应遵循的基本原则之一。在招标文件中规定要求特定的生产供应者以及倾向或排斥潜在投标人的内容，与公平原则相悖，应当予以禁止。

2. 招标文件的内容应当完备、准确

与招标公告、招标邀请书不同，招标文件是确定招标投标基本步骤与内容的基本文件，使整个招标中最重要的一环，它关系到招标投标整个活动的成败。因此，编制招标文件时，必须保证其包括招标项目的所有实体要求和签订合同的主要条款。

同时，招标文件的措辞应表达清楚、确切，对易发生歧义的事项一定要明确规定。例如，招标文件对招标项目的技术要求一定要准确、详细，国家对招标项目的技术标准有相关规定的，招标文件中应予以体现。

五、发布招标公告或发出招标邀请书

（一）发布招标公告

《招标投标法》第16条规定："招标人采用公开招标方式的，应当发布招标公告。依法必须进行招标的项目的招标公告，应当通过国家指定的报刊、信息网络或者其他媒介发布。

招标公告应当载明招标人的名称和地址、招标项目的性质、数量、实施地点和时间以及获取招标文件的办法等事项。"

为了规范招标公告发布行为,保证潜在投标人平等、便捷、准确地获取招标信息,根据《招标投标法》,国家计委于 2000 年 7 月 1 日制定第 4 号令《招标公告发布暂行办法》。该办法对依法必须招标项目的招标公告发布活动作出如下主要规定:

1. 指定的媒介

《招标投标法实施条例》对于指定的媒介做了概括性的规定,依法必须进行招标的项目的资格预审公告和招标公告,应当在国务院发展改革部门依法指定的媒介发布。在不同媒介发布的同一招标项目的资格预审公告或者招标公告的内容应当一致。指定媒介发布依法必须进行招标的项目的境内资格预审公告、招标公告,不得收取费用。具体要求如下:

(1) 国家发展计划委员会根据国务院授权,按照相对集中、适度竞争、分布合理的原则,指定发布依法必须招标项目招标公告的报纸、信息网络等媒介(以下简称指定媒介),并对招标公告发布活动进行监督。指定媒介的名单由国家发展计划委员会另行公告。指定媒介的名称、住所发生变更的,应及时公告并向国家发展计划委员会备案。

(2) 依法必须招标项目的招标公告必须在指定媒介发布。招标公告的发布应当充分公开,任何单位和个人不得非法限制招标公告的发布地点和发布范围。

(3) 依法必须指定媒介发布招标项目的招标公告,不得收取费用,但发布国际招标公告的除外。

(4) 指定报纸和网络应当在收到招标公告文本之日起七日内发布招标公告。指定媒介应与招标人或其委托的招标代理机构就招标公告的内容进行核实,经双方确认无误后在前款规定的时间内发布。拟发布的招标公告文本有该办法第 12 条所列情形之一的,有关媒介可以要求招标人或其委托的招标代理机构及时予以改正、补充或调整。指定媒介发布的招标公告的内容与招标人或其委托的招标代理机构提供的招标公告文本不一致,并造成不良影响的,应当及时纠正,重新发布。

(5) 指定媒介应当采取快捷的发行渠道,及时向订户或用户传递。

2. 招标公告

(1) 招标公告应当载明招标人的名称和地址、招标项目的性质、数量、实施地点和时间、投标截止日期以及获取招标文件的办法等事项。招标人或其委托的招标代理机构应当保证招标公告内容的真实、准确和完整。

(2) 拟发布的招标公告文本应当由招标人或其委托的招标代理机构的主要负责人签名并加盖公章。招标人或其委托的招标代理机构发布招标公告,应当向指定媒介提供营业执照(或法人证书)、项目批准文件的复印件等证明文件。

(3) 招标人或其委托的招标代理机构应至少在一家指定的媒介发布招标公告。指定报纸在发布招标公告的同时,应将招标公告如实抄送指定网络。招标人或其委托的招标代理机构在两个以上媒介发布的同一招标项目的招标公告的内容应当相同。

(4) 指定报纸和网络应当在收到招标公告文本之日起七日内发布招标公告。指定媒介应与招标人或其委托的招标代理机构就招标公告的内容进行核实,经双方确认无误后在前款规定的时间内发布。

(二) 发出投标邀请书

1. 受邀单位的数量和资质

《招标投标法》第 17 条第 1 款规定："招标人采用邀请招标方式，应当向三个以上具备承担招标项目的能力、资信良好的特定的法人或者其他组织发出投标邀请书。"根据上述规定，采用邀请招标的方式，除对受邀单位的数量由强制性规定以外，更重要的是对受邀单位的能力、资信的限定。

2. 投标邀请书的内容

《招标投标法》第 17 条第 2 款规定："投标邀请书应当载明本法第十六条第二款规定的事项。"因此，投标邀请书的内容包括以下事项载明招标人的名称和地址、招标项目的性质、数量、实施地点和时间以及获取招标文件的办法等事项。

六、资格预审

（一）资格预审的含义和作用

1. 资格预审的含义

资格预审，是指招标人在招标开始之前或者开始初期，由招标人对申请参加投标的潜在投标人进行资质条件、业绩、信誉、技术、资金等多方面的情况进行资格审查；经认定合格的潜在投标人，才可以参加投标。

《招标投标法实施条例》第 15~22 条，对于资格预审的要求、程序等做了规定。资格预审应当按照资格预审文件载明的标准和方法进行。国有资金占控股或者主导地位的依法必须进行招标的项目，招标人应当组建资格审查委员会审查资格预审申请文件。资格审查委员会及其成员应当遵守招标投标法和招投标法实施条例有关评标委员会及其成员的规定。

对投标申请人进行资格预审，是国际惯例。例如，《世行采购指南》2.9 中规定，对于大型或复杂的土建工程，或在准备详细投标文件的高成本可能会妨碍竞争的任何其他情况下，诸如为用户专门设计的设备、工业成套设备、专业化服务，以及交钥匙合同、设计和建造合同，或管理承包合同等，资格预审通常是必要的。《亚洲开发银行贷款采购准则》也有类似的规定。FIDIC 在其《土木工程施工招标程序》中，还专门制定了对投标者资格预审的推荐程序流程图。

2. 资格预审的作用

资格预审是招标程序的前期工作，实践证明，对于大型的和涉及国际招标的项目来说，对投标者的资格预审是必需的。具体表现在如下几方面：

（1）通过资格预审，可以使招标人了解潜在投标人的资信情况；

（2）通过资格预审，可以减少多余的投标，从而降低招标和投标的无效成本；

（3）通过资格预审，招标人可以了解潜在投标人对项目招标的兴趣；如果潜在投标人的兴趣大大低于招标人的预料，招标人可以修改招标条款，以吸引更多的投标人参加竞争。

（二）资格预审程序

资格预审包括以下三方面的步骤：

1. 发布资格预审通告

招标人可以根据招标工程的需要，对投标申请人进行资格预审，也可以委托工程招标代理机构对投标申请人进行资格预审。实行资格预审的招标工程，招标人应当在招标公告或者投标邀请书中载明资格预审的条件和获取资格预审文件的办法。《招标投标法实施条例》第15条规定，招标人采用资格预审办法对潜在投标人进行资格审查的，应当发布资格预审公告、编制资格预审文件。资格预审通告应当包括以下几方面的内容：

（1）资金的来源，资金用于投资项目的名称和合同的名称；

（2）对申请预审人的要求。主要是投标人应具备以往类似的经验和在设备人员及资金方面完成本工作能力的要求，有的还对投标者本身成员的政治地位提出要求；

（3）发包人的名称和邀请投标人对工程建设项目完成的工作，包括工程概述和所需劳务、材料、设备和主要工程量清单；

（4）获取进一步信息和资料预审文件的办公室名称和地址、负责人姓名、购买资格预审文件的时间和价格；

（5）资格预审申请递交的截止日期、地址和负责人姓名；

（6）向所有参加资格预审的投标人公布资格预审合格的投标人名单（有时也称为"短名单"）的时间。

2. 发售资格预审文件

资格预审通告发布后，招标人向资格预审申请人发售资格预审文件。《招标投标法实施条例》第16条规定，招标人应当按照资格预审公告、招标公告或者投标邀请书规定的时间、地点发售资格预审文件或者招标文件。资格预审文件或者招标文件的发售期不得少于5日。招标人发售资格预审文件、招标文件收取的费用应当限于补偿印刷、邮寄的成本支出，不得以营利为目的。

3. 资格预审资料分析并发出资格预审合格通知书

招标人在收到资格预申请人完成的资格预审资料之后，根据资格预审须知中规定的程序和方法对资格预审资料进行分析，挑选出符合资格预审要求的申请人。

《招标投标法实施条例》第19条规定，"资格预审结束后，招标人应当及时向资格预审申请人发出资格预审结果通知书。未通过资格预审的申请人不具有投标资格。通过资格预审的申请人少于3个的，应当重新招标。"

《工程建设项目施工招投标办法》第19条规定，"经资格预审后，招标人应当向资格预审合格的潜在投标人发出资格预审合格通知书，告知获取招标文件的时间、地点和方法，并同时向资格预审不合格的潜在投标人告知资格预审结果。资格预审不合格的潜在投标人不得参加投标。经资格后审不合格的投标人的投标应作废标处理。"

（三）资格预审文件的内容

资格预审文件一般应当包括资格预审申请书格式、申请人须知，以及需要投标申请人提供的企业资质、业绩、技术装备、财务状况和拟派出的项目经理与主要技术人员的简历、业绩等证明材料。根据新出台的《招标投标法实施条例》第15条规定，编制依法必须进行招标的项目的资格预审文件，应当使用国务院发展改革部门会同有关行政监督部门制定的标准文本。资格预审文件的内容主要包括如下几方面的内容：

1. 资格预审须知及有关附件

资格预审须知包括以下内容：

（1）总则。分别列出工程建设项目或其各合同的资金来源、工程概述、工程量清单、合同的最小规模（可用附件的形式）、对申请人的基本要求等。

（2）申请人应提供的资料和有关证明。在资格预审须知中应说明内容和要求，一般包括：申请人的身份和组织机构；申请人过去的详细履历（包括联营体各方成员）；可用于本工程的主要施工设备的详细情况；在本工程内外从事管理及执行本工程的主要人员的资历和经验；主要工作内容拟议的分包情况说明；过去两年经审计的财务报表（联营体应提供各自的资料），今后两年的财务预测以及申请人出具的允许发包人在其开户银行进行查询的授权书；申请人近两年涉及诉讼的情况。

（3）资格预审通过的强制性标准。强制性标准以附件的形式列入。它是指通过资格预审时对列入工程项目一览表中各主要项国提出的强制性要求。包括强制性经验标准、强制性财务、人员、设备、分包、诉讼及履约标准等。强制性经验标准是指主要工程一览表中主要项目的业绩要求。强制性财务、人员、设备、分包、诉讼及履约标准是对财务能力、人员、施工设备、分包、诉讼履约提出的强制性要求。

（4）对联营体提交资格预审申请的要求。对于一个合同项目能凭一家的能力通过资格预审的，应当鼓励以单独的身份参加资格预审。但在许多情况下，对于一个合同项目，往往一家不能单独通过资格预审，需要两家或两家以上组成的联营体才能通过，因此在资格预审须知中应对联营体通过资格预审做出具体规定。

（5）对通过资格预审单位所建议的分包人的要求。由于对资格预审申请者所建议的分包人也要进行资格预审，所以对于通过资格预审后，如果申请人对他所建议的分包人有变更时，必须征得发包人的同意，否则，对他们的资格预审被视为无效。

（6）其他规定。包括递交资格预审文件的份数、送交单位的地址、邮编、电话、传真、负责人、截止日期等。

资格预审须知的有关附件主要包括如下内容：

（1）工程概述。说明包括工程项目的地点、地形与地貌、地质条件、气象与水文、交通和能源及服务设施、主体结构等情况。

（2）主要工程一览表。用表格的形式将工程项目中各项工程的名称、数量、尺寸和规格用表格列出，如果一个项目分几个合同招标的话，应按招标的合同分别列出，使人看起来一目了然。

（3）强制性标准一览表。对于各工程项目通过资格预审的强制性要求用表格的形式全部列出，并要求申请人填写满足或超过强制性标准的详细情况。因此，该表一般分为三栏，第一栏为提出强制性要求的项目名称；二栏是强制性业绩要求；第三栏是申请人满足或超过业绩要求的项目评述（由申请人填写）。

（4）资格预审时间表。表中列出发布资格预审通告的时间，出售资格预审文件的时间，递交资格预审申请书的最后日期和通知资格预审合格的投标人名单的日期等。

2. 资格预审申请书

为了让资格预审申请者按统一的格式递交申请书，在资格预审文件中按通过资格预审的条件编制成统一的表格，让申请者填报，以便进行评审是非常重要的。《招标投标法实施条例》第 17 条规定，招标人应当合理确定提交资格预审申请文件的时间。依法必须进行招标的项目提交资格预审申请文件的时间，自资格预审文件停止发售之日起不得少于 5 日。

申请书的表格通常包括如下内容：

(1) 申请人表：主要包括申请者的名称、地址、电话、电传、成立日期等。如是联营体，应首先列明牵头的申请者，然后是所有合伙人的名称、地址等，并附上每个公司的章程、合伙关系的文件等。

(2) 申请合同表：如果一个工程项目分几个合同招标，应在表中分别列出各合同的编号和名称，以便让申请人选择申请资格预审的合同。

(3) 组织机构表：包括公司简况、领导层名单、股东名单、直属公司名单、驻当地办事处或联络机构名单等。

(4) 组织机构框图：主要叙述并用框图表示申请者的组织机构，与母公司或子公司的关系，总负责人和主要人员。如果是联营体应说明合作伙伴关系及在合同中的责任划分。

(5) 财务状况表：包括基本数据为：注册资金、实有资金、总资产、流动资产、总负债、流动负债、未完成工程的年投资额、未完成工程的总投资额、年均完成投资额（近3年）、最大施工能力等。近3年年度营业额和为本项目合同工程提供的营运资金，现在正进行的工程估价，今后两年的财务预算，银行信贷证明，并附有由审计部门审计或由省市公证部门公证的财务报表，包括损益表，资产负债表及其他财务资料。

(6) 公司人员表：公司人员表，其中包括管理人员、技术人员、工人及其他人员的数量；拟为本合同提供的各类专业技术人员数及其从事本专业工作的年限。公司主要人员表，其中包括一般情况和主要工作经历。

(7) 施工机械设备表：包括拟用于本合同自有设备，拟新购置设备和租用设备的名称、数量、型号、商标、出厂日期、现值等。

(8) 分包商表：包括拟分包工程项目的名称、占总工程量的百分数。分包商的名称、经验、财务状况、主要人员、主要设备等。

(9) 业绩——已完成的同类工程项目表：包括项目名称、地点、结构类型、合同价格、竣工日期、工期、发包人或监理工程师的地址、电话、电传等。

(10) 在建项目表。包括正在施工和已知意向但未签订合同的项目名称、地点、工程概况、完成日期、合同总价等。

(11) 涉及诉讼条件表：详细说明申请者或联营体内合伙人介入诉讼或仲裁的案件。

另外，根据《招标投标法实施条例》的规定，招标人可以对已发出的资格预审文件或者招标文件进行必要的澄清或者修改。澄清或者修改的内容可能影响资格预审申请文件或者投标文件编制的，招标人应当在提交资格预审申请文件截止时间至少3日前，或者投标截止时间至少15日前，以书面形式通知所有获取资格预审文件或者招标文件的潜在投标人；不足3日或者15日的，招标人应当顺延提交资格预审申请文件或者投标文件的截止时间。

潜在投标人或者其他利害关系人可以对资格预审文件的提出异议。潜在投标人或者其他利害关系人对资格预审文件有异议的，应当在提交资格预审申请文件截止时间2日前提出；对招标文件有异议的，应当在投标截止时间10日前提出。招标人应当自收到异议之日起3日内作出答复；作出答复前，应当暂停招标投标活动。

七、工程标底的编制

根据《招标投标法实施条例》以及 2001 年 11 月 5 日建设部令第 107 号发布的《建筑工程施工发包与承包计价管理办法》（2001 年 12 月 1 日起施行），结合有关标准范本和工程实践，编制工程标底应遵守如下规定：

（一）标底价格编制的原则

1. 招标人可以自行决定是否编制标底。招标项目设有标底的，招标人应当在开标时公布；

2. 标底价应由具有编制招标文件能力的招标人或其委托的具有相应资质的工程造价咨询机构、招标代理机构编制；

3. 根据国家公布的统一工程项目划分、统一计量单位、统一计算规则以及图纸、招标文件，并参照国家制订的基础定额和国家、行业、地方规定的技术标准规范（其中国家强制性标准必须遵守），以及要素市场的价格，确定工程量和编制标底价格；

4. 标底的计价内容、计价依据应与招标文件的规定完全一致；

5. 标底价格作为招标单位的期望计划价，应力求与市场的实际变化吻合，要有利于竞争和保证工程质量；

6. 标底价格应由成本（直接费、间接费）、利润、税金等组成，一般应控制在批准的总概算（或修正概算）及投资包干的限额内；

7. 一个工程只能有一个标底；

8. 标底必须保密；

9. 接受委托编制标底的中介机构不得参加受托编制标底项目的投标，也不得为该项目的投标人编制投标文件或者提供咨询；

10. 招标人设有最高投标限价的，应当在招标文件中明确最高投标限价或者最高投标限价的计算方法。招标人不得规定最低投标限价；

11. 标底只能作为评标的参考，不得以投标报价是否接近标底作为中标条件，也不得以投标报价超过标底上下浮动范围作为否决投标的条件。

（二）标底价格的编制依据

1. 招标文件的商务条款；
2. 工程图纸、工程量计算规则；
3. 施工现场地质、水文、地上情况的有关资料；
4. 施工方案或施工组织设计；
5. 国务院和省、自治区、直辖市人民政府建设行政主管部门制定的工程造价计价办法以及其他有关规定；
6. 市场价格信息。

（三）标底价格的计价方法及组成内容

1. 标底价格的计价方法

（1）工料单价法

分部分项工程量的单价为直接费。直接费以人工、材料、机械的消耗量及其相应价格确定。间接费、利润、税金按照有关规定另行计算。

(2) 综合单价单位估价法

分部分项工程量的单价为全费用单价。全费用单价综合计算完成分部分项工程所发生的直接费、间接费、利润、税金。

对于招标工程采用哪种计价方法应在招标文件中明确。

根据我国现行的工程造价计算方法，同时考虑到与国际惯例接轨，在工程量清单的计价上宜采用综合单价方法。

2. 标底的组成内容

(1) 标底的综合编制说明；

(2) 标底价格审定书、标底价格计算书、带有价格的工程量清单、现场因素、各种施工措施费的测算明细以及采用固定价格工程的风险系数测算明细等；

(3) 主要材料用量；

(4) 标底附件，如各项交底纪要、各种材料及设备的价格来源、现场的地质、水文、地上情况的有关资料、编制标底价格所依据的施工方案或施工组织设计等。

(四) 标底的保密

《招标投标法》第22条第2款规定："招标人设有标底的，标底必须保密。"在我国工程建设领域，标底仍然得到普遍的应用。在实践中，投标价格是否接近标底价格仍然是投标人能否中标的一个重要的条件。正是由于标底在投标中的重要作用，所以一些投标人为了中标，想方设法的打听标底，由此产生的违法问题也屡见不鲜。因此，招标人必须依照法律规定，对标底进行保密。

八、发售招标文件

(一) 招标文件的发售

招标文件、图纸和有关技术资料发放给通过资格预审获得投标资格的投标单位。不进行资格预审的，发放给愿意参加投标的单位。投标单位收到招标文件、图纸和有关资料后，应当认真核对，核对无误后以书面形式予以确认。

《工程建设项目施工招标投标办法》第15条规定，对招标文件或者资格预审文件的收费应当合理，不得以营利为目的。对于所附的设计文件，招标人可以向投标人酌收押金；对于开标后投标人退还设计文件的，招标人应当向投标人退还押金。根据该项规定，借发售招标文件的机会谋取不正当利益的行为是法律所禁止的。

在实践中，还出现招标人利用发售标书的期限来规避招标的做法。例如，某省一全国招标的公路项目，以尽快完成招标工作，抢工期为名，故意将购买标书截止时间安排在公告的次日，使大多数有竞争力的企业无法参与购买，只有那些与发包人有关系的企业因事先获得消息，才可以应对自如。这种规避招标的做法，应予以明令禁止。

(二) 房屋建筑工程及市政基础设施工程施工招标文件的备案

《房屋建筑工程及市政基础设施工程建设项目施工招标投标办法》第19条规定："依法必须进行施工招标的工程，招标人应当在招标文件发出的同时，将招标文件报工程所在地的县级以上地方人民政府建设行政主管部门备案。建设行政主管部门发现招标文件有违反法律、法规内容的，应当责令招标人改正。"

根据该条规定，工程施工招标文件要在发出的同时，应当到建设行政主管部门办理备案手续，接受建设行政主管部门依法对招标文件进行的审查。如果招标文件违反了法律、法规，招标人将受到责令改正的行政处罚。

（三）招标人的保密义务

在招投标实践中，常常会发生招标人泄漏招标事宜的事情。如果潜在投标人得到了其他潜在投标人的名称、数量及其他可能影响公平竞争的招标情况，可能会采用不正当竞争手段影响招投标活动的正当竞争，使招标投标的公平性失去意义。对此，《招标投标法》第 22 条第 1 款规定："招标人不得向他人透露已获取招标文件的潜在投标人的名称、数量以及可能影响公平竞争的有关招标投标的其他情况。"

同时，《招标投标法》第 22 条第 2 款的规定，招标人设有标底的，标底必须保密。

（四）招标文件的澄清和更改

招标文件对招标人具有法律约束力，一经发出，不得随意更改。

根据《招标投标法》第 23 条的规定："招标人对已发出的招标文件进行必要的澄清或者修改的，应当在招标文件要求提交投标文件截止时间至少十五日前，以书面形式通知所有招标文件收受人。该澄清或者修改的内容为招标文件的组成部分。"

招标人应保管好证明澄清或修改通知已发出的有关文件（如邮件回执等）；投标单位在收到澄清或修改通知后，应书面予以确认，该确认书双方均应妥善保管。

（五）投标截止时间

在工程实践中，利用投标截止时间也是规避招标的常用手段之一。对此，《招标投标法》第 24 条规定："招标人应当确定投标人编制投标文件所需要的合理时间；但是，依法必须进行招标的项目，自招标文件开始发出之日起至投标提交投标文件截止之日止，最短不得少于二十日。"

九、组织踏勘现场和答疑

（一）组织潜在投标人踏勘现场

《招标投标法》第 21 条规定："招标人根据招标项目的具体情况，可以组织潜在投标人踏勘项目现场。"但根据《招标投标法实施条例》第 28 条规定，招标人不得组织单个或者部分潜在投标人踏勘项目现场。

1. 招标人工作

招标文件分发后，招标人要在招标文件规定的时间内，组织投标人踏勘现场，并对招标文件进行答疑。招标人组织投标人进行踏勘现场，主要目的是让投标人了解工程现场和周围环境情况，获取必要的信息。踏勘现场时，招标人应向投标人介绍有关现场情况，主要包括：

(1) 现场是否达到招标文件规定的条件；
(2) 现场的地理位置和地形、地貌；
(3) 现场的地质、土质、地下水位、水文等情况；
(4) 现场气温、湿度、风力、年雨雪量等气候条件；
(5) 现场交通、饮水、污水排放、生活用电、通信等环境情况；
(6) 工程在现场中的位置与布置；
(7) 临时用地、临时设施搭建等。

2. 投标人工作

投标人拿到招标文件后，应进行全面细致的调查研究。若有疑问或不清楚的问题需要招标人予以澄清和解答的，应在收到招标文件后的一定期限内以书面形式向招标人提出。为获取与编制投标文件有关的必要的信息，投标人要按照招标文件中注明的现场踏勘和投标预备会的时间和地点，积极参加现场踏勘和投标预备会。

投标人在去现场踏勘之前，应先仔细研究招标文件有关概念的含义和各项要求，特别是招标文件中的工作范围、专用条款以及设计图纸和说明等，然后有针对性地拟订出踏勘提纲，确定重点需要澄清和解答的问题，做到心中有数。投标人进行现场踏勘的内容，主要包括以下几个方面：

（1）工程的范围、性质以及与其他工程之间的关系；

（2）投标人参与投标的那一部分工程与其他承包人或分包商之间的关系；

（3）现场地貌、地质、水文、气候、交通、电力、水源等情况，有无障碍物等；

（4）进出现场的方式，现场附近有无食宿条件，料场开采条件，其他加工条件，设备维修条件等；

（5）现场附近治安情况。

（二）对投标人疑问的解答

投标人对招标文件或者在现场踏勘中如果有疑问或不清楚的问题，应当用书面的形式要求招标人予以解答。招标人收到投标人提出的疑问或不清楚的问题后，应当给予解释和答复，并将解答同时发给所有获取招标文件的投标人。

我国招标投标标准文件范本规定通过投标预备会的形式对投标人的疑问进行解答，国外如FIDIC的《土木工程施工招标程序》则称为投标者会议。投标预备会可以安排在发出招标文件7日后举行。招标预备会由招标人主持召开，对招标文件和现场情况作出介绍或解释，并解答投标者提出的问题。在投标预备会上还应当对图纸进行交底和解释。投标预备会结束后，由招标人整理会议记录和解答内容，（有些地方规定会议记录和解答内容应当报招标管理机构核准同意后）尽快以书面形式将问题及解答同时发送到所有获得招标文件的投标人。

第三节 建设工程投标

一、投标人的资格要求

《招标投标法》第26条规定："投标人应当具备承担招标项目的能力；国家有关规定对投标人资格条件或者招标文件对投标人资格条件有规定的，投标人应当具备规定的资格条件。"

（一）投标人应符合的资质等级条件

招标人应当具备承担招标项目的能力。就建设工程施工企业来讲，这种能力主要体现在不同资质等级的认定上，其法律依据为建设部令第159号令《建筑业企业资质管理规定》（2007年9月1日发布，2007年9月1日起实施）。根据该规定，建筑业企业资质分为施工总承包、专业承包和劳务分包三个序列，每个序列各有其相应的等级（如施工总承包序列企业资质设特级、一、二、三共四个等级）。就建设工程勘察设计企业来讲，其法律依据为建设部令第160号令《建设工程勘察设计资质管理规定》（2007年6月26日发布2007年9月1日起实施）。根据该规定，工程勘察资质分为工程勘察综合资质、工程勘察专业资质、工程勘察劳务资质，工程设计资质分为工程设计综合资质、工程设计行业资质、工程设计专项资质，每种资质各有其相应等级（如工程勘察、设计综合资质只设甲级）。

根据《建筑法》的有关规定，承包建筑工程的单位应当持有依法取得的资质证书，并在其资质等级许可的范围内承揽工程。禁止建筑施工企业超越本企业资质登记许可的业务范围或以任何形式用其他施工企业的名义承揽工程。《建筑业企业资质管理规定》和《建设工程勘察设计资质管理规定》规定的各等级具有不同的承担工程项目的能力，各企业应当在其资质等级范围内承担工程。

值得注意的是，根据《建筑业企业资质管理规定》第14条的有关规定，新设立的建筑业企业，到工商行政管理部门办理登记注册手续并取得企业法人营业执照后，方可到建设行政主管部门办理资质申请手续。这实际上把建设工程施工的资格限定在企业法人上。而根据《建设工程勘察设计资质管理规定》第11条的有关规定，除了企业法人执照外，合伙企业营业执照也可作为申请办理资质的资料，因此，在勘察、设计投标人的资格标准不仅仅局限于企业法人，也可包括合伙企业。

（二）投标人应符合的其他条件

招标文件对投标人的资格条件有规定的，投标人应当符合该规定的条件。

此外，投标人还应符合国家计委1997年8月18日发布的《国家基本建设大中型项目实行招标投标的暂行规定》中规定的条件，参加建设项目主体工程的设计、建筑安装和监理以及主要设备、材料供应等投标的单位，必须具备下列条件（这些条件在实践中常常被招标人纳入其招标文件中）：

1. 具有招标条件要求的资质证书，并为独立的法人实体；
2. 承担过类似建设项目的相关工作，并有良好的工作业绩和履约记录；
3. 财产状况良好，没有财产被接管、破产或者其他管、停、并、转状态；
4. 在最近三年没有与骗取合同以及其他经济方面的严重违法行为；
5. 近几年有较好的安全记录，投标当年内没有发生重大质量和特大安全事故。

二、组织投标机构

投标人应建立一个精干高效的投标工作机构。投标工作机构，在平时要注意投标信息资料的收集与分析，研究投标策略。当有招标项目时，则承担起选择投标对象，研究招标文件和勘查现场，确定投标报价，编制投标文件等工作，及至中标，则负责合同谈判、合同条款的起草及合同的签订等工作。投标工作一般由下列三类人才组成：

（一）经营管理类人才

经营管理类人才，是指制定和贯彻经营方针与规划，负责工作的全面筹划和安排，具有决策能力的人，它包括经理、副经理和总工程师、总经济师等具有决策权的人，以及其他经营管理人才。

（二）技术类人才

技术类人才，是指建筑师、结构工程师、设备工程师等各类专业技术人员，他们应具备熟练的专业技能，丰富的专业知识，能从本公司的实际技术水平出发，制定投标用的专业实施方案。

（三）商务金融类人才

商务金融类人才，是指概预算、法律、财务、合同、金融、保函、保险等方面的人才，在国际工程投标竞争中这类人才的作用尤其重要。

投标工作机构不但要做到个体素质良好，更重要的是做到共同参与，协同作战，发挥群体力量。一般说来，投标人的投标工作机构应保持相对稳定，这样有利于不断提高工作班子中各成员及整体的素质和水平，提高投标的竞争力。

三、编制投标文件

经过现场踏勘和投标预备会后，投标人可以着手编制投标文件。招标人在编制投标文件时，应遵守一下要求和步骤：

（一）结合现场踏勘和投标预备会的结果，进一步分析招标文件

招标文件是编制投标文件的主要依据，因此，必须结合已获取的有关信息认真细致地加以分析研究，特别是要重点研究其中的投标须知、专用条款、设计图纸、工程范围以及工程量表等，要弄清到底有没有特殊要求或有哪些特殊要求。

（二）校核招标文件中的工程量清单

在招标人提供工程量清单的情况下，投标人是否核对招标文件中的工程量清单或校核地是否准确，直接影响到投标报价和中标机会。因此，投标人应认真对待，通过认真校对工程量，投标人在大体确定了工程总报价之后，估计某些项目工程量可能增加或减少的，就可以相应地提高或降低单价。如发现工程量有重大出入，特别是漏项的，可以找招标人核对，要求招标人认可，并给予书面确认。这对于固定总价合同来说，尤其重要。

（三）根据工程类型编制施工规划或施工组织设计

施工规划和施工组织设计都是关于施工方法、施工进度计划的技术经济文件，是指导施工生产全过程组织管理的重要设计文件，是确定施工方案、施工进度计划和进行现场科学管理的主要依据之一。但两者相比，施工规划的深度和范围没有施工组织设计的详尽、精细，施工组织设计的要求比施工规划的要求详细得多，编制起来要比施工规划复杂些。

所以，在投标时，投标人一般只要编制施工规划即可，施工组织设计可以在中标以后再编制。这样，就可避免未中标的投标人因编制施工组织设计而造成人力、物力、财力上的浪费。但有时在实践中，招标人为了让投标人更充分地展示实力，常常要求投标人在投标时就要编制施工组织设计。

（四）根据工程价格构成进行工程估价，确定利润方针，计算和确定报价

投标报价是投标的一个核心环节，投标人要根据工程价格构成对工程进行合理估价，确定切实可行的利润方针，正确计算和确定投标报价，同时注意不得以低于成本的报价竞标。

（五）形成投标文件

1. 投标文件应符合的基本法律要求

投标文件应完全按照招标文件的各项要求编制。根据《招标投标法》第27条第1款的规定："投标人应当按照招标文件的要求编制投标文件。投标文件应当对招标文件提出

的实质性要求和条件作出响应。"第 2 款规定:"招标项目属于建设施工的,投标文件的内容应当包括拟派出的项目负责人与主要技术人员的简历、业绩和拟用于完成招标项目的机械设备等。"

同时,根据《工程建设项目施工招投标办法》第 25 条规定:"招标人可以要求投标人在提交符合招标文件规定要求的投标文件外,提交备选投标方案,但应当在招标文件中作出说明,并提出相应的评审和比较办法。"

2. 投标文件的内容

投标文件要求提供的其他材料一般应包括以下内容:

(1) 投标保证书或投标保证金;

(2) 法定代表人资格证明书或授权委托书;

(3) 拟派出项目负责人、主要工程管理人员和技术人员简历;

(4) 拟分包的工程和分包商的情况(根据《招标投标法》第 30 条和《建筑法》的有关规定,分包仅限于非主体、非关键性的工作;施工总承包的,建筑工程主体结构的施工必须由总承包单位自行完成);

(5) 投标文件要求提供的其他材料。

(六) 投标担保

1. 投标担保的概念

所谓投标担保,是为防止投标人不审慎进行投标活动而设定的一种担保形式。招标人不希望投标人在投标有效期内随意撤回标书或中标后不能提交履约保证金和签署合同。因此,为了约束投标人的投标行为,保护招标人的利益,维护招标投标活动的正常秩序,《工程建设项目施工招投标办法》第 37 条对投标担保制度作出了规定,这既是对《招标投标法》的必要补充,也是符合国际惯例的。投标保证金的收取和缴纳办法,应在招标文件中说明,并按招标文件的要求进行。

2. 投标担保的形式和有效期限

(1) 投标担保的形式

《招标投标法实施条例》规定了投标保证金的形式,根据第 26 条规定,招标人在招标文件中要求投标人提交投标保证金的,投标保证金不得超过招标项目估算价的 2%。投标保证金有效期应当与投标有效期一致。依法必须进行招标的项目的境内投标单位,以现金或者支票形式提交的投标保证金应当从其基本账户转出。招标人不得挪用投标保证金。《工程建设项目施工招标投标办法》第 17 条也规定了招标人可以在招标文件中要求投标人提交投标保证金。并且规定,投标保证金除现金外,可以是银行出具的银行保函、保兑支票、银行汇票或现金支票。投标保证金一般不得超过投标总价的百分之二,但最高不得超过八十万元人民币。投标保证金有效期应当超出投标有效期三十天。投标人应当按照招标文件要求的方式和金额,将投标保证金随投标文件提交给招标人。投标人不按招标文件要求提交投标保证金的,该投标文件将被拒绝,作废标处理。

投标担保的作用是维护招标人的合法权益,但在实践中,也有个别招标人利用收取投标保证金排斥潜在投标人。例如,某医院门诊楼工程招标,要求参加投标的企业必须交纳 1000 万的投标保证金(拒绝银行保函),如果中标,该项资金转为履约保证金。而该工程的建筑安装造价才 3000 多万!投标保证金占整个造价的 33% 多,大大超过了履约保函高限（一般为合同价的10%）的三倍！原来是发包人与意向单位设的"局"，用巨额保证金吓退不知内幕的潜在对手。这种以非法手段谋取中标的不正当竞争行为是被《招标投标法》和《反不正当竞争法》所严格禁止的。

（2）投标保证金的期限

投标保证金有效期为止到签订合同或提供履约保函为止，国际上一般为投标有效期截止后的第28天，而我国投标保证金有效期应当与投标有效期一致。

3. 投标保证金被没收的几种情形

（1）投标人在有效期内撤回其投标文件；

（2）中标认为能在规定期限内提交履约保证金或签署合同协议。

四、投标文件的送达

投标文件的送达是整个招标投标活动中一项重要的法律行为，与投标人的利益密切相关。投标人在送达投标文件时应注意以下事项：

（一）在投标截止日期前送达投标文件

《招标投标法》第28条规定，投标人应当在招标文件要求提交投标文件的截止时间前，将投标文件送达投标地点。

根据该规定，投标文件编制完成以后，经校对无误，由负责人签署，按照招标须知的规定进行分装，然后密封，并按照要求写明收标单位，派专人在投标截止日期之前送到招标人指定的地点，并取得收据。如果通过邮寄，一定要考虑邮件在途时间，使投标文件在截止时间之前到达。投标人还应当注意将有关报价全部计算、分析资料进行汇编归档，妥善保存。

（二）招标人签收投标文件

为了保证招标投标活动的公正和有序，招标人签收投标文件必须严格遵守法律的规定。

《招标投标法》第28条还规定："招标人收到投标文件后，应当签收保存，不得开启。投标人少于三个的，招标人应当依照本法重新招标。在招标文件要求提交投标文件的截止时间后送达的投标文件，招标人应当拒收。"

《工程建设项目施工招标投标办法》第38条规定，"投标人应当在招标文件要求提交投标文件的截止时间前，将投标文件密封送达投标地点。招标人收到投标文件后，应当向投标人出具标明签收人和签收时间的凭证，在开标前任何单位和个人不得开启投标文件。

在招标文件要求提交投标文件的截止时间后送达的投标文件，为无效的投标文件，招标人应当拒收。

提交投标文件的投标人少于三个的，招标人应当依法重新招标。重新招标后投标人仍少于三个的，属于必须审批的工程建设项目，报经原审批部门批准后可以不再进行招标；其他工程建设项目，招标人可自行决定不再进行招标。"

（三）投标文件的补充、修改和撤回

《招标投标法》第29条规定："投标人在招标文件要求提交投标文件的截止时间前，可以补充、修改或者撤回已提交的投标文件，并书面通知招标人。补充、修改的内容为投标文件的组成部分。"

在投标过程中，如果投标人投标后，发现在投标文件中存在有严重错误或者因故改变主意，可以在投标截止时间前撤回已提交的投标文件，也可以修改、补充投标文件，这是投标人的法定权利。

撤回投标文件的书面通知应当在投标截止时间之前送达，投标人在投标截止日期后补充修改投标文件的，招标人应当不予接受；投标人撤回投标文件的，招标人有权没收其投标保证金。

招标人需要补充、修改已经提交的投标文件的，应当向招标人发出书面通知，并按照投标文件的递送方法密封投出。时间紧急时，可以先用电子邮件或传真等通知招标人，然后补送经签署的确认复印件。但是补充、修改通知必须在投标截止时间之前完成，否则补充、修改的内容无效。

五、联合投标

在工程实践中，尤其是在国际工程承包中，联合投标是实现不同投标人优势互补，跨越地区和国家市场屏蔽的有效方式。

（一）联合投标的含义

根据《招标投标法》第31条第1款的规定，联合投标是指"两个以上法人或者其他组织可以组成一个联合体，以一个投标人的身份共同投标。"

（二）联合体各方的资格要求

《招标投标法》第31条第2款规定："联合体各方均应当具备承担招标项目的相应能力；国家有关规定或者招标文件对投标人资格条件有规定的，联合体各方均应当具备规定的相应资格条件。由同一专业的单位组成的联合体，按照资质等级较低的单位确定资质等级。"

（三）联合体各方的权利和义务

《招标投标法》第31条第2款规定："联合体各方应当签订共同投标协议，明确约定各方拟承担的工作和责任，并将共同投标协议连同投标文件一并提交招标人。联合体中标的，联合体各方应当共同与招标人签订合同，就中标项目向招标人承担连带责任。"根据该规定，联合体各方的权利和义务分为内部和外部两种。

1. 联合体各方内部的权利和义务

共同投标协议属于合同关系，即平等主体的自然人、法人、其他组织之间通过设立、变更、终止民事权利义务关系的协议而形成的关系。联合体内部各方通过协议明确约定各方在中标后要承担的工作和责任，该约定必须详细、明确，以免日后发生争议。同时，该共同协议应当同投标文件一并提交招标人，使招标人了解有关情况，并在评标时予以考虑。

2. 联合体各方就中标项目对外向招标人承担连带责任

所谓连带责任，是指在同一债权债务关系中两个以上的债务人中，任何一债务人都负有向债权人履行债务的义务。债权人可以向其中任何一个或者多个债务人请求履行债务，可以请求部分履行，也可以请求全部履行，负有连带责任债务人不得以债务人之间对债务分担比例有约定来拒绝部分或全部履行债务。连带债务人中一个或者多人履行了全部债务后，其他连带债务人对债权人的履行义务即行解除。但是，对连带债务人内部关系而言，根据其内部约定，债务人清偿债务超过其应承担份额的，有权向其他连带债务人追偿。联合体各方在中标后承担的连带责任包括以下两种情况：

(1) 联合体在接到中标通知书未与招标人签订合同前，除不可抗力外，联合体放弃中标项目的，其已提交的投标保证金不予退还，给招标人造成的损失超过投标保证金数额的，还应当对超过部分承担连带赔偿责任；

(2) 中标的联合体除不可抗力外，不履行与招标人签订的合同时，履约保证金不予退还，给招标人造成的损失超过履约保证金数额的，还应当对超过部分承担连带赔偿责任。

六、有关投标人的法律禁止性规定

（一）禁止串通招标投标

根据《反不正当竞争法》国家工商局于1998年1月6日发布了第82号令《关于禁止串通招标投标行为的暂行规定》，根据该规定，串通招标投标，是指招标与投标者之间或者投标者与投标者之间采用不正当手段，对招标投标事项进行串通，以排挤竞争对手或者损害投标者利益的行为。

1. 投标人之间串通投标

《招标投标法》第32条第1款规定："投标人不得相互串通投标报价，不得排挤其他投标人的公平竞争，损害招标人或者其他投标人的合法权益。"《招标投标法实施条例》第39条、第40条，对投标人串通投标的情形做了具体的规定：

有下列情形之一的，属于投标人相互串通投标：
(1) 投标人之间协商投标报价等投标文件的实质性内容；
(2) 投标人之间约定中标人；
(3) 投标人之间约定部分投标人放弃投标或者中标；
(4) 属于同一集团、协会、商会等组织成员的投标人按照该组织要求协同投标；
(5) 投标人之间为谋取中标或者排斥特定投标人而采取的其他联合行动。

有下列情形之一的，视为投标人相互串通投标：
(1) 不同投标人的投标文件由同一单位或者个人编制；
(2) 不同投标人委托同一单位或者个人办理投标事宜；
(3) 不同投标人的投标文件载明的项目管理成员为同一人；
(4) 不同投标人的投标文件异常一致或者投标报价呈规律性差异；
(5) 不同投标人的投标文件相互混装；
(6) 不同投标人的投标保证金从同一单位或者个人的账户转出。

2. 投标人与招标人之间串通投标

《招标投标法》第32条第2款规定："投标人不得与招标人串通投标，损害国家利益、社会公共利益或者他人的合法权益。"《招标投标法实施条例》列举了下列几种表现形式：
(1) 招标人在开标前开启投标文件并将有关信息泄露给其他投标人；
(2) 招标人直接或者间接向投标人泄露标底、评标委员会成员等信息；
(3) 招标人明示或者暗示投标人压低或者抬高投标报价；
(4) 招标人授意投标人撤换、修改投标文件；
(5) 招标人明示或者暗示投标人为特定投标人中标提供方便；
(6) 招标人与投标人为谋求特定投标人中标而采取的其他串通行为。

（二）招标人不得以行贿的手段谋取中标

《招标投标法》第 32 条第 3 款规定："禁止投标人以向招标人或者评标委员会成员行贿的手段谋取中标。"

投标人以行贿的手段谋取中表示违背招标投标法基本原则的行为，对其他投标人事部公平的。投标人以行贿手段谋取中标的法律后果是中标无效，有关责任人和单位应当承担相应的行政责任或刑事责任，给他人造成损失的，还应当承担民事赔偿责任。

（三）投标人不得以低于成本的报价竞标

《招标投标法》第 33 条规定，投标人不得以低于成本的报价竞标。投标人以低于成本的报价竞标，其目的主要是为了排挤其他对手。投标者企图通过低于成本的价格，满足招标人的最低加重标的目的以争取中标，从而达到占领市场和扩大市场份额目的。

这里的成本应指每个投标人的自身成本（通常依据企业内部定额测算得出）。投标人的报价一般由成本、税金和利润三部分组成。当报价为成本价时，企业利润为零。如果投标人以低于成本的报价竞标，就很难保证工程的质量，各种偷工减料、以次充好等现象也随之产生。因此，投标人以低于成本的报价竞标的手段是法律所不允许的。

（四）投标人不得以非法手段骗取中标

《招标投标法》第 33 条规定"投标人不得以他人名义投标或者以其他方式弄虚作假，骗取中标。"《招标投标法实施条例》列举了弄虚作假的几种情形：

(1) 使用伪造、变造的许可证件；

(2) 提供虚假的财务状况或者业绩；

(3) 提供虚假的项目负责人或者主要技术人员简历、劳动关系证明；

(4) 提供虚假的信用状况；

(5) 其他弄虚作假的行为。

在工程实践中，投标人以非法手段骗取中标的现象大量存在，主要表现在如下几方面：

1. 非法挂靠或借用其他企业的资质证书参加投标；

2. 投标文件中故意在商务上和技术上采用模糊的语言骗取中标，中标后提供低档劣质货物、工程或服务；

3. 投标时递交假业绩证明、资格文件；

4. 假冒法定代表人签名，私刻公章，递交假的委托书等。

上述不正当竞争行为对招标投标市场的秩序构成严重危害，为《招标投标法》所严格禁止，同时也是《反不正当竞争法》所不允许的。

第四节　建设工程开标、评标、中标

一、开标

（一）开标的时间、地点和参加人

招标投标活动经过了招标阶段和投标阶段之后，便进入了开标阶段。为了保证招标投标的公平、公正、公开，开标的时间和地点应遵守法律和招标文件中的规定。根据《招标投标法》第 34 条的规定，"开标应当在招标文件确定的提交投标文件截止时间的同一时间公开进行；开标地点应当为招标文件中预先确定的地点。"

同时，《招标投标法》第35条规定："开标由招标人主持，邀请所有投标人参加。"

（二）开标应当遵守的法律程序

根据《招标投标法》第36条的规定，开标应当遵守如下法律程序：

1. 开标前的检查

开标时，由投标人或者其推选的代表检查投标文件的密封情况，也可以由招标人委托的公证机构检查并公证。

招标人委托公证机构公证的，应当遵守司法部1992年10月19日制定实施的《招标投标公正程序细则》的有关规定。

2. 投标文件的拆封、宣读

经确认无误后，由工作人员当众拆封，宣读投标人名称、投标价格和投标文件的其他主要内容。

3. 开标过程的记录和存档

开标过程应当记录，并存档备查。

在宣读投标人名称、投标价格和投标文件的其他主要内容时，招标主持人对公开开标所读的每一项，按照开标时间的先后顺序进行记录。开标机构应当事先准备好开标记录的登记表册，开标填写后作为正式记录，保存于开标机构。开标记录的内容包括：项目名称、招标号、刊登招标公告的日期、发售招标文件的日期、购买招标文件的单位名称、投标人的名称及报价、截标后收到投标文件的处理情况等。

二、评标委员会

《招标投标法》第37条第1款明确规定："评标由招标人依法组建的评标委员会负责。"该条还对评标委员会的组成、评标专家成员应符合的条件和确定程序等作出原则规定。《招标投标法实施条例》也对评标委员会及成员做了具体的规定。为了规范评标活动，保证评标的公平、公正，维护招标投标活动当事人的合法权益，国家计委、经贸委、建设部、铁道部、交通部、信息产业部、水利部等七部委联合发布施行了《评标委员会和评标方法暂行规定》，该规定第二章对评标委员会作出了详细规定。

（一）评标委员会的组成

1. 评标委员会由招标人依法组建，负责评标活动，向招标人推荐中标候选人或者根据招标人的授权直接确定中标人。

2. 评标委员会成员名单一般应于开标前确定。评标委员会成员名单在中标结果确定前应当保密。

3. 评标委员会由招标人或其委托的招标代理机构熟悉相关业务的代表，以及有关技术、经济等方面的专家组成，成员人数为五人以上单数，其中技术、经济等方面的专家不得少于成员总数的三分之二。

4. 评标委员会设负责人的，评标委员会负责人由评标委员会成员推举产生或者由招标人确定。评标委员会负责人与评标委员会的其他成员有同等的表决权。

（二）评标委员会专家成员

1. 专家名册或专家库

《招标投标法》第13条规定了招标代理机构应当具备的条件之一,是有符合该法第37条第3款规定条件、可以作为评标委员会成员人选的技术、经济面的专家库。

《招标投标法实施条例》第45条规定,国家实行统一的评标专家专业分类标准和管理办法。具体标准和办法由国务院发展改革部门会同国务院有关部门制定。省级人民政府和国务院有关部门应当组建综合评标专家库。

专家名册是由政府主管部门建立的。《建筑工程设计招投标管理办法》第15条规定,国务院建设行政主管部门,省、自治区、直辖市人民政府建设行政主管部门应当建立建筑工程设计评标专家库。

同时,《房屋建筑和市政基础设施工程施工招标投标办法》第37条对建设行政管理部门的专家名册进一步明确规定:

(1) 建设行政主管部门的专家名册应当拥有一定数量规模并符合法定资格条件的专家;

(2) 省、自治区、直辖市人民政府建设行政主管部门可以将专家数量少的地区的专家名册予以合并或者实行专家名册计算机联网;

(3) 建设行政主管部门应当对进入专家名册的专家组织有关法律和业务培训,对其评标能力、廉洁公正等进行综合评估,及时取消不称职或者违法违规人员的评标专家资格。被取消评标专家资格的人员,不得再参加任何评标活动。

2. 评标专家成员的选取

评标委员会的专家成员应当从省级以上人民政府有关部门提供的专家名册或者招标代理机构的专家库内的相关专家名单中确定。

按该规定确定评标专家,可以采取随机抽取或者直接确定的方式。根据《招标投标法实施条例》第36条规定,除特殊招标项目外,依法必须进行招标的项目,其评标委员会的专家成员应当从评标专家库内相关专业的专家名单中以随机抽取方式确定。任何单位和个人不得以明示、暗示等任何方式指定或者变相指定参加评标委员会的专家成员。即一般项目,可以采取随机抽取的方式,依法必须进行招标的项目,应当以随机抽取方式确定;技术特别复杂、专业性要求特别高或者国家有特殊要求的招标项目,采取随机抽取方式确定的专家难以胜任的,可以由招标人直接确定。

3. 评标专家成员应符合的条件

(1) 从事相关专业领域工作满八年并具有高级职称或者同等专业水平;

(2) 熟悉有关招标投标的法律法规,并具有与招标项目相关的实践经验;

(3) 能够认真、公正、诚实、廉洁地履行职责。

(三) 有关评标委员会成员的强制性法律规定

1. 不得担任评标委员会成员的情况

(1) 投标人或者投标人主要负责人的近亲属;

(2) 项目主管部门或者行政监督部门的人员;

(3) 与投标人有经济利益关系,可能影响对投标公正评审的;

(4) 曾因在招标、评标以及其他与招标投标有关活动中从事违法行为而受过行政处罚或刑事处罚的。

评标委员会成员有上述规定情形之一的,应当主动提出回避。

2. 对评标委员会成员的道德要求

评标委员会成员应当客观、公正地履行职责，遵守职业道德，对所提出的评审意见承担个人责任。

评标委员会成员不得与任何投标人或者与招标结果有利害关系的人进行私下接触，不得收受投标人、中介人、其他利害关系人的财物或者其他好处。

3. 评标委员会成员和有关工作人员的保密义务

评标委员会成员和与评标活动有关的工作人员不得透露对投标文件的评审和比较、中标候选人的推荐情况以及与评标有关的其他情况。与评标活动有关的工作人员，是指评标委员会成员以外的因参与评标监督工作或者事务性工作而知悉有关评标情况的所有人员。

三、评标

（一）评标的准备与初步评审

《评标委员会和评标方法暂行规定》第三章对评标的准备与初步评审作出了详细规定。

1. 编制表格，研究招标文件

评标委员会成员应当编制供评标使用的相应表格，认真研究招标文件，至少应了解和熟悉以下内容：

（1）招标的目标；
（2）招标项目的范围和性质；
（3）招标文件中规定的主要技术要求、标准和商务条款；
（4）招标文件规定的评标标准、评标方法和在评标过程中考虑的相关因素。

招标人或者其委托的招标代理机构应当向评标委员会提供评标所需的重要信息和数据。招标人设有标底的，标底应当保密，并在评标时作为参考。

2. 投标文件的排序和汇率风险的承担

评标委员会应当按照投标报价的高低或者招标文件规定的其他方法对投标文件排序。以多种货币报价的，应当按照中国银行在开标日公布的汇率中间价换算成人民币。招标文件应当对汇率标准和汇率风险作出规定。未作规定的，汇率风险由投标人承担。

3. 投标文件的澄清、说明或补正

评标委员会可以书面方式要求投标人对投标文件中含义不明确、对同类问题表述不一致或者有明显文字和计算错误的内容作必要的澄清、说明或者补正。澄清、说明或者补正应以书面方式进行并不得超出投标文件的范围或者改变投标文件的实质性内容。投标文件中的大写金额和小写金额不一致的，以大写金额为准；总价金额与单价金额不一致的，以单价金额为准，但单价金额小数点有明显错误的除外；对不同文字文本投标文件的解释发生异议的，以中文文本为准。

4. 废标及投标偏差

根据《招标投标法实施条例》第51条规定，有下列情形之一的，评标委员会应当否决其投标：

（1）投标文件未经投标单位盖章和单位负责人签字；
（2）投标联合体没有提交共同投标协议；
（3）投标人不符合国家或者招标文件规定的资格条件；

（4）同一投标人提交两个以上不同的投标文件或者投标报价，但招标文件要求提交备选投标的除外；

（5）投标报价低于成本或者高于招标文件设定的最高投标限价；

（6）投标文件没有对招标文件的实质性要求和条件作出响应；

（7）投标人有串通投标、弄虚作假、行贿等违法行为。

具体分为两种情况，首先是作为废标处理的情形，包括：

（1）以虚假方式谋取中标。在评标过程中，评标委员会发现投标人以他人的名义投标、串通投标、以行贿手段谋取中标或者以其他弄虚作假方式投标的，该投标人的投标应作废标处理。

（2）低于成本报价竞标。在评标过程中，评标委员会发现投标人的报价明显低于其他投标报价或者在设有标底时明显低于标底，使得其投标报价可能低于其个别成本的，应当要求该投标人作出书面说明并提供相关证明材料。投标人不能合理说明或者不能提供相关证明材料的，由评标委员会认定该投标人以低于成本报价竞标，其投标应作废标处理。

（3）不符合资格条件或拒不对投标文件澄清、说明或改正。投标人资格条件不符合国家有关规定和招标文件要求的，或者拒不按照要求对投标文件进行澄清、说明或者补正的，评标委员会可以否决其投标。

（4）未能在实质上响应的投标。评标委员会应当审查每一投标文件是否对招标文件提出的所有实质性要求和条件作出响应。未能在实质上响应的投标（或投标发生重大偏差，见下文），应作废标处理。

在实践操作中，应注意把《评标委员会和评标方法暂行规定》、《工程建设项目施工招标投标办法》中有关无效投标的规定有机地结合起来。应该说，这几个部门规章关于无效投标的规定比《招标投标法》更具体、更严格，也更有利于约束招标人的行为和保护投标人的合法权益。

其次是投标偏差的情形：评标委员会应当根据招标文件，审查并逐项列出投标文件的全部投标偏差。投标偏差分为重大偏差和细微偏差。下列情况属于重大偏差：

（1）没有按照招标文件要求提供投标担保或者所提供的投标担保有瑕疵；

（2）投标文件没有投标人授权代表签字和加盖公章；

（3）投标文件载明的招标项目完成期限超过招标文件规定的期限；

（4）明显不符合技术规格、技术标准的要求；

（5）投标文件载明的货物包装方式、检验标准和方法等不符合招标文件的要求；

（6）投标文件附有招标人不能接受的条件；

（7）不符合招标文件中规定的其他实质性要求。

投标文件有上述情形之一的，为未能对招标文件作出实质性响应，作废标处理。招标文件对重大偏差另有规定的，从其规定。

细微偏差是指投标文件在实质上响应招标文件要求，但在个别地方存在漏项或者提供了不完整的技术信息和数据等情况，并且补正这些遗漏或者不完整不会对其他投标人造成不公平的结果。细微偏差不影响投标文件的有效性。评标委员会应当书面要求存在细微偏差的投标人在评标结束前予以补正。拒不补正的，在详细评审时可以对细微偏差作不利于该投标人的量化，量化标准应当在招标文件中规定。

5. 有效投标不足的法律后果

评标委员会根据上述规定否决不合格投标或者界定为废标后，因有效投标不足三个使得投标明显缺乏竞争的，评标委员会可以否决全部投标。投标人少于三个或者所有投标被否决的，招标人应当依法重新招标。

(二) 详细评审

经初步评审合格的投标文件，评标委员会应当根据招标文件确定的评标标准和方法，对其技术部分和商务部分作进一步评审、比较。《评标委员会和评标方法暂行规定》第四章对详细评审作出了具体规定。

1. 评标方法

评标委员会应当根据招标文件规定的评标标准和方法，对投标文件进行系统评审和比较。招标文件中没有规定的标准和方法不得作为评标的依据。招标文件中规定的评标标准和评标方法应当合理，不得含有倾向或者排斥潜在投标人的内容，不得妨碍或者限制投标人之间的竞争。

评标方法包括经评审的最低投标价法、综合评估法或者法律、行政法规允许的其他评标方法。

(1) 经评审的最低投标价法

经评审的最低投标价法一般适用于具有通用技术、性能标准或者招标人对其技术、性能没有特殊要求的招标项目。根据经评审的最低投标价法，能够满足招标文件的实质性要求，并且经评审的最低投标价的投标，应当推荐为中标候选人，但其投标价格低于其企业成本的除外。

采用经评审的最低投标价法的，评标委员会应当根据招标文件中规定的评标价格调整方法，以所有投标人的投标报价以及投标文件的商务部分作必要的价格调整。采用经评审的最低投标价法的，中标人的投标应当符合招标文件规定的技术要求和标准，但评标委员会无需对投标文件的技术部分进行价格折算。

根据经评审的最低投标价法完成详细评审后，评标委员会应当拟定一份"标价比较表"，连同书面评标报告提交招标人。"标价比较表"应当载明投标人的投标报价、对商务偏差的价格调整和说明以及经评审的最终投标价。

(2) 综合评估法

不宜采用经评审的最低投标价法的招标项目，一般应当采取综合评估法进行评审。根据综合评估法，最大限度地满足招标文件中规定的各项综合评价标准的投标，应当推荐为中标候选人。

衡量投标文件是否最大限度地满足招标文件中规定的各项评价标准，可以采取折算为货币的方法、打分的方法或者其他方法。需量化的因素及其权重应当在招标文件中明确规定。评标委员会对各个评审因素进行量化时，应当将量化指标建立在同一基础或者同一标准上，使各投标文件具有可比性。对技术部分和商务部分进行量化后，评标委员会应当对这两部分的量化结果进行加权，计算出每一投标的综合评估价或者综合评估分。

根据综合评估法完成评标后，评标委员会应当拟定一份"综合评估比较表"，连同书面评标报告提交招标人。"综合评估比较表"应当载明投标人的投标报价、所作的任何修正、对商务偏差的调整、对技术偏差的调整、对各评审因素的评估以及对每一投标的最终评审结果。

2. 备选标

根据招标文件的规定，允许投标人投备选标的，评标委员会可以对中标人所投的备选标进行评审，以决定是否采纳备选标。不符合中标条件的投标人的备选标不予考虑。

3. 招标项目作为一个整体合同授予

对于划分有多个单项合同的招标项目，招标文件允许投标人为获得整个项目合同而提出优惠的，评标委员会可以对投标人提出的优惠进行审查，以决定是否将招标项目作为一个整体合同授予中标人。将招标项目作为一个整体合同授予的，整体合同中标人的投标应当最有利于招标人。

4. 投标有效期的延长

评标和定标应当在投标有效期结束日30个工作日前完成。不能在投标有效期结束日30个工作日前完成评标和定标的，招标人应当通知所有投标人延长投标有效期。拒绝延长投标有效期的投标人有权收回投标保证金。同意延长投标有效期的投标人应当相应延长其投标担保的有效期，但不得修改投标文件的实质性内容。因延长投标有效期造成投标人损失的，招标人应当给予补偿，但因不可抗力需延长投标有效期的除外。招标文件应当载明投标有效期。投标有效期从提交投标文件截止日起计算。

（三）推荐中标候选人和定标

1. 评标报告

评标委员会完成评标后，应当向招标人提出书面评标报告，并抄送有关行政监督部门。评标报告应当如实记载以下内容：

（1）基本情况和数据表；

（2）评标委员会成员名单；

（3）开标记录；

（4）符合要求的投标一览表；

（5）废标情况说明；

（6）评标标准、评标方法或者评标因素一览表；

（7）经评审的价格或者评分比较一览表；

（8）经评审的投标人排序；

（9）推荐的中标候选人名单与签订合同前要处理的事宜；

（10）澄清、说明、补正事项纪要。

评标报告由评标委员会全体成员签字。对评标结论持有异议的评标委员会成员可以书面方式阐述其不同意见和理由。评标委员会成员拒绝在评标报告上签字且不陈述其不同意见和理由的，视为同意评标结论。评标委员会应当对此作出书面说明并记录在案。

向招标人提交书面评标报告后，评标委员会即告解散。评标过程中使用的文件、表格以及其他资料应当即时归还招标人。

2. 中标候选人

评标委员会推荐的中标候选人应当限定在一至三人，并标明排列顺序。

在确定中标人之前，招标人不得与投标人就投标价格、投标方案等实质性内容进行谈判。中标人的投标应当符合下列条件之一：

（1）能够最大限度满足招标文件中规定的各项综合评价标准；

（2）能够满足招标文件的实质性要求，并且经评审的投标价格最低，但是投标价格低于成本的除外。

使用国有资金投资或者国家融资的项目，招标人应当确定排名第一的中标候选人为中标人。排名第一的中标候选人放弃中标、因不可抗力提出不能履行合同，或者招标文件规定应当提交履约保证金而在规定的期限内未能提交的，招标人可以确定排名第二的中标候选人为中标人。排名第二的中标候选人因同样原因不能签订合同的，招标人可以确定排名第三的中标候选人为中标人。

招标人可以授权评标委员会直接确定中标人。国务院对中标人的确定另有规定的，从其规定。

四、中标

（一）定标后向有关行政监督部门提交书面报告

《招标投标法》第47条规定"依法必须进行招标的项目，招标人应当则确定中标人之日起十五日内，向有关行政监督部门提交招标投标情况的书面报告。"

《工程建设项目施工招标投标办法》第65条规定，依法必须进行施工招标的项目，招标人应当自发出中标通知书之日起十五日内，向有关行政监督部门提交招标投标情况的书面报告。书面报告至少应包括下列内容：

招标范围；

招标方式和发布招标公告的媒介；

招标文件中投标人须知、技术条款、评标标准和方法、合同主要条款等内容；

评标委员会的组成和评标报告；

中标结果。

（二）中标通知书

1. 发出中标通知书

中标通知书，是指招标人在确定中标人后向中标人发出的通知其中标的书面凭证。《招标投标法》第45条第1款规定："中标人确定后，招标人应当向中标人发出中标通知书，同时通知未中标人。"

2. 中标通知书的法律效力

《招标投标法》第45条第1款规定："中标通知书对招标人和中标人具有法律效力。中标通知书发出后，招标人改变中标结果，或者中标人放弃中标项目的，应当依法承担法律责任。"

（1）中标通知书是承诺

建设工程招标投标是以订立建设工程活动为目的的民事活动。从合同法意义上讲，招标人发出招标公告或投标邀请书，是吸引前在投标人想自己投标的意思表示，属于要约邀请；投标人提交投标文件，是投标人希望与招标人就招标项目订立合同的意思表示，属于要约；招标人发出中标通知书，则是招标人同意接受中标的人的投标条件，及同意接受该投标人的要约的意思表示，属于承诺。

(2) 缔约过失责任

中标通知书发出后产生承诺的法律效力，对招标人和中标人产生法律约束力。《房屋建筑和市政基础设施工程施工招标投标管理办法》第47条规定，中标人不与招标人订立合同的，投标保证金不予退还并取消其中标资格，给招标人造成的损失超过投标保证金数额的，应当对超过部分予以赔偿；没有提交投标保证金的，应当对招标人的损失承担赔偿责任。招标人无正当理由不与中标人签订合同，给中标人造成损失的，招标人应当给予赔偿。

在这里，因中标人不与招标人订立合同，或者招标人无正当理由不与中标人签订合同，应当承担缔约过失责任。所谓缔约过失责任，按照《合同法》的规定，是指当事人在订立合同过程中，因违背诚实信用原则而给对方造成损失的损害赔偿责任。缔约过失责任与违约责任最大的区别在于，前者适用于合同成立前，而后者适用于合同成立后。招标人无正当理由不与中标人签订合同，给中标人造成损失的，除应当退还投标保证金（如有）外，招标人应当给予赔偿。但这里不应适用《担保法》有关双倍定金返还的规定。因为从法律性质上讲，定金罚则属于违约责任范畴，其适用前提条件是合同成立并生效。而投标保证金发生在建设工程合同成立前，其法律性质与定金有本质区别，因此不能适用定金双倍返还的规定，而只能适用缔约过失责任的返还规定。

应该说，在上述过程中，招标人和中标人所承担的风险是很不对等的。而这种风险又是在我国合同法律制度下所固有的，投标人在参加投标时，对此应予充分认识。

（三）订立书面合同，提供履约担保和付款担保

1. 订立书面合同

中标通知书发出的另一个法律后果是招标人和中标人应当在法律规定的时限内订立书面合同。《招标投标法》第46条规定："招标人和中标人应当自中标通知书发出之日起三十日内，按照招标文件和中标人的投标文件订立书面合同。招标人与中标人不得再行订立背离合同实质性内容的其他协议。"

一般情况下，合同自承诺生效时成立。但我国《合同法》第32条规定："当事人采取合同书形式订立合同的，自双方当事人签字或者盖章时合同成立。"建设工程合同的订立就属于这种情况。

建设工程合同订立的依据是招标文件和中标人的投标文件，双方不得再订立违背合同实质性内容的其他协议。"合同实质性内容"包括投标价格、投标方案等涉及招标人和中标人权利义务关系的实体内容。如果允许招标人和中标人可以再行订立背离违背合同实质性内容的其他协议，就违背了招标投标活动的初衷，对其他未中标人来讲也是不公正的。因此对于这类行为，法律必须予以严格禁止。

2. 提供履约担保和付款担保

（1）中标人提供履约担保

提供履约担保是针对中标人而言的。《招标投标法》第46条第3款规定："招标文件要求中标人提交履约保证金的，中标人应当提交。"

要求中标人提供履约担保，是国际工程惯例。所谓履约担保，是指招标人在招标文件中规定的要求中标的投标人提交的保证履行合同义务的担保。履约担保除可以采用履约保证金这种形式外，还可以采用银行、保险公司或担保公司出具履约保函。履约

担保的金额取决于招标项目的类型和规模，但大体上应能保证中标人违约时，招标人所受损失能得到补偿，通常为建设工程合同金额的10%左右。在招标文件中，招标人应当就提交履约担保的方式作出规定，中标人应当按照招标文件中的规定提交履约担保。中标人不按照招标文件的规定提交履约担保的，将失去订立合同的资格，其一提交的投标担保不予退还。

（2）招标人提供付款担保

提供付款担保是针对招标人而言的。《工程建设项目施工招标投标办法》第62条规定，招标文件要求中标人提交履约保证金或者其他形式履约担保的，中标人应当提交；拒绝提交的，视为放弃中标项目。招标人要求中标人提供履约保证金或其他形式履约担保的，招标人应当同时向中标人提供工程款支付担保。招标人不得擅自提高履约保证金，不得强制要求中标人垫付中标项目建设资金。

要求招标人提供付款担保，同样是国际工程惯例。建设工程合同中设立付款担保条款，是为了保证招标人（发包人）按合同约定向中标人（承包人）支付工程款。《合同法》规定，当事人应当遵循公平原则确定双方的权利义务，据此，建设工程合同当事人的权利和义务应当是对等的。

工程实践中，工程款拖欠屡禁不止的重要原因之一是缺乏有效的招标人付款担保制度。《建设工程施工合同（示范文本）》（GF-1999-0201）41.1规定，发包人与承包人为了全面履行合同，应互相提供担保；《工程建设项目施工招标投标办法》则以部门规章的形式确立了付款担保制度，是很有现实意义的。

（3）退还投标保证金

《评标委员会和评标方法暂行规定》规定，招标人与中标人签订合同后5个工作日内，应当向中标人和未中标的投标人退还投标保证金。这是法律规定的投标保证金的期限。

（4）工程施工合同的备案

《房屋建筑和市政基础设施工程施工招标投标管理办法》第47条规定订立书面合同后7日内，中标人应当将合同送县级以上工程所在地的建设行政主管部门备案。

（四）中标无效的法律规定

根据《招标投标法》第五章法律责任以及《招标投标法实施条例》第六章法律责任的规定，中标无效有如下几种情况：

1. 招标代理机构违反本法规定，泄漏应当保密的与招标投标活动有关的情况和资料，或者与招标人、投标人串通损害国家利益、社会公共利益或者他人合法权益，影响中标结果的，中标无效；

2. 依法必须进行招标的项目的招标人向他人透漏以获取招标文件的潜在投标人的名称、数量或者可能影响公平竞争的其他情况，或者泄漏标底，影响中标结果的，中标无效；

3. 投标人相互串通投标或者与招标人串通投标的，投标人以向招标人或者评标委员会成员行贿的手段谋取中标的，中标无效；

4. 投标人以他人名义投标或者以其他方式弄虚作假，骗取中标的，中标无效；

5. 依法必须进行招标的项目，招标人违反法律规定，与投标人就投标价格、投标方案等实质性内容进行谈判，影响中标结果的，中标无效；

6. 招标人在评标委员会依法推荐的中标候选人以外确定中标人的，依法必须进行招标的项目在所有投标被评标委员会否决后自行确定中标人的，中标无效。

依法必须进行招标的项目违反本法规定，中标无效的，应当依照本法规定的中标条件从其余投标人中重新确定中标人或者按照本法从新进行招标。

如前所述，《评标委员会和评标方法暂行规定》、《工程建设项目施工招标投标办法》关于无效投标的规定比《招标投标法》更具体、更严格，也更有利于约束招标人的行为和保护投标人的合法权益。有关当事人应综合运用上述法律、规章保护自己的合法权益。

第四章　建设工程安全生产管理制度

《建设工程安全生产管理条例》于 2003 年 11 月 12 日经国务院第 28 次常务会议通过，2003 年 11 月 24 日以中华人民共和国国务院令第 393 号公布，自 2004 年 2 月 1 日起施行。《建筑法》和《安全生产法》是制定该条例的基本法律依据。"安全第一、预防为主"，是建设工程安全生产管理依法必须坚持的基本方针。

根据《建设工程安全生产管理条例》第 2 条的规定，在中华人民共和国境内从事建设工程的新建、改建、扩建和拆除等有关活动及实施对建设工程安全生产的监督管理，必须遵守该条例。这里所称的建设工程，是指"土木工程、建筑工程、线路管道工程和设备安装工程及装修工程"。其中：

- 土木工程主要包括铁路、公路、隧道、桥梁、堤坝、电站、码头、飞机场等工程。
- 建筑工程主要指房屋建筑工程，即有顶盖、梁柱、墙壁、基础以及能够形成内部空间、满足人们生产、生活、公共活动的工程实体，包括厂房、剧院、旅馆、商店、学校、医院和住宅等工程。
- 线路管道和设备安装工程主要包括电力、通信、石油、燃气、给水、排水、供热等管道系统和各类机械设备、装置的安装活动。
- 装修工程主要包括对建筑物内、外进行美化、舒适化、增加使用功能为目的的工程建设活动。

第一节　建设单位的安全责任

一、建设单位提供有关资料的责任

建设单位通常是建设工程投资人，在进行建设项目选址、勘察、设计过程中居于主导地位。因此，建设单位应当向施工单位提供施工现场及毗邻区域的有关资料，根据《建设工程安全生产管理条例》第 6 条规定，这些相关资料具体包括：

(1) 供水、排水、供电、供气、供热、通信、广播电视等地下管线资料；
(2) 气象和水文观测资料；
(3) 相邻建筑物和构筑物、地下工程的有关资料。

同时，建设单位依法有责任保证其提供的资料"真实、准确、完整"，这是《建设工程安全生产管理条例》为建设单位赋予的强制性义务。

二、禁止建设单位实施的违法行为

(1)《建设工程安全生产管理条例》第 7 条规定，建设单位不得对勘察、设计、施工、工程监理等单位提出不符合建设工程安全生产法律、法规和强制性标准规定的要求。

建设单位违反上述规定的,根据《建设工程安全生产管理条例》第55条的有关规定,建设单位除应承担罚款的行政责任外,造成重大安全事故的,构成犯罪的,其直接责任人员还将依刑法承担行政责任。如果造成损失,还要依法承担民事赔偿责任。

(2)《建设工程安全生产管理条例》第7条规定,建设单位不得压缩合同约定的工期。

建设单位和施工单位在合同中约定的工期,通常是双方在平等协商的基础上确定的,并为双方所接受。因此,"合同约定的工期"应当满足"合理工期"的要求。所谓"合理工期",一般是指在正常建设条件下,采取科学合理的施工工艺和管理方法,以现行的国家颁布的工期定额为基础,结合项目建设的具体情况而确定的,使建设单位和各参建单位均获得满意经济效益的工期。在工程实践中,建设单位不合理压缩工期是造成安全事故的重要因素之一。鉴此,《建设工程安全生产管理条例》对建设单位压缩合同约定的工期的行为,做出了禁止性规定。建设单位如果违反该项义务,将根据该条例第55条,承担相应的行政责任、刑事责任或民事责任。

(3)《建设工程安全生产管理条例》第9条规定,建设单位不得明示或者暗示施工单位购买、租赁、使用不符合安全施工要求的安全防护用具、机械设备、施工机具及配件、消防设施和器材。

三、确定安全生产费用

《建设工程安全生产管理条例》第8条规定,建设单位在编制工程概算时,应当确定建设工程安全作业环境及安全施工措施所需费用。

工程概算,是指在初步设计阶段,根据初步设计文件、概算定额或概算指标、费用定额及其他相关文件,计算出的建筑安装费用。必要的安全生产投入,是确保安全生产的基本保障。但是,长期以来,一些地方政府、建设单位、施工单位忽略安全生产投入,单纯追求经济效益,置安全生产于不顾,是造成建设工程安全生产事故的重要原因之一。鉴此,从加强对建设单位安全生产投入监督管理的角度,《建设工程安全生产管理条例》强制要求建设单位在编制工程概算时,应当确定安全生产投入费用。同时,根据该条例第54条的规定,对于建设单位违反该项义务的,有关行政管理部门发现后,应当"责令限期改正;逾期未改正的,责令该建设工程停止施工"。

为了确保安全生产费用的专款专用,《建设工程安全生产管理条例》第22条同时规定:"施工单位对列入建设工程概算的安全作业环境及安全施工措施所需费用,应当用于施工安全防护用具及设施的采购和更新、安全施工措施的落实、安全生产条件的改善,不得挪作他用。"否则,施工单位不仅将依法承担罚款的行政责任,造成损失的,还要依法承担民事赔偿责任。

四、依法进行拆除工程的发包

《建设工程安全生产管理条例》第11条规定,建设单位应当将拆除工程发包给具有相应资质等级的施工单位。

关于拆除工程的安全生产管理,《建筑法》第50条作了明确规定,房屋拆除应当由具备保证安全条件的建筑施工单位承担。为了规范拆除工程市场秩序,提高拆除工程的技术保证水平,避免发生安全事故,《建筑业企业资质管理规定》(2007年9月1日建设部令第 159 号发布）规定了"爆破与拆除工程专业承包企业资质等级标准"。《建筑业企业资质管理规定》将该资质分为一、二、三级，并分别对取得各级资质的相应条件、承包范围作了严格的规定。为进一步加强拆除工程市场的安全管理，《建设工程安全生产管理条例》一方面明确规定进入拆除工程市场的施工单位应当具有专业承包资质；另一方面，还进一步明确了政府行政主管部门通过备案制度对拆除工程施工实施监督。根据《建设工程安全生产管理条例》第 11 条的规定，建设单位应当在拆除工程施工 15 日前，将相关资料报送有关行政主管部门备案。这些需要备案的资料包括：

（1）施工单位资质等级证明；

（2）拟拆除建筑物、构筑物及可能危及毗邻建筑的说明；

（3）拆除施工组织方案；

（4）堆放、清除废弃物的措施。

第二节 勘察、设计、工程监理及相关单位的安全责任

一、勘察、设计单位的安全责任

1. 根据《建设工程安全生产管理条例》第 12 条的规定，勘察单位依法应承担的安全责任包括：

（1）勘察单位应当按照法律、法规和工程建设强制性标准进行勘察，提供的勘察文件应当真实、准确，满足建设工程安全生产的需要。

（2）勘察单位在勘察作业时，应当严格执行操作规程，采取措施保证各类管线、设施和周边建筑物、构筑物的安全。

2. 根据《建设工程安全生产管理条例》第 13 条的规定，设计单位依法应承担的安全责任包括：

（1）设计单位应当按照法律、法规和工程建设强制性标准进行设计，防止因设计不合理导致生产安全事故的发生。

（2）设计单位应当考虑施工安全操作和防护的需要，对涉及施工安全的重点部位和环节在设计文件中注明，并对防范生产安全事故提出指导意见。

（3）采用新结构、新材料、新工艺的建设工程和特殊结构的建设工程，设计单位应当在设计中提出保障施工作业人员安全和预防生产安全事故的措施建议。

（4）设计单位和注册建筑师等注册执业人员应当对其设计负责。

二、工程监理单位的安全责任

根据《建筑法》、《建设工程质量管理条例》及其相关规定，我国实施强制工程监理制度。工程监理单位除了接受建设单位委托，实施以"三控、两管、一协调"为主要内容的工程监理工作外，还要依法承担国家赋予的其他方面的监理责任。

《建设工程监理规范》（GB 50319—2000）6.1.2 规定，"在发生下列情况之一时，总监理工程师可签发工程暂停令：……施工出现了安全隐患，总监理工程师认为有必要停工以消除隐患；……"。根据上述规定，《建设工程监理规范》已经赋予了工程监理单位在建

设工程安全生产中的监督权利,根据权利义务相统一的基本原则,工程监理单位也应当履行相应的监督义务。进一步明确工程监理单位应当承担建设工程安全生产责任。《建设工程安全生产管理条例》以行政法规定的形式确立了这项制度。根据该条例第14条的规定,工程监理单位的安全责任主要体现在:

(1) 工程监理单位应当审查施工组织设计中的安全技术措施或者专项施工方案是否符合工程建设强制性标准。

施工组织设计是整个施工过程的指导文件,具有十分重要的作用。《建设工程监理规范》5.2.3规定,"工程项目开工前,总监理工程师应组织专业监理工程师审查承包单位报送的施工组织设计(方案)报审表,提出审查意见,并经总监理工程师审核、签认后报建设单位"。

根据《建设工程安全生产管理条例》的相关规定,施工组织设计中必须包含安全技术措施和施工现场临时用电方案。对基坑支护、降水工程、土方开挖工程、模板工程、起重吊装工程、脚手架工程、拆除、爆破工程等达到一定规模的危险性较大的分部分项工程,施工单位还应当编制专项施工方案。工程监理单位依法应当对这些安全技术措施和专项施工方案进行审查,审查的重点是其是否符合工程建设强制性标准。

(2) 工程监理单位在实施监理过程中,发现存在安全事故隐患的,应当要求施工单位整改;情况严重的,应当要求施工单位暂时停止施工,并及时报告建设单位。施工单位拒不整改或者不停止施工的,工程监理单位应当及时向有关主管部门报告。

(3) 工程监理单位和监理工程师应当按照法律、法规和工程建设强制性标准实施监理,并对建设工程安全生产承担监理责任。

根据《建设工程安全生产管理条例》第57条的有关规定,工程监理单位违反上述三项法定义务,视情形将可能分别受到责令停业整顿并处罚款、降低资质等级、吊销资质证书等行政处罚;构成犯罪的,其直接责任人员要承担刑事责任;造成损失的,工程监理单位还要依法承担民事赔偿责任。

三、相关单位的安全责任

1. 机械设备和配件供应单位的安全责任

《建设工程安全生产管理条例》第15条规定:"为建设工程提供机械设备和配件的单位,应当按照安全施工的要求配备齐全有效的保险、限位等安全设施和装置。"

2. 出租机械设备和施工机具及配件单位的安全责任

根据《建设工程安全生产管理条例》第16条的规定,出租的机械设备和施工机具及配件,应当具有生产(制造)许可证、产品合格证,并应当对出租的机械设备和施工机具及配件的安全性能进行检测,在签订租赁协议时,应当出具检测合格证明。禁止出租检测不合格的机械设备和施工机具及配件。

相应的,《建设工程安全生产管理条例》第34条、第35条规定,施工单位采购、租赁的安全防护用具、机械设备、施工机具及配件,应当具有生产(制造)许可证、产品合格证,并在进入施工现场前进行查验。使用承租的机械设备和施工机具及配件的,由施工总承包单位、分包单位、出租单位和安装单位共同进行验收。验收合格的方可使用。

3. 施工起重机械和自升式架设设施的安全管理

（1）施工起重机械和自升式架设设施安装、拆卸

施工起重机械和自升式架设设施等的安装、拆卸属于特殊专业安装，具有高度危险性，容易造成重大伤亡事故，和施工安全具有密切关系。因此，有必要将其纳入到资质管理。

《建设工程安全生产管理条例》第17条第1款规定："在施工现场安装、拆卸施工起重机械和整体提升脚手架、模板等自升式架设设施，必须由具有相应资质的单位承担。"《建筑业企业资质等级标准》则分别规定了起重设备安装工程专业承包资质（分为三个等级）和整体提升脚手架专业承包资质。

《建设工程安全生产管理条例》第17条还规定，安装、拆卸施工起重机械和整体提升脚手架、模板等自升式架设设施，应当编制拆装方案、制定安全施工措施，并由专业技术人员现场监督。施工起重机械和整体提升脚手架、模板等自升式架设设施安装完毕后，安装单位应当自检，出具自检合格证明，并向施工单位进行安全使用说明，办理验收手续并签字。根据《建设工程安全生产管理条例》第35条的规定，施工单位在使用前，应当组织有关单位进行验收，也可以委托具有相应资质的检验检测机构进行验收。但《特种设备安全监察条例》规定的施工起重机械，在验收前应当经有相应资质的检验检测机构监督检验合格。

施工单位应当自验收合格之日起30日内，向建设行政主管部门或者其他有关部门登记。登记标志应当置于或者附着于该设备的显著位置。

（2）施工起重机械和自升式架设设施的检验检测

根据《建设工程安全生产管理条例》第18条、第19条的规定，施工起重机械和整体提升脚手架、模板等自升式架设设施的使用达到国家规定的检验检测期限的，必须经具有专业资质的检验检测机构检测。经检测不合格的，不得继续使用。检验检测机构对检测合格的施工起重机械和整体提升脚手架、模板等自升式架设设施，应当出具安全合格证明文件，并对检测结果负责。

第三节　施工单位的安全责任

一、安全生产许可证制度

（一）取得安全生产许可证的条件

根据《安全生产许可证条例》第6条规定，企业领取安全生产许可证应当具备一系列安全生产条件。在此规定基础上，结合建筑施工企业的自身特点，《建筑施工企业安全生产许可证管理规定》在第4条，将建筑施工企业取得安全生产许可证应当具备的安全生产条件具体规定为：

（1）建立、健全安全生产责任制，制定完备的安全生产规章制度和操作规程；

（2）保证本单位安全生产条件所需资金的投入；

（3）设置安全生产管理机构，按照国家有关规定配备专职安全生产管理人员；

（4）主要负责人、项目负责人、专职安全生产管理人员经建设主管部门或者其他有关部门考核合格；

(5) 特种作业人员经有关业务主管部门考核合格，取得特种作业操作资格证书；

(6) 管理人员和作业人员每年至少进行一次安全生产教育培训并考核合格；

(7) 依法参加工伤保险，依法为施工现场从事危险作业的人员办理意外伤害保险，为从业人员交纳保险费；

(8) 施工现场的办公、生活区及作业场所和安全防护用具、机械设备、施工机具及配件符合有关安全生产法律、法规、标准和规程的要求；

(9) 有职业危害防治措施，并为作业人员配备符合国家标准或者行业标准的安全防护用具和安全防护服装；

(10) 有对危险性较大的分部分项工程及施工现场易发生重大事故的部位、环节的预防、监控措施和应急预案；

(11) 有生产安全事故应急救援预案、应急救援组织或者应急救援人员，配备必要的应急救援器材、设备；

(12) 法律、法规规定的其他条件。

《安全生产许可证条例》第14条还规定，安全生产许可证颁发管理机关应当加强对取得安全生产许可证的企业的监督检查，发现其不再具备本条例规定的安全生产条件的，应当暂扣或者吊销安全生产许可证。

(二) 安全生产许可证的管理规定

《安全生产许可证条例》第9条规定，"安全生产许可证的有效期为3年。安全生产许可证有效期满需要延期的，企业应当于期满前3个月向原安全生产许可证颁发管理机关办理延期手续。企业在安全生产许可证有效期内，严格遵守有关安全生产的法律法规，未发生死亡事故的，安全生产许可证有效期届满时，经原安全生产许可证颁发管理机关同意，不再审查，安全生产许可证有效期延期3年"。

根据《安全生产许可证条例》和《建筑施工企业安全生产许可证管理规定》，建筑施工企业应当遵守如下强制性规定：

(1) 未取得安全生产许可证的，不得从事建筑施工活动。建设主管部门在审核发放施工许可证时，应当对已经确定的建筑施工企业是否有安全生产许可证进行审查，对没有取得安全生产许可证的，不得颁发施工许可证。

(2) 企业不得转让、冒用安全生产许可证或者使用伪造的安全生产许可证。

(3) 企业取得安全生产许可证后，不得降低安全生产条件，并应当加强日常安全生产管理，接受安全生产许可证颁发管理机关的监督检查。

二、施工单位的基本安全生产责任

1. 主要负责人、项目负责人和专职安全生产管理人员的安全责任

(1) 主要负责人

《建设工程安全生产管理条例》第21条第1款的规定，施工单位主要负责人依法对本单位的安全生产工作全面负责。

(2) 项目负责人

《建设工程安全生产管理条例》第21条第2款规定，施工单位的项目负责人应当由取得相应执业资格的人员担任，对建设工程项目的安全施工负责。

项目负责人（主要指项目经理）在工程项目中处于中心地位，对建设工程项目的安全全面负责。鉴于项目负责人对安全生产的重要作用，国家规定施工单位的项目负责人应当由取得相应执业资格的人员担任。这里，"相应执业资格"目前指建造师执业资格。

根据《建设工程安全生产管理条例》第21条的规定，项目负责人的安全责任主要包括：

- 落实安全生产责任制度，安全生产规章制度和操作规程；
- 确保安全生产费用的有效使用；
- 根据工程的特点组织制定安全施工措施，消除安全事故隐患；
- 及时、如实报告生产安全事故。

（3）专职安全生产管理人员

根据《建设工程安全生产管理条例》第23条规定，施工单位应当设立安全生产管理机构，配备专职安全生产管理人员。专职安全生产管理人员的安全责任主要包括：

- 对安全生产进行现场监督检查；
- 发现安全事故隐患，应当及时向项目负责人和安全生产管理机构报告；
- 对于违章指挥、违章操作的，应当立即制止。

2. 总承包单位和分包单位的安全责任

《建设工程安全生产管理条例》第24条规定，建设工程实行施工总承包的，由总承包单位对施工现场的安全生产负总责。

总承包单位依法将建设工程分包给其他单位的，分包合同中应当明确各自的安全生产方面的权利、义务。总承包单位和分包单位对分包工程的安全生产承担连带责任。

分包单位应当服从总承包单位的安全生产管理，分包单位不服从管理导致生产安全事故的，由分包单位承担主要责任。

3. 安全生产教育培训制度

（1）特种作业人员的专门培训和持证上岗

《建设工程安全生产管理条例》第25条规定，垂直运输机械作业人员、安装拆卸工、爆破作业人员、起重信号工、登高架设作业人员等特种作业人员，必须按照国家有关规定经过专门的安全作业培训，并取得特种作业操作资格证书后，方可上岗作业。

（2）主要负责人、项目负责人和专职安全生产管理人员的考核培训

《建设工程安全生产管理条例》第36条规定，施工单位的主要负责人、项目负责人、专职安全生产管理人员应当经建设行政主管部门或者其他有关部门考核合格后方可任职。

施工单位应当对管理人员和作业人员每年至少进行一次安全生产教育培训，其教育培训情况记入个人工作档案。安全生产教育培训考核不合格的人员，不得上岗。

（3）作业人员进入新岗位、新工地和采用新技术、新工艺、新设备、新材料前的上岗教育培训

《建设工程安全生产管理条例》第37条规定，作业人员进入新的岗位或者新的施工现场前，应当接受安全生产教育培训。未经教育培训或者教育培训考核不合格的人员，不得上岗作业。

施工单位在采用新技术、新工艺、新设备、新材料时，应当对作业人员进行相应的安全生产教育培训。

4. 危险性较大的分部分项工程的专项施工方案

《建设工程安全生产管理条例》第 26 条规定，施工单位应当在施工组织设计中编制安全技术措施和施工现场临时用电方案，对下列达到一定规模的危险性较大的分部分项工程编制专项施工方案，并附具安全验算结果，经施工单位技术负责人、总监理工程师签字后实施，由专职安全生产管理人员进行现场监督：

（1）基坑支护与降水工程；

（2）土方开挖工程；

（3）模板工程；

（4）起重吊装工程；

（5）脚手架工程；

（6）拆除、爆破工程；

（7）国务院建设行政主管部门或者其他有关部门规定的其他危险性较大的工程。

对上述工程中涉及深基坑、地下暗挖工程、高大模板工程的专项施工方案，施工单位还应当组织专家进行论证、审查。

5. 施工单位在施工现场应采取的安全措施

（1）施工前安全施工技术要求交底

《建设工程安全生产管理条例》第 27 条规定，建设工程施工前，施工单位负责项目管理的技术人员应当对有关安全施工的技术要求向施工作业班组、作业人员作出详细说明，并由双方签字确认。

（2）施工现场安全警示标志的设置

《建设工程安全生产管理条例》第 28 条第 1 款规定，施工单位应当在施工现场入口处、施工起重机械、临时用电设施、脚手架、出入通道口、楼梯口、电梯井口、孔洞口、桥梁口、隧道口、基坑边沿、爆破物及有害危险气体和液体存放处等危险部位，设置明显的安全警示标志。安全警示标志必须符合国家标准。

（3）施工现场的安全防护

《建设工程安全生产管理条例》第 28 条第 2 款规定，施工单位应当根据不同施工阶段和周围环境及季节、气候的变化，在施工现场采取相应的安全施工措施。施工现场暂时停止施工的，施工单位应当做好现场防护，所需费用由责任方承担，或者按照合同约定执行

（4）施工现场布置应当符合安全要求

《建设工程安全生产管理条例》第 29 条规定，施工单位应当将施工现场的办公、生活区与作业区分开设置，并保持安全距离；办公、生活区的选址应当符合安全性要求。职工的膳食、饮水、休息场所等应当符合卫生标准。施工单位不得在尚未竣工的建筑物内设置员工集体宿舍。

施工现场临时搭建的建筑物应当符合安全使用要求。施工现场使用的装配式活动房屋应当具有产品合格证。

（5）对周边环境采取的防护措施

《建设工程安全生产管理条例》第 30 条规定，施工单位对因建设工程施工可能造成损害的毗邻建筑物、构筑物和地下管线等，应当采取专项防护措施。

施工单位应当遵守有关环境保护法律、法规的规定，在施工现场采取措施，防止或者

减少粉尘、废气、废水、固体废物、噪声、振动和施工照明对人和环境的危害和污染。

在城市市区内的建设工程，施工单位应当对施工现场实行封闭围挡。

（6）施工现场的消防安全措施

《建设工程安全生产管理条例》第31条规定，施工单位应当在施工现场建立消防安全责任制度，确定消防安全责任人，制定用火、用电、使用易燃易爆材料等各项消防安全管理制度和操作规程，设置消防通道、消防水源，配备消防设施和灭火器材，并在施工现场入口处设置明显标志。

第五章 建设工程质量管理制度

《建设工程质量管理条例》于 2000 年 1 月 10 日经国务院第 25 次常务会议通过，2000 年 1 月 30 日以国务院令第 279 号公布实施。《建筑法》是制定该条例的基本法律依据，《建设工程质量管理条例》是《建筑法》颁布实施后制定的第一步配套的行政法规。保证建设工程质量和安全，是《建筑法》的主要立法目的之一。《建筑法》在第六章对建筑工程质量管理做出了原则规定，《建设工程质量管理条例》则对《建筑法》确立的基本制度做出进一步的规定，对参与建筑活动的各方主体的质量责任和义务予以明确，对行政处罚额度予以明确，以便于实际执行和加强执法力度。

与《建设工程安全生产管理条例》的适用范围一致，《建设工程质量管理条例》的适用于"建设工程"，即"土木工程、建筑工程、线路管道和设备安装工程及装修工程"。

《建设工程质量管理条例》调整的建设工程质量责任主体包括：建设单位、勘察单位、设计单位、施工单位以及工程监理单位。建筑材料、建筑构配件、设备的生产和供应单位，则应当适用《中华人民共和国产品质量法》的有关规定。

第一节 建设工程质量监督制度

《建设工程质量管理条例》明确规定，国家实行建设工程质量监督管理制度。政府质量监督作为一项制度，以行政法规的性质在《建设工程质量管理条例》中加以明确，强调了建设工程质量必须实行政府监督管理。政府建设工程质量监督的主要目的是保证建设工程使用安全和环境质量，主要依据是法律、法规和强制性标准，主要方式是政府认可的第三方强制监督，主要内容是地基基础、主体结构、环境质量和与此相关的工程建设各方主体的质量行为，主要手段是施工许可制度和竣工验收备案制度❶。

建设工程质量监督管理具有以下几个特点：第一，具有权威性，建设工程质量监督体现的是国家意志，任何从事工程建设活动的单位和个人都应当服从这种监督管理。第二，具有强制性，这种监督是由国家的强制力来保障的，任何单位和个人不服从这种监督管理都将受到法律的制裁。第三，具有综合性，这种监督管理并不局限于某一个阶段或某一个方面，而是贯穿于工程建设全过程，并适用于建设单位、勘察单位、设计单位、监理单位和施工单位。

一、建设工程质量监督的主体

对建设工程质量进行监督管理的主体是各级政府建设行政主管部门和其他有关部门。根据《建设工程质量管理条例》第 43 条第 2 款的规定，国务院建设行政主管部门对全国的建设工程质量实施统一的监督管理。国务院铁路、交通、水利等有关部门按照国务院规

---

❶ 摘自建设部《关于建设工程质量监督机构深化改革的指导意见》（建建 [2000] 151 号）。

定的职责分工，负责对全国的有关专业建设工程质量的监督管理。

《建设工程质量管理条例》规定各级政府有关主管部门应当加强对有关建设工程质量的法律、法规和强制性标准执行情况的监督检查；同时，规定政府有关主管部门履行监督检查职责时，有权采取系列措施：

（1）要求被检查的单位提供有关工程质量的文件和资料；

（2）进入被检查的施工现场进行检查；

（3）发现有影响工程质量的问题时，责令改正。

由于建设工程质量监督具有专业性强、周期长、程序繁杂等特点，政府部门通常不宜亲自进行日常检查工作。这就需要通过委托由政府认可的第三方，即建设工程质量监督机构，来依法代行工程质量监督职能，并对委托的政府部门负责。政府部门主要对建设工程质量监督机构进行业务指导和管理，不进行具体工程质量监督。

根据建设部《建设工程质量监督机构和人员考核管理办法》（建质［2007］184号）的有关规定，建设工程质量监督机构是受县级以上地方人民政府建设主管部门或有关部门委托，经省级人民政府建设主管部门或国务院有关部门考核认定，依据国家的法律、法规和工程建设强制性标准，对工程建设实施过程中各参建责任主体和有关单位的质量行为及工程实体质量进行监督管理的具有独立法人资格的单位。建设工程质量监督人员（以下简称监督人员）应当具备国家规定的基本条件，并经省级人民政府建设主管部门组织的上岗培训、考核合格后，方可从事工程质量监督工作。其中，从事施工设计文件审查的建设工程质量监督机构，还应当具备国家规定的其他条件。监督机构应当具备的基本条件包括：

（1）具有一定数量的监督人员：

● 地市级以上人民政府建设主管部门所属的监督机构（以下简称地市级以上监督机构）不少于9人；县级人民政府建设主管部门所属的监督机构（以下简称县级监督机构，包括县级市）不少于3人；

● 监督人员专业结构合理，建筑工程水、电、智能化等安装专业技术人员与土建工程专业技术人员相配套；

● 监督人员数量占监督机构总人数的比例不低于75％。

（2）有固定的工作场所和适应工程质量监督检查工作需要的仪器、设备和工具等；

（3）有健全的工作制度和管理制度；

（4）具备与质量监督工作相适应的信息化管理条件。

质量监督人员在检查中发现工程质量存在问题时，有权签发整改通知，责权限期改正；发现存在涉及结构安全和使用功能的严重质量缺陷、工程质量管理失控时，有权责令暂停施工或局部暂停施工等强制措施，以便立即改正；对发现结构质量隐患的工程有权责令进行检测，根据检测结构，要求建设单位整改。需要行政处罚的，由工程质量监督机构报委托的政府部门查处。

二、竣工验收备案制度

根据《建设工程质量管理条例》第49条的规定，建设单位应当自建设工程竣工验收合格之日起15日内，将建设工程竣工验收报告和规划、公安消防、环保等部门出具的认可文件或者准许使用文件报建设行政主管部门或者其他有关部门备案。

建设行政主管部门或者其他有关部门发现建设单位在竣工验收过程中有违反国家有关建设工程质量管理规定行为的，责令停止使用，重新组织竣工验收。

三、工程质量事故报告和调查处置制度

根据《建设工程质量管理条例》第52条第1款规定："建设工程发生质量事故，有关单位应当在24小时内向当地建设行政主管部门和其他有关部门报告。对重大质量事故，事故发生地的建设行政主管部门和其他有关部门应当按照事故类别和等级向当地人民政府和上级建设行政主管部门和其他有关部门报告"。

《生产安全事故报告和调查处理条例》（国务院令第493号发布）规定，生产安全事故，根据造成的人员伤亡或者直接经济损失，事故一般分为以下等级：

（1）特别重大事故，是指造成30人以上死亡，或者100人以上重伤（包括急性工业中毒，下同），或者1亿元以上直接经济损失的事故；

（2）重大事故，是指造成10人以上30人以下死亡，或者50人以上100人以下重伤，或者5000万元以上1亿元以下直接经济损失的事故；

（3）较大事故，是指造成3人以上10人以下死亡，或者10人以上50人以下重伤，或者1000万元以上5000万元以下直接经济损失的事故；

（4）一般事故，是指造成3人以下死亡，或者10人以下重伤，或者1000万元以下直接经济损失的事故。

国务院安全生产监督管理部门可以会同国务院有关部门，制定事故等级划分的补充性规定。

就具体处理生产安全事故的制度方面，我国确立了严格的事故报告和调查处理法律制度，主要包括四项基本的法律制度：

（1）事故报告制度，明确了事故报告主体、报告程序、报告时限、报告内容以及事故现场救援和强制措施等规定。

（2）事故调查制度，明确了事故的分级调查、调查机关、调查组的组成及职责、调查内容等规定。

（3）事故处理制度，明确了事故定性、责任主体、调查报告批复、处理意见的实施和信息公布等规定。

（4）责任追究制度，明确了事故报告和调查处理违法行为的责任主体及其法律责任追究等规定。

另外，根据不同级别的安全事故，处理调查程序也不同。《建设工程质量管理条例》第52条第2款还规定："特别重大质量事故的调查程序按照国务院有关规定办理。"《生产安全事故报告和调查处理条例》第45条规定："特别重大以外事故的报告和调查处理，有关法律、行政法规、国务院另有规定的，依照其规定"。国务院《国务院关于特大安全事故行政责任追究的规定》（国务院令［第302号]）还专门针对特大安全事故的追究和处理作了特别规定。

根据《生产安全事故报告和调查处理条例》，国家安全生产监督管理总局等部门又制定了《安全生产行政处罚自由裁量适用规则（试行）》（国家安全生产监督管理总局令第31号）、《生产安全事故信息报告和处置办法》（国家安全生产监督管理总局令第21号）、

《生产安全事故应急预案管理办法》（国家安全生产监督管理总局令第 17 号）、《安全生产事故隐患排查治理暂行规定》（国家安全生产监督管理总局令第 16 号）、《安全生产违法行为行政处罚办法（2007 修订）》（国家安全生产监督管理总局令第 15 号）、《生产安全事故报告和调查处理条例》罚款处罚暂行规定（国家安全生产监督管理总局令第 42 号）、《安全生产监督罚款管理暂行办法》（国家安全生产监督管理局、国家煤矿安全监察局令第 15 号），针对安全事故具体的报告程序、处置办法、责任追究等作了详细具体的规定。

负责各类生产经营单位事故信息报告和处置工作的部门是安全生产监督管理部门。生产经营单位发生生产安全事故或者较大涉险事故，其单位负责人接到事故信息报告后应当于 1 小时内报告事故发生地县级安全生产监督管理部门。发生较大以上生产安全事故的，事故发生单位在报告安全生产监督管理部门的同时，应当在 1 小时内报告省级安全生产监督管理部门。发生重大、特别重大生产安全事故的，事故发生单位除报告县级、省级安全生产监督管理部门的同时，可以立即报告国家安全生产监督管理总局。

报告事故信息的内容一般应当包括：
（1）事故发生单位的名称、地址、性质、产能等基本情况；
（2）事故发生的时间、地点以及事故现场情况；
（3）事故的简要经过（包括应急救援情况）；
（4）事故已经造成或者可能造成的伤亡人数（包括下落不明、涉险的人数）和初步估计的直接经济损失；
（5）已经采取的措施；
（6）其他应当报告的情况。

报告可以使用电话快报，其应当包括下列内容：
（1）事故发生单位的名称、地址、性质；
（2）事故发生的时间、地点；
（3）事故已经造成或者可能造成的伤亡人数（包括下落不明、涉险的人数）。

第二节 参建各方主体的质量责任

一、建设单位的质量责任

1. 《建设工程质量管理条例》第 7 条规定，建设单位应当将工程发包给具有相应资质等级的单位，不得将建设工程肢解发包。建设单位应当依法行使工程发包权，建筑法对此已有明确规定，详见第二章。

2. 《建设工程质量管理条例》第 8 条规定，建设单位应当依法对工程建设项目的勘察、设计、施工、监理以及与工程建设有关的重要设备、材料等的采购进行招标。

建设单位实施的工程建设项目采购行为，应当符合《招标投标法》及其相关规定，详见第三章。

3. 《建设工程质量管理条例》第 9 条规定，建设单位必须向有关的勘察、设计、施工、工程监理等单位提供与建设工程有关的原始资料。原始资料必须真实、准确、齐全。

《建设工程安全生产管理条例》对此有类似规定，详见第四章第一节。

4.《建设工程质量管理条例》第10条规定，建设工程发包单位不得迫使承包方以低于成本价格竞标。

在这里，承包方主要指勘察、设计和施工单位。《招标投标法》从规范投标人竞标行为的角度，在第33条规定"投标人不得以低于成本的报价竞标"。在工程实践中，相当一部分建设单位片面强调降低成本，节约投资，利用其优势地位，迫使各投标人相互压价，最终导致中标价低于成本价。其结果是，承包方为了降低成本，往往采取偷工减料、以次充好手段，致使工程出现质量问题。鉴此，《建设工程质量管理条例》从规范建设单位发包行为的角度，禁止发包单位迫使承包方以低于成本价格竞标。这一规定，对从源头抑制恶性竞价行为，进而确保建设工程质量具有重要意义。

《建设工程质量管理条例》第10条还规定，建设单位不得任意压缩合理工期，不得明示或者暗示设计单位或者施工单位违反工程建设强制性标准，降低建设工程质量。《建设工程安全生产管理条例》也有类似规定。

5.《建设工程质量管理条例》第11条规定，建设单位应当将施工图设计文件报县级以上人民政府建设行政主管部门或者其他有关部门审查。施工图设计文件未经审查批准的，不得使用。

根据这一规定，施工图设计文件审查成为基本建设必须进行的一道程序，建设单位应当严格执行。关于施工图设计文件审查的主要内容，《建设工程勘察设计管理条例》第33条进一步明确规定，县级以上人民政府有关行政主管部门"应当对施工图设计文件中涉及公共利益、公众安全、工程建设强制性标准的内容进行审查"。施工图设计文件未经审查或者审查不合格，建设单位擅自施工的，根据《建设工程质量管理条例》第56条的规定，建设单位除被责令整改外，还应当承担罚款的行政责任。

6.《建设工程质量管理条例》第12条规定，建设单位应当依法委托监理。详见第二章第七节中关于工程监理的有关内容。

7.《建设工程质量管理条例》第14条规定，按照合同约定，由建设单位采购建筑材料、建筑构配件和设备的，建设单位应当保证建筑材料、建筑构配件和设备符合设计文件和合同要求。

建筑材料、建筑构配件和设备的采购供应，应按照发、承包双方的合同约定进行，并应遵循"谁采购，谁负责"的基本原则。按照合同约定由建设单位采购供应的物资（俗称"甲供材"），建设单位应保证其符合设计文件和合同要求，并对其质量负责。否则，建设单位将依据合同承担违约责任。当然，无论是"甲供材"还是"乙供材"，根据《建设工程质量管理条例》第29条的规定，施工单位均必须按照工程设计要求、施工技术标准和合同约定进行检验；未经检验或者检验不合格的，不得使用。

为了约束建设单位的违法行为，《建设工程质量管理条例》第14条还进一步规定，建设单位不得明示或者暗示施工单位使用不合格的建筑材料、建筑构配件和设备。建设单位违反该规定的，根据《建设工程质量管理条例》第56条，建设单位除被责令改正外，还应当承担罚款的行政责任。

8.《建设工程质量管理条例》第15条规定，涉及建筑主体和承重结构变动的装修工程，建设单位应当在施工前委托原设计单位或者具有相应资质等级的设计单位提出设计方案，没有设计方案的，不得施工。

9.《建设工程质量管理条例》第 16 条第 1 款规定，建设单位收到建设工程竣工报告后，应当组织设计、施工、工程监理等有关单位进行竣工验收。

建设工程竣工验收是施工全过程的最后一道程序，是建设投资成果转入生产或使用的标志，也是全面考核投资效益、检验设计和施工质量的重要环节。根据该条例第 16 条的规定，建设工程竣工验收应当具备系列条件：

（1）完成建设工程设计和合同约定的各项内容；
（2）有完整的技术档案和施工管理资料；
（3）有工程使用的主要建筑材料、建筑构配件和设备的进场试验报告；
（4）有勘察、设计、施工、工程监理等单位分别签署的质量合格文件；
（5）有施工单位签署的工程保修书。

在工程实践中，部分建设单位忽视竣工验收的重要性，未经竣工验收或验收不合格，即将工程提前交付使用。这种不规范的行为很容易产生质量问题，并会在发承包双方之间就质量责任归属问题产生争议。《建设工程质量管理条例》第 16 条第 3 款明确规定："建设工程经竣工验收合格的，方可交付使用"。如果建设单位有下列行为，根据《建设工程质量管理条例》将承担法律责任：

（1）未组织竣工验收，擅自交付使用的；
（2）验收不合格，擅自交付使用的；
（3）对不合格的建设工程按照合格工程验收的。

此外，根据最高人民法院的有关司法解释规定，"建设工程未经竣工验收，发包人擅自使用后，又以使用部分质量不符合约定为由主张权利的，不予支持；但是承包人应当在建设工程的合理使用寿命内对地基基础工程和主体结构质量承担民事责任"。

10.《建设工程质量管理条例》第 17 条规定，建设单位应当严格按照国家有关档案管理的规定，及时收集、整理建设项目各环节的文件资料，建立、健全建设项目档案，并在建设工程竣工验收后，及时向建设行政主管部门或者其他有关部门移交建设项目档案。

根据国家标准《建设工程文件归档整理规范》（GB/T 50328—2001），"建设工程档案"是指"在工程建设活动中直接形成的具有归档保存价值的文字、图表、声像等各种形式的历史记录"。根据该国家标准，应当归档的建设工程文件主要包括：

（1）工程准备阶段文件，指工程开工以前，在立项、审批、征地、勘察、设计、招投标等工程准备阶段形成的文件。
（2）监理文件，指工程监理单位在工程设计、施工等监理过程中形成的文件。
（3）施工文件，指施工单位在工程施工过程中形成的文件。
（4）竣工图和竣工验收文件。其中，竣工图指工程竣工验收后，真实反映建设工程项目施工结果的图样。竣工验收文件指建设工程项目竣工验收活动中形成的文件。

此外，在该规范的基础上，不少地方还根据各自的习惯做法和实践经验，编制了相应的《建筑工程资料管理规程》并作为地方标准发布实施。

在工程实践中，建设项目档案资料具有非常重要的意义。根据《城市建设档案管理规定》（2001 年 7 月 4 日建设部令第 90 号重新发布）的有关规定，列入城建档案馆档案接收范围的工程，应当遵守如下工程档案管理规定：

（1）建设单位在组织竣工验收前，应当提请城建档案管理机构对工程档案进行预验收。

(2) 预验收合格后，由城建档案管理机构出具工程档案认可文件。

(3) 建设单位在取得工程档案认可文件后，方可组织工程竣工验收。建设行政主管部门在办理竣工验收备案时，应当查验工程档案认可文件。

(4) 建设单位应当在工程竣工验收后3个月内，向城建档案馆报送一套符合规定的建设工程档案。凡建设工程档案不齐全的，建设单位应当限期补充。

建设工程竣工验收后，建设单位未按规定移交建设工程档案的，依据《建设工程质量管理条例》第59条的规定，建设单位除应被责令改正外，还应当受到罚款的行政处罚。

二、勘察设计单位的质量责任

1. 《建设工程质量管理条例》第18条规定了勘察、设计单位的资质等级许可制度。《建筑法》第13条对此已有明确规定，详见1Z301042。该条例第18条还规定勘察、设计单位不得转包或者违法分包。

2. 勘察成果、设计文件应当符合的强制性规定

(1) 《建设工程质量管理条例》第19条第1款规定，"勘察、设计单位必须按照工程建设强制性标准进行勘察、设计，并对其勘察、设计的质量负责"。

(2) 《建设工程质量管理条例》第20条规定，"勘察单位提供的地质、测量、水文等勘察成果必须真实、准确"。

(3) 《建设工程质量管理条例》第21条规定，"设计单位应当根据勘察成果文件进行工程设计。设计文件应当符合国家规定的设计深度要求，注明工程合理使用年限"。

(4) 《建设工程质量管理条例》第22条第1款规定，"设计单位在设计文件中选用的建筑材料、建筑构配件和设备，应当注明规格、型号、性能等技术指标，其质量要求必须符合国家规定的标准"。

3. 设计单位应当承担的其他质量责任和义务

(1) 《建设工程质量管理条例》第22条第2款规定，"除有特殊要求的建筑材料、专用设备、工艺生产线等外，设计单位不得指定生产厂、供应商"。

《建设工程质量管理条例》规定，设计单位有在设计中注明所选用产品的规格、型号、性能等技术指标的权利。但是，设计单位如果滥用该项权利，任意指定生产厂或供应商，将可能产生如下不利后果：

- 干扰建设单位、施工单位的材料采购自主权；
- 限制其他生产厂或供应商的公平竞争；
- 出现质量问题容易扯皮，难以及时准确划分质量责任；
- 容易产生收受回扣等腐败行为，进而影响产品质量和工程质量。

鉴此，《建设工程质量管理条例》规定除有特殊要求的以外，设计单位不得指定生产厂或供应商。本款中"特殊要求"，一般是指根据设计要求所选产品的性能、规格等只有某一特定的生产厂商能够提供制造或加工，设计单位必须在设计文件中予以注明才能够进行下一部的设计或采购工作。但是，在通用产品能保证工程质量的前提下，设计单位不能故意选用有特殊要求的产品。

(2) 《建设工程质量管理条例》第23条规定，"设计单位应当就审查合格的施工图设

计文件向施工单位作出详细说明"。

施工图设计文件完成并经审查合格后，设计文件的编制工作已经基本完成。但这并不意味着设计工作已经全部完成，设计单位仍应就设计文件向施工单位作出详细说明，也就是所谓的"设计交底"。设计交底工作对施工单位加深对设计文件难点、疑点的理解，正确贯彻设计意图，确保工程质量具有重要的意义。

(3)《建设工程质量管理条例》第24条规定，"设计单位应当参与建设工程质量事故分析，并对因设计造成的质量事故，提出相应的技术处理方案"。

4. 设计人员的质量责任

《建设工程质量管理条例》第19条第2款规定，"注册建筑师、注册结构工程师等注册执业人员应当在设计文件上签字，对设计文件负责"。

注册建筑师、注册结构工程师等作为设计单位完成设计文件的主要技术人员，其工作质量直接影响设计文件的质量，因此应对设计文件的质量负责。注册执业人员应承担的质量责任，包括民事责任、行政责任乃至刑事责任。以注册建筑师为例，根据《注册建筑师条例》及《建设工程质量管理条例》的有关规定，因设计质量问题，注册建筑师应当承担的质量责任主要包括：

(1) 民事责任。《注册建筑师条例》第24条规定，"因设计质量造成的经济损失，由建筑设计单位承担赔偿责任；建筑设计单位有权向签字的注册建筑师追偿"。

(2) 行政责任。除《注册建筑师条例》第32条规定了责令停止执业、吊销证书等行政处罚外，《建设工程质量管理条例》第72条还对如何实施行政处罚作出了更具体的规定。

(3) 刑事责任。根据《建设工程质量管理条例》第74条规定，设计单位违反国家规定，降低工程质量标准，造成重大安全事故，构成犯罪的，对直接责任人员依法追究刑事责任。这里的刑事责任，即指《刑法》第137条所规定的"工程重大安全事故罪"。

三、工程监理单位的质量责任

《建设工程质量管理条例》第34—36条分别规定了：工程监理单位资质许可制度及不得转让监理业务；不得与被监理工程的供应单位和施工承包单位有隶属关系或利害关系；监理依据、内容和责任。

在《建筑法》的基础上，《建设工程质量管理条例》进一步规定：

1. 主要监理人员职责

《建设工程质量管理条例》第37条规定，工程监理单位应当选派具备相应资格的总监理工程师和监理工程师进驻施工现场。

工程监理单位应当根据《建设工程监理规范》（GB50319—2000）及有关规定，在施工现场建立项目监理机构，负责其与建设单位签订的建设工程委托监理合同的履行。项目监理机构的监理人员，应包括总监理工程师、专业监理工程师和监理员，必要时可配备总监理工程师代表。

根据《建设工程监理规范》的规定，监理工程师是指"取得国家监理工程师执业资格证书并经注册的监理人员"。

未经监理工程师签字，建筑材料、建筑构配件和设备不得在工程上使用或者安装，施工单位不得进行下一道工序的施工。

总监理工程师是指"由监理单位法定代表人书面授权，全面负责委托监理合同的履行、主持项目监理机构工作的监理工程师"。

未经总监理工程师签字，建设单位不拨付工程款，不进行竣工验收。

2．监理形式

《建设工程质量管理条例》第38条规定，监理工程师应当按照工程监理规范的要求，采取旁站、巡视和平行检验等形式，对建设工程实施监理。

上述规定明确了监理工程师的三种工作形式。《建设工程监理规范》（GB50319－2000）对这三种监理形式的具体含义规定如下：

（1）旁站，指"在关键部位或关键工序施工过程中，由监理人员在现场进行的监督活动"。

（2）巡视，指"监理人员对正在施工的部位或工序在现场进行的定期或不定期的监督活动"。

（3）平行检验，指"项目监理机构利用一定的检查或检测手段，在承包单位自建的基础上，按照一定的比例独立进行检查或检测的活动"。

四、施工单位的质量责任

1．《建设工程质量管理条例》第25条、27条分别规定了施工单位的资质等级许可制度、禁止的市场行为以及总、分包单位的责任分担。详见第二章相关内容。

2．施工单位质量责任制

《建设工程质量管理条例》第26条第2款规定，施工单位应当建立质量责任制，确定工程项目的项目经理、技术负责人和施工管理负责人。

质量责任制，是施工单位质量保证体系的重要组成部分，是工程项目质量目标得以实现的重要保证。施工单位质量责任制的核心，是施工单位项目经理的质量责任制。

施工单位的项目经理，是指"受企业法定代表人委托对工程项目施工过程全面负责的项目管理者，是建筑施工企业法定代表人在工程项目上的代表人"。根据国家有关规定，工程项目施工应建立以项目经理为首的生产经营管理系统，实行项目经理负责制。项目经理在工程项目施工中处于中心地位，对工程项目施工负有全面管理的责任。

3．施工单位应当按图施工

《建设工程质量管理条例》第28条第1款规定，施工单位必须按照工程设计图纸和施工技术标准施工，不得擅自修改设计，不得偷工减料。

按照工程设计图纸施工，是保证工程实现设计意图的前提，也是明确划分设计单位和施工单位质量责任的前提。施工单位如果不按图施工或者擅自修改工程设计，既可能因违反原设计意图而影响工程质量，也可能混淆设计单位和施工单位各自应负的质量责任。因此，按图施工，不擅自修改工程设计，既是国家为确保工程质量而要求施工单位必须遵守的强制性规定，同时也是明确有关单位之间责任界限的客观要求。施工单位如果违反该规定，不仅要承担数额较大的罚款、责令停业整顿、降低资质等级或吊销资质证书等行政处罚，还要承担返工、修理或赔偿损失等民事责任。

当然，不能机械地理解施工单位"按图施工"的法定义务。施工单位作为建设工程承包合同的一方当事人，对于合同履行过程中发现的设计文件差错，应当遵守《合同法》的诚实信用原则，及时向建设单位或设计单位提出，以避免造成不必要的损失。鉴此，《建设工程质量管理条例》第28条第2款进一步规定："施工单位在施工过程中发现设计文件和图纸有差错的，应当及时提出意见和建议"。

4. 施工单位对建筑材料、构配件和设备的检验

《建设工程质量管理条例》第29条规定，施工单位必须按照工程设计要求、施工技术标准和合同约定，对建筑材料、建筑构配件、设备和商品混凝土进行检验，检验应当有书面记录和专人签字；未经检验或者检验不合格的，不得使用。

建筑材料、建筑构配件、设备构成工程实体，是影响工程质量的关键因素。因此，为防止不合格的建筑材料、构配件和设备等进入工程实体，《建设工程质量管理条例》对参建各方主体与此有关的质量行为进行了强制性规定。除本条对施工单位的规定以外，还包括：

（1）对建设单位，第14条第2款规定："建设单位不得明示或者暗示施工单位使用不合格的建筑材料、构配件和设备。"

（2）对设计单位，第22条第2款规定："除有特殊要求的建筑材料、专用设备、工艺生产线等外，设计单位不得指定生产厂、供应商。"

（3）对监理单位，第37条第2款规定，"未经监理工程师签字，建筑材料、建筑构配件和设备不得在工程上使用或者安装"。该条例第67条还规定，工程监理单位将不合格的建筑材料、构配件和设备按照合格签字的，要承担相应的行政责任和民事责任。

5. 施工质量检验和隐蔽工程检查

《建设工程质量管理条例》第30条规定，施工单位必须建立、健全施工质量的检验制度，严格工序管理，做好隐蔽工程的质量检查和记录。隐蔽工程在隐蔽前，施工单位应当通知建设单位和建设工程质量监督机构。

隐蔽工程具有不可逆性，对隐蔽工程的验收应当严格按照法律、法规、强制性标准及合同约定进行。《合同法》第278条还规定："隐蔽工程验收前，承包人应当通知发包人检查。发包人没有及时检查的，承包人可以顺延工程日期，并有权要求赔偿停工、窝工等损失。"

6. 涉及结构安全的试块、试件的现场取样和检测

《建设工程质量管理条例》第31条规定，施工人员对涉及结构安全的试块、试件以及有关材料，应当在建设单位或者工程监理单位监督下现场取样，并送具有相应资质等级的质量检测单位进行检测。

在工程施工过程中，为了控制工程总体或局部施工质量，需要依据有关技术标准和规定的方法，对用于工程的材料和构件抽取一定数量的样品进行检测，并根据检测结果判断其所代表部位的质量。为了加强对建设工程质量检测的管理，根据《建筑法》和《建设工程质量管理条例》，建设部于2005年9月28日发布了《建设工程质量检测管理办法》（建设部令第141号，2005年11月1日起实施），明确规定：

（1）检测机构是具有独立法人资格的中介机构。检测机构从事规定的质量检测业务，应当依据该办法取得相应的资质证书。

（2）该办法规定的质量检测业务，由工程项目建设单位委托具有相应资质的检测机构进行检测。

(3) 质量检测试样的取样应当严格执行有关工程建设标准和国家有关规定，在建设单位或者工程监理单位监督下现场取样。提供质量检测试样的单位和个人，应当对试样的真实性负责。

(4) 检测机构不得与行政机关，法律、法规授权的具有管理公共事务职能的组织以及所检测工程项目相关的设计单位、施工单位、监理单位有隶属关系或者其他利害关系。

(5) 检测机构应当将检测过程中发现的建设单位、监理单位、施工单位违反有关法律、法规和工程建设强制性标准的情况，以及涉及结构安全检测结果的不合格情况，及时报告工程所在地建设主管部门。

7. 施工单位应当负责质量问题的返修

《建设工程质量管理条例》第32条规定，施工单位对施工中出现质量问题的建设工程或者竣工验收不合格的建设工程，应当负责返修。

在建设工程竣工验收合格前，施工单位应对质量问题履行返修义务；建设工程竣工验收合格后，施工单位应对保修期内出现的质量问题履行保修义务。《合同法》第281条对施工单位的返修义务也有相应规定："因施工人原因致使建设工程质量不符合约定的，发包人有权要求施工人在合理期限内无偿修理或者返工、改建。经过修理或者返工、改建后，造成逾期交付的，施工人应当承担违约责任。"返修包括修理和返工。

五、建设工程质量保修制度

所谓建设工程质量保修，是指建设工程竣工验收后在保修期限内出现的质量缺陷（或质量问题），由施工单位依照法律规定或合同约定予以修复。其中，质量缺陷是指建设工程的质量不符合工程建设强制性标准以及合同的约定。

建设工程实行质量保修制度，是《建筑法》确立的一项基本法律制度。《建设工程质量管理条例》则在建设工程的保修范围、保修期限和保修责任等方面，对该项制度作出了更具体的规定。

1. 工程质量保修书

《建设工程质量管理条例》第39条第2款规定："建设工程承包单位在向建设单位提交工程竣工验收报告时，应当向建设单位出具质量保修书。质量保修书中应当明确建设工程的保修范围、保修期限和保修责任"。

根据《建设工程质量管理条例》第16条的规定，"有施工单位签署的工程保修书"是建设工程竣工验收应具备的条件之一。工程质量保修书也是一种合同，是发承包双方就保修范围、保修期限和保修责任等设立权利义务的协议，集中体现了承包单位对发包单位的工程质量保修承诺。

实践证明，一份完善的质量保修书，除了条例规定的保修范围、保修期限和保修责任等基本内容外，还应当包括保修金的有关约定（特别是应当明确保修金的具体返还期限）。

2. 保修范围和最低保修期限

《建设工程质量管理条例》第40条规定了保修范围，及其在正常使用条件下各自对应的最低保修期限：

(1) 基础设施工程、房屋建筑的地基基础工程和主体结构工程，为设计文件规定的该工程的合理使用年限；

（2）屋面防水工程、有防水要求的卫生间、房间和外墙面的防渗漏，为5年；

（3）供热与供冷系统，为2个采暖期、供冷期；

（4）电气管线、给排水管道、设备安装和装修工程，为2年。

上述保修范围属于法律强制性规定。超出该范围的其他项目的保修不是强制的，而是属于发承包双方意思自治的领域——在工程实践中，通常由发包方在招标文件中事先明确规定，或由双方在竣工验收前另行达成约定。最低保修期限同样属于法律强制性规定，发承包双方约定的保修期限不得低于条例规定的期限，但可以延长。

《建设工程质量管理条例》第40条还规定，"建设工程的保修期，自竣工验收合格之日起计算"。所谓"竣工验收合格之日"，是指建设单位收到建设工程竣工验收报告后，组织设计、施工、工程监理等有关单位进行竣工验收，经验收合格并由各方签署工程验收文件的日期。如果由于承包单位原因导致建设工程无法按约定期限通过竣工验收的，质量保修期应从实际竣工验收合格之日起算。

3. 保修责任

《建设工程质量管理条例》第41条规定："建设工程在保修范围和保修期内发生质量问题的，施工单位应当履行保修义务，并对造成的损失承担赔偿责任。"

根据该条规定，质量问题应当发生在保修范围和保修期以内，是施工单位承担保修责任的两个前提条件。《房屋建筑工程质量保修办法》（2000年6月30日建设部令第80号发布）规定了两种不属于保修范围的情况，分别是：（1）因使用不当或者第三方造成的质量缺陷；（2）不可抗力造成的质量缺陷。

根据国家有关规定及行业惯例，就工程质量保修事宜，建设单位和施工单位应遵守如下基本程序：

（1）建设工程在保修期限内出现质量缺陷，建设单位应当向施工单位发出保修通知。

（2）施工单位接到保修通知后，应当到现场核查情况，在保修书约定的时间内予以保修。发生涉及结构安全或者严重影响使用功能的紧急抢修事故，施工单位接到保修通知后，应当立即到达现场抢修。

（3）施工单位不按工程质量保修书约定保修的，建设单位可以另行委托其他单位保修，由原施工单位承担相应责任。

（4）保修费用由造成质量缺陷的责任方承担。如果质量缺陷是由于施工单位未按照工程建设强制性标准和合同要求施工造成的，则施工单位不仅要负责保修，还要承担保修费用。但是，如果质量缺陷是由于设计单位、勘察单位或建设单位、监理单位的原因造成的，施工单位仅负责保修，其有权对由此发生的保修费用向建设单位索赔。建设单位向施工单位承担赔偿责任后，有权向造成质量缺陷的责任方追偿。

第六章 工程建设强制性标准制度

第一节 工程建设标准的分类

一、我国工程建设标准的基本法律体系

我国现行工程建设标准的法律体系,是在1988年《中华人民共和国标准化法》(以下简称《标准化法》)和1990年《中华人民共和国标准化法实施条例》(以下简称《标准化法实施条例》)相继发布实施后逐步确立的。包括三个层面:

1. 《标准化法》、《标准化法实施条例》以及《建筑法》、《消防法》和《建设工程质量管理条例》、《建设工程安全生产管理条例》等法律、行政法规,对工程建设标准的制定、实施、监督以及管理等内容进行总体规定。其中,《标准化法实施条例》第42条规定:"工程建设标准化管理规定,由国务院工程建设主管部门依据《标准化法》和本条例的有关规定另行制定,报国务院批准后实施。"

2. 国务院建设行政主管部门、国务院各有关部门颁布的有关工程建设标准化的部门规章(及配套规范性文件),包括《工程建设国家标准管理办法》(1992年12月30日建设部令第24号发布)、《工程建设行业行业标准管理办法》(1992年12月30日建设部令地25号发布)、《实施工程建设强制性标准监督规定》(2000年8月25日建设部令第81号发布)以及《水利标准化工作管理办法》(2003年11月13日水国科[2003]546号)、《交通部水运工程建设行业标准管理办法》(2001年12月1日交水发[2001]710号)、《铁路工程建设标准管理办法》(铁建设[2004]143号)、《电力行业标准化管理办法》(1999年6月16日原国家经济贸易委员会令第10号令)等。

3. 地方建设主管部门组织制定的有关工程建设标准化工作的地方性法规和地方政府规章。

二、工程建设标准的分级

《标准化法》按照标准的级别不同,把标准分为国家标准、行业标准、地方标准和企业标准。

(一)国家标准

《标准化法》第6条规定,对需要在全国范围内统一的技术标准,应当制定国家标准。《工程建设国家标准管理办法》规定了应当制定国家标准的种类。

(二)行业标准

《标准化法》第6条规定,对没有国家标准而又需要在全国某个行业范围内统一的技术要求,可以制定行业标准。《工程建设行业标准管理办法》规定了可以制定行业标准的种类。

（三）地方标准。

《标准化法》第 6 条规定，对没有国家标准和行业标准而又需要在省、自治区、直辖市范围内统一的工业产品的安全、卫生要求，可以制定地方标准。

（四）企业标准

《标准化法实施条例》第 17 条规定，企业生产的产品没有国家标准、行业标准和地方标准的，应当制定相应的企业标准，作为组织生产的依据。

三、工程建设强制性标准和推荐性标准

根据《标准化法》第 7 条的规定，国家标准、行业标准分为强制性标准和推荐性标准。保障人体健康，人身、财产安全的标准和法律、行政法规规定强制执行的标准是强制性标准，其他标准是推荐性标准。省、自治区、直辖市标准化行政主管部门制定的工业产品的安全、卫生要求的地方标准，在本行政区域内是强制性标准。与上述规定相对应，工程建设标准也分为强制性标准和推荐性标准。

根据《工程建设国家标准管理办法》第 3 条的规定，下列工程建设国家标准属于强制性标准：

1. 工程建设勘察、规划、设计、施工（包括安装）及验收等通用的综合标准和重要的通用的质量标准；
2. 工程建设通用的有关安全、卫生和环境保护的标准；
3. 工程建设通用的术语、符号、代号、量与单位、建筑模数和制图方法标准；
4. 工程建设重要的通用的试验、检验和评定方法等标准；
5. 工程建设重要的通用的信息技术标准；
6. 国家需要控制的其他工程建设通用的标准。

根据《工程建设行业标准管理办法》第 3 条的规定，下列工程建设行业标准属于强制性标准：

1. 工程建设勘察、规划、设计、施工（包括安装）及验收等行业专用的综合性标准和重要的行业专用的质量标准；
2. 工程建设行业专用的有关安全、卫生和环境保护的标准；
3. 工程建设重要的行业专用的术语、符号、代号、量与单位和制图方法等标准；
4. 工程建设重要的行业专用的试验、检验和评定方法等标准；
5. 工程建设重要的行业专用的信息技术标准；
6. 行业需要控制的其他工程建设标准。

为了更加明确必须严格执行的工程建设强制性标准，《实施工程建设强制性标准监督规定》进一步规定："工程建设强制性标准是指直接涉及工程质量、安全、卫生及环境保护等方面的工程建设标准强制性条文。国家工程建设设标准强制性条文由国务院建设行政主管部门会同国务院有关行政主管部门确定。"据此，自 2000 年起，国家建设行政主管部门对工程建设强制性标准进行了全面的改革，严格按照《标准化法》的规定，把现行工程建设强制性国家标准、行业标准中必须严格执行的直接涉及工程安全、人体健康、环境保护和公众利益的技术规定摘编出来，以工程项目类别为对象，编制完成了包括城乡规划、城市建设、房屋建筑、工业建筑、水利工程、电力工程、信息工程、水运工程、公路工

程、铁道工程、石油和化工建设工程、矿业工程、人防工程、广播电影电视工程和民航机场工程在内的《工程建设标准强制性条文》。同时，对于新批准发布的，除明确其必须执行的强制性条文外，已经不再确定标准本身的强制性或推荐性。

第二节　工程建设强制性标准的实施与监督管理

一、工程建设强制性标准的实施

《标准化法》第14条规定，强制性标准，必须执行。推荐性标准，国家鼓励企业自愿采用。

在国家颁布的有关工程建设的法律和法规中，在工程建设强制性标准实施方面都有明确的要求，并对不执行或不严格执行强制性标准的行为所应承担的法律责任也做出了相应的规定。例如，在《建设工程质量管理条例》中，针对建筑市场各方主体的质量责任，就各方主体执行强制性标准的行为分别作出规定：

（一）建设单位

《建设工程质量管理条例》第10条第2款规定："建设单位不得明示或者暗示设计单位或施工单位违反工程建设强制性标准，降低建设工程质量。"

（二）勘察、设计单位

《建设工程质量管理条例》第19条第1款规定："勘察、设计单位必须按照工程建设强制性标准进行勘察、设计，并对其勘察、设计的质量负责。"

（三）施工单位

《建设工程质量管理条例》第28条第1款规定："施工单位必须按照工程设计图纸和施工技术标准施工，不得擅自修改工程设计，不得偷工减料。"

（四）工程监理单位

《建设工程质量管理条例》第36条规定："工程监理单位应当依照法律、法规以及有关技术标准、设计文件和建设工程承包合同，代表建设单位对施工质量实施监理，并对施工质量承担监理责任。"

现行有关法律、法规对强制性标准的规定，为工程建设强制性标准的实施提供了法律依据；违反了关于强制性性标准的规定，即是违法，要承担相应的民事、行政乃至刑事法律责任。对于推荐性标准，虽然不是国家强制执行的，但是一经约定采用，即在当事人之间将产生法律约束力；工程质量等达不到约定标准的，应当承担相应的违约责任。

二、实施工程建设强制性标准的监督管理

严格贯彻执行工程建设强制性标准，是工程建设各方主体的法定义务。对实施强制性标准进行监督，是加强工程建设管理不可或缺的重要环节。《建设工程质量管理条例》明确规定，国务院建设行政主管部门和国务院铁路、交通、水利等有关部门应当加强对有关建设工程质量的法律、法规和强制性标准执行情况的监督检查；县级以上地方人民政府建设行政主管部门和其他有关部门应当加强对有关建设工程质量的法律、法规和强制性标准执行情况的监督检查。

（一）监督机构

《实施工程建设强制性标准监督规定》规定了实施工程建设强制性标准的监督机构，包括：

1. 建设项目规划审查机关应当对工程建设规划阶段执行强制性标准的情况实施监督。

2. 施工图设计审查单位应当对工程建设勘察、设计阶段执行强制性标准的情况实施监督。

3. 建筑安全监督管理机构应当对工程建设施工阶段执行施工安全强制性标准的情况实施监督。

4. 工程质量监督机构应当对工程建设施工、监理、验收等阶段执行强制性标准的情况实施监督。

5. 工程建设标准批准部门应当对工程项目执行强制性标准情况进行监督检查。监督检查可以采取重点检查、抽查和专项检查的方式。

（二）监督检查内容

根据《实施工程建设强制性标准监督规定》第10条的规定，强制性标准监督检查的内容包括：

1. 有关工程技术人员是否熟悉、掌握强制性标准；

2. 工程项目的规划、勘察、设计、施工、验收等是否符合强制性标准的规定；

3. 工程项目采用的材料、设备是否符合强制性标准的规定；

4. 工程项目的安全、质量是否符合强制性标准的规定；

5. 工程中采用的导则、指南、手册、计算机软件的内容是否符合强制性标准的规定。

第七章　建设工程环境保护及消防法律制度

第一节　建设工程项目环境影响评价制度

环境影响评价，是指"对规划和建设项目实施后可能造成的环境影响进行分析、预测和评估，提出预防或者减轻不良环境影响的对策和措施，进行跟踪监测的方法与制度"。

为了实施可持续发展战略，预防因规划和建设项目实施后对环境造成不良影响，促进经济、社会和环境的协调发展，在国务院《建设项目环境保护管理条例》（1998年11月29日国务院令第253号发布）已有规定的基础上，我国于2002年10月28日公布了《中华人民共和国环境影响评价法》（以下简称《环境影响评价法》），进一步以法律的形式确立了环境影响评价制度。

一、建设项目环境影响评价的分类管理

根据《环境影响评价法》第16条的规定，我国根据建设项目对环境的影响程度，对建设项目的环境影响评价实行分类管理，建设单位应当依法组织编制相应的环境影响评价文件：

1. 可能造成重大环境影响的，应当编制环境影响报告书，对产生的环境影响进行全面评价。其中，根据《环境影响评价法》第17条的规定：建设项目的环境影响报告书应当包括下列内容：

（1）建设项目概况；
（2）建设项目周围环境现状；
（3）建设项目对环境可能造成影响的分析、预测和评估；
（4）建设项目环境保护措施及其技术、经济论证；
（5）建设项目对环境影响的经济损益分析；
（6）对建设项目环境监测的建议；
（7）环境影响评价的结论。

涉及水土保持的建设项目，还必须经由水行政主管部门审查同意的水土保持方案。

2. 可能造成轻度环境影响的，应当编制环境影响报告表，对产生的环境影响进行分析或者专项评价。

3. 对环境影响很小、不需要进行环境影响评价的，应当填报环境影响登记表。

二、建设项目环境影响评价文件的审批管理

根据《环境影响评价法》的规定，建设项目的环境影响评价文件，由建设单位按照国务院的规定报有审批权的环境保护行政主管部门审批；建设项目有行业主管部门的，其环境影响报告书或者环境影响报告表应当经行业主管部门预审后，报有审批权的环境保护行

政主管部门审批。建设项目的环境影响评价文件未经法律规定的审批部门审查或者审查后未予批准的，该项目审批部门不得批准其建设，建设单位不得开工建设。

建设项目的环境影响评价文件经批准后，建设项目的性质、规模、地点、采用的生产工艺或者防治污染、防止生态破坏的措施发生重大变动的，建设单位应当重新报批建设项目的环境影响评价文件。建设项目的环境影响评价文件自批准之日起超过5年，方决定该项目开工建设的，其环境影响评价文件应当报原审批部门重新审核。

三、环境影响的后评价和跟踪管理

在项目建设、运行过程中产生不符合经审批的环境影响评价文件的情形的，建设单位应当组织环境影响的后评价，采取改进措施，并报原环境影响评价文件审批部门和建设项目审批部门备案；原环境影响评价文件审批部门也可以责成建设单位进行环境影响的后评价，采取改进措施。

环境保护行政主管部门应当对建设项目投入生产或者使用后所产生的环境影响进行跟踪检查，对造成严重环境污染或者生态破坏的，应当查清原因、查明责任。

第二节　环境保护三同时制度

所谓环境保护"三同时"制度，是指"建设项目需要配套建设的环境保护设施，必须与主体工程同时设计、同时施工、同时投产使用"。《环境影响评价法》第26条规定："建设项目建设过程中，建设单位应当同时实施环境影响报告书、环境影响报告表以及环境影响评价文件审批部门审批意见中提出的环境保护对策措施。"环境保护"三同时"制度是建设项目环境保护法律制度的重要组成部分，《建设项目环境保护管理条例》对环境保护"三同时"制度进行了详细规定：

一、设计阶段

根据《建设项目环境保护管理条例》第17条的规定，建设项目的初步设计，应当按照环境保护设计规范的要求，编制环境保护篇章，并依据经批准的建设项目环境影响报告书或者环境影响报告表，在环境保护篇章中落实防治环境污染和生态破坏的措施以及环境保护设施投资概算。

二、试生产阶段

根据《建设项目环境保护管理条例》第18～19条的规定，建设项目的主体工程完工后，需要进行试生产的，其配套建设的环境保护设施必须与主体工程同时投入试运行。建设项目试生产期间，建设单位应当对环境保护设施运行情况和建设项目对环境的影响进行监测。

三、竣工验收和投产使用阶段

根据《建设项目环境保护管理条例》第20～23条的规定，建设项目竣工后，建设单位应当向审批环境影响评价文件的环境保护行政主管部门申请该建设项目需要配套建设的环境保护设施竣工验收。环境保护设施竣工验收，应当与主体工程竣工验收同时进行。需要进行试生产的建设项目，建设单位应当自建设项目投入试生产之日起3个月内，向审批环境影响评价文件的环境保护行政主管部门申请该建设项目需要配套建设的环境保护设施竣工验收。分期建设、分期投入生产或者使用的建设项目，其相应的环境保护设施应当分期验收。建设项目需要配套建设的环境保护设施经验收合格，该建设项目方可正式投入生产或者使用。

第三节　建设工程项目的环境污染防治制度

一、水污染防治

水污染，是指水体因某种物质的介入，而导致其化学、物理、生物或者放射性等方面特性的改变，从而影响水的有效利用，危害人体健康或者破坏生态环境，造成水质恶化的现象。在我国，《水污染防治法》（2008年修订）是规范水污染防治的基本法律。

根据《水污染防治法》第17条的规定，新建、改建、扩建直接或者间接向水体排放污染物的建设项目和其他水上设施，应当依法进行环境影响评价。建设单位在江河、湖泊新建、改建、扩建排污口的，应当取得水行政主管部门或者流域管理机构同意；涉及通航、渔业水域的，环境保护主管部门在审批环境影响评价文件时，应当征求交通、渔业主管部门的意见。建设项目的水污染防治设施，应当与主体工程同时设计、同时施工、同时投入使用。水污染防治设施应当经过环境保护主管部门验收，验收不合格的，该建设项目不得投入生产或者使用。违反上述规定，建设项目的水污染防治设施未建成、未经验收或者验收不合格，主体工程即投入生产或者使用的，由县级以上人民政府环境保护主管部门责令停止生产或者使用，直至验收合格，处五万元以上五十万元以下的罚款。

二、大气污染防治

在我国，《大气污染防治法》是规范大气污染防治的基本法律。根据《大气污染防治法》第11条的规定，新建、扩建、改建向大气排放污染物的项目，必须遵守国家有关建设项目环境保护管理的规定。建设项目的环境影响报告书，必须对建设项目可能产生的大气污染和对生态环境的影响作出评价，规定防治措施，并按照规定的程序报环境保护行政主管部门审查批准。建设项目投入生产或者使用之前，其大气污染防治设施必须经过环境保护行政主管部门验收，达不到国家有关建设项目环境保护管理规定的要求的建设项目，不得投入生产或者使用。违反该条规定，建设项目的大气污染防治设施没有建成或者没有达到国家有关建设项目环境保护管理的规定的要求，投入生产或者使用的，由审批该建设项目的环境影响报告书的环境保护行政主管部门责令停止生产或者使用，可以并处罚款。

针对施工过程中可能对大气造成的各类污染，《大气污染防治法》第43条规定，在城市市区进行建设施工的单位，必须按照当地环境保护的规定，采取防治扬尘污染的措施。

违反《大气污染防治法》第43条规定，在城市市区进行建设施工活动，未采取有效扬尘防治措施，致使大气环境受到污染的，由县级以上地方人民政府建设行政主管部门责令限期改正，处以罚款；对逾期仍未达到当地环境保护规定要求的，可以责令其停工整顿。

三、环境噪声污染防治

环境噪声，是指在工业生产、建筑施工、交通运输和社会生活中所产生的干扰周围生活环境的声音。环境噪声污染，则是指所产生的环境噪声超过国家规定的环境噪声排放标准，并干扰他人正常生活、工作和学习的现象。在我国，《环境噪声污染防治法》是规范噪声污染防治的基本法律。

环境噪声污染防治，是建设项目环境影响评价的重要内容之一。根据《环境噪声污染防治法》第13条的规定，建设项目可能产生环境噪声污染的，建设单位必须提出环境影响报告书，规定环境噪声污染的防治措施，并按照国家规定的程序报环境保护行政主管部门批准。环境影响报告书中，应当有该建设项目所在地单位和居民的意见。

根据《环境噪声污染防治法》第14条的规定，建设项目的环境噪声污染防治设施也要严格遵守"三同时"制度，即"必须与主体工程同时设计、同时施工、同时投产使用"。建设项目在投入生产或者使用之前，其环境噪声污染防治设施必须经原审批环境影响报告书的环境保护行政主管部门验收；达不到国家规定要求的，该建设项目不得投入生产或者使用。

在建筑施工过程中产生的干扰周围生活环境的声音，属于建筑施工噪声。《环境噪声污染防治法》在第四章专章规定了建筑施工噪声的污染防治。根据《环境噪声污染防治法》第28～29条的规定，在城市市区范围内向周围生活环境排放建筑施工噪声的，应当符合国家规定的建筑施工场界环境噪声排放标准。在城市市区范围内，建筑施工过程中使用机械设备，可能产生环境噪声污染的，施工单位必须在工程开工十五日以前向工程所在地县级以上地方人民政府环境保护行政主管部门申报该工程的项目名称、施工场所和期限、可能产生的环境噪声值以及所采取的环境噪声污染防治措施的情况。

《环境噪声污染防治法》第30条还特别规定，在城市市区噪声敏感建筑物集中区域内，禁止夜间进行产生环境噪声污染的建筑施工作业，但抢修、抢险作业和因生产工艺上要求或者特殊需要必须连续作业的除外。因特殊需要必须连续作业的，必须有县级以上人民政府或者其有关主管部门的证明，并且必须公告附近居民。施工单位违反该规定，在城市市区噪声敏感建筑的集中区域内，夜间进行禁止进行的产生环境噪声污染的建筑施工作业的，由工程所在地县级以上地方人民政府环境保护行政主管部门责令改正，可以并处罚款❶。

四、固体废物污染防治

固体废物，是指在生产、生活和其他活动中产生的丧失原有利用价值或者虽未丧失利用价值但被抛弃或者放弃的固态、半固态和置于容器中的气态的物品、物质以及法律、行政法规规定纳入固体废物管理的物品、物质。在我国，《固体废物污染环境防治法》是规范固体废物环境污染防治的基本法律。

---

❶ 所谓"噪声敏感建筑物集中区域"，是指医疗区、文教科研区和以机关或者居民住宅为主的区域。"夜间"则指晚二十二点至晨六点之间的期间。

根据《固体废物污染环境防治法》第13~14条的规定,建设产生固体废物的项目以及建设贮存、利用、处置固体废物的项目,必须依法进行环境影响评价,并遵守国家有关建设项目环境保护管理的规定。建设项目的环境影响评价文件确定需要配套建设的固体废物污染环境防治设施,必须与主体工程同时设计、同时施工、同时投入使用。固体废物污染环境防治设施必须经原审批环境影响评价文件的环境保护行政主管部门验收合格后,该建设项目方可投入生产或者使用。对固体废物污染环境防治设施的验收应当与对主体工程的验收同时进行。

施工现场产生的各种固体废弃物,是施工单位在施工过程中造成环境污染的主要原因之一。《固体废物污染环境防治法》第46条规定:"工程施工单位应当及时清运工程施工过程中产生的固体废物,并按照环境卫生行政主管部门的规定进行利用或者处置。"施工单位不及时清运施工过程中产生的固体废物,造成环境污染的,或者不按照环境卫生行政主管部门的规定对施工过程中产生的固体废物进行利用或者处置的,由县级以上地方人民政府环境卫生行政主管部门责令停止违法行为,限期改正,处以罚款。

第四节　建设工程项目节能管理制度

一、我国关于节能的总体规划

所谓节能,则是指加强用能管理,采取技术上可行、经济上合理以及环境和社会可以承受的措施,减少从能源生产到消费各个环节中的损失和浪费,更加有效、合理地利用能源。为了推进全社会节约能源,提高能源利用效率和经济效益,保护环境,保障国民经济和社会的发展,满足人民生活需要,我国于1997年11月1日发布了《中华人民共和国节约能源法》(以下简称《节约能源法》),并于2007年进行了修订,修订后的《节约能源法》于2008年4月1日开始实施。

节能是我国经济和社会发展的一项长远战略方针,也是当前一项极为紧迫的任务。为推动全社会开展节能降耗,缓解能源瓶颈制约,建设节能型社会,促进经济社会可持续发展,实现全面建设小康社会的宏伟目标,经国务院同意,国家发展和改革委员会于2004年11月制定发布了《节能中长期专项规划》。节能专项规划是我国能源中长期发展规划的重要组成部分,也是我国中长期节能工作的指导性文件和节能项目建设的依据。《节能中长期专项规划》规定了节能的十大重点工程,分别是:燃煤工业锅炉(窑炉)改造工程、区域热电联产工程、余热余压利用工程、节约和替代石油工程、电机系统节能工程、能量系统优化工程、建筑节能工程、绿色照明工程、政府机构节能工程、节能监测和技术服务体系建设工程。

二、建设工程项目节能管理的基本规定

根据《节约能源法》(2007年修订)第15条,国家实行固定资产投资项目节能评估和审查制度。不符合强制性节能标准的项目,依法负责项目审批或者核准的机关不得批准或者核准建设;建设单位不得开工建设;已经建成的,不得投入生产、使用。具体办法由国务院管理节能工作的部门会同国务院有关部门制定。

对于属于工程建设强制性标准的节能标准，根据《建设工程质量管理条例》及相关规定，建设工程项目各参建单位，包括建设单位、设计单位、施工图设计文件审查机构、监理单位以及施工单位等，均应当严格遵守，其中：

(1) 建设单位应当按照节能政策要求和节能标准委托工程项目的设计。建设单位不得以任何理由要求设计单位、施工单位擅自修改经审查合格的节能设计文件，降低节能标准。

(2) 设计单位应当依据节能标准的要求进行设计，保证节能设计质量。

(3) 施工图设计文件审查机构在进行审查时，应当审查节能设计的内容，在审查报告中单列节能审查章节；不符合节能强制性标准的，施工图设计文件审查结论应当定为不合格。

(4) 监理单位应当依照法律、法规以及节能标准、节能设计文件、建设工程承包合同及监理合同对节能工程建设实施监理。

(5) 施工单位应当按照审查合格的设计文件和节能施工标准的要求进行施工，保证工程施工质量。

以上各参建单位未遵守上述规定的，应当按照《节约能源法》、《建设工程质量管理条例》等法律、法规和规章，承担相应的法律责任。

第五节 建设工程消防法律制度

一、建筑工程消防设计审核与验收

根据《消防法》（2008年修订）第10条、第11条、第12条的规定，按照国家工程建设消防技术标准需要进行消防设计的建设工程，除国务院公安部门规定的大型的人员密集场所和其他特殊建设工程，建设单位应当将消防设计文件报送公安机关消防机构审核外，建设单位应当自依法取得施工许可之日起七个工作日内，将消防设计文件报公安机关消防机构备案，公安机关消防机构应当进行抽查。依法应当经公安机关消防机构进行消防设计审核的建设工程，未经依法审核或者审核不合格的，负责审批该工程施工许可的部门不得给予施工许可，建设单位、施工单位不得施工；其他建设工程取得施工许可后经依法抽查不合格的，应当停止施工。

同时，根据《消防法》（2008年修订）第26条的规定，建筑构件、建筑材料和室内装修、装饰材料的防火性能必须符合国家标准；没有国家标准的，必须符合行业标准。人员密集场所室内装修、装饰，应当按照消防技术标准的要求，使用不燃、难燃材料。

根据《消防法》（2008年修订）第13条的规定，按照国家工程建设消防技术标准需要进行消防设计的建设工程竣工，依照下列规定进行消防验收、备案：(1) 国务院公安部门规定的大型的人员密集场所和其他特殊建设工程，建设单位应当向公安机关消防机构申请消防验收；(2) 其他建设工程，建设单位在验收后应当报公安机关消防机构备案，公安机关消防机构应当进行抽查。依法应当进行消防验收的建设工程，未经消防验收或者消防验收不合格的，禁止投入使用；其他建设工程经依法抽查不合格的，应当停止使用。

二、机关、团体、企事业单位应当履行的消防安全职责

根据《消防法》（2008年修订）第16条规定，机关、团体、企业、事业等单位应当履行下列消防安全职责：

（1）落实消防安全责任制，制定本单位的消防安全制度、消防安全操作规程，制定灭火和应急疏散预案；

（2）按照国家标准、行业标准配置消防设施、器材，设置消防安全标志，并定期组织检验、维修，确保完好有效；

（3）对建筑消防设施每年至少进行一次全面检测，确保完好有效，检测记录应当完整准确，存档备查；

（4）保障疏散通道、安全出口、消防车通道畅通，保证防火防烟分区、防火间距符合消防技术标准；

（5）组织防火检查，及时消除火灾隐患；

（6）组织进行有针对性的消防演练；

（7）法律、法规规定的其他消防安全职责。

单位的主要负责人是本单位的消防安全责任人。

三、工程建设中应当采取的消防安全措施

1. 根据《消防法》（2008年修订）第19条的规定，生产、储存、经营易燃易爆危险品的场所不得与居住场所设置在同一建筑物内，并应当与居住场所保持安全距离。生产、储存、经营其他物品的场所与居住场所设置在同一建筑物内的，应当符合国家工程建设消防技术标准。

2. 根据《消防法》（2008年修订）第21条的规定，禁止在具有火灾、爆炸危险的场所吸烟、使用明火。因施工等特殊情况需要使用明火作业的，应当按照规定事先办理审批手续，采取相应的消防安全措施；作业人员应当遵守消防安全规定。进行电焊、气焊等具有火灾危险作业的人员和自动消防系统的操作人员，必须持证上岗，并遵守消防安全操作规程。

3. 根据《消防法》（2008年修订）第22条的规定，生产、储存、装卸易燃易爆危险品的工厂、仓库和专用车站、码头的设置，应当符合消防技术标准。易燃易爆气体和液体的充装站、供应站、调压站，应当设置在符合消防安全要求的位置，并符合防火防爆要求。已经设置的生产、储存、装卸易燃易爆危险品的工厂、仓库和专用车站、码头，易燃易爆气体和液体的充装站、供应站、调压站，不再符合前款规定的，地方人民政府应当组织、协调有关部门、单位限期解决，消除安全隐患。

4. 根据《消防法》（2008年修订）第23条的规定，生产、储存、运输、销售、使用、销毁易燃易爆危险品，必须执行消防技术标准和管理规定。进入生产、储存易燃易爆危险品的场所，必须执行消防安全规定。禁止非法携带易燃易爆危险品进入公共场所或者乘坐公共交通工具。储存可燃物资仓库的管理，必须执行消防技术标准和管理规定。

5. 根据《消防法》（2008年修订）第24条的规定，消防产品必须符合国家标准；没有国家标准的，必须符合行业标准。禁止生产、销售或者使用不合格的消防产品以及国家

明令淘汰的消防产品。依法实行强制性产品认证的消防产品，由具有法定资质的认证机构按照国家标准、行业标准的强制性要求认证合格后，方可生产、销售、使用。实行强制性产品认证的消防产品目录，由国务院产品质量监督部门会同国务院公安部门制定并公布。新研制的尚未制定国家标准、行业标准的消防产品，应当按照国务院产品质量监督部门会同国务院公安部门规定的办法，经技术鉴定符合消防安全要求的，方可生产、销售、使用。依照本条规定经强制性产品认证合格或者技术鉴定合格的消防产品，国务院公安部门消防机构应当予以公布。

6. 根据《消防法》（2008年修订）第27条的规定，电器产品、燃气用具的产品标准，应当符合消防安全的要求。电器产品、燃气用具的安装、使用及其线路、管路的设计、敷设、维护保养、检测，必须符合消防技术标准和管理规定。

7. 根据《消防法》（2008年修订）第28条的规定，任何单位、个人不得损坏、挪用或者擅自拆除、停用消防设施、器材，不得埋压、圈占、遮挡消火栓或者占用防火间距，不得占用、堵塞、封闭疏散通道、安全出口、消防车通道。人员密集场所的门窗不得设置影响逃生和灭火救援的障碍物。

新修订的《消防法》改变了原《消防法》政府包揽管理原则，而采用了"政府统一领导、部门依法监管、单位全面负责、公民积极参与"的消防原则。强调了单位的消防职责，总体来讲，单位单位主要职责有6大项：①制定消防安全制度、消防安全操作规程；②实行防火安全责任制；③进行消防安全知识的宣传教育；组织防火检查，及时消除火灾隐患；④配置消防设施和器材，并定期组织检验、维修；⑤保障疏散通道、安全出口畅通等。任何单位都应当无偿为报警提供便利，不得阻拦报警，严禁谎报火警；⑥发生火灾的单位，必须立即组织力量扑救火灾，邻近单位应当给予支援；火灾扑灭后，发生火灾的单位和相关人员应当按照公安机关消防机构的要求保护现场，接受事故调查，如实提供与火灾有关的情况。

第八章 建设工程保险及劳动合同法律制度

第一节 建设工程保险合同法律制度

一、建设工程保险概述

（一）建设工程保险的概念

建设工程保险，是指发包人或承包人为了建设工程项目顺利完成而对工程建设中可能产生的人身伤害或财产损失，而向保险公司投保以化解风险的行为。发包人或承包人与保险公司订立的保险合同，即为建设工程保险合同。

（二）建设工程的各种风险

建设工程一般都具有投资规模大、建设周期长、技术要求复杂、涉及面广等特点。正是由于这些特点，使得建筑业成为一种高风险的行业。工程建设领域的风险主要有以下几方面：

1. 建筑风险。指工程建设中由于人为的或自然的原因，而影响建设工程顺利完成的风险，包括设计失误、工艺不善、原材料缺陷、施工人员伤亡、第三者财产的损毁或人身伤亡、自然灾害等。

2. 市场风险。与发达国家和地区的建筑市场相比，我国的建筑市场发展的还很不成熟。不成熟的市场带来的一个突出的问题是信用，发包人是否能够保证按期支付工程款，承包人是否能够保证质量、按期完工，对于承包合同双方当事人都是未知的，这是市场所带来的风险。

3. 政治风险。稳定的政治环境，会对工程建设产生有利的影响，反之，将会给市场主体带来顾虑和阻力，加大工程建设的风险。

4. 法律风险。一般涉外工程承发包合同中，都会有"法律变更"或"新法适用"的条款。两个国家关于建筑、外汇管理、税收管理、公司制度等方面的法律、法规和规章的颁布和修订都将直接影响到建筑市场各方的权利义务，从而进一步影响其根本利益。现在，我国的建筑市场主体也愈发关注法律规定对其自身的影响。

（三）建设工程保险的作用

对上述种种风险，如不采取有效措施加以防范，不仅会大大影响工程建设项目的顺利进行，而且可能使有关当事人遭到巨大的损失，甚至破产。因此，在工程建设领域开展工程保险，是防范建设工程风险的必然要求。建设工程保险的作用体现在预防风险和补偿风险损失两方面：

1. 预防风险

引进建设工程保险意味着将保险公司引进工程建设领域。保险公司从商业利益角度出发，为了减轻或避免风险的产生，必将对工程的施工、设备的安装进行必要的监督，并针对投保的项目、投保人的自治、信誉进行全面的审查和监督，从而有效地减少和避免风险的发生，这是在风险产生之前对风险进行预防的一种措施。

2. 补偿风险损失

在保险事故发生后，保险公司积极理赔，使投保人由此而产生的损失和费用降至最低，这又是一种在风险发生后对风险损失进行补偿的机制。

这种预防风险和补偿风险损失相结合的保险机制，能够有效的保证建设工程项目的顺利进行。

（四）国内外实施建设工程保险的情况

工程保险按是否具有强制性分为两大类，强制保险和自愿保险。强制保险系工程所在国政府以法规明文规定承包人必须办理的保险。自愿保险是承包人根据自身利益的需要，自愿购买的保险。这种保险虽非强行规定，但对承包人转移风险很有必要。

1. 国内方面

我国对于建设工程保险的有关规定很薄弱，尤其是在强制性保险方面。除《建筑法》规定建筑施工企业必须为从事危险作业的职工办理意外伤害保险属强制保险外，《建设工程施工合同示范文本》第40条也规定了保险内容。但是，这1条6款不够详细，缺乏操作性，再加上示范文本强制性不够，工程保险在实际操作中会大打折扣。

2. 国际方面

强制性工程保险是一种国际惯例。在英国，未投保工程险的建设项目将无法获得银行的贷款，因为对于贷款银行来说，未投保工程险的建设项目，一旦发生损失或意外风险，银行的贷款安全将无法保证。另外，法国还规定了十年责任险，作为承包人的强制性义务，要求承包人在工程验收前必须向政府指定的保险公司投保，否则工程不予验收。

1988年修订的第四版FIDIC条件分的通用条件中，有关工程保险的条款有20.1工程和承包人设备的保险、21.2保险范围、21.4保险不包括的项目、23.1第三方保险（包括发包人的财产）、23.2保险的最低数额、23.3交叉责任、24.2人员的事故保险、25.1保险证据和条款、25.2保险的完备性、25.3对承包人未办保险的补救办法、25.4遵守保险单的条件，这些条款详尽的规定了工程保险的内容。NEC合同条件把保险列入了核心条款，AIA工程承包合同通用条款也详尽的规定了11.1承包人职责内保险、11.2发包人的责任险、11.3项目管理防护责任险、11.4财产保险等工程保险条款。

除了通过标准合同文本来规定工程中的保险要求外，市场机制的作用客观上使发包人和承包人必须投保工程保险。支付对于工程投资来说少量的工程保险费，在风险频繁的工程建设工程中，一旦遇到事故或意外损失，就能够获得明确的保障，这种国际上通过长期实践积累的保障风险的方法，我们完全应当在市场条件下借鉴和引用。

（五）建设工程保险的种类

除强制保险与自愿保险的分类方式外，《中华人民共和国保险法》（2009年修订）（以下简称《保险法》）把保险种类分为人身保险和财产保险。自该法施行以来，在工程建设方面，我国已尝试过人身保险中的意外伤害保险、财产保险中的建筑工程一切险和安装工程一切险。《保险法》第95条第2款规定："财产保险业务，包括财产损失保险、责任保险、信用保险、保证保险等保险业务。"

1. 意外伤害险

意外伤害险，是指被保险人在保险有效期间，因遭遇非本意的、外来的、突然的意外事故，致使其身体蒙受伤害而残疾或死亡时，保险人依照合同规定给付保险金的保险。《建筑法》对于意外伤害险的规定有一个重大的变化，1997年的《建筑法》要求建筑施工企业必须为从事危险作业的职工办理意外伤害保险，支付保险费。而2011年对于这一规定做了专门的修订规定："建筑施工企业应当依法为职工参加工伤保险缴纳工伤保险费。鼓励企业为从事危险作业的职工办理意外伤害保险，支付保险费。"

2. 建筑工程一切险及安装工程一切险

建筑工程一切险及安装工程一切险是以建筑或安装工程中的各种财产和第三者的因自然灾害和意外事故而导致的损失为保险标的的保险。这两类保险的特殊性在于保险公司可以在一份保单内对所有参加该项工程的有关各方都给予所需要的保障，换言之，即在工程进行期间，对这项工程承担一定风险的有关各方，均可作为被保险人之一。

建筑工程险一般都同时承保建筑工程第三者责任险，即指在该工程的保险期内，因发生意外事故所造成的依法应由被保险人负责的工地上及邻近地区的第三者的人身伤亡、疾病、财产损失，以及被保险人因此所支出的费用。

3. 职业责任险

职业责任险是指承保专业技术人员因工作疏忽、过失所造成的合同一方或他人的人身伤害或财产损失的经济赔偿责任的保险。建设工程标的额巨大、风险因素多，建筑事故造成损害往往数额巨大，而责任主体的偿付能力相对有限，这就有必要借助保险来转移职业责任风险。在工程建设领域，这类保险对勘察、设计、监理单位尤为重要。

二、保险合同的基本概念和分类

（一）保险合同的基本概念

1. 保险合同当事人

《保险法》（2009年修订）第10条第1款规定："保险合同是投保人与保险人约定保险权利义务的协议。"根据该规定，保险合同的当事人为保险人和投保人。其中，保险人是指与投标人订立保险合同，并承担赔偿或者给付保险金责任的保险公司。投保人是指与保险人订立保险合同，并按照保险合同负有支付保险费义务的人。

2. 保险合同关系人

所谓保险关系人，是指在保险事故或者保险合同约定的条件满足时，对保险人享有保险金给付请求权的人，包括被保险人和受益人。其中，被保险人是指其财产或者人身受保险合同保障，享有保险金请求权的人，投保人可以为被保险人。受益人则是指人身保险合同中由被保险人或者投保人指定的享有保险金请求权的人，投保人、被保险人可以为受益人。

3. 保险利益和保险标的

投保人虽然可以是被保险人本人，也可以是被保险人以外的第三人，但无论属于哪种情形，作为保险合同当事人，投保人应当对保险标的具有保险利益，否则，其将不具备订立保险合同的资格。在投保人对保险标的不具有保险利益的情况下，即使订立了保险合同，该合同也不具有法律效力，保险人不负赔偿责任。《保险法》（2009年修订）第12条规定："人身保险的投保人在保险合同订立时，对被保险人应当具有保险利益。财产保险的被保险人在保险事故发生时,对保险标的应当具有保险利益。"人身保险合同,在订立合同时,投保人对被保险人不具有保险利益的,合同无效。而财产保险,保险事故发生时,被保险人对保险标的不具有保险利益的,不得向保险人请求赔偿保险金。

在这里,保险利益是指投保人或者被保险人对保险标的具有的法律上承认的利益。

4. 保险金额和保险价值

保险金额,是指保险人承担赔偿或者给付保险金责任的最高限额。

保险价值,是指投保人与保险人订立财产保险合同时约定的保险标的的实际价值,即投保人对保险标的所享有的保险利益的货币价值。确定保险价值的方式一般有两种:一是根据合同订立时保险标的的实际价值确定,即由当事人在订立合同时,在合同中明确约定并载明;二是根据保险事故发生时保险标的的实际价值确定❶。

财产保险中,对保险价值的确定直接影响保险金额的大小。保险金额等于保险价值为足额保险;保险金额小于保险价值是不足额保险。根据《保险法》(2009年修订)第55条的规定,投保人和保险人约定保险标的的保险价值并在合同中载明的,保险标的发生损失时,以约定的保险价值为赔偿计算标准。投保人和保险人未约定保险标的的保险价值的,保险标的发生损失时,以保险事故发生时保险标的的实际价值为赔偿计算标准。保险金额不得超过保险价值。超过保险价值的,超过部分无效,保险人应当退还相应的保险费。保险金额低于保险价值的,除合同另有约定外,保险人按照保险金额与保险价值的比例承担赔偿保险金的责任。

《保险法》(2009年修订)第59条还规定:"保险事故发生后,保险人已支付了全部保险金额,并且保险金额相等于保险价值的,受损保险标的的全部权利归于保险人;保险金额低于保险价值的,保险人按照保险金额与保险价值的比例取得受损保险标的的部分权利。"

(二)保险合同的分类

根据不同的标准,保险合同可以作如下分类:

1. 财产保险合同与人身保险合同

(1) 财产保险合同

财产保险合同,是指以财产及其有关利益为保险标的的保险合同,包括财产损失保险合同和责任保险合同等。

财产损失保险合同是指以补偿财产的损失为目的的保险合同,其保险标的限于有形财产。在我国工程建设领域,常见的财产损失保险如建筑/安装工程一切险(物质损失部分)、货物运输险等。

责任保险是指以被保险人对第三者依法应负的赔偿责任为保险标的的保险,又称为第三者责任险。根据《保险法》(2009年修订)第65条的规定,"保险人对责任保险的被保险人给第三者造成的损害,可以依照法律的规定或者合同的约定,直接向该第三者赔偿保险金"。在我国,建筑/安装工程一切险通常包括第三者责任险。此外,在工程建设领域常见的责任保险还包括建设工程设计责任保险(单项建设工程设计责任保险)、工程监理责任保险、雇主责任保险以及律师责任保险等。

---

❶ 引自魏迎宁主编:《保险法精要与依据指引》第33页,人民出版社2006年1月。

(2) 人身保险合同

人身保险合同是以人的寿命和身体为保险标的的保险合同。根据人身保险合同，投保人向保险人支付保险费，保险人对被保险人在保险期间内因保险事故遭受人身伤亡，或者在保险期届满时符合约定的给付保险金的条件是，应当向被保险人或者受益人给付保险金。

人身保险合同可分为人寿保险合同、健康保险合同和伤害保险合同。在工程建设领域常见的人身保险种类主要包括工伤保险❶建筑意外伤害保险等。

2. 强制保险合同与自愿保险合同

强制保险合同，又称法定保险合同，是指依据法律、行政法规的规定而强制实施的保险合同，如我国《建筑法》规定的工伤保险。

自愿保险合同，是指基于投保人自己的意思而订立的保险合同。在我国工程建设领域，建筑工程一切险、安装工程一切险以及相关职业责任险等，均属于自愿保险合同。投保人与保险人订立保险合同，应当遵循公平互利、协商一致、自愿订立的原则，除法律、行政法规规定必须保险的以外，保险公司和其他单位不得强制他人订立保险合同。

三、保险合同的内容、订立和生效

（一）保险合同的内容

保险合同的内容，即确定保险合同当事人权利和义务的保险合同条款。依据不同的分类标准，可以对保险合同条款进行如下分类。

1. 法定条款和约定条款

法定条款是指法律规定应当具备的条款。法定条款构成保险合同的基本内容。约定条款则是投保人和保险人在法定条款外，就与保险有关的其他事项作出的约定。

根据《保险法》（2009年修订）第18条的规定，法定条款包括：

(1) 保险人的名称和住所；

(2) 投保人、被保险人的姓名或者名称、住所，以及人身保险的受益人的姓名或者名称、住所；

(3) 保险标的；

(4) 保险责任和责任免除；

(5) 保险期间和保险责任开始时间；

(6) 保险金额；

(7) 保险费以及支付办法；

(8) 保险金赔偿或者给付办法；

(9) 违约责任和争议处理；

(10) 订立合同的年、月、日。

当然，法定条款并不是保险合同成立的必要条件，因为当保险合同的一项或多项法定条款没有约定或约定不明时，可以适用《合同法》或相关法律的有关规定加以确定。

2. 普通条款和附加条款

---

❶ 严格讲，工伤保险属于一种社会保险，不属于商业保险，因此并不在《保险法》的调整范围。

普通条款是保险人在事先准备的保险单上根据不同险种而规定的有关当事人双方的权利和义务的保险合同条款。普通条款通常是某一险种的保险合同所固有和必备的基本条款，其构成保险合同的基本内容，并成为区分不同种类保险合同的根本依据。

附加条款是用以扩大或限制普通条款中所规定的权利和义务的补充条款。附加条款的主用作用在于增加普通条款的适用性，以适应投保人的特殊要求，或者可用于变更保险单上原有内容，如扩大保险责任范围等。附加条款通常也是由保险人事先制成格式条款，待保险人与投保人约定一致后附在保险单上。

（二）保险合同的订立

1. 投保与承保

订立保险合同，应当经过投保和承保两个阶段。《保险法》（2009年修订）第13条规定，投保人提出保险要求，经保险人同意承保，保险合同成立。其中，投保是投保人希望与保险人订立保险合同的意思表示，因此属于订立保险合同的要约；承保则是保险人同意投保人保险要约的意思表示，因此属于订立保险合同的承诺❶。

2. 投保单与保险单

投保人向保险人提出保险要求，通常要按照保险人提供的格式文件填写投保单，投保单是订立保险合同的书面要约。保险合同成立后，保险人应当及时向投保人签发保险单或者其他保险凭证，并在保险单或者其他保险凭证中载明当事人双方约定的合同内容。保险单（简称保单），是保险人与投保人订立保险合同的正式书面形式，是保险合同双方当事人履行合同的依据。

3. 当事人双方的告知和说明义务

（1）投保人的告知义务

在订立保险合同时，投保人应当将与保险标的有关的重要事实如实地告知保险人。如果保险人就保险标的或者被保险人的有关情况提出询问的，投保人应当如实告知。如果投保人没有履行如实告知义务，根据《保险法》（2009年修订）第16条的规定，投保人按其是故意还是过失，将分别承担如下不利法律后果：

● 投保人故意或者因重大过失未履行前款规定的如实告知义务，足以影响保险人决定是否同意承保或者提高保险费率的，保险人有权解除合同。该合同解除权，自保险人知道有解除事由之日起，超过三十日不行使而消灭。自合同成立之日起超过两年的，保险人不得解除合同；发生保险事故的，保险人应当承担赔偿或者给付保险金的责任。

● 投保人故意不履行如实告知义务的，保险人对于合同解除前发生的保险事故，不承担赔偿或者给付保险金的责任，并不退还保险费。

● 投保人因重大过失未履行如实告知义务，对保险事故的发生有严重影响的，保险人对于合同解除前发生的保险事故，不承担赔偿或者给付保险金的责任，但应当退还保险费。

（2）保险人的说明义务

由于保险合同条款由保险人事先拟定，在一般情况下，投保人往往没有机会参与合同条款的拟定和协商；同时，保险合同条款通常具有较强的专业性，投保人不容易了解其准

---

❶ 引自《2005年国家司法考试辅导用书》第三卷第421页，法律出版社2005年4月。

确含义,特别是采用保险人提供的格式条款的情况下,因此,《保险法》(2009 年修订)第 17 条规定订立保险合同,采用保险人提供的格式条款的,保险人向投保人提供的投保单应当附格式条款,保险人应当向投保人说明合同的内容。对保险合同中免除保险人责任的条款,保险人在订立合同时应当在投保单、保险单或者其他保险凭证上作出足以引起投保人注意的提示,并对该条款的内容以书面或者口头形式向投保人作出明确说明;未作提示或者明确说明的,该条款不产生效力。

(三)保险合同的生效

《保险法》(2009 年修订)第 13 条规定:"依法成立的保险合同,自成立时生效。投保人和保险人可以对合同的效力约定附条件或者附期限"保险合同的生效时间与《合同法》关于合同生效的一般规定相同,即依法成立的保险合同自成立时生效。

四、保险合同的履行

(一)投保人的主要权利和义务

1. 支付保险费义务

在保险合同履行过程中,按照约定交付保险费,是投保人的最基本义务。不同的保险条款对支付保险费的要求不尽相同,可以一次付清,也可以分期支付。

财产保险合同保险费的额度,与保险标的的危险程度、保险价值等因素密切相关。《保险法》(2009 年修订)第 52 条规定"在合同有效期内,保险标的的危险程度显著增加的,被保险人应当按照合同约定及时通知保险人,保险人可以按照合同约定增加保险费或者解除合同。保险人解除合同的,应当将已收取的保险费,按照合同约定扣除自保险责任开始之日起至合同解除之日止应收的部分后,退还投保人。"《保险法》(2009 年修订)第 53 条则规定了保险费用降低的两种情形(合同另有约定除外),包括:

(1)据以确定保险费率的有关情况发生变化,保险标的危险程度明显减少;

(2)保险标的的保险价值明显减少。

2. 通知义务

根据《保险法》(2009 年修订)第 21 条规定,"投保人、被保险人或者受益人知道保险事故发生后,应当及时通知保险人。故意或者因重大过失未及时通知,致使保险事故的性质、原因、损失程度等难以确定的,保险人对无法确定的部分,不承担赔偿或者给付保险金的责任,但保险人通过其他途径已经及时知道或者应当及时知道保险事故发生的除外。"保险事故发生后及时通知保险人,有利于保险人采取必要的措施,防止损失的扩大,有利于保险人及时调查损失发生的原因。

对于财产保险合同,《保险法》(2009 年修订)第 52 条还规定,在合同有效期内,保险标的危险程度增加的,被保险人按照合同约定应当及时通知保险人。被保险人如果未履行该项通知义务,因保险标的危险程度增加而发生的保险事故,保险人不承担赔偿保险金的责任。

3. 协助义务

根据《保险法》(2009 年修订)第 22 条规定,保险事故发生后,依照保险合同请求保险人赔偿或者给付保险金时,投保人、被保险人或者受益人应当向保险人提供其所能提供的与确认保险事故的性质、原因、损失程度等有关的证明和资料(如保险单、保险标的原始凭证、出险报告、损失鉴定文件、损失清单和施救费用等索赔单证）。保险人依照保险合同的约定，认为有关的证明和资料不完整的，应当及时一次性通知投保人、被保险人或者受益人补充提供。

4. 维护保险标的安全义务

对于财产保险合同，根据《保险法》（2009年修订）第51条的规定，被保险人应当遵守国家有关消防、安全、生产操作、劳动保护等方面的规定，维护保险标的的安全。根据合同的约定，保险人可以对保险标的的安全状况进行检查，及时向投保人、被保险人提出消除不安全因素和隐患的书面建议。投保人、被保险人未按照约定履行其对保险标的安全应尽的责任的，保险人有权要求增加保险费或者解除合同。保险人为维护保险标的的安全，经被保险人同意，可以采取安全预防措施。

5. 防止或减少损失责任

对于财产保险合同，根据《保险法》（2009年修订）第57条的规定，保险事故发生时，被保险人有责任尽力采取必要的措施，防止或者减少损失。保险事故发生后，被保险人为防止或者减少保险标的的损失所支付的必要的、合理的费用，由保险人承担；保险人所承担的数额在保险标的损失赔偿金额以外另行计算，最高不超过保险金额的数额。

（二）保险人的主要权利和义务

1. 给付保险金义务

（1）给付期限

根据《保险法》（2009年修订）第23条的规定，保险人收到被保险人或者受益人的赔偿或者给付保险金的请求后，应当及时作出核定，情形复杂的，应当在三十日内作出核定，但合同另有约定的除外。保险人应当将核定结果通知被保险人或者受益人；对属于保险责任的，在与被保险人或者受益人达成赔偿或者给付保险金的协议后十日内，履行赔偿或者给付保险金义务。保险合同对赔偿或者给付保险金的期限有约定的，保险人应当按照约定履行赔偿或者给付保险金义务。保险人未及时履行前款规定义务的，除支付保险金外，应当赔偿被保险人或者受益人因此受到的损失。

（2）先予赔付

根据《保险法》（2009年修订）第25条的规定，保险人自收到赔偿或者给付保险金的请求或者有关证明、资料之日起60日内，对其赔偿或者给付保险金的数额不能确定的，应当根据已有证明和资料可以确定的最低数额先予支付；保险人最终确定赔偿或者给付保险金的数额后，应当支付相应的差额。

（3）除外责任

除外责任是指保险人根据法律规定或合同约定，不承担保险责任的情形。《保险法》（2009年修订）第24条规定，保险人收到被保险人或者受益人的赔偿或者给付保险金的请求后，对不属于保险责任的，应当自作出核定之日起三日内向被保险人或者受益人发出拒绝赔偿或者拒绝给付保险金通知书，并说明理由。

除了当事人在保险合同中约定的除外责任以外，根据《保险法》及相关法律规定，保险人的除外责任概括起来，主要包括如下情形：

- 在保险合同成立前，被保险人已知保险标的的已经发生保险事故的；
- 投保人故意不履行如实告知义务的，或者因重大过失未履行如实告知义务，对保险事故发生有严重影响的；

- 事故发生后，投保人故意或者因重大过失未及时通知，致使保险事故的性质、原因、损失程度等难以确定的，保险人对无法确定的部分，不承担赔偿或者给付保险金的责任，但保险人通过其他途径已经及时知道或者应当及时知道保险事故发生的除外；

- 未发生保险事故，被保险人或者受益人谎称发生了保险事故，向保险人提出赔偿或者给付保险金请求的，保险人有权解除合同，并不退还保险费；

- 投保人、被保险人故意制造保险事故的，保险人有权解除合同，不承担赔偿或者给付保险金的责任；其中包括人身保险合同中，投保人故意造成被保险人死亡、伤残或者疾病的，以及以被保险人死亡为给付保险金条件的合同，自合同成立或者合同效力恢复之日起二年内，被保险人自杀的，除上述两种人身保险的情形，不退还保险费；

- 保险事故发生后，投保人、被保险人或者受益人以伪造、变造的有关证明、资料或者其他证据，变造虚假的事故原因或者夸大损失程度的，保险人对其虚假的部分不承担赔偿或者给付保险金的责任；

- 在合同有效期内，保险标的危险程度增加，被保险人未履行通知义务，因保险标的危险程度增加而发生的保险事故，保险人不承担赔偿保险金的责任；

- 保险事故发生后，保险人未赔偿保险金之前，被保险人放弃对第三者的请求赔偿的权利的。

2. 除保险金外应由保险人负担的费用

(1) 查勘定损费用

财产损失保险事故发生以后，一般都有一个查勘、定损的程序。通过这个程序主要是查明两件事：一是保险事故的性质是否属于保险范围以及被保险人在保险事故中承担的责任范围；二是保险事故损失的大小，这决定了保险人承担的具体损失赔偿金额。

在实践操作中，负责查勘定损的一般由保险人自己的理赔部门和相关专业人员亲自进行，在有些情况下，也可由被保险人与保险人达成协议，通过中立的第三方评估机构（如保险公估机构）来进行。不论采取哪种方式，根据《保险法》（2009年修订）第64条规定："保险人、被保险人为查明和确定保险事故的性质、原因和保险标的的损失程度所支付的必要的、合理的费用，由保险人承担。"

(2) 责任保险中的其他费用

《保险法》（2009年修订）第66条规定："责任保险的被保险人因给第三者造成损害的保险事故而被提起仲裁或者诉讼的，被保险人支付的仲裁或者诉讼费用以及其他必要的、合理的费用，除合同另有约定外，由保险人承担。"在这里，仲裁或诉讼费用通常包括被保险人及其代理人在仲裁或诉讼过程中所支出的案件受理费、勘验费、鉴定费、律师费和调查取证费等[1]。

3. 保险人的代位求偿权

(1) 代位求偿权的概念

代位求偿权，是指财产保险中保险人赔偿被保险人的损失后，可以取得在其赔付保险金的限度内，要求被保险人转让其对造成损失的第三人享有追偿的权利。《保险法》（2009

---

[1] 引自魏迎宁主编：《保险法精要与依据指引》第67页，人民出版社2006年1月。

年修订）第60条第1款规定："因第三者对保险标的的损害而造成保险事故的，保险人自向被保险人赔偿保险金之日起，在赔偿金额范围内代位行使被保险人对第三者请求赔偿的权利。"

在财产保险中，当保险标的发生保险责任范围内的损失，且该损失应当有第三人负赔偿责任时，投保人既可以要求该第三人赔偿，也可以要求保险人赔偿。如果投保人选择向保险人要求赔偿，则保险人承担了保险金赔付责任后，便取得了对第三人的追偿权利。

（2）代位求偿权的范围

代位求偿权的行使范围限于财产保险合同，在人身保险合同中，保险人不得享有代位求偿权。《保险法》（2009年修订）第46条规定："人身保险的被保险人因第三者的行为而发生死亡、伤残或者疾病等保险事故的，保险人向被保险人或者受益人给付保险金后，不得享有向第三者追偿的权利。但被保险人或者受益人仍有权向第三者请求赔偿。"

此外，即使在财产保险合同中，对代位求偿权行使对象的第三人范围也有一定限制。根据《保险法》（2009年修订）第62条的规定，这里的第三人通常不包括被保险人的家庭成员或者其组成人员，除非是由于他们的故意行为而引起保险事故。

（3）代位求偿权的行使

根据《保险法》（2009年修订）第61条、第63条的规定，在保险人行使代位求偿权时，被保险人应当遵守如下规定：

● 保险事故发生后，保险人未赔偿保险金之前，被保险人放弃对第三者的请求赔偿的权利的，保险人不承担赔偿保险金的责任。

● 保险人向被保险人赔偿保险金后，被保险人未经保险人同意放弃对第三者请求赔偿的权利的，该行为无效。

● 由于被保险人故意或重大过失致使保险人不能行使代位求偿权的，保险人可以相应扣减或要求返还相应的保险金。

● 在保险人向第三者行使代位求偿权利时，被保险人应当向保险人提供必要的文件和其所知道的有关情况。

第二节　劳动合同法律制度

一、劳动合同的概念和特征

劳动合同，是劳动者与用人单位确立劳动关系，明确双方权利和义务的书面协议。与民事合同相比较，劳动合同具有如下特征：

（一）劳动合同主体具有特定性——劳动者和用人单位

1. 劳动者

劳动者是具有劳动能力，以从事劳动获取合法劳动报酬的自然人。自然人要成为劳动者，应当具备主体资格。根据《劳动法》的规定，劳动者的法定最低就业年龄为16周岁。除法律另有规定以外（指文艺、体育和特种工艺单位招用未满16周岁的未成年人），任何单位不得与未满16周岁的未成年人发生劳动法律关系。对于矿山井下、有毒有害、国家规定的第四级体力劳动强度的劳动等，用人单位不得招用不满18周岁（已满16周岁）的未成年人。

2. 用人单位

用人单位是指依法使用和管理劳动者并付给其报酬的单位。在我国，用人单位可以是依法成立的企业、国家机关、事业组织、社会团体以及个体经济组织。

（二）书面劳动合同是劳动者与用人单位确立劳动关系的法定形式

《劳动法》第 16 条第 2 款规定："建立劳动关系应当订立劳动合同。"第 19 条还规定，劳动合同应当以书面形式订立。这表明书面劳动合同是确定劳动关系的普遍性法律形式。全国人大常委在 2007 年还专门出台了《中华人民共和国劳动合同法》（2008 年 1 月 1 日实施）、国务院 2008 年又针对《劳动合同法》制定了《劳动合同法实施条例》（国务院令第 535 号），对于劳动合同的订立、解除、终止、法律责任等作了详尽的规定。其中针对订立劳动合同，明确规定，建立劳动关系，应当订立书面劳动合同。建立劳动关系，未同时订立书面劳动合同的，应当自用工之日起一个月内订立书面劳动合同。用人单位未在用工的同时订立书面劳动合同，与劳动者约定的劳动报酬不明确的，新招用的劳动者的劳动报酬按照集体合同规定的标准执行；没有集体合同或者集体合同未规定的，实行同工同酬。

在现实的劳动就业市场中，劳动力供大于求，用人单位为规避法律义务，往往不愿与劳动者订立书面劳动合同，劳动者在就业压力大的状况下，为抓住就业的机会，往往也被迫放弃订立书面合同的权利，从而导致事实劳动关系的大量存在，这种现象在建设行业尤其普遍。

对于事实劳动关系，我国在法律上是予以保护的，但相关立法工作尚不完善。同时，对于劳动者而言，证明事实劳动关系存在以及向用人单位请求经济补偿金等，在举证问题上存在一定的困难。

（三）劳动合同具有较强的法定性

劳动合同内容主要以劳动法律、法规为依据，且具有强制性规定。法律虽允许劳动者和用人单位协商订立劳动合同，但协商的内容不得违反法律、行政法规，否则无效。例如，法律对于试用期明确规定，劳动合同期限三个月以上不满一年的，试用期不得超过一个月；劳动合同期限一年以上不满三年的，试用期不得超过二个月；三年以上固定期限和无固定期限的劳动合同，试用期不得超过六个月。同一用人单位与同一劳动者只能约定一次试用期。以完成一定工作任务为期限的劳动合同或者劳动合同期限不满三个月的，不得约定试用期。如果用人单位在劳动合同中违反法律规定约定试用期的，由劳动行政部门责令改正；违法约定的试用期已经履行的，由用人单位以劳动者试用期满月工资为标准，按已经履行的超过法定试用期的期间向劳动者支付赔偿金。

二、劳动合同的内容及效力

（一）劳动合同的内容

劳动合同的内容具体表现为劳动合同的条款，一般分为必备条款和可备条款。

1. 必备条款

必备条款是法律规定劳动合同应当具备的条款。根据《劳动合同法》第 17 条的规定，劳动合同应当具备以下条款：

（1）用人单位的名称、住所和法定代表人或者主要负责人；
（2）劳动者的姓名、住址和居民身份证或者其他有效身份证件号码；
（3）劳动合同期限；
（4）工作内容和工作地点；
（5）工作时间和休息休假；
（6）劳动报酬；
（7）社会保险；
（8）劳动保护、劳动条件和职业危害防护；
（9）法律、法规规定应当纳入劳动合同的其他事项。

劳动合同除前款规定的必备条款外，用人单位与劳动者可以约定试用期、培训、保守秘密、补充保险和福利待遇等其他事项。

2. 可备条款

可备条款是法律规定的生效劳动合同可以具备的条款。当事人可以协商约定可备条款，缺少可备条款不影响劳动合同的成立。根据我国《劳动法》的规定，可备条款主要包括：

（1）试用期条款

《劳动法》第21条规定："劳动合同可以约定试用期。"但是同时，针对试用期约定必须符合一定的要求：

首先是时间的要求，即劳动合同期限三个月以上不满一年的，试用期不得超过一个月；劳动合同期限一年以上不满三年的，试用期不得超过二个月；三年以上固定期限和无固定期限的劳动合同，试用期不得超过六个月。

其次是次数的要求，同一用人单位与同一劳动者只能约定一次试用期。

再次是工资的要求，劳动者在试用期的工资不得低于本单位相同岗位最低档工资或者劳动合同约定工资的百分之八十，并不得低于用人单位所在地的最低工资标准。

以及解除的要求，在试用期中，除劳动者有《劳动合同法》第三十九条和第四十条第一项、第二项规定的情形外，用人单位不得解除劳动合同。用人单位在试用期解除劳动合同的，应当向劳动者说明理由。

另外还包括其他禁止性要求，例如以完成一定工作任务为期限的劳动合同或者劳动合同期限不满三个月的，不得约定试用期。试用期包含在劳动合同期限内。劳动合同仅约定试用期的，试用期不成立，该期限为劳动合同期限。

（2）保守商业秘密条款

《劳动法》第22条规定："劳动合同当事人可以在劳动合同中约定保守用人单位商业秘密的有关事项。"《劳动合同法》第23条具体规定，"用人单位与劳动者可以在劳动合同中约定保守用人单位的商业秘密和与知识产权相关的保密事项。对负有保密义务的劳动者，用人单位可以在劳动合同或者保密协议中与劳动者约定竞业限制条款，并约定在解除或者终止劳动合同后，在竞业限制期限内按月给予劳动者经济补偿。劳动者违反竞业限制约定的，应当按照约定向用人单位支付违约金。"第24条规定了竞业限制的范围和期限，"竞业限制的人员限于用人单位的高级管理人员、高级技术人员和其他负有保密义务的人员。竞业限制的范围、地域、期限由用人单位与劳动者约定，竞业限制的约定不得违反法律、法规的规定。在解除或者终止劳动合同后，前款规定的人员到与本单位生产或者经营同类产品、从事同类业务的有竞争关系的其他用人单位，或者自己开业生产或者经营同类产品、从事同类业务的竞业限制期限，不得超过二年。"

（二）劳动合同的效力

劳动合同依法成立，即具有法律效力，对双方当事人都有约束力，双方必须履行劳动合同中规定的义务。

无效的劳动合同是指当事人违反法律、法规，订立的不具有法律效力的劳动合同。根据《劳动合同法》第26条的规定，下列劳动合同无效或者部分无效：

（1）以欺诈、胁迫的手段或者乘人之危，使对方在违背真实意思的情况下订立或者变更劳动合同的；

（2）用人单位免除自己的法定责任、排除劳动者权利的；

（3）违反法律、行政法规强制性规定的。

如果劳动合同部分无效，不影响其他部分效力的，其他部分仍然有效。

对劳动合同的无效或者部分无效有争议的，由劳动争议仲裁机构或者人民法院确认。劳动合同被确认无效，劳动者已付出劳动的，用人单位应当向劳动者支付劳动报酬。劳动报酬的数额，参照本单位相同或者相近岗位劳动者的劳动报酬确定。

三、劳动合同的终止和解除

劳动合同的终止，是指终止劳动合同的法律效力。劳动合同订立后，双方当事人不得随意终止劳动合同。只有法律规定或当事人约定的情况出现，当事人才能终止劳动合同。因此，《劳动法》第23条规定："劳动合同期满或者当事人约定的劳动合同终止条件出现，劳动合同即行终止。"

劳动合同的解除，是指劳动合同当事人在劳动合同期限届满之前依法提前终止劳动合同的法律行为。根据我国《劳动法》的规定，劳动合同的解除包括协商解除、用人单位单方解除和劳动者单方解除。

（一）协商解除

《劳动法》第24条规定："经劳动合同当事人协商一致，劳动合同可以解除。"同时，根据《劳动法》第28条的规定，在协商解除劳动合同的情况下，用人单位应当依照国家有关规定给予经济补偿。

（二）用人单位单方解除

当具备法律规定的条件时，用人单位享有单方解除权，无需双方协商达成一致。用人单位单方解除劳动合同有三种情况：

1. 随时解除

随时解除，即用人单位无需以任何形式提前告知劳动者，可随时通知劳动者解除劳动合同。根据《劳动合同法》第39条规定，用人单位可随时解除劳动合同：

（1）在试用期间被证明不符合录用条件的；

（2）严重违反用人单位的规章制度的；

（3）严重失职，营私舞弊，给用人单位造成重大损害的；

（4）劳动者同时与其他用人单位建立劳动关系，对完成本单位的工作任务造成严重影

响,或者经用人单位提出,拒不改正的;

(5) 因本法第二十六条第一款第一项规定的情形致使劳动合同无效的;

(6) 被依法追究刑事责任的。

2. 预告解除

预告解除,即用人单位应当提前 30 日以书面形式通知劳动者本人或者额外支付劳动者一个月工资后方可解除合同。根据《劳动合同法》第 40 条的规定,适用于劳动者有下列情形之一:

(1) 劳动者患病或者非因工负伤,在规定的医疗期满后不能从事原工作,也不能从事由用人单位另行安排的工作的;

(2) 劳动者不能胜任工作,经过培训或者调整工作岗位,仍不能胜任工作的;

(3) 劳动合同订立时所依据的客观情况发生重大变化,致使劳动合同无法履行,经用人单位与劳动者协商,未能就变更劳动合同内容达成协议的。

3. 经济性裁员

根据《劳动合同法》第 41 条规定,有下列情形之一,需要裁减人员二十人以上或者裁减不足二十人但占企业职工总数百分之十以上的,用人单位提前三十日向工会或者全体职工说明情况,听取工会或者职工的意见后,裁减人员方案经向劳动行政部门报告,可以裁减人员:

(1) 依照企业破产法规定进行重整的;

(2) 生产经营发生严重困难的;

(3) 企业转产、重大技术革新或者经营方式调整,经变更劳动合同后,仍需裁减人员的;

(4) 其他因劳动合同订立时所依据的客观经济情况发生重大变化,致使劳动合同无法履行的。

裁减人员时,应当优先留用下列人员:

(1) 与本单位订立较长期限的固定期限劳动合同的;

(2) 与本单位订立无固定期限劳动合同的;

(3) 家庭无其他就业人员,有需要扶养的老人或者未成年人的。

用人单位进行经济性裁减人员,在六个月内重新招用人员的,应当通知被裁减的人员,并在同等条件下优先招用被裁减的人员。

用人单位行使前述三种单方解除合同的权利,必须符合法律规定的前提条件方可进行,否则将依法承担法律责任。同时,根据《劳动法》第 28 条的规定,用人单位进行预告解除合同和经济性裁员的,应当依照国家有关规定给予经济补偿。

为了保护劳动者的合法权益,《劳动法》、《劳动合同法》还规定用人单位不得解除劳动合同的情形。根据《劳动法》第 29 条的规定,根据《劳动合同法》第 42 条规定,劳动者有下列情形之一的,用人单位不得根据该法关于预告解除和经济性裁员的规定解除劳动合同:

(1) 从事接触职业病危害作业的劳动者未进行离岗前职业健康检查,或者疑似职业病病人在诊断或者医学观察期间的;

(2) 在本单位患职业病或者因工负伤并被确认丧失或者部分丧失劳动能力的;

（3）患病或者非因工负伤，在规定的医疗期内的；
（4）女职工在孕期、产期、哺乳期的；
（5）在本单位连续工作满十五年，且距法定退休年龄不足五年的；
（6）法律、行政法规规定的其他情形。

（三）劳动者单方解除

根据《劳动合同法》第 37、38 条的规定，劳动者解除劳动合同，应当提前 30 日以书面形式通知用人单位。但有下列情形之一的，劳动者可以随时通知用人单位解除劳动合同：

（1）未按照劳动合同约定提供劳动保护或者劳动条件的；
（2）未及时足额支付劳动报酬的；
（3）未依法为劳动者缴纳社会保险费的；
（4）用人单位的规章制度违反法律、法规的规定，损害劳动者权益的；
（5）因本法第二十六条第一款规定的情形致使劳动合同无效的；
（6）法律、行政法规规定劳动者可以解除劳动合同的其他情形。

用人单位以暴力、威胁或者非法限制人身自由的手段强迫劳动者劳动的，或者用人单位违章指挥、强令冒险作业危及劳动者人身安全的，劳动者可以立即解除劳动合同，不需事先告知用人单位。

同时，为防止劳动者滥用解除劳动合同的权利而损害用人单位的利益，《劳动法》第 102 条还规定："劳动者违反本法规定的条件解除劳动合同或者违反劳动合同中约定的保密事项，对用人单位造成经济损失的，应当依法承担赔偿责任。"

第九章 建设工程合同法律制度

第一节 合同法的一般规定

一、合同法的适用范围

合同法的适用范围是指，我国合同法调整对象的范围。亦即，并非所有的合同都受合同法调整，现行合同法只调整一部分合同；但是，这部分合同却是发生最频繁、对社会生活影响最大的，即平等主体之间设立、变更、终止民事权利义务关系的合同。相对于广义合同，这部分合同也称为"狭义的合同"或者"债权合同"。

目前，部分合同虽称之为"合同/协议"，但却不受合同法调整，主要有如下几类：

(1) 有关身份关系的合同，如婚姻合同（婚约）适用《婚姻法》、收养合同适用《收养法》等专门法；

(2) 有关政府行使行政管理权的行政合同，适用各行政管理法，如政府特许经营合同、公务委托合同（如税款代扣合同即是）、公益捐赠合同、行政奖励合同、行政征用补偿合同等；

(3) 劳动合同，在我国，劳动者与雇主之间的劳动合同适用《劳动法》、《劳动合同法》[1]等专门法；

(4) 国家或者特别地区之间协议，适用国际法，如国家之间各类条约、协定、议定书等。

二、合同法的基本原则

合同法的基本原则指，反映合同普遍规律、反映立法者基本理念、体现合同法总的指导思想、贯穿整个合同法的原则。这些原则是立法机关制定合同法、裁判机关处理合同争议以及合同当事人订立履行合同的基本准则。我国合同法明确了如下基本原则。

1. 平等原则

合同平等原则指，在合同的订立、履行和责任承担等合同法律关系中，当事人之间法律地位平等，彼此权利义务对等，不允许一方将自己的意志强加给其他方。

在订立合同时，合同主体（可能是自然人、法人或者其他组织）无论其职位高低，无论其所有制性质（国有、集体、私营、个体），无论其隶属关系，无论其实力大小，无论其职位高低等，合同法均视其为平等之当事人。任何一方不得强迫他方订立合同、不订立合同或者强加条款给他方；当事人平等地受合同约束；当事人平等地承担合同责任。

《合同法》第3条明确规定了合同平等原则。

---

[1] 新华网：2005年12月24日快讯《劳动合同法草案今提请全国人大常委会审议》。

2. 自愿原则

合同自愿原则指，合同当事人是否订立合同、与谁订立合同、以什么内容或形式订立合同，除法律另有规定外，完全取决于当事人自由意志，任何单位和个人不得非法干涉。合同自愿原则也称为契约自由原则、合同意思自治原则。

合同自愿原则，并不意味合同当事人可以随心所欲，仍应遵守法律、行政法规，不得滥用契约自由原则而损害社会公共利益。

《合同法》第4条明确规定了合同自愿原则。

3. 公平原则

合同公平原则指，在合同中，就合同各方权利义务的安排，应大致相当、公允、合理。

与合同公平相对应的是显失公平。合同一方利用对方行为轻率、没有经验、缺乏知识或者需求急切等，使其获得明显超出正常的利益，而他方受到明显不利后果，即构成合同显示公平。

合同公平原则要求合同当事人依据社会公认的公平观念从事合同活动。

《合同法》第5条明确规定了合同公平原则。

4. 诚实信用原则

诚实信用原则指，合同当事人应当从善意出发，正当地行使权利和承担义务，以维持当事人之间及其与社会利益之间的平衡关系。

诚实信用原则要求当事人：

（1）不为欺诈、胁迫、乘人之危等行为；

（2）正当行使权利，不得滥用权利；

（3）正当履行义务，相互协作配合；

（4）不规避法律，不曲解合同条款；

（5）尊重他人利益及社会公共利益，尊重公正的交易习惯。

《合同法》第6条明确规定了诚实信用原则，第60条对该原则作重申。

上述合同法基本原则具有如下重要作用：

（1）指导作用。指导立法者如何制订各项规定，指导审判人员如何适用合同法，指导当事人对合同的基本态度。

（2）补充作用。在特定情况下，就某个问题的规定，法律出现缺漏，当事人可以根据基本原则来确定权利义务，裁判者可以根据基本原则解决纠纷。

（3）解释作用。合同法基本原则可用于解释相关法律间可能出现的矛盾、模糊，避免因此出现各方利益失衡等难以接受的尴尬。

第二节　合同的订立

一、要约

1. 要约的概念

依我国合同法，当事人订立合同通过要约与承诺来完成。要约又称发盘、发价、出盘、出价、报价，是一方当事人向他人提出，以一定条件与其订立合同且一旦该条件为其接受合同即告成立的意思表示。前者称为要约人，后者称为受要约人。

2. 要约的有效条件

一般认为，要约须具备下列条件，才是有效：

（1）要约人须特定。

作出要约的人须是可以确定的人，只有这样，受要约人才可能对其作出承诺。

（2）原则上受要约人须特定。

通常情况下，要约的相对人应为特定，但是，在特殊情况下也可以是不特定的，例如商业广告内容符合要约其他条件的，可以视为要约。

（3）要约内容具体确定。

要约内容应明确肯定，即必须能够确定地反映拟订立合同主要内容（合同主要条款），诸如合同标的、质量、数量、价款或酬金、履行期限、履行地点和方式、违约责任和争议解决办法等。但不要求要约包括合同的所有内容。

（4）要约必须表明一旦经受要约人承诺，要约人受该意思表示约束。

也就是说，要约须包含要约人愿意按照要约所提出的条件同对方订立合同的意思表示。

3. 要约的形式

要约可以以书面形式作出，也可以以口头对话形式，而书面形式包括了信函、电报、传真、电子邮件等数据电文等。除法律明确规定外，要约人可以视具体情况自主选择要约形式。

4. 要约的生效时间

要约的生效是指要约开始发生法律效力。自要约生效起，其一旦被有效承诺，合同即告成立。

在我国，要约自到达受要约人时发生效力。大致有如下三种情况。

（1）口头形式的要约自受要约人了解要约内容时发生效力。

（2）书面形式的要约自到达受要约人时发生效力。

（3）采用数据电子文件形式的要约，当收件人指定特定系统接收电文的，自该数据电文进入该特定系统的时间（视为到达时间），该要约发生效力；若收件人未指定特定系统接收电文的，自该数据电文进入收件人任何系统的首次时间（视为到达时间），该要约发生效力。

5. 要约的撤回

要约的撤回指，在要约发出之后但发生法律效力之前，要约人使其不发生法律效力的意思表示。

鉴于要约到达受要约人即发生法律效力，则要约撤回的条件是：撤回要约的通知应当在要约到达受要约人之前或者同时到达受要约人。例如，要约人采用平信方式发出要约后，随即采用传真送达撤回要约的通知，该要约被撤回而无法律效力。

6. 要约的撤销

要约的撤销指，在要约生效后，要约人欲使要约丧失法律效力的意思表示。要约被撤销的，即丧失对要约人的约束力。

为保护受要约人对要约的信赖，一般情况下，撤销要约的条件是：撤销要约的通知应当在受要约人发出承诺通知之前到达受要约人。

在如下特殊情况下，要约不可撤销：

（1）要约人确定了承诺期限或者以其他形式明示要约不可撤销；

（2）受要约人有理由认为要约是不可撤销的，并已经为履行合同作了准备工作。

7. 要约的消灭

要约的消灭指，要约生效后，因特定事由而使其丧失法律效力。

要约因如下原因而消灭。

（1）撤销要约

要约因要约人撤销而丧失效力，如上文所述。

（2）受要约人拒绝要约

受要约人拒绝要约的方式通常有：用通知的方式；保持沉默。

要约因被拒绝而消灭，一般发生在受要约人为特定的情况下。对不特定人所作的要约（如内容确定的悬赏广告），并不因某特定人表示拒绝而丧失效力。

（3）要约有效期届满

要约有效期即受要约人有权作承诺的期间。若要约人在要约中确定了有权承诺期间，则该期间届满要约丧失效力；若要约人未确定有权承诺期间，则在经过合理期间后要约丧失效力。

（4）受要约人实质性变更要约

在受要约人回复时，对要约的内容作实质性变更（视为新要约），原要约失效。

（5）其他

在特定情况下，通常是在人身性强的交易中，要约人死亡或受要约人死亡，要约归于消灭。

8. 要约与要约邀请的区别

要约邀请也称"要约引诱"，是指行为人作出的邀请他方向自己发出要约的意思表示。要约邀请虽然也是为订立合同作准备，但是为了引发要约而本身不是要约，例如招标公告、拍卖公告、一般商业广告、价目表、商品目录、招股说明书等。

要约与要约邀请的主要区别标准如下：

（1）根据法律明确规定作区分，若法律明确规定某行为为要约或者要约邀请，则应当依其规定，如《合同法》第15条即是；

（2）根据内容作区分，法律要求要约内容须具体明确，包含合同主要条款和订约意思，而对要约邀请无此要求；

（3）根据发出的对象作区分，要约通常情况是向特定人发出，而要约要求既可向特定人也可向非特定人发出，且以后者为常态；

（4）根据当事人意愿作区分，某些当事人在发出订约建议的时候，可能特别强调自己行为性质是要约还是要约邀请；

（5）根据交易习惯作区分，根据当地交易习惯对行为人的行为性质作判断。

二、承诺

承诺，指受要约人同意承诺的意思表示，即按照要约指定的方式，对要约的内容表示同意并希望与要约人订立合同的意思表示。要约一经承诺，合同即告成立。

1. 承诺的有效要件

（1）承诺必须由受要约人作出。

作出承诺的可以是受要约人本人，也可以是其授权代理人。受要约人以外的任何第三人即使知道要约的内容并就此作出同意的意思表示，也不能认为是承诺。

（2）承诺须向要约人作出。

承诺是对要约的同意，须由要约人作为合同一方当事人。因此，承诺只能向要约人本人或其授权代理人作出，具有绝对的特定性，否则不为承诺。

（3）承诺的内容必须与要约一致。

若受要约人对要约的内容作实质性变更，则不为承诺，而视为新要约或者反要约。

所谓实质性变更指有关合同标的、质量、数量、价款或酬金、履行期限、履行地点和方式、违约责任和争议解决办法等的变更。

若承诺对要约的内容作出非实质性变更的，除要约人及时表示反对或者要约表明承诺不得对要约的内容作出任何变更的以外，该承诺有效，合同的内容以承诺的内容为准。

（4）承诺应在有效期内作出。

若要约指定了有效期，则应在该有效期内作出承诺；若要约未指定有效期，则应在合理期限内作出承诺。

2. 承诺的生效时间

承诺一旦生效，合同即告成立，因此承诺生效时间具有重要意义。我国合同法规定，承诺通知到达要约人时生效。但是该承诺应当在要约确定的承诺期限内到达要约人，若要约未确定承诺期限的，承诺应当在合理期间内到达。

3. 承诺期限的起算时间

在要约确定承诺期限的情况下，承诺期限的起算时间按如下办法确定：

（1）若要约是以信件或者电报作出的，承诺期限自信件载明的日期（通常是落款时间）或者电报交发之日开始计算。若信件未载明日期的，自投寄该信件的邮戳日期开始计算。

（2）若要约以电话、传真等快速通讯方式作出的，承诺期限自要约到达受要约人时开始计算。

4. 承诺的撤回

承诺的撤回指，承诺发出后，承诺人阻止承诺发生法律效力的意思表示。

鉴于承诺一经送达要约人即发生法律效力，合同也随之成立，所以撤回承诺的通知应当在承诺通知到达要约人之前或者与承诺通知同时到达要约人。若撤回承诺的通知晚于承诺通知到达要约人，此时承诺已然发生法律效力，承诺人就不得撤回其承诺。

5. 迟到的承诺

迟到的承诺指，受要约人在承诺期限内发出承诺，按照通常情形能够及时到达要约人，但因其他原因承诺（如送达迟误等）到达要约人时超过承诺期限。

就迟到的承诺，我国合同规定：除非要约人及时通知受要约人因承诺超过期限不接受该承诺，否则该承诺有效，即视为该承诺按期到达。

三、合同的一般条款

依《合同法》第 12 条规定，下述条款为合同一般条款。

1. 当事人的名称或姓名和住所

该条款主要反映合同当事人基本情况，明确合同主体。

在此强调，合同应准确载明合同当事人的名称或姓名。应当以营业执照或者登记册上的名称为准——就法人或其他组织而言；应当以身份证载明的姓名为准——就自然人而言。随意填写当事人名称或者姓名，引起误解和争议的情况，并不鲜见。

确定住所的办法是：法人或者其他组织的主要办事机构所在地或者主要营业地为住所地，通过营业执照或者登记册上载明信息来判断其住所是较安全的办法；自然人的户口所在地为住所地，若其经常居住地与户口所在地不一致的，以其经常居住地作为住所地。

确定住所对于合同义务的履行以及确定诉讼管辖具有重要意义。

2. 标的

标的是合同当事人权利义务指向的对象，是合同法律关系的客体。法律禁止的行为或者禁止流通物不得作为合同标的。

合同标的主要有财产、行为和工作成果。

财产包括有形财产和无形财产。所谓有形财产是具有一定实物形态且具备价值及使用价值的客观实体，如货币、房产等。所谓无形财产，是不具实物形态但具备价值及使用价值的财产，如电力、著作权、发明专利权等。

行为指以人的活动为表现形式的劳动或服务等，如受他人之托保管建筑材料。

工作成果是通过工作获得的满足特定要求的结果。建设工程合同就是一种以特定工作成果——即工程项目——为标的的合同。

3. 数量

数量是以数字和计量单位来衡量合同标的的尺度，决定标的大小、多少、轻重等。建设工程合同的数量条款应当注意遵守法定计量规则。

4. 质量

质量是标的内在质的规定性和外观形态的综合，包括标的内在的物理、化学、机械、生物等性质的规定性，以及性能、稳定性、能耗指标、工艺要求等。

5. 价款或酬金

价款或酬金指，取得标的物或接受劳务的当事人所支付的对价。在以财产为标的的合同中，这一对价称为价款；在以劳务和工作成果为标的的合同中，这一对价称为酬金。

在建设工程合同中，价款或者酬金的条款通常涉及金额、计价模式、计价规则、调价安排、支付安排等内容。

6. 履行期限、地点和方式

（1）履行期限

合同的履行期限是，享有权利的一方要求义务相对方履行义务的时间范围。它是权利方要求义务方履行合同的依据，也是检验义务方是否按期履行或迟延履行的标准。

在建设工程合同中，履行期限条款是那些约定施工工期或者提交成果的条款。

(2) 履行地点

合同履行地点是合同当事人履行和接受履行合同义务的地点。

建设工程施工合同的主要履行地点条款内容相对容易确定,即项目土地所在地。

(3) 履行方式

履行方式是指当事人采取什么办法来履行合同规定的义务。

建设工程施工合同中有关施工组织设计的条款,即为履行方式条款。

7. 违约责任

违约责任指违反合同义务应当承担的责任。违约责任条款设定的意义在于督促当事人自觉适当地履行合同,保护非违约方的合法权利。但是,违约责任的承担不一定通过合同约定。即时合同未约定违约条款,只要一方违约并造成他方损失,就应依法承担违约责任。

8. 解决争议的方法

解决争议的方法指一旦发生纠纷,将以何种方式解决纠纷。合同当事人可以在合同中约定争议解决方式。

约定争议解决方式,主要是在仲裁与法院诉讼之间作选择。和解与调解并非争议解决的必经阶段。

应注意区别上述"合同一般条款"与"合同主要条款"。《合同法》第12条的用语是"一般包括以下条款",并未使用"必须包括以下条款",因此,上述某些条款并非每个合同所必备。而合同主要条款是指,根据特定合同性质所应必备的条款,若缺少这些条款,合同即不能成立。因为,各种合同的性质不同,所应具备的主要条款也不一样,此间差异很大,所以为避免缺漏,《合同法》未规定各合同的主要条款,而留待根据具体合同实践来确定哪些条款属于主要条款。

四、合同的形式

合同的形式指订立合同的当事人达成一致意思表示的表现形式。根据我国合同法规定,合同形式包括口头形式、书面形式和其他形式。

1. 口头形式

口头形式合同是当事人以直接对话方式订立的合同。口头合同在现实生活中广泛应用,凡当事人无约定或法律未规定特定形式的合同,均可采取口头形式。

合同采用口头形式的优点是简便易行,缺点是发生纠纷时难以取证,难以分清责任。所以,口头合同一般适用于即时结清的小额合同,对于不能即时结清或数额较大的合同,为保证交易安全,一般不采用口头合同。

有些口头合同订立、履行过程中产生的文字凭证,只能视为合同的证明,而不是合同本身,如商场购物发票。

2. 书面形式

书面形式是指合同书、信件和数据电文(包括电报、电传、传真、电子数据交换和电子邮件)等可以有形地表现所载内容的形式。

书面形式合同的优点是权利义务明确记载,便于履行,纠纷时易于举证和分清责任;缺点是制订过程比较复杂。

3. 其他形式

其他形式指，口头形式、书面形式之外的合同形式，即行为推定形式。《合同法》第36条规定，法律、行政法规规定或者当事人约定采用书面形式订立合同，当事人未采用书面形式但一方已经履行主要义务，对方接受的，该合同成立。

行为推定方式只适用于法律明确规定、交易习惯许可时或者要约明确表明时，并不能普遍适用。

五、缔约过失责任

1. 缔约过失责任概念和构成条件

缔约过失责任指，在订立合同过程中，一方因违背诚实信用原则所要求的义务而致使另一方信赖利益遭受损失，依法应承担的民事责任。《合同法》第42条就此作明确规定。

构成缔约过失责任应具备如下条件：

（1）该责任发生在订立合同阶段。这是违约责任与缔约过失责任的根本区别。只有合同尚未成立，或者虽已成立但被确认无效或被撤销时，才可能发生缔约过失责任。合同是否成立，是判定是否存在缔约过失责任的关键。

（2）当事人违反了诚实信用原则所要求的义务。由于合同未成立，因此当事人并不承担合同义务。但是，在订约阶段，依据诚实信用原则，当事人人负有保密、诚实等法定义务，这种义务也称前合同义务。若当事人因过失违反此义务，则可能产生缔约过失责任。

（3）受害方的信赖利益遭受损失。所谓信赖利益损失，指一方实施某种行为（如订约建议）后，另一方对此产生信赖（如相信对方可能与自己立约），并为此发生了费用，后因前者违反诚实信用原则导致合同未成立或者无效，该费用未得到补偿而受到的损失。

2. 缔约过失责任适用情形

《合同法》第42条规定了缔约过失责任如下三种情形：

（1）假借订立合同，恶意进行磋商

恶意磋商是在缺乏订立合同真实意愿情况下以订立合同为名目与他人磋商。其真实目的可能是破坏对方与第三方订立合同，也可能是贻误竞争对手商机，甚至可能为了戏弄对方。

（2）故意隐瞒与订立合同有关的重要事实或者提供虚假情况

依诚实信用原则，缔约当事人负有如实告知义务，主要包括：告知自身财务状况和履约能力；告知标的物真实状况（包括瑕疵、性能、使用方法等）。若违反此项义务，即构成欺诈；若因此致对方受到损害，应负缔约过失责任。

（3）其他违背诚实信用原则的行为

主要有如下几种情形：违反有效要约和要约邀请，违反初步协议，未尽保护、照顾、通知、保密等附随义务，违反强制缔约义务。

例如：

（1）某建筑施工企业隐瞒自身资质等级条件不足的事实，并借用了另一家资质条件合格企业的资质，并以后者名义参加某施工承包项目投标。后评标委员会发现该情况，以招标文件没收其投标保证金。

该企业行为属于故意隐瞒与订立合同有关的重要事实或者提供虚假情况，其投标保证金被没收属于承担缔约过失责任。

（2）某建设单位在指定媒体上发布施工承包项目招标文件，某施工企业依招标文件规定向其递交投标文件，该建设单位以"合格投标人太多"为由拒受，致使该施工企业未能有效递送投标文件。

该施工企业要求该建设单位赔偿因准备投标文件而发生的费用，即属于要求其承担违反有效要约邀请的缔约过失责任。

（3）某建筑公司同时向甲乙丙丁四家水泥厂发出240元/t求购42.5号普通硅酸盐水泥100t的函件。甲向该公司发运42.5号同强度等级水泥100t。同时，乙丙水泥厂也已经做好了发货准备。该公司决定接受甲厂水泥，同时通知乙丙丁其不再接受水泥供货。

乙丙要求该公司赔偿因准备发货而发生费用，即属于要求其承担违反有效要约的缔约过失责任。

第三节 合同的效力

一、合同的成立要件

合同成立指，当事人完成了签订合同过程，并就合同内容协商一致。合同成立不同于合同生效。合同生效是法律认可合同效力，强调合同内容合法性。因此，合同成立体现了当事人的意志，而合同生效体现国家意志。

根据通说，合同成立的要件一般是[1]：

（1）存在订约当事人

合同成立首先应具备双方或者多方订约当事人，只有一方当事人不可能成立合同。例如，某人以某公司的名义与某团体订立合同，若该公司根本不存在，则可认为只有一方当事人，合同不能成立。

（2）订约当事人对主要条款达成一致

合同成立的根本标志是订约双方或者多方经协商，就合同主要条款达成一致意见。合同主要条款的概念见前文所述。

（3）经历承诺与要约阶段

《合同法》第13条规定，"当事人订立合同，采取要约、承诺方式。"缔约当事人就订立合同达成合意，一般应经过要约、承诺阶段。若只停留在要约阶段，合同根本未成立。

合同成立时间关系到当事人何时受合同关系拘束，因此合同成立时间具有重要意义。确定合同成立时间，遵守如下规则：

（1）通常情况下，合同成立时间

《合同法》第25条规定，"承诺生效时合同成立。"鉴此，承诺生效的时间决定了合同成立时间。至于承诺何时生效，见前文所述。

（2）采用合同书形式时，合同成立时间

根据《合同法》第32条，"当事人采用合同书形式订立合同的，自双方当事人签字或

---

[1] 王利明、崔建远、王轶：《合同法》，北京大学出版社，2003年11月第3版，第32页。

者盖章时合同成立。"各方当事人签字或者盖章的时间不在同一时间的,最后一方签字或者盖章时合同成立。

(3) 采用确认书时,合同成立时间

根据《合同法》第33条,"当事人采用信件、数据电文等形式订立合同的,可以在合同成立之前要求签订确认书。签订确认书时合同成立。"此时,确认书具有最终正式承诺的意义。

合同成立地点可能成为确定法院管辖的依据,因此具有重要意义。确定合同成立地点,遵守如下规则:

(1) 通常情况下,合同成立地点

根据《合同法》第34条,"承诺生效的地点为合同成立的地点。采用数据电文形式订立合同的,收件人的主营业地为合同成立的地点;没有主营业地的,其经常居住地为合同成立的地点。当事人另有约定的,按照其约定。"

(2) 采用书面合同的成立地点

根据《合同法》第35条,"当事人采用合同书形式订立合同的,双方当事人签字或者盖章的地点为合同成立的地点。"

二、无效合同的认定与处理

无效合同是相对于有效合同而言的,是严重欠缺生效要件的合同。因此,合同成立要件、合同生效要件、合同无效是密切相关的。在介绍无效合同之前,有必要先了解合同生效要件。

1. 合同的生效要件

合同生效指合同具备生效条件而产生法律效力。所谓产生法律效力指,合同对当事人各方产生法律拘束力,即当事人的合同权利受法律保护,当事人的合同义务具有法律上的强制性。在多数情况下,合同成立时即具备生效要件,但是二者在合同成立要件与合同生效要件不同。

合同的生效要件有:

(1) 订立合同的当事人必须具有相应民事权利能力和民事行为能力

《合同法》第9条规定,"当事人订立合同,应当具有相应的民事权利能力和民事行为能力。"主体不合格,所订立的合同不能发生法律效力。

自然人的权利能力始于出生,终于死亡。根据《民法通则》及相关民事法律规定,自然人民事行为能力按照如下原则确定:

● 18周岁以上成年人具有完全民事行为能力;

● 16周岁以上不满18周岁的未成年人以自己劳动收入为主要生活来源的,也具有完全民事行为能力;

● 不满10周岁未成年人和不能辨认自己行为的精神病人是无民事行为能力人;

● 10周岁以上的未成年人和不能完全辨认自己行为的精神病人是限制民事行为能力人,只能实施某些与其年龄、智力状况相适应的民事活动;

● 限制民事行为能力人和无民事行为能力人从事纯获法律上利益而不承担法律义务的行为(如接受奖励、赠与等),他人不得以限制民事行为能力、无民事行为能力为由主张该行为无效。

至于法人权利能力和行为能力，按照我国原来法律规定及相关理论，其签订的合同严格受其宗旨、目的、章程及经营范围的限制，超越经营范围的合同无效。这种做法受到近期法学理论批评，同时，相当数量法院判例已经转变原来立场，认为在不违反法律、行政法规强制性规范时，即使超越经营范围签订合同也认定有效❶。最高人民法院《关于适用〈中华人民共和国合同法〉若干问题的解释（一）》第10条规定，"当事人超越经营范围订立合同，人民法院不因此认定合同无效。但违反国家限制经营、特许经营以及法律、行政法规禁止经营规定的除外。"

关于法人之外其他组织权利能力和行为能力，在特定情况下，不具有法人资格的其他组织可以自己名义签订合同，如领取营业执照的法人分支机构具有订约资格。

（2）意思表示真实

所谓意思表示真实指，表意人的表示行为真实反映其内心的效果意思，即表示行为应当与效果意思相一致。而所谓表示行为指，行为人将其内在意思以一定的方式表示于外部，并足以为外人所理解的意思要素；所谓效果意思是，行为人内心欲使其表示内容引起法律上效力的内在意思要素。

意思表示真实是合同生效的重要构成要件。在意思表示不真实的情况下，合同可能无效，如在被欺诈、胁迫致使行为人表示于外的意思与其内心真意不符，且涉及国家利益受损的情况；合同也可能被撤销或者变更，如在被欺诈、胁迫致使行为人表示于外的意思与其内心真意不符，但未违反法律和行政法规强制性规定及社会公共利益的情况。

（3）不违反法律、行政法规的强制性规定，不损害社会公共利益

这里的"法律"是狭义的法律，即全国人民代表大会及其常务委员会依法通过的规范性文件。这里的"行政法规"是国务院依法制定的规范性文件。所谓强制性规定是，当事人必须遵守的不得通过协议加以改变的规定。通常，在法律条文中以"可以"等提示性或者建议性用语表述的内容只是任意性规范，而不是强制性规范，它不要求当事人必须执行。而强制性规范通常以"必须"、"不得"等词语表述，它要求当事人必须严格遵守。

有效合同不仅不得违反法律、行政法规的强制性规定，而且不得损害社会公共利益。社会公共利益是一个抽象的概念，内涵丰富、范围宽泛，包含了政治基础、社会秩序、社会公共道德要求，可以弥补法律行政法规明文规定的不足。对于那些表面上虽未违反现行法律明文强制性规定但实质上违反社会的合同行为，具有重要的否定作用。

（4）具备法律所要求的形式

《民法通则》第56条规定，"民事法律行为可以采取书面形式、口头形式或者其他形式。法律规定是特定形式的，应当依照法律规定。"又根据《合同法》第44条，"依法成立的合同，自成立时生效。法律、行政法规规定应当办理批准、登记等手续生效的，依照其规定。"

可见我国法律承认当事人可以依法自主选择合同形式，除非法律、行政法规另有特别规定。

根据最高人民法院《关于适用〈中华人民共和国合同法〉若干问题的解释（一）》第

---

❶ 韩世远：《合同法总论》，法律出版社，2004年4月第1版，第178页。

9条规定,"法律、行政法规规定合同应当办理登记手续,但未规定登记后生效的,当事人未办理登记手续不影响合同的效力,合同标的物所有权及其他物权不能转移。"因此,法律法规规定的登记备案手续不全是合同生效要件,而应当进一步考察法律行政法规是否明确将该登记备案手续作为合同生效要件。

2. 无效合同的概念和特征

无效合同,指合同虽然已经成立,但因其严重欠缺生效要件而不产生合同法律效力的合同。

无效合同的特征如下:

(1) 无效合同的违法性

无效合同违法性指,其违反了法律、行政法规的强制性规定以及社会公共利益。因此,行政规章以及地方性法规等地方性规范文件不应作为判定合同无效的依据或标准,但是可以作为判断合同无效的参考;此外,违反法律、行政法规的任意性规定也不应构成合同无效。

(2) 对无效合同实行国家干预

无效合同的国家干预体现在:无效合同不取决于当事人提起确认之诉,法院或者仲裁机构不待当事人请求即可主动审查合同是否无效,若发现属于无效合同,便可主动确认合同无效。对无效合同的国家干预还体现在:有关行政机关(如主管市场秩序的工商行政管理部门)可以对无效合同予以查处,追究相关当事人的行政责任。

人们通常所说的"无效合同当然无效"正是指这个意思。

(3) 无效合同具有不可履行性

所谓无效合同具有不可履行性指,当事人不得依据该无效合同实际履行,不得依据该无效合同追究违约责任。

(4) 无效合同被确认后具有追溯力

由于无效合同在本质上是违法的,因此法律自始否定其效力。若当事人对合同效力产生争议或者订立时不知道合同违法,一旦被依法确认无效,就将产生追溯力,即自该合同出现之时起就不具法律效力。

人们通常所说的"无效合同自始无效"正是指这个意思。

(5) 无效合同不因时间的经过而转为有效

根据现行法律某合同为无效合同,纵然以后法律修订、当事人意思表示修正(注意,意思表示修正表明产生新合同),该合同也不能转化为有效合同。

人们通常所说的"无效合同确定无效"正是指这个意思。

3. 合同无效与合同不成立区别

合同无效与合同不成立主要区别在:

(1) 主要判断标准不同

合同不成立是指当事人就合同主要内容未达成合意,如受要约人未作出承诺;而合同无效是合同具有违法性。

(2) 是否适用合同解释制度

在合同主要条款缺漏或者不明确导致合同未成立,同时当事人不否认存在基本合意的情况下,法院或者仲裁机构可以通过合同解释制度探求当事人真实意思,从而确定合同具体内容；但是，在合同无效情况下，合同解释制度不适用。

（3）是否可通过实际履行弥补

若合同起初不成立，但一方当事人随后自愿作出履行，而对方当事人接受，则合同成立；但是，无效合同不具有履行性，不可能通过实际履行使之改变效果。

（4）是否可主动审查

若就合同是否成立发生争议，且当事人未就此请求法院或者仲裁机构裁断，则法院或者仲裁机构不能主动审查合同是否成立；但是，即便当事人未请求法院或者仲裁机构审查是否无效，法院或者仲裁机构可以依职权主动审查合同效力。

（5）法律后果不同

若合同不成立，有过失一方应根据缔约过失承担民事责任，但是不产生其他责任；但是，因无效的违反性，责任人不仅可能承担民事责任，还可能产生行政责任甚至刑事责任。

4. 无效合同的主要类型

根据《合同法》第52条规定，无效合同的主要类型如下：

（1）一方以欺诈手段订立合同，损害国家利益

根据最高人民法院《关于贯彻执行〈中华人民共和国民法通则〉若干问题的意见（试行）》第68条规定，所谓欺诈是，"一方当事人故意告知对方虚假情况，或者故意隐瞒真实情况，诱使对方当事人作出错误意思表示"的行为。

因欺诈导致合同无效的构成条件如下：

1）欺诈方具有欺诈的故意。所谓欺诈的故意是，欺诈一方明知自己告知对方的情况是虚假且会使对方陷入错误认识，而希望或放任这种情况发生。

2）欺诈方实施了欺诈行为。表现为故意陈述虚伪事实或者故意隐瞒真实情况。

3）被欺诈方因欺诈行为陷入错误。即欺诈内容与合同内容有密切关系且受害人因此对合同内容发生了错误认识。

4）被欺诈方因错误而作出意思表示。这表明欺诈行为与受害人不真实意思表示之间具有因果关系。

5）欺诈行为损害了国家利益。注意，这里的"国家利益"应作严格解释，不应随意扩大化，不应当将民事交易中的国有企业利益随意上升为国家利益。国有企业作为独立经营的法人，有独立的企业利益，不应在法律上受到特别保护。在法律上，欺诈国有企业与欺诈其他合同当事人是一样的，而不能作为损害国家利益来对待。

并非所有通过欺诈订立的合同都是无效合同，只有欺诈合同损害了国家利益才能导致合同无效。没有损害国家利益的欺诈合同是可撤销合同。

合同法上的合同欺诈可能与刑法上的诈骗罪相联系。合同诈骗往往也是合同欺诈。根据最高人民法院、最高人民检察院、公安部《关于在审理经济纠纷案件中发现经济犯罪必须及时移送的通知》，法院在审理民事纠纷时，如果发现可能存在犯罪事实，应及时移送刑事侦查机关。因此，当事人之间的合同欺诈纠纷诉讼并不排除转化为刑事诉讼的可能。

（2）一方以胁迫手段订立合同，损害国家利益

根据最高人民法院《关于贯彻执行〈中华人民共和国民法通则〉若干问题的意见（试行）》第69条规定，所谓胁迫是，"以给公民及其亲友的生命健康、荣誉、名誉、财产等

造成损害或者以给法人的荣誉、名誉、财产等造成损害为要挟，迫使对方作出违背真实的意思表示"的行为。

因胁迫导致合同无效的构成条件如下：

1）胁迫人具有胁迫的故意

所谓胁迫的故意是，胁迫者希望通过自己的行为使受胁迫者在心理上产生恐惧，并且希望通过自己的胁迫行为迫使对方与自己订立合同。

2）胁迫人实施了胁迫行为

行为人实施胁迫行为包括如下两种情况：以将来发生的祸害相威胁；已经发生或者正在发生致害行为。

3）胁迫行为是非法的

胁迫行为必须没有法律根据。如果一方依法向对方施加某种压力，则不构成胁迫。

4）受胁迫者因胁迫而订立合同

受胁迫者因受胁迫损害产生的恐惧心理与其订立合同的意思表示之间存在因果关系。即胁迫行为发生后，因为面临损害或者将要面临损害，受胁迫者产生恐惧心理；在这种心理状态支配下，受胁迫人被迫订立合同。

5）胁迫行为损害了国家利益

"国家利益"应如何认识，注意事项在前文关于欺诈合同的介绍中已有涉及，同前。同样，没有损害国家利益的胁迫合同是可撤销合同。

（3）恶意串通，损害国家、集体或第三人利益的合同

恶意串通的合同是指当事人同谋，共同订立某种合同，造成国家、集体或者第三人利益损害的合同。这种无效合同特征如下：

1）当事人出于恶意

恶意是指，行为人明知或者应知某种行为将造成对国家、集体或者第三者的损害而故意为之。

2）当事人之间相互串通

首先，当事人都具有主观恶意，而不只是一人或者一方具有恶意；共同进行意思联络、沟通；既可以表现为当事人事先达成的合谋，也可表现为一方明确表示意思，另一方与其达成默契进行接受。

其次，除了主观恶意外，当事人在客观上相互配合或者共同实施了该串通行为。

3）损害国家、集体或第三人利益

行为人恶意串通的结果是损害了国家、集体或者第三人利益，在串通行为与损害结果之间具有因果关系。

（4）以合法形式掩盖非法目的

以合法形式掩盖非法目的指，当事人实施的行为在形式上是合法的，但在内容上或者目的上是非法的。

须注意的是：以合法形式掩盖非法目的的合同并不要求造成损害后果，即无论造成损害与否，只要符合上述特征，即可构成。

（5）损害社会公共利益

社会公共利益的内涵丰富、外延宽泛。相当一部分社会公共利益的保护，已经纳入法

律、行政法规明文规定；但是，仍有部分并未被法律、行政法规所规定，特别是涉及社会公共道德的部分。将损害社会公共利益的合同规定为无效合同，利用"社会公共利益"概念定义的弹性，有助于弥补现行法律、行政法规规定的缺失。

(6) 违反法律、行政法规的强制性规定

合同无效，应当以全国人大及其常委会制定的法律和国务院制定的行政法规为依据，不得以地方性法规、行政规章为依据。同时，必须是违反了法律、行政法规的强制性规范才导致合同无效，违反其中任意性规范并不导致合同无效。所谓任意性规范是，当事人可以通过约定排除其适用的规范，即任意性规范赋予当事人依法进行意思自治。

5. 合同无效的处理规则

由于无效合同具有不得履行性，因此不发生当事人所期望的法律效果；但是，并非不产生任何法律效果，而是产生包括返还财产、损害赔偿以及其他法定效果。

(1) 在当事人之间的处理规则

1) 合同无效的处理原则主要是恢复原状。

所谓恢复原状是，恢复到当事人缔约前的状况。根据《合同法》第58条，因该合同取得的财产，应当予以返还；不能返还或者没有必要返还的，应当折价补偿。

上述"不能返还"包括"事实上的不能返还"与"法律上的不能返还"。"事实上的不能返还"是客观上已经不能，如财产已经毁损且无法修复；"法律上的不能返还"是表面上可能返还，但是因为法律上的规定，已经使返还成为不可能，如财产已经被第三人善意取得。

"没有必要返还"是指，根据客观实际情况不返还财产对双方均有利且不损害他人利益；或者不返还财产将有利于社会利益。例如，建设工程施工合同无效但是工程已经竣工验收合格，如果采用返还财产、恢复原状处理规则，就要将工程拆除使之恢复到缔约之前。这样既不利于当事人，对社会利益也是莫大损失。

2) 在主要采取恢复原状的原则下，将辅之以损害赔偿。

根据《合同法》第58条，有过错的一方应当赔偿对方因此所受到的损失，双方都有过错的，应当各自承担相应的责任。

(2) 当事人恶意串通，损害国家、集体或者第三人利益的，因此取得的财产收归国家所有或者返还集体、第三人。

(3) 合同无效，特别是损害国家集体或第三人利益以及违反法律、行政法规强制性规定的无效合同，也可能导致合同当事人承担行政责任（如罚款、吊销执照等），甚至刑事责任。

此外，在处理合同无效时，应注意：

根据《合同法》第56条，合同部分无效，不影响其他部分效力的，其他部分仍然有效。根据《合同法》第57条，合同无效，不影响合同中独立存在的有关解决争议方法的条款的效力。

三、可撤销合同

1. 可撤销合同的概念

合同的撤销是指，因意思表示不真实，法律允许撤销权人通过行使撤销权，使已经生效的合同效力归于消灭。存在撤销原因的合同称为"可撤销合同"。

可撤销合同与无效合同存在显著区别。无效合同是自始无效、当然无效,即从订立起就是无效,且不必取决于当事人是否主张无效。但是,可撤销合同在被撤销之前存在效力,尤其是对无撤销权的一方具有完全拘束力;而且,其效力取决于撤销权人是否向法院或者仲裁机构主张行使撤销权。

2. 可撤销合同的种类

可撤销合同种类如下:因重大误解订立的合同,显失公平的合同,因欺诈、胁迫而订立的合同,乘人之危订立的合同。

(1) 因重大误解订立的合同

在合同实践中,所谓的误解指,合同当事人因自己过错(如误认或者不知情等)而对合同的内容发生错误而订立了合同。《民法通则》第59条、《合同法》第54条规定了因重大误解订立的合同为可撤销。

重大误解的构成条件如下:

1)表意人因为误解作出了意思表示

表意人对合同的相关内容产生了错误,并且基于这种错误认识进行了意思表示行为。即表意人的意思表示与其错误认识之间具有因果关系。

2)表意人的误解是重大的

一般的误解并不足以造成合同可撤销。对因误解导致合同可撤销是对误解者的保护,但是,该误解却是误解者自己过错造成的,因此,若不对误解的程度加以限定,将对相对人相当不公平。鉴于此,只有因"重大"误解订立的合同才是可撤销的。

在何谓"重大"的问题上,我国当前司法实践认为,只有对合同主要条款发生误解才构成重大误解。根据最高人民法院《关于贯彻执行〈中华人民共和国民法通则〉若干问题的意见(试行)》第71条规定,"行为人因为对行为的性质、对方当事人、标的物的品种、质量、规格和数量等的错误认识,使行为的后果与自己的意思相悖,并造成较大损失的,可以认定为重大误解。"

3)误解是由表意人自己的过失造成的

通常情况下,误解是由表意人自己过失造成,如不注意、不谨慎,而不是受他人欺诈或者其他不正当影响。

4)误解不应是表意人故意发生的

法律不允许当事人在故意发生错误的情况下,借重大误解为由,规避对其不利的后果。如果表意人在缔约时故意发生错误(如保留其真实意思),则表明其追求其意思表示产生的效果,不存在意思表示不真实的情况,不应按重大误解处理。

(2) 显失公平的合同

显失公平合同是合同当事人的权利、义务明显不对等,使某方遭受重大不利,而其他方获得不平衡的重大利益。《合同法》第54条规定,在订立合同时显失公平的,当事人一方有权请求人民法院或者仲裁机构变更或者撤销。

显失公平导致可撤销的合同在法律上具有如下特点:

1)合同在订立时就显失公平。

可撤销的显失公平合同要求这种明显失衡的利益安排在合同订立时就已形成,而不是在合同订立以后形成。如果在合同订立之后因为非当事人原因导致合同对一方当事人很不公平，则应属于形式变更问题，不应当按照显失公平合同来处理。

2）合同的内容在客观上利益严重失衡。

某当事人获得的利益超过法律允许的限度，而其他方获得的利益与其义务不相称。在我国法律实践中，就显失公平的判断，绝大多数情况下，并未规定具体的数量标准，而留待法院裁量。根据最高人民法院《关于人民法院审理借贷案件的若干意见》规定，民间借贷利率如果高于银行同期同类贷款利率的4倍，构成显失公平，超过的部分不受法律保护。

3）受有过高利益的当事人在主观上具有利用对方的故意。

一般认为，在显失公平合同下，遭受不利后果的一方当事人存在轻率、无经验等不利因素，而受益一方故意利用了对方的这种轻率、无经验，或者利用了自身交易优势。

(3) 因欺诈胁迫而订立的合同

前文已经述及，根据我国《合同法》，因欺诈、胁迫而订立的合同应区分为两类：一类是欺诈、胁迫的手段订立合同而损害国家利益的，应作为无效合同对待；另一类是以欺诈、胁迫的手段订立合同但未损害国家利益的，应作为可撤销合同处理，即被欺诈人、被胁迫人有权将合同撤销。

《合同法》未将欺诈、胁迫订立的合同一律作无效处理，充分体现了民法的意思自治原则，充分尊重被欺诈人、被胁迫人的意愿，并对维护交易安全具有重要意义。

(4) 乘人之危而订立的合同

根据最高人民法院《关于贯彻执行〈中华人民共和国民法通则〉若干问题的意见（试行)》的解释，乘人之危指，一方当事人乘对方处于危难之机，为牟取不正当利益，迫使对方作出不真实的意思表示，从而严重损害对方利益的行为。

同样，《合同法》将乘人之危订立的合同作为可撤销合同而不是无效合同处理，体现了对受害人意愿的尊重，并对维护交易安全具有重要意义。

乘人之危合同具有如下特点：

1）不法行为人乘对方危难或者急迫之际逼迫对方。

这里的危难指，受害人出现了财产、生命、健康、名誉等方面的危机状况。这里的急迫指，受害人出现生活、身体或者经济等方面的紧急需要。同时，行为人为订立不公平的合同而故意利用受害人的这种危难或者急迫。

2）受害人因为自身危难或者急迫而订立合同。

受害人明知该合同将使自身利益受到重大损害，但因陷于危难或者急迫而订立该合同。

3）不法行为人所获得的利益超出了法律允许的程度。

不法行为人通过利用对方危难或者急迫，获取了在正常情况下不可能获得的重大利益，明显违背了合同公平原则。

3. 可撤销合同的处理

(1) 行使撤销权的主体

如果出现上述可撤销合同，撤销权由重大误解的误解人、显失公平的受害人、被欺诈方、被胁迫方、乘人之危的受害方行使。只有这些合同当事人才有权行使合同撤销权，对方当事人不享有撤销权。

（2）撤销权的内容

根据《合同法》第54条，一旦合同是可撤销的，则撤销权人可以申请法院或者仲裁机构撤销合同，也可以申请法院或者仲裁机构变更合同，当然，还可以不行使撤销权继续认可该合同的权利。如果撤销权人请求变更的，法院或者仲裁机构不得撤销。

（3）可撤销合同被撤销前后的效力状况

在可撤销合同被撤销之前，该合同具有效力。根据《合同法》第56条，在被撤销之后，该合同即不具有效力，且将溯及既往，即自合同成立之始起就不具有效力，当事人不受该合同约束，不得基于该合同主张认可权利或承担任何义务。

（4）可撤销合同被撤销的后果

根据《合同法》第58条以及相关法律规定，可撤销合同被撤销后，其民事后果与无效合同相同，将由责任人承担恢复原状、返还财产、赔偿损失等。

（5）撤销权的消灭

可撤销合同的效力状态完全取决于撤销权人是否行使撤销权，以及如何行使撤销权。在其行动之前，合同效力状态是不确定的。为了维护交易秩序，法律不允许合同效力状态长期处于不稳定。

为此，《合同法》第55条规定，"有下列情形之一的，撤销权消灭：（一）具有撤销权的当事人自知道或者应当知道撤销事由之日起一年内没有行使撤销权；（二）具有撤销权的当事人知道撤销事由后明确表示或者以自己的行为放弃撤销权。"

根据最高人民法院《关于适用〈中华人民共和国合同法〉若干问题的解释（一）》第8条规定，上述"一年"不变期间，不适用诉讼时效中止、中断或者延长的规定。

四、效力待定的合同

1. 效力待定合同的概述

效力待定合同指，合同成立之后，是否具有效力还未确定，有待于其他行为或者事实使之确定的合同。

效力待定合同不同于无效合同。二者主要区别在于：无效合同具有违法性，其不具有效力是自始确定的，不会因其他行为而产生法律效力；效力待定合同并无违法性，只是效力尚不齐备，法律并不强行干预，而将选择合同效力的权利赋予相关当事人或者真正权利人。

效力待定合同不同于可撤销合同。二者主要区别在于：（1）可撤销合同原先是有效的，效力待定合同是欠缺某种生效要件，是否有效未确定；（2）可撤销合同只能通过法院或者仲裁机构进行撤销，效力待定合同不必通过法院或者仲裁机构，而是通过私人之间的行为（诸如追认、催告）或者一定事实来确定合同效力。

2. 效力待定合同的类型及其处理

（1）限制民事行为能力人依法不能独立签订的合同

根据《民法通则》规定，10周岁以上不满18周岁的未成年人和不能完全辨认自己行为的精神病人，为限制民事行为能力人，可以独立实施与其年龄、智力和健康状况相适应的民事行为（包括签订合同），其他民事活动由其法定代理人代理实施或者征得法定代理人同意后实施。

根据《合同法》第47条，若限制民事行为能力人未经其法定代理人事先同意，独立签订了其依法不能独立签订的合同，构成效力待定合同，但是纯获利益的合同除外。

此类效力待定合同须经过限制民事行为能力人的法定代理人行使追认权予以追认后才有效。这将使限制民事行为能力人的相对人对该合同的期待处于不确定状态。为平衡此间利益，《合同法》第47条赋予相对人两项权利，即催告权与撤销权。

相对人的催告权：相对人可以催告法定代理人在一个月内予以追认；法定代理人未作表示的，视为拒绝追认，合同没有效力。

相对人的撤销权：合同被追认之前，善意相对人有撤销的权利；撤销应当以通知的方式作出。值得注意的是，该相对人行使撤销权的方式不同于可撤销合同下撤销权的行使方式。前者通过通知即可，后者须通过法院或者仲裁机构。

（2）无权代理人以被代理人名义订立的合同

根据《合同法》第48条，无权代理包括如下三种：

1）行为人没有代理权。

这是典型的无权代理。行为人与本人没有任何代理关系。

2）行为人超越代理权。

行为人所从事的行为超出现有的合法代理授权范围。

3）代理权终止后仍以被代理人的名义订立合同。

无权代理的行为人所签订的合同是效力待定合同，需要被代理人行使追认权予以追认。同样，这将使无权代理人订立合同的相对人对该合同的期待处于不确定状态。为平衡此间利益，《合同法》第48条赋予相对人催告权与撤销权。

催告权：相对人可以催告被代理人在一个月内予以追认；被代理人未作表示的，视为拒绝追认，合同没有效力。

撤销权：合同被追认之前，善意相对人有撤销的权利，撤销应当以通知的方式作出。同样需要注意此撤销方式与可撤销合同的撤销方式之间的区别。

需要注意区分无权代理与表见代理。《合同法》第49条规定，"行为人没有代理权、超越代理权或者代理权终止后以被代理人名义订立合同，相对人有理由相信行为人有代理权的，该代理行为有效。"这就是表见代理在合同领域的具体规定。可见，表见代理无须被代理人追认，即产生代理效力。

表见代理要求相对人有理由相信行为人有代理权。那么何谓"有理由"？我国法学界通说认为，该"有理由"是客观上存在使相对人相信行为人拥有代理权的情形，且一般人在此情况下都会相信行为人具有代理权，例如行为人持有被代理人的空白介绍信。

还需要注意区分无权代理与代表行为。法人的法定代表人以法人的名义从事经营活动，不需要法人的特别授权，法定代表人的职务行为就是法人的行为。同时，法定代表人之外的其他负责人（如公司的总经理、企业分支机构负责人），在一般情形下，无须特别授权也可代表该法人或者其他组织对外订立合同。《合同法》第50条规定，"法人或者其他组织的法定代表人、负责人超越权限订立的合同，除相对人知道或者应当知道其超越权限的以外，该代表行为有效。"因此，代表行为不适用无权代理的规定。

(3) 无权处分所订立合同的效力

无权处分合同指,行为人并未享有相关财产权,但却与他人订立处分该财产的合同。例如,甲将某机器借给乙使用,乙与丙订立合同将该物出卖给丙,乙丙之间的合同即为无权处分合同。在此甲为真正权利人,乙为无权处分行为人,丙为相对人。无权处分合同的特点是:

1) 行为人实施了处分行为,包括财产所有权处分或者债权处分等;
2) 行为人没有法律上的处分权;
3) 行为人就该处分意思与相对人订立了合同;
4) 行为人以自己的名义订立合同,而不是以真正权利人的名义。

法学界当前的通说认为,无权处分合同属于效力待定合同。

无权处分行为的处理涉及无权行为人、相对人、真正权利人三方关系。根据《合同法》第51条,在如下两种情况下,无权处分合同成为有效合同:

1) 无权处分行为经真正权利人的追认,或者;
2) 无权处分行为人事后取得处分权。

例如甲与乙达成协议,甲将一设备转让给乙,支付全部价款后交付并转移所有权;乙在付款一半时即与丙签订合同,约定将该设备转让给丙;此间,乙丙之间的合同即为效力待定合同。在乙全部支付价款并依约取得所有权后,乙不再是签约时的无权处分人,而属于上述"事后取得处分权"的情况;合同产生效力并追溯于成立之时。

在无权处分合同的处理上,应注意相对人的善意取得权利,即在真正权利人拒绝追认无权处分行为之时,相对人可以根据善意取得制度取得相关权利。善意取得制度的基本内容是:无处分权人处分其占有的动产给他人,如果该相对人取得该动产是善意的,则可以依法取得该动产的权利。善意取得制度是法律为保护善意相对人,维护交易安全而设定的制度,但只限定于动产。在我国法律下,对不动产变动实行登记制度,强化对权利人利益保护,因而不发生善意取得的问题。例如,甲将某机具借给乙使用,丙在乙的现场看到该机具,经过乙的介绍相信该机具属于乙的;随后,乙擅自将该机具以合理价格转让给丙;此时,丙因不知情而属于善意;如果丙接受了乙交付的该机具,则可以取得该机具的所有权,而甲不能追索回该机具,只能向乙要求赔偿损失或者返还不当得利。

五、附条件和附期限合同

1. 附条件合同的效力

所谓附条件合同指,在合同中规定了一定的条件,并且把该条件的成就或者不成就作为合同效力发生或者效力消灭的根据的合同。附条件合同的主要作用在于反映当事人订立合同的动机,从而满足当事人的不同需要;而一般的合同只反映当事人的目的,而不反映当事人的动机。根据条件对合同效力的影响,可将所附条件分为生效条件和解除条件。

《合同法》第45条规定,"当事人对合同的效力可以约定附条件。附生效条件的合同,自条件成就时生效。附解除条件的合同,自条件成就时失效。"

对附生效条件的合同而言,在条件成就之前,合同虽然已经成立,但暂时未发生效力,此时,权利人不能行使权利,义务人无须履行义务;但是,条件一旦成就,当事人即受合同约束。

对附解除条件的合同而言，在条件成就之前，合同已经发生效力，且正持续约束当事人；当条件成就以后，合同效力消灭，不再约束当事人。

例如，某工程项目施工合同的发包人与承包人约定，若工程成果获得当地政府评选的"××杯"奖，则发包人额外支付20万元。在此，"获得'××杯'奖"，即是"发包人额外支付20万元"这一特别约定的生效条件。

附条件合同所附的条件应满足如下条件：
1）该条件应是将来发生事实，而不是已经发生的事实；
2）该条件应是不确定发生的，而不是必然发生的；
3）该条件应是当事人约定的条件，而不是法定条件；
4）该条件应是合法的并不得与合同的主要内容相矛盾。

在附条件合同的条件成就之前，当事人不应违背法律或者诚实信用原则，为自己利益不当促成或者阻止条件的成就，而应听任条件的自然发生，否则，应承担不利后果。为此，《合同法》第45条规定，"当事人为自己的利益不正当地阻止条件成就的，视为条件已成就；不正当地促成条件成就的，视为条件不成就。"再结合前述例子，若承包人通过编造材料或者行贿等非法手段使该工程施工获得"××杯"奖，则虽然生效条件成就，发包人可以承包人"不正当地促成条件成就"为由而拒绝履行额外付款20万的特别约定。

2. 附期限合同的效力

附期限合同指，当事人在合同中设定一定的期限，并把未来期限的到来作为合同效力发生或者效力消灭的根据的合同。根据期限对合同效力的影响，可将所附期限分为生效期限和终止期限。

《合同法》第46条规定，"当事人对合同的效力可以约定附期限。附生效期限的合同，自期限届至时生效。附终止期限的合同，自期限届满时失效。"

对附生效期限的合同而言，在期限到来之前，合同虽然已经成立，但暂时未发生效力，此时，权利人不能行使权利，义务人无须履行义务；但是，期限一旦届至，当事人即受合同约束。

对附终止期限的合同而言，在期限到来之前，合同已经发生效力，且正持续约束当事人；当期限届满，合同效力消灭，不再约束当事人。

注意区别附期限合同与合同履行期限。附期限合同是针对合同的效力，期限是否届满将决定合同生效或者失效。合同履行期限是针对当事人的实际履行行为，该期限将决定当事人是否需要实际实施履行合同，但不排除在该期限到来之前合同已经发生效力。

注意区别附条件合同与附期限合同。二者主要区别在于前者作为条件的事实发生具有不确定性，而后者期限届至却具有必然性、不可逆性。

第四节　合　同　履　行

一、合同履行的一般规定

合同履行是指，债务人全面、适当地完成其合同义务，债权人实现其合同权利的过程。

从上述定义可以看出，合同的履行首先是债务人适当、全面地完成合同义务的行为（即给付行为），这是合同履行的起码要求；但是，合同履行并不限于债务人履行行为的完成，还要求债权人合同债权的实现（即给付结果），使债权转化为物权或者与其他权利。因此，合同履行是给付行为与给付结果的统一。

从合同效力的角度看，合同的履行是依法成立的合同所必然发生的法律效果，是合同效力的主要体现。

从合同关系消灭的角度看，债务人全面适当地履行合同且债权人实现了合同目的，导致合同关系消灭；合同履行是合同关系消灭的主要的正常的原因。因此，合同履行又称为"债的清偿"。

合同的履行是整个合同法律制度的核心。理由是：合同的成立是合同履行的前提；合同的效力包含了合同履行之意，同时合同效力也是合同履行的依据；合同担保制度的目的在于促使合同履行，保障债权实现；合同保全制度在于保障清偿债务的财产，在一定程度上起到了督促债务人履行合同的作用；违约责任虽是合同不履行的补救手段，但也是促使债务人履行合同的反面措施。

1. 合同履行的主体

合同履行的主体包括完成履行的一方（履行人）和接受履行的一方（履行受领人）。

完成履行的一方首先是债务人，包括了债务人的代理人，但是法律规定、当事人约定或者性质上必须由债务人本人亲自履行者除外。其次，当事人约定的债务人之外第三人也可为履行人，根据《合同法》第65条，"第三人不履行债务或者履行债务不符合约定，债务人应当向债权人承担违约责任。"

接受履行的一方首先是债权人，由债权人享有给付请求权及受领权。但是，在某些情况下，接受履行者不是债权人，而是债权人之外的第三人，如当事人约定由债务人向第三人履行债务，若此，根据《合同法》第64条，"债务人未向第三人履行债务或者履行债务不符合约定，应当向债权人承担违约责任。"

根据《建筑法》规定，建设工程施工承包合同的施工义务不得通过双方约定等方式改由第三人履行义务，而必须由施工承包人亲自履行，否则构成法律禁止的"转包"情形。因此，在我国现行法律下，建设工程施工合同排除上述介绍的第三人作为履行人的可能。

举例：某承包人委托某进出口代理商进口成套设备，该代理商依约以自己名义与境外设备供应商订立进口合同，该合同双方约定该供应商将设备运至项目现场，接受人为该承包人。本例即属于上述"当事人约定由债务人向第三人履行债务"的情形。

2. 履行地点

合同的履行地点具有重要法律意义，它关系到履行费用的分配、风险的转移、违约判断标准以及诉讼管辖的判定依据。

根据《合同法》第61条、第62条规定，根据如下规则确定合同履行地点：

（1）首先根据合同的明确约定，若没有约定或者约定不明确的，由当事人进行补充协议；

（2）如果合同没有约定而当事人又不能达成补充协议的，按照合同有关条款确定，或者按照交易习惯确定；

(3) 如果合同没有约定而当事人又不能达成补充协议，也不能按照合同有关条款确定或者交易习惯确定，则依据《合同法》第62条第3项规定："履行地点不明确，给付货币的，在接受货币一方所在地履行；交付不动产的，在不动产所在地履行；其他标的，在履行义务一方所在地履行。"。

上述规则充分体现了合同法对当事人意思自治的尊重。

最高人民法院《关于审理建设工程施工合同纠纷案件适用法律问题的解释》第24条规定，建设工程施工合同纠纷以施工行为地为合同履行地。建设工程施工合同纠纷案件适用一般合同地域管辖，不适用不动产纠纷专属管辖[1]。因此，该司法解释明确建设工程施工合同履行地对工程建设实践具有重要指导意义。

3. 履行期限

履行期限是债务人应进行履行的时间，可以表现为时点，如"××年××月××日上午10点交付×吨商品混凝土"；可以表现为期日，如"××年××月××日竣工验收"；也可以表现为一段时间，如"××年××月～××年××月支付工程款××元"。当事人未能在履行期限完成履行，是履行迟延，构成对相对人的违约。

根据《合同法》第61条、第62条规定，根据如下规则确定合同履行期限：

（1）首先根据合同的明确约定，若没有约定或者约定不明确的，由当事人进行补充协议；

（2）如果合同没有约定而当事人又不能达成补充协议的，按照合同有关条款确定，或者按照交易习惯确定；

（3）如果合同没有约定而当事人又不能达成补充协议，也不能按照合同有关条款确定或者交易习惯确定，则依据《合同法》第62条第3项规定："履行期限不明确的，债务人可以随时履行，债权人也可以随时要求履行，但应当给对方必要的准备时间。"。

当事人就履行期限享有期限利益。所谓期限利益，就债务期限而言，是债务人在期限到来之前可以不履行债务；就债权期限而言，是债权人在期限到来之前可以不接受给付、可以在期限届满前获得利息等。

在建设工程施工合同实践中，建设单位单方面提前竣工日期，属于对施工单位期限利益的损害；但是，施工单位抛弃其期限利益除外。

4. 履行过程中，质量的确定方法

根据《合同法》第61条、第62条规定，质量的确定同样首先是合同的明确约定，若没有约定或者约定不明确的，由当事人进行补充协议；无法确定的，则按照合同有关条款确定，或者按照交易习惯确定；前述办法仍无法确定的，再依据《合同法》第62条第3项规定："质量要求不明确的，按照国家标准、行业标准履行；没有国家标准、行业标准的，按照通常标准或者符合合同目的的特定标准履行。"

具体在建设工程施工合同，通常在合同内约定了质量标准。但是，有时候过于原则，如"质量标准：合格"，这同样存在质量要求不明确的问题，仍然需要按照国家标准、行业标准以及通常标准或者符合合同目的的特定标准来确定质量要求。当前，建设工程施工

---

[1] 黄松有：《最高人民法院建设工程施工合同司法解释的理解与适用》，人民法院出版社2004年第1版，第212页。

实践一般也是依据各类施工验收规范、质量规范、操作规程来确定工程质量要求。

5. 履行过程中，价款或者报酬的确定方法

根据《合同法》第61条、第62条规定，价款或者报酬的确定同样首先是合同的明确约定，若没有约定或者约定不明确的，由当事人进行补充协议；无法确定的，则按照合同有关条款确定，或者按照交易习惯确定；前述办法仍无法确定的，再依据《合同法》第62条第2项规定："价款或者报酬不明确的，按照订立合同时履行地的市场价格履行；依法应当执行政府定价或者政府指导价的，按照规定履行。"

建设工程施工合同是特殊的承揽合同，是根据特定的要求以及特定的设计、技术资料，在特定的时间、空间内完成特定物的过程，当事人往往无法事前在合同内准确确定合同价款。合同订立时双方在合同约定的合同价款与最终结算价款之间往往是不一致的。因此，建设工程价款的具体数额固然重要，计价标准或者计价方法才是建设工程施工合同价款条款的核心内容。若无法确定计价标准或者计价方法，根据《合同法》第62条，当地市场价格以及政府主管部门的定价或者指导价（如果对某些材料、设备、构配件或者服务实行政府定价或者指导价）将是计价的基本依据。

6. 履行费用

履行费用，是指履行债务所必要的开支，诸如包装费、运送费、通知费。

履行费用的负担首先依合同约定；无约定或者约定不明确的，根据《合同法》第62条第6项，由履行义务的一方承担。

此外，因一方的原因致使相对方的履行费用增加，由致费用增加的一方承担。

二、抗辩权

《合同法》中的抗辩权是，在双务合同中，在符合法定条件时，当事人一方可以暂时拒绝对方当事人的履行要求，即对抗对方当事人的履行请求权，包括同时履行抗辩权、先履行抗辩权和不安抗辩权。

双务合同中的抗辩权是对抗辩权人的一种保护措施，免除抗辩权人履行后得不到对方对应履行的风险；使对方当事人产生及时履行、提供担保的压力；是重要的债权保障制度。行使抗辩权是正当的权利，而非违约，应受到法律保护，而不应当使行使抗辩权人承担违约责任等不利后果。

需要注意的是，抗辩权的行使只能暂时拒绝对方的履行请求，中止履行，而不能消灭对方的履行请求权。一旦抗辩权事由消失，原抗辩权人仍应当履行其债务。

1. 同时履行抗辩权

（1）同时履行抗辩权的概念及构成条件

根据《合同法》第66条，同时履行抗辩权指，当事人互负债务，没有先后履行顺序的，一方在对方履行之前或者履行债务不符合约定时，有权拒绝履行自己债务或者相应债务的权利。

同时履行抗辩权的构成条件如下：

1）双方基于同一合同且互负债务

同时履行抗辩权的存在根据在于双务合同的牵连性，因此它不适用于单务合同，只适用于双务合同，诸如买卖、互易、租赁、承揽、保险等合同。建设工程施工合同属于特殊

的承揽合同，是双务合同并在满足其他条件下适用同时履行抗辩权制度。

行使同时履行抗辩权双方的对待给付必须是基于同一合同。如果当事人之间的债务不是基于同一双务合同，即使在事实上存在关联，也不得主张同时履行抗辩权。

2）双方互负的债务均已届清偿期

同时履行抗辩权制度旨在促使当事人各方的债务得以同时履行，所以只有互负的债务履行期限均已届至，才可能行使同时履行抗辩权。如果一方当事人履行期届至而相对方履行期未至，只可能适用先履行抗辩权或者不安抗辩权。

3）对方未履行债务或者履行债务不符合约定

如果相对方已经适当、全面地履行了债务，则双务合同的债务对立状态不复存在，本方不可能再向对方主张同时履行抗辩权。只有对方未履行债务或者履行债务不符合约定时，本方才可能主张同时履行抗辩权。

同时履行抗辩权制度相当复杂，还涉及诸多内容，诸如不完全履行（即《合同法》第66条规定的"履行不符合约定"）时行使同时履行抗辩权的特别问题，同时履行抗辩权对迟延履行责任的影响，同时履行抗辩权在程序法落实，同时履行抗辩权的扩张（即类推适用同时履行抗辩权问题）等。在此不予赘述。

（2）建设工程施工合同中同时履行抗辩权举例

根据建设工程施工一般情况，施工承包人有依约完成承包内容的义务，而发包人有按期支付工程款的义务。这是建设工程施工合同最基本、最核心的一对对待给付义务。根据一般的合同约定，如果任何一方未履行到期义务或者未适当履行到期义务，却又要求对方履行到期义务，则被要求的一方可能以同时履行抗辩权为由，拒绝该请求方的要求。

建设部、国家工商局示范文本《建设工程施工合同（GF—1999—0201）》第26.4款是："发包人不按合同约定支付工程款（进度款），双方又未达成延期付款协议，导致施工无法进行，承包人可停止施工，由发包人承担违约责任。"若出现该款约定的情形，发包人要求承包人复工，而承包人予以拒绝；该拒绝表示即属于上文所述的行使"同时履行抗辩权"的合法行为，应当受到法律保护。

2. 先履行抗辩权

（1）先履行抗辩权的概念及构成条件

根据《合同法》第67条，先履行抗辩权指，当事人互负债务，有先后履行顺序，先履行一方未履行的或者先履行一方履行债务不符合约定的，后履行一方有权拒绝其履行要求或者有权拒绝其相应的履行要求。

先履行抗辩权的构成条件如下：

1）双方基于同一合同且互负债务

先履行抗辩权存在于双务合同，而非单务合同。先履行抗辩权的双方债务应基于同一合同。本要件与前文所述及的同时履行抗辩权第（1）要件一致。

2）履行债务有先后顺序

债务履行的顺序可能源于法律规定，也可能源于当事人约定。如果债务没有先后履行顺序，就应适用同时履行抗辩权而非先履行抗辩权。

3）有义务先履行债务的一方未履行或者履行不符合约定

如果先履行一方已经适当、全面地履行债务，则后履行一方就没有先履行抗辩权，而应当依约履行自身义务，否则可能承担违约责任。

（2）建设工程施工合同中先履行抗辩权举例

根据建设工程施工合同通常情况，试举例说明先履行抗辩权如下：

1）发包人提供符合约定的项目现场的义务在先，施工承包人进入现场作施工准备并待命开工的义务在后。

如果建设单位未依约提供施工现场，却要求施工单位进场施工，则施工单位可以《合同法》第67条赋予其的先履行抗辩权，以建设单位未履行或者未适当履行在先义务，拒绝建设单位的进场施工要求。

2）施工承包人履行工程保修义务在先，发包人支付暂留的质量保留金（保修金）在后。

如果施工承包人未履行或者未适当履行法定或者约定的保修义务，在保修期满后要求全额支付保修金，则发包人可行使先履行抗辩权，以承包人未履行或者未适当履行在先义务为由，拒绝承包人的相应支付请求。

3. 不安抗辩权

（1）不安抗辩权的概念及构成条件

根据《合同法》第68条、第69条规定，不安抗辩权是指，合同当事人互负债务，且有先后履行顺序；履行顺序在先的当事人，如果有确切证据证明对方存在经营状况严重恶化，或者转移财产、抽逃资金以逃避债务，或者丧失商业信誉，以及有丧失或者可能丧失履行债务能力的其他情形的情况，则可以中止自己的履行；如果对方在收到其中止履行通知后在合理的期限内提供了适当担保，则履行顺序在先的当事人应当履行其债务；如果在合理期限内，对方未恢复履行能力并且未提供适当担保的，则履行顺序在先的当事人可以解除合同。

不安抗辩权的构成条件如下：

1）双方当事人基于同一双务合同而互负债务。

不安抗辩权存在于双务合同，而非单务合同。不安抗辩权的双方债务应基于同一合同。

2）债务履行有先后顺序，且由履行顺序在先的当事人行使。

如果债务履行没有先后顺序，则只能适用同时履行抗辩权。在履行债务有先后顺序的情况下，先履行一方可能行使不安抗辩权，后履行一方只可能行使先履行抗辩权。

3）履行顺序在后的一方履行能力明显下降，有丧失或者可能丧失履行债务能力的情形。

不安抗辩权制度在于保护履行顺序在先的当事人，但不是无条件的，而是以该当事人的债权实现受到存在于对方当事人的现实危险威胁为条件。这些危险主要包括：经营状况严重恶化；转移财产、抽逃资金以逃避债务；丧失商业信誉；有丧失或者可能丧失履行债务能力的其他情形。

4）履行顺序在后的当事人未提供适当担保。

履行顺序在后的当事人履行能力明显下降，可能严重危及履行顺序在先当事人的债权，《合同法》赋予先履行方不安抗辩权。但是，如果后履行方提供适当担保，则先履行方的债权不会受到损害，所以，就不得行使不安抗辩权。

(2) 建设工程施工合同中不安抗辩权举例

根据建设工程施工合同实践，试举例说明不安抗辩权如下：

某发包人出现破产迹象，施工承包人通知停工

2003年年底，某发包人与某施工承包人签订施工承包合同，约定施工到月底结付当月工程款进度款。2004年初承包人接到开工通知后随即进场施工。2004年5月承包人获悉，法院在另一诉讼案中对发包人实施保全措施，查封了其办公场所；同月，承包人又获悉，发包人已经严重资不抵债。2004年6月3日，承包人向发包人发出书面通知称，"鉴于贵司工程款支付能力严重不足，本公司决定暂时停止本工程施工，并愿意与贵司协商解决后续事宜。"

上例属于经营状况严重恶化导致不安抗辩权行使的情形。

三、代位权

代位权制度与撤销权制度（详见下文所述）同属于合同保全制度。合同保全指，为了防止因债务人财产不当减少或者应增加而不增加给债权人的债权带来损害，法律允许债权人突破合同相对性规则而行使代位权或者撤销权。债务人的财产是一般债权人实现债权的一般担保，其能否实现债权最终取决于债务人的财产状况。因此，债务人财产的减少将对债权人具有直接利害关系。代位权与撤销权都旨在防止债务人的财产不当减少或者恢复债务人的财产，从而保障债权人债权的实现。

1. 代位权的概念和特征

根据《合同法》第73条，代位权是指，"因债务人怠于行使其到期债权，对债权人造成损害的，债权人可以向人民法院请求以自己的名义代位行使债务人的债权"的权利。其中，债务人的债务人称为"次债务人"。例如，甲欠乙10万元，丙欠甲10万元，均已届清偿期；甲一直不行使对丙的10万元债权，致使其自身无力向乙清偿10万元债务；则乙可以代位行使甲对丙的债权；在本例中，乙为债权人，甲为债务人，丙为次债务人。

代位权的特征如下：(1) 代位权针对的是债务人消极行为，即怠于行使对次债务人的债权的消极行为。(2) 代位权是债权人以自身名义直接向次债务人提出请求，这不同于债权人向债务人提出请求，也不同于债务人向次债务人提出请求。(3) 代位权的行使方式必须是在法院提起代位权诉讼，而不能通过诉讼外的其他方式来行使。

2. 代位权行使的条件

根据《最高人民法院关于适用〈中华人民共和国合同法〉若干问题的解释（一）》第11条规定，债权人提起代位权诉讼，应当符合下列条件：

(1) 债权人对债务人的债权合法

债权人与债务人之间的债权债务关系必须合法存在，否则代位权就失去其存在的基础。因此，如果合同未成立、合同被宣告无效或者合同被撤销，或者合同关系已经被解除，则不存在行使代位权的可能。

必须指出的是，债权人对债务人的债权还应该是确定的。这里所指的确定是，债务人对于债权的存在及其内容并无异议，或者该债权经过了法院或者仲裁机构裁判后所作的确定。因为，如果债权人的债权不确定却允许其行使代位权，则可能导致次债务人不能有效抗辩，或者可能给次债务人造成不必要的损害。

(2) 债务人怠于行使其到期债权，对债权人造成损害

债务人怠于行使其到期债权，意味着债务人对次债务人享有债权，且该债权已届清偿期，而债务人却不积极主张该债权。但是，如何认定"债务人怠于行使其到期债权"呢？为此，《最高人民法院关于适用〈中华人民共和国合同法〉若干问题的解释（一）》第13条规定，"'债务人怠于行使其到期债权，对债权人造成损害的'，是指债务人不履行其对债权人的到期债务，又不以诉讼方式或者仲裁方式向其债务人主张其享有的具有金钱给付内容的到期债权，致使债权人的到期债权未能实现。"

因此，债务人怠于行使到期债权是有客观明确的标准，即债务人不以诉讼方式或者仲裁方式向次债务人主张到期债权。此外，债务人怠于行使对次债务人的到期债权与债务人不能清偿自己对债权人的到期债务之间具有因果关系。

(3) 债务人的债权已到期

债务人的债权已到期是债务人可以对次债务人行使债权的条件，而债权人的代位权是代位行使本属于债务人的债权，因此，债务人债权已到期也是债权人行使代位权的条件。

(4) 债务人的债权不是专属于债务人自身的债权

根据《合同法》第73条规定，债权人可以代位行使的权利必须是专属于债务人的权利。至于什么是专属于债务人的权利，《最高人民法院关于适用〈中华人民共和国合同法〉若干问题的解释（一）》第12条规定，"基于扶养关系、抚养关系、赡养关系、继承关系产生的给付请求权和劳动报酬、退休金、养老金、抚恤金、安置费、人寿保险、人身伤害赔偿请求权等权利。"

上述司法解释列举的专属于债务人的权利，都带有人身性质，且关系到债务人的基本生存条件，因此，不应由债权人代位行使。

3. 代位权诉讼的主体

根据《合同法》第73条规定，债权人行使代位权的，必须以自己的名义提起诉讼，因此，代位权诉讼的原告只能是债权人。

既然原告是债权人，那么，债务人和次债务人的诉讼地位如何呢？根据《最高人民法院关于适用〈中华人民共和国合同法〉若干问题的解释（一）》第16条规定，"债权人以次债务人为被告向人民法院提起代位权诉讼，未将债务人列为第三人的，人民法院可以追加债务人为第三人。"可见，在代位权诉讼中，次债务人应是被告，债务人应是第三人。

4. 代位权的行使范围限制

根据《合同法》第73条规定，代位权的行使范围以债权人的债权为限，其含义包括如下两方面：

(1) 债权人行使代位权，只能以自身的债权为基础，而不应以债务人的其他债权人的债权为基础。

(2) 债权人代位行使的债权数额应当与其对债务人享有的债权数额大致相当，否则构成不适当干涉债务人的权利。但是，并不要求这两个债权数额完全一致，只要在合理范围内的偏差也是应当允许的。

5. 代位权行使的效力

(1) 对债权人的效力

根据《最高人民法院关于适用〈中华人民共和国合同法〉若干问题的解释（一）》第

20条规定,"债权人向次债务人提起的代位权诉讼经人民法院审理后认定代位权成立的,由次债务人向债权人履行清偿义务,债权人与债务人、债务人与次债务人之间相应的债权债务关系即予消灭"。

(2) 对债务人的效力

债权人行使代位权是代替债务人行使权利,并以自身债权为限。因此,债权人行使代位权所获取的利益,在自身债权实现以后,所剩余的部分利益应归属于债务人。此外,因代位权的实现,债务人对次债务人的债权相应消灭。

(3) 对次债务人的效力

在代位权诉讼中,次债务人作为被告参与诉讼,其不得以其与债权人之间无合同关系为由,拒绝参与诉讼或者以此进行抗辩。当然,次债务人可以针对债权人行使代位权的条件不具备提出抗辩,以及基于其与债务人之间的合同关系提出抗辩。

四、撤销权

1. 撤销权的概念

根据《合同法》第74条规定,所谓撤销权是指,因债务人实施了减少自身财产的行为(包括放弃其到期债权、无偿转让财产、以明显不合理的低价转让财产等),对债权人的债权造成损害,债权人可以请求法院撤销债务人该行为的权利。

债权人行使撤销权必须通过向法院起诉的方式进行,并由法院作出撤销判决才能发生撤销的效果。若撤销权实现,首先撤销了债务人与第三人之间的民事行为;其次,债权人还可随之请求因债务人行为而获利的第三人返还财产,从而恢复债务人财产原状。

撤销权不是与物权、债权相并列的独立民事权利,而是附属于债权(在此处为合同之债)的实体权利,不得与债权分离。当债权转让时,撤销权随之转让;当撤销权消灭时,撤销权随之消灭。

2. 撤销权的构成要件

根据《合同法》第74条及其他相关条款来看,债权人行使撤销权须具备一定条件,而且还要区分债务人的行为是否有偿而导致该条件的不同。债权人行使撤销权的具体条件如下。

(1) 债务人实施了处分财产的行为

根据《合同法》第74条规定,可能导致债权人行使撤销权的债务人行为包括如下三种情形:①债务人放弃到期债权。也就是说,债务人享有对第三人的到期债权,但是,债务人免除了该第三人(即债务人的债务人)的债务。②债务人无偿转让财产。这主要指,债务人将其财产赠与他人。③债务人以明显不合理的低价转让财产。诸如,以1千元的价格转让价值10万元的财产等。此等行为多是隐匿财产、逃避债务的表现。

但是,在债务人所从事的下列行为中,虽然有可能使债务人财产减少,或者本应增加的财产没有增加,但是,债权人仍然不能行使撤销权:①债务人拒绝接受某种可能使之获利的行为。这是因为,撤销权目的在于防止债务人财产减少,并恢复债务人财产状况,而不在于增加债务人的财产。②债务人从事的减少财产行为与其身份密切相关,诸如收养子女。这是因为,撤销权针对的是财产行为,而不包括身份行为。③不作为的行为。此类行为属于消极行为,债权人无从撤销。

(2) 债务人处分财产的行为发生在债权人的债权成立之后

之所以要求债务人处分财产的行为应发生在债权成立之后，是因为只有这样才能体现债务人侵害债权人债权的恶意。如果债务人处分财产的行为发生在债权人债权成立之前，则债权人对债务人处分行为能够有所了解，对债务人的财产状况也能够有所了解。在这种情况下，债权人仍然愿意与债务人订立合同，则应属于债权人愿意自担风险，债权人就不能再享有撤销权。

(3) 债权人处分财产的行为已经发生效力

债权人的撤销权建立在债务人处分财产的行为已经生效的基础上。如果债务人的行为没有成立和生效，或者就是无效行为，就不必由债权人行使撤销权。因为，未成立和生效的行为无从撤销；无效行为可以通过法律上的无效制度请求法院宣告该行为无效。

(4) 债务人处分财产的行为侵害债权人债权

并非债务人任何处分财产行为都导致债权人行使撤销权，只有当债务人处分财产的行为已经或者将要严重侵害债权人的债权时，债权人才能行使撤销权。一般认为，当债务人实施处分财产后，其资产已经不够向债权人清偿债务，就可以认定为其行为有害于债权人的债权。

(5) 在债务人处分行为是有偿时，债务人和第三人在主观上具有恶意

如果债务人处分行为是无偿的，诸如"放弃其到期债权或者无偿转让财产"，则不要求债务人和第三人在主观上具有恶意，只要符合前文提及的四方面条件，债权人即可行使撤销权。

如果债务人处分行为是有偿的，则要求债务人和第三人在主观上具有恶意。

虽然《合同法》第74条没有明确规定债务人主观恶意，但是我国法学理论通说认为，此时对于债务人仍有主观要件的要求❶。

合同法第74条明确规定了第三人在主观上应为恶意，即"受让人知道该情形"。因此，即使债务人恶意处分自己财产且侵害债权人利益，但是，如果第三人在与债务人交易时是善意的、无过失的、不知情的，就应保护这种交易，债权人的撤销权不应支持。

3. 撤销诉讼的主体

根据《合同法》第74条规定，债权人行使撤销权的，撤销权诉讼的原告只能是债权人。

根据《最高人民法院关于适用〈中华人民共和国合同法〉若干问题的解释（一）》第24条规定，债权人"提起撤销权诉讼时只以债务人为被告，未将受益人或者受让人列为第三人的，人民法院可以追加该受益人或者受让人为第三人。"可见，在撤销权诉讼中，债务人应是被告，受益人或者受让人应是诉讼上的第三人。

4. 撤销权诉讼的范围

根据《合同法》第74条规定，"撤销权的行使范围以债权人的债权为限"。其含义包括如下几点：(1) 债权人行使撤销权，只能以自身的债权为基础，而不能以债务人的其他债权人的债权为保全对象；(2) 债权人在行使撤销权时，其请求撤销的数额应当与其债权数额相一致，但不要求完全相等（也不可能做到完全相等），而应当是大致相当。

---

❶ 胡康生主编：《中华人民共和国合同法释义》，第124页，法律出版社。

5. 撤销权行使的效力

(1) 对债权人的效力

如果债权人的撤销权获得支持，则可以将因此获得的财产用于债务人对自己清偿。根据《最高人民法院关于适用〈中华人民共和国合同法〉若干问题的解释（一）》第 25 条规定，可能出现多个债权人向债务人提起撤销权诉讼，则因此获得的财产也应当按照各自债权比例适当分配。

(2) 对债务人的效力

债务人的行为一旦被法院撤销，则该行为自始无效。例如，其免除他人债务的行为一经撤销就视为自始没有被免除；其向他人赠送财产的行为一经撤销就视为自始没有该赠送；在其财产之上为他人设定抵押或者质押的担保行为，一经撤销，就视为自始没有设定此等担保；其为他人提供保证担保，一经撤销就视为自始没有提供保证。

(3) 对受让人（受益人）的效力

债务人的行为一旦被法院撤销，受让人（受益人）负有返还财产、恢复原状的义务；如果原物不存在，无法恢复原状的，就应当折价补偿。

第五节 合同的变更和转让

一、合同变更

1. 合同变更的概念

合同的变更有广义与狭义的区分。合同关系是民事法律关系之一种，同样存在法律关系三要素。广义的合同变更包括了合同关系三要素即主体、客体、内容至少一项要素发生变更。狭义的合同变更不包括合同主体变更。合同主体变更是改换债务人或者债权人，实质上是合同权利义务的转让，将在下文"1Z302052 掌握合同转让的规定"中介绍。

2. 合同变更的主要原因

在我国法律下，导致合同发生变更的原因主要有如下几类。

(1) 经协商一致的变更

因合同当事人协商一致而对合同的变更。这是通常的合同变更事由。当事人有权依法变更合同，是合同意思自治原则的体现，应受法律保护。

(2) 因合同具有可撤销事由的变更

若出现如下可撤销事由：合同当事人意思表示出现重大误解，订立合同显失公平，因欺诈、胁迫订立合同但未损害国家、集体或者第三人利益且未违反法律行政法规强制性规定的，因乘人之危而订立的合同，详见"1Z302033 掌握可撤销合同的基本规定"。根据《合同法》第 54 条，就可撤销合同，撤销权人不主张撤销合同，而请求变更的，法院或者仲裁庭不应撤销合同，而应尊重其选择。

(3) 基于法律规定的变更

某些合同的变更是直接基于法律明确规定，例如，合同内无不可抗力条款，当出现不可抗力，合同双方的权利义务即可因为《合同法》第 117 条、第 118 条关于不可抗力的明确规定而发生变更。

3. 合同变更的条件

（1）合同关系已经存在

合同变更是针对已经存在的合同，无合同关系就无从变更。合同无效、合同被撤销，视为无合同关系，也不存在合同变更的可能。

（2）合同内容需要变更

合同内容变更可能涉及合同标的变更、数量、质量、价款或者酬金、期限、地点、计价方式等等。建设工程施工承包领域的设计变更即为涉及合同内容的变更。

（3）经合同当事人协商一致，或者法院、仲裁庭裁决，或者援引法律直接规定。

（4）符合法律、行政法规要求的方式。

如果法律、行政法规对合同变更方式有要求，则应遵守这种要求。例如《中外合作经营企业法（2000年修正）》第7条规定，"中外合作者在合作期限内协商同意对合作企业合同作重大变更的，应当报审查批准机关批准"，该批准程序即是法律明确规定的合同变更形式。

4. 合同变更的法律效力

合同的变更效力仅及于发生变更的部分，已经发生变更的部分以变更后的为准；已经履行的部分不因合同变更而失去法律依据；未变更部分继续原有的效力。同时，合同变更不影响当事人要求赔偿损失的权利，例如，合同因欺诈而被法院或者仲裁庭变更，在被欺诈人遭受损失的情况下，合同变更后继续履行，但不影响被欺诈人要求欺诈人赔偿的权利。

二、合同转让

1. 合同转让的概念、类型和特征

合同转让是指合同当事人一方依法将合同权利、义务全部或者部分转让给他人。

合同转让的类型有：（1）合同权利转让，又可以分为合同权利部分转让和合同权利全部转让；（2）合同义务转让，也可以再分为合同义务部分转让和合同义务全部转让；（3）合同权利义务概括转让（也称概括转移），还可以分为合同权利义务全部转移和合同权利义务部分转移。

合同转让的特征如下：（1）合同转让只是合同主体（合同当事人）发生变化，不涉及合同权利义务内容变化；（2）合同转让的核心在于处理好原合同当事人之间，以及原合同当事人中的转让人与原合同当事人之外的受让人之间，因合同转让而产生的权利义务关系。

导致合同权利义务转让的事由包括：

（1）依法律规定而产生权利转让，诸如根据《继承法》第3条规定，遗产包括被继承人的合同权利，该权利可以依法转让给继承人；《继承法》第33条规定，继承遗产的继承人应当清偿被继承人的税款和债务。

（2）依法律行为而发生转让，很普遍的情况是合同原债权人、债务人与第三人（受让人）就合同权利转让或者义务承担达成一致。

2. 合同权利的转让

（1）合同权利转让概述

合同权利转让指，在不改变合同权利义务内容基础上，享有合同权利的当事人将其权利转让给第三人享有。合同权利转让包括合同权利部分转让和合同权利全部转让。

合同权利部分转让是第三人（受让人）与合同原债权人共同享有债权，可以约定是按份分享合同债权，也可以约定连带共享债权。如果没有约定，一般推定为连带共享债权。合同权利全部转让是第三人（受让人）取代合同原债权人而成为新债权人，原债权人脱离合同关系。

债权转让的条件：

1）合同权利须有效存在，无效合同或者已经被终止的合同不产生有效合同权利，不产生有效的合同权利转让。

2）被转让的合同权利应具有可转让性，根据《合同法》第79条规定，根据合同性质不得转让的合同、按照当事人约定不得转让的、依照法律规定不得转让的合同权利不具有可转让性。

(2) 合同转让对债权人（转让人）、债务人和第三人（受让人）的效力

1）法律地位取代

有效的合同转让将使转让人（原债权人）脱离原合同，受让人取代其法律地位而成为新的债权人。但是，在债权部分转让时，只发生部分取代，而由转让人和受让人共同享有合同债权。

2）从权利随之转移

根据《合同法》第81条，合同主权利发生转移，从权利（诸如合同债权的担保等）应随之一同转移，但是该从权利专属于债权人自身的除外。

3）未经通知，对债务人不产生效力

根据《合同法》第80条，债权人将债权转让给第三人（受让人），只有通知债务人，才能对债务人产生效力。即只有通知债务人后，受让人才有权要求债务人履行债务，或者说债务人才有义务向受让人履行债务。但是，是否通知债务人不影响转让人（原债权人）与受让人转让约定的效力，因为转让债权一般不损害债务人利益。

3. 合同义务的转移

(1) 合同义务转移概述

合同义务转移指，在不改变合同权利义务内容基础上，承担合同义务的当事人将其义务转由第三人承担。合同义务转移可以分为合同义务全部转让和合同义务部分转让。

合同义务部分转移指合同原债务人并不脱离合同关系，而由第三人与原债务人共同承担债务。原债务人与第三人承担连带债务，除非当事人另有特别约定。

合同义务全部转移指第三人取代合同原债务人地位而承担全部债务，并使原债务人脱离合同关系。

合同义务转移的条件如下：

1）被转移的债务有效存在

本来不存在的债务、无效的债务或者已经终止的债务，不能成为债务承担的对象。

2）被转移的债务应具有可转移性

如下合同不具有可转移性：

其一，某些合同债务与债务人的人身有密切联系，诸如，以特定债务人特定技能为基

础的合同（例如演出合同），以特别人身信任为基础的合同（例如委托合同），一般情况下，此类合同义务不具有可转移性。

其二，如果当事人特别约定合同债务不得转移，则这种约定应当得到遵守。

其三，如果法律强制性规范规定不得转让债务，则该合同债务不得转移。例如《建筑法》第28条规定，禁止承包单位将其承包的全部建筑工程转包给他人。这就属于法律强制性规范规定债务不得转移的情形。

3）须经债权人同意

《合同法》第84条规定，债务人将合同的义务全部或者部分转移给第三人的，应当经债权人同意。债权人同意是债务转移的重要生效条件。合同关系通常是建立在债权人对债务人信任（最主要是对其履行能力的信任）的基础上，如果债务未经债权人同意转移给第三人，则很可能损害债权人利益。

（2）债务转移对债权人、债务人和第三人（承担人）的效力

1）承担人成为合同债务人

就合同义务全部转移而言，承担人取代债务人成为新的合同债务人，若承担人不履行债务，将由承担人直接向债权人承担违约责任；原债务人脱离合同关系。就合同义务部分转移而言，债务人与承担人成为连带债务人。

2）抗辩权随之转移

根据《合同法》第85条规定，债务人转移义务的，新债务人（承担人）可以主张原债务人对债权人的抗辩，诸如同时履行抗辩权、履行期限未届满等。

3）从债务随之转移

根据《合同法》第86条规定，新债务人（承担人）应当承担与主债务有关的从债务，例如利息、违约金等，除非该从债务专属于原债务人自身。

4. 合同权利义务概括转移

（1）合同权利义务概括转移概述

合同权利义务概括转移指，合同当事人一方将其合同权利义务转移给第三方，有该第三方继受这些权利义务。合同权利义务概括转移包括了全部转移和部分转移。全部转移指合同当事人原来一方将其权利义务全部转移给第三人。部分转移指合同当事人原来一方将其权利义务的一部分转移给第三人；此时转让人和承受人应约定各自分得的债权债务的份额和性质，若没有约定或者约定不明，应视为连带之债。

合同权利义务概括转移可以基于转让人和承受人之间的约定，此时必须经转让人的合同对方当事人同意才能生效。因为概括转移包含了合同义务的转移，可能影响对方当事人的权利。

合同概括转移也可以基于法律直接规定，而产生法定转移，不需要取得对方当事人的同意。例如，《合同法》第229条规定："租赁物在租赁期间发生所有权变动的，不影响租赁合同的效力。"这即是"买卖不破租赁"法定规则，当买卖租赁物时，买受人应接受已经存在的租赁合同的权利义务转移。

（2）企业的合并与分立涉及权利义务概括转移

企业合并指两个或者两个以上企业合并为一个企业。企业分立则指一个企业分立为两个及两个以上企业。

企业合并或者分立均可能出现某个企业被注销（被终止主体资格）的情况，那么该被注销的企业在合并或者分立之前所订立的合同权利义务如何处置呢？就此，《民法通则》第44条第2款规定，"企业法人分立、合并，它的权利和义务由变更后的法人享有和承担。"《合同法》第90条规定，"当事人订立合同后合并的，由合并后的法人或者其他组织行使合同权利，履行合同义务。当事人订立合同后分立的，除债权人和债务人另有约定的以外，由分立的法人或者其他组织对合同的权利和义务享有连带债权，承担连带债务。"

企业合并或者分立，原企业的合同权利义务将全部转移给新企业，这属于法定的权利义务概括转移，因此，不需要取得合同相对人的同意。

第六节 合同权利义务终止

一、合同权利义务终止的情形

合同权利义务终止，指合同权利和合同义务归于消灭，合同关系不复存在。合同终止使合同的担保等附属于合同的权利义务也归于消灭。

根据诚实信用原则，合同终止后，虽然当事人之间合同上的权利义务关系不存在，但是当事人仍应为对方履行保密、通知等义务。例如，如果建设工程设计合同没有约定保密义务，在合同终止后，设计人一般应继续承担必要保密义务。

根据《合同法》第91条规定，合同终止的原因有如下几类：

（一）合同因履行而终止

通过履行，合同当事人按照合同的约定实现债权，该债权即因达到目的而消灭，相应的合同债务随之消灭，即合同因履行而终止，也称合同因清偿而终止。

就合同履行相关问题，在本书"1Z302040 合同履行的主要内容"已经介绍，在本节不予赘述。

（二）合同因解除而终止

因合同当事人发出解除合同的意思表示，而使合同关系归于消灭，即合同因解除而终止。

合同解除是一种重要的法律制度，将在下节"1Z302062 掌握合同解除的规定"介绍，在此不予赘述。

（三）合同因抵消而终止

抵消，指双方互负债务且种类相同时，一方的债务与对方的债务在对等范围内相互消灭。在抵消范围内，合同关系因此而消灭。

根据《合同法》第99条规定，债务抵消应同时满足如下条件：

1. 条件一：双方当事人互负债务。

抵消产生的基础是任一方当事人对于对方既负有债务，又享有债权。

2. 条件二：双方债务的种类、品质相同。

如果双方的债务种类不同，例如在通常的买卖合同下，一方债务是支付货款，另一方债务是交付货物，则不得主张抵消。因此，能够主张抵消限于同种类的债务，尤其是金钱之债适于主张抵消。此外，即使互负同种类债务，但是品质不同，也不得主张债务抵消，例如双方均负有向对方提供水泥义务，但是可能因为散装水泥与袋装水泥之间的品质差别而不能主张抵销，除非合同当事人另有约定同意不同品质标的抵销。

3. 条件三：债权已届到期。

根据《合同法》第99条第1款，双方债权均届履行期是主张抵销的条件。

4. 条件四：并非依照法律规定或者按照合同性质不得抵销的债务。

依照法律规定不得抵销的债务，诸如根据《民事诉讼法》第222条规定，人民法院有权扣留、提取被执行人（债务人）收入用以抵销其债务，但是，作为被执行人及其所扶养家属生活必需的费用不得扣留提取。在此，法律规定排除了特定情况下适用抵销的可能，以保障被执行人及其所扶养家属的基本生存条件。

依照性质不得抵销的债务，诸如，合同债务不得与侵权债务进行抵销。如下例子可以说明：甲欠乙到期买卖合同债务10万元，在某日乙向甲催要再次未果时，乙一怒之下将甲头打破，甲花费了1万元医药费，则乙不应在10万元债权（合同之债）内对其应当赔偿给甲的1万医药费（侵权之债）主张抵销。

（四）合同因提存而终止

根据《合同法》第101条，所谓提存指由于债权人的原因导致债务人无法向其交付标的物，债务人将该标的物交给提存部门，从而使合同归于消灭的制度。债务履行需要债权人在受领等事项上的配合，如果债权人拒绝受领或者其他原因（诸如下落不明）导致债务人的债务未能消灭，可能给债务人带来长期财产上或者精神上的负担等弊害，这违背公平原则。提存制度正是为此而设立。

提存涉及三方主体：提存人（债务人）、提存受领人（债权人）、提存部门。我国《提存公证规则》规定，提存部门是公证机构。

提存的标的物是依合同债务人应当交付给债权人的物，并以适合提存者为限，诸如货币、有价证券、珠宝等。根据《合同法》第101条，有些标的物不适合提存或者提存费用过高，诸如易腐烂的新鲜水果蔬菜、易燃易爆品、宠物等；债务人可以依法拍卖或者变卖标的物，再将所得款项提存。

自提存之日起，债务人的债务消灭，债权人的债权得到清偿，标的物所有权转归债权人。根据《合同法》第103条，自提存起，标的物毁损、灭失的风险也转归债权人。

提存部门有保管提存标的物的权利和义务，应采取适当措施保管提存标的物，有权收取提存费用。

根据《合同法》第104条，债权人有权随时领取提存物，但债权人对债务人负有到期债务的，在债权人未履行债务或者提供担保之前，提存部门根据债务人的要求应当拒绝其领取提存物。但是，债权人领取提存物的权利，自提存之日起五年内不行使而消灭，提存物扣除提存费用后归国家所有。

（五）合同因免除债务而终止

根据《合同法》第105条，免除债务指，债权人可以依法全部或者部分抛弃自己的债权，从而全部或部分终止合同关系。免除是债权人处分自己权利的行为，但是，如果债权人对其债权丧失处分权（如债权人破产了）就不得任意为免除行为。

债权人免除债务意思，应由债权人向债务人作出表示，方式没有限制：可以口头，也可以书面，或者以行为，或者默示。一旦债权人作出免除的意思表示，就产生效力，不得任意撤回。

(六) 合同因混同而终止

混同是指,合同债权和债务同归一人。根据《合同法》第 106 条,混同通常使合同关系消灭,但是涉及第三人的利益除外。

混同的原因有:继承(债权人继承债务人财产,或者,债务人继承债权人的债权);作为债权人与债务人双方的企业合并;债务人的债务由债权人承担;债务人受让了债权人的债权。

二、合同的解除

1. 合同解除的概念和特征

合同解除是,当具备解除条件时,因合同当事人一方或双方意思表示,使有效成立的合同效力消灭的行为。合同解除也是一项重要的合同法律制度。

合同解除的方式是多样的:可以通过双方当事人协商一致进行,也可以采取在合同内约定一方或者双方行使解除权;如果既未在合同内约定解除权,又能协商一致,可以通过援用法律直接规定(如《合同法》第 94 条、第 148 条、第 219 条)行使解除权。

合同解除的特征如下:

(1) 合同解除是以有效成立的合同为对象。

合同解除是针对合同有效成立后,由于当事人情况(如一方根本违约)或者客观情况发生变化(如不可抗力),合同继续履行成为没有必要或者不可能,如果继续让合同发生效力约束合同当事人,对当事人一方或者双方有害,对整个社会的交易秩序也有不利。因此,合同解除针对的是产生约束力的有效合同。

(2) 合同解除须具备必要的解除条件。

合同一经有效成立,就应严格遵守并适当履行,不得擅自解除。只有当主客观情况发生变化使合同继续履行没有意义,甚至是有害的,这才允许解除合同。这些主客观变化正是构成了合同解除的条件,《合同法》第 94 条规定了合同解除的一般法定条件,包括不可抗力、一方违反合同主要义务等五项内容,详见下文。

(3) 合同解除应当通过解除行为。

如果具备合同解除条件,但是合同当事人未进行合同解除行为,将不发生合同自动解除的效果。解除行为有两种类型:当事人就解除合同达成一致;享有解除权的当事人发出解除合同的意思。

(4) 合同解除的效果是合同关系终止(消灭)。

合同解除的效果是使合同关系归于消灭,当事人不再受合同约束。

2. 合同解除与合同终止、合同撤销的简要区别

(1) 合同解除与合同终止

根据《合同法》第 91 条,合同解除是合同终止(合同消灭)的情形之一,而合同终止除了因解除而终止外,还包括因履行、抵销等情形而终止。因此,合同终止是合同解除的上位概念,它包括合同解除,但不限于合同解除。

(2) 合同解除与合同撤销

虽然合同解除和合同撤销都能导致合同效力消灭,但是,二者存在如下明显区别:

1）合同解除是针对有效成立的合同；合同撤销是针对意思表示有瑕疵、其效力取决于撤销权是否行使的合同。

2）合同被撤销后，溯及到合同成立之初使合同效力归于消灭；合同被解除后，一般只向解除之后的未来使合同效力归于消灭，而无溯及力，只有特别约定或法律特别规定或者交易类型的特殊性，才有溯及力。

3. 合同解除的具体类型

根据《合同法》相关规定，合同解除具体类型如下。

（1）协议解除

根据《合同法》第93条，当事人通过协商一致，可以达成将原合同予以解除的协议。协议解除是以新合同的方式使原合同的效力归于消灭。

（2）约定解除

根据《合同法》第93条第二款，约定解除是指当事人在合同中约定或者在另行订立的合同中约定行使解除权的条件，当解除权条件成就时，享有解除权的一方即可解除合同。

虽然都是通过约定的方式进行，但是约定解除与协议解除区别明显：前者约定的内容是解除权行使条件；后者约定的内容是直接将合同解除。

（3）因不可抗力致使不能实现合同目的导致合同解除

不可抗力是"不能预见、不能避免并不能克服的客观情况"。如果不可抗力导致合同目的不能实现，该合同失去应有价值，根据《合同法》第94条，当事人可以解除。

（4）债务人迟延履行义务导致合同解除

迟延履行是债务人没有理由地在履行债务期限内未履行债务。根据《合同法》第94条第3、第4项，迟延履行导致合同解除应区别如下两种不同情况：

1）给债务人一定宽限期再解除合同

根据实际情况，某些履行期限在双方交易中不是至关重要，迟延履行不至于使合同目的即刻落空，此时，原则上债权人不应立即解除合同，而由债权人向债务人发出履行催告并给予宽限期。在该宽限期满后，债务人仍未履行债务的，债权人有权解除合同。

2）不给宽限期，立即解除合同

如果合同履行期限意义重大，不在此期限内履行合同目的将落空。在此情况下，债务人不在履行期限内履行债务，债权人可以不经催告宽限而径直解除合同。

（5）债务人拒绝履行义务导致合同解除

拒绝履行是债务人通过明确表示（书面、口头等方式）或者通过行为表示（例如，将合同项下的工程交给他人施工）其将不履行合同义务，那么债权人有权解除合同。

（6）其他违约行为导致合同解除

《合同法》第94条规定了"其他违约行为致使不能实现合同目的"可以解除合同。例如，债务人虽然部分履行了合同，但是不符合法律规定或者合同约定，包括数量短缺、品质缺陷或者性能、水平不足等，在合理期限内未能弥补，也可能致使债权人合同目的不能实现，债权人有权解除合同。

4. 合同解除后的处理

根据《合同法》第97条，合同解除后的处理规则如下：

（1）合同解除后，对尚未履行的债务，终止履行。

合同解除后，发生合同效力消灭的效果，因此，尚未履行的义务也随合同效力消灭而丧失履行的基础。

（2）合同解除后，如果已经履行的债务根据履行情况和合同性质可以恢复原状，就可以要求恢复原状；如果恢复原状已经不可能，可以要求采取其他补救措施。

（3）合同解除后，当事人有权依法要求赔偿。例如：

1）如果当事人通过协议解除合同，并在协议内商定损失赔偿，就应依照协议赔偿；

2）因不可抗力造成合同不能履行，当事人可以解除合同，并且一般不承担赔偿责任（根据《民法通则》第107条）。但是，如果是因一方当事人迟延履行后发生不可抗力，该方当事人就应向对方当事人承担赔偿责任（根据《合同法》第117条第一款）；

3）因违约造成对方当事人解除合同，守约方有权要求违约方赔偿损失。

第七节 违约责任

一、违约责任的构成要件

违约责任的构成要件，是指在何种条件下违约方才应承担违约责任。违约责任的一般构成要件如下。

1. 违约责任以有效合同关系存在为前提。

如果合同关系不存在，如合同未成立、合同无效或者合同被撤销等，则当事人不可能发生违约责任，只能发生民法上的其他责任或者行政责任、刑事责任。

2. 违约主体是合同当事人。

违约行为的主体是合同当事人，而不是合同当事人之外的其他人，合同相对性原则决定了其他人的行为不构成违约行为。

3. 违约行为在性质上与合同约定不符，或者与法定的附随义务不符。

4. 行为人出现违约行为后，不存在法定的免责事由（只要指不可抗力）或者约定的免责事由（主要指合同内的免责条款）。

二、承担违约责任的形式

根据《合同法》第七章规定，合同违约方承担违约责任的形式有：实际履行、采取补救措施、违约损害赔偿、违约金责任、定金责任。兹分述如下。

（一）违约责任承担形式之一——实际履行

实际履行，是指在某合同当事人违反合同后，非违约方有权要求其依照合同约定继续履行合同，也称强制实际履行。

根据金钱债务和非金钱债务的不同特点，《合同法》就实际履行分别作了进一步规定：

1. 金钱债务的实际履行

根据《合同法》第109条，对金钱债务（价款或者报酬）未履行的，应当继续履行。就是说，对金钱债务未履行的，除非法律另有规定（如诉讼时效利益），债务人不得以任何理由提出抗辩，在任何情况下都应当履行，包括不得以不可抗力为由不履行金钱债务。

2. 非金钱债务的实际履行

根据《合同法》第110条，对非金钱债务（诸如提供物品、提供劳务、提供工作成果等）未履行的，非违约方也可以要求继续履行，也可以采取其他方式替代。但是，出现如下情况就不应继续履行：

(1) 法律上或者事实上不能履行的。

所谓法律上不能履行，即如果实际履行将违反法律。例如，通过诉讼请求法院强制债务人实际履行已经过了诉讼时效的债务，就违反了法律关于诉讼时效届满的债权不受诉讼保护的法律规定。

所谓事实上不能履行，指履行债务在客观上已经不可能。例如，某歌唱家与某演出公司约定于某节日为该公司现场演唱，在演出前，该歌唱家因声带疾病永久性无法发声，在此情况下，强制演出义务人实际履行在客观上不可能。

(2) 合同标的不适合强制履行。

某些合同，例如委托合同、合伙合同，可能是基于能力信任、感情基础、业务互补。当这些基础不存在时，如果强制债务人履行合同，就可能与合同的性质相违背；可能其他违约责任承担方式可能更妥当，例如损害赔偿等。

(3) 强制履行的费用过高。

某些合同出现一方违约后，虽然在客观上可以强制履行，但是强制履行费用过高，造成社会资源浪费和效率损失。例如，在一个工业区里，卖方提供的非标准设备噪声比合同约定的噪声值略高，但是，不会导致噪声污染超标也不影响设备正常使用，而为噪声达标只能更换设备；但是，更换该设备所需要的拆除费、备件报废费用、生产线停运费用、生产线重新调试费用（约190万元）远远高出该设备本身价值（43万元），那么卖方承担违约金等金钱责任，可能比强制卖方更换该设备更符合双方利益和社会利益。

根据《合同法》第110条规定，违约方违约后，非违约方要求实际履行，则应当在合理期限内提出，否则其要求将不能获得支持。

(二) 违约责任承担形式之二——违约损害赔偿

违约损害赔偿，是指违约方因不履行或不完全履行合同义务给对方造成损失，依法、依合同应向对方承担的赔偿责任。违约损害赔偿应注意的事项如下。

1. 违约损害赔偿原则上仅具有补偿性而没有惩罚性。

违约损害赔偿的主要目的在于弥补非违约方因违约行为所遭受的损失。这符合一般交易的等价原则。违约损害赔偿原则上不采用惩罚性损害赔偿。所谓惩罚性损害赔偿，是指裁判机构判令加害人支付给受害人超过其财产损失范围的一种金钱赔偿。惩罚性损害赔偿一般用于侵权案件，而少在合同纠纷中适用，但是，也有例外。例如，根据《合同法》第113条第2款，"经营者对消费者提供商品或者服务有欺诈行为的，依照《中华人民共和国消费者权益保护法》的规定承担损害赔偿责任。"而《消费者权益保护法》第49条规定，"经营者提供商品或者服务有欺诈行为的，应当按照消费者的要求增加赔偿其受到的损失，增加赔偿的金额为消费者购买商品的价款或者接受服务费用的一倍。"此等双倍赔偿已经超出受害者实际遭受的财产损失，属于合同上的惩罚性损害赔偿，是合同损害赔偿补偿性原则的例外，是出于充分保护消费者权益的需要。

2. 违约损害赔偿以赔偿当事人实际遭受的全部损失为原则。

根据《合同法》第 113 条第一款，违约损害赔偿额"应当相当于因违约所造成的损失，包括合同履行后可以获得的利益。"因此，违约损害赔偿不仅包括非违约方现有财产的损失，还包括其所遭受的可得利益损失。可得利益，是指合同履行以后可以实现的利益，是当事人在订立合同时能够合理预见到的利益。

3. 违约损害赔偿的可预见性规则。

根据《合同法》第 113 条第一款，损害赔偿不得超过"违反合同一方订立合同时预见到或者应当预见到的因违反合同可能造成的损失。"至于什么样的状况才是"预见到或者应当预见到"，《合同法》及相关法律并未作具体规定，而是留待法官或者仲裁员在个案中作具体判断。

4. 违约损害赔偿的减轻损害规则。

根据《合同法》第 119 条规定，当事人一方违约导致损害发生，非违约方应当采取适当措施防止损失扩大；如果非违约方没有采取适当措施致使损失扩大的，就不得就扩大的损失要求赔偿。

如果受害人没有尽到减轻损害的义务而使损失扩大，表明受害人在主观上有恶意，应当使其对扩大损失部分承担责任。例如，在工程施工中，因发包人原因停工，承包人就应当妥善保护已完成的工程，并安置好人员、材料、设备，尽量降低自身损失，而不能以等待赔偿的心理继续支出费用甚至增加支出，否则，本应避免的增加支出部分应由承包人自行负责。

（三）违约责任承担形式之三——违约金责任

违约金，是指当事人一方不履行或者不完全履行合同时，根据合同内事先确定的数额，由其向非违约方支付一定的金钱。关于违约金责任，应注意如下几个问题。

1. 违约金的承担不以非违约方是否存在实际损失为条件。

违约金的承担不以实际损失的发生为条件，即违约金的承担无须考虑非违约方是否发生实际损失；只要出现违约行为，非违约方即可根据合同约定主张违约金。

2. 违约金不得代替实际履行。

违约当事人不得在支付违约金后而免除其履行合同主债务的义务，即，尽管合同约定了违约金条款，但不妨碍主债务的履行。违约金的支付不能成为债务人逃避主债务的借口。

3. 违约金数额可依法调整。

经过合法约定的违约金条款受法律保护，但是，这并不意味着违约金约定是不可调整的。根据《合同法》第 114 条第 2 款，"约定的违约金低于造成的损失的，当事人可以请求人民法院或者仲裁机构予以增加；约定的违约金过分高于造成的损失的，当事人可以请求人民法院或者仲裁机构予以适当减少。"

三、违约责任的免责

所谓违约责任免责，是指在履行合同的过程中，因出现法定的免责条件或者合同约定的免责事由导致合同不履行的，合同债务人将被免除合同履行义务。

我国《合同法》仅承认不可抗力为法定免责事由。当事人可以在合同内约定免责事由，但是根据《合同法》第 53 条，如下免责条款无效：造成对方人身伤害的；因故意或者重大过失造成对方财产损失的。

根据《合同法》第117条第2款，不可抗力指"不能预见、不能避免并不能克服的客观情况。"是否可预见，应当以一般人的预见能力和现有科学技术能力为标准。一般而言，不可抗力包括如下情况：（1）自然事件，如地震、洪水、火山爆发、海啸等；（2）社会事件，如战争、暴乱、骚乱、特定的政府行为等。

《合同法》未明确列举不可抗力的具体情形，因为同一客观情况在不同的合同关系下对合同履行的影响并不相同。但是，当事人可以在合同内约定不可抗力条款，具体列举不可抗力事由。

根据《合同法》第117条，除法律另有规定外，因不可抗力影响不能履行合同的，受影响的合同当事人可部分或者全部免除责任。当事人迟延履行后发生不可抗力的，不能免除责任。所以，不可抗力发生后，当事人并不当然地被免除全部责任。要视如下具体情况作具体判定：不可抗力是导致合同部分不能履行还是全部不能履行，是暂时不能履行还是永久不能履行；受不可抗力影响的当事人是否存在履行迟延。

发生不可抗力后，受不可抗力影响不能履行合同的一方应采取如下措施：
（1）及时向对方通报不可抗力的发生及其对合同履行的影响；
（2）取得不可抗力发生的证明；
（3）尽可能减轻不可抗力造成的损失。

第八节 最高人民法院关于审理建设工程施工合同的司法解释要点

为统一人民法院执法尺度，公平保护各方当事人的合法权益，维护建筑市场的正常秩序，促进建筑行业的健康发展，根据最高人民法院工作部署，自2002年3月起，最高人民法院民事审判第一庭组成起草工作组，开始着手《最高人民法院关于审理建设工程施工合同纠纷案件适用法律问题的解释》的起草工作，并于2003年12月向社会公布了该司法解释的征求意见稿。

该司法解释受到了社会各界的广泛关注，社会各界以不同的形式提出修改意见近千条。起草工作组在对相关意见进行整理归纳、认真研究后，形成了送审稿。该司法解释经最高人民法院审判委员会第1327次会议讨论通过，于2004年10月25日正式公布，并将于2005年1月1日起正式实施。

最高人民法院此次颁布的司法解释，是在我国大力整治拖欠工程款背景下出台的。该司法解释为人民法院审理工程建设领域包括拖欠工程款、阴阳合同、垫资承包在内的一系列疑难纠纷，提供了统一的司法审判依据；对明确建设工程施工合同发承包双方的权利和义务，维护建筑市场的交易秩序，促进建筑业的健康发展，具有十分重要的现实意义。

一、如何认定施工合同无效

根据《合同法》第52条第（五）项的规定，"违反法律、行政法规的强制性规定"的合同无效。

建设工程施工合同不仅受到《合同法》的调整，还要受到不同领域的法律、行政法规和其他类规范性文件的调整。仅以工程建设领域为例，"两法三条例"，即《建筑法》、《招标投标法》以及《建设工程质量管理条例》、《建设工程勘察设计管理条例》以及《建设工程安全生产管理条例》均是调整建设工程施工合同的重要法律依据。此外，还包括大量的部门规章、地方性法规和地方政府规章。

在"两法三条例"中，有大量的强制性规定（即以"应当"、"必须"、"不得"、"禁止"等形式出现的法律条文）。如果由于违反这些强制性规定一律认定施工合同无效，将很容易影响合同的稳定性，破坏建筑市场正常的交易秩序。这既不符合《合同法》的立法本意，也不利于保护各方当事人的合法权益。

就这个问题，该司法解释的起草者们认为：对于其中部分属于行政管理规范范畴的强制性规定，如果违反，应当承担相应的行政责任，但不应当影响民事合同的法律效力。

鉴此，该司法解释第1和4条规定了如下五种施工合同无效情形：

（一）承包人未取得建筑施工企业资质或者超越资质等级的；
（二）没有资质的实际施工人借用有资质的建筑施工企业名义的；
（三）建设工程必须进行招标而未招标或者中标无效的；
（四）承包人非法转包建设工程的；
（五）承包人违法分包建设工程的。

注：在第（四）、（五）情形下，转包、分包合同无效。

● 《合同法》第52条规定："有下列情形之一的，合同无效：

（一）一方以欺诈、胁迫的手段订立合同，损害国家利益；
（二）恶意串通，损害国家、集体或者第三人利益的；
（三）以合法形式掩盖非法目的；
（四）损害社会公共利益；
（五）违反法律、行政法规的强制性规定。"

● 最高人民法院关于适用《中华人民共和国合同法》若干问题的解释（一）第四条规定："合同法实施以后，人民法院确认合同无效，应当以全国人大及其常委会制定的法律和国务院制定的行政法规为依据，不得以地方性法规、行政规章为依据。"

我国《立法法》规定的法律体系

名　称		制定机构	范　例
法　律		全国人大及其常委会	《建筑法》、《招标投标法》 《合同法》、《安全生产法》
行政法规		国务院	《建设工程质量管理条例》 《建设工程勘察设计管理条例》 《建设工程安全生产管理条例》
地方性法规		省、自治区、直辖市、较大市人大及其常委会	《北京市招标投标条例》
行政规章	部门规章	国务院各部委、央行、审计署、直属机构	《工程建设项目施工招标投标办法》 《房屋建筑和市政基础设施工程施工分包管理办法》
	地方政府规章	省、自治区、直辖市、较大市人民政府	《北京市建筑工程施工许可办法》 《北京市工程建设项目招标范围和规模标准规定》

- 《建筑法》第 26 条规定："承包建筑工程的单位应当持有依法取得的资质证书，并在其资质等级许可的业务范围内承揽工程。禁止建筑施工企业超越本企业资质等级许可的业务范围或者以任何形式用其他建筑施工企业的名义承揽工程。禁止建筑施工企业以任何形式允许其他单位或者个人使用本企业的资质证书、营业执照，以本企业的名义承揽工程。"

- 关于不得转包和违法分包的强制性规定

《建设工程质量管理条例》第 25 条第 3 款规定："施工单位不得转包或者违法分包工程。"

《建设工程质量管理条例》第 78 条第 2 款规定："本条例所称违法分包，是指下列行为：

（一）总承包单位将建设工程分包给不具备相应资质条件的单位的；

（二）建设工程总承包合同中未有约定，又未经建设单位认可，承包单位将其承包的部分建设工程交由其他单位完成的；

（三）施工总承包单位将建设工程主体结构的施工分包给其他单位的；

（四）分包单位将其承包的建设工程再分包的。"

第 3 款规定："本条例所称转包，是指承包单位承包建设工程后，不履行合同约定的责任和义务，将其承包的全部建设工程转给他人或者将其承包的全部建设工程肢解以后以分包的名义分别转给其他单位承包的行为。"

注：关于对违法分包和转包行为的界定，《房屋建筑与市政基础设施工程施工分包管理办法》有更加具体的规定。

- 必须进行招标的工程建设项目范围

《招标投标法》第 3 条第 1 款规定："在中华人民共和国境内进行下列工程建设项目包括项目的勘察、设计、施工、监理以及与工程建设有关的重要设备、材料等的采购，必须进行招标：

（一）大型基础设施、公用事业等关系社会公共利益、公众安全的项目；

（二）全部或者部分使用国有资金投资或者国家融资的项目；

（三）使用国际组织或者外国政府贷款、援助资金的项目。"

注：关于必须招标的工程建设项目的范围和规模标准，《工程建设项目招标范围和规模标准规定》有更加具体的规定。

- 六种导致中标无效的情形（见《招标投标法》第 50、52～55、57 条的具体规定）

二、施工合同无效应当如何进行结算

《合同法》第 58 条规定："合同无效或者被撤销后，因该合同取得的财产，应当予以返还；不能返还或者没有必要返还的，应当折价补偿。"

由于建设工程施工合同履行过程的特殊性，合同被确认无效的，已履行部分无法适用返还原则，而只能采取折价补偿的方式处理。但在司法实践中，如何确定折价补偿的依据始终是一个焦点、难点问题。

最高人民法院在该司法解释 2003 年 12 月征求意见稿中规定，"建设工程施工合同无效，工程款根据承包方已完成的工作量，参照当年适用的工程定额标准据实结算。"定额标准反映的是一种社会平均成本。受这种传统模式的长期影响，目前我国建筑市场的主体，无论是在编制标底还是编制投标报价时，仍主要是以定额为参照系。

这种按定额标准据实结算的处理方式，是基于"合同无效，合同中约定的计价方式也应无效"而规定的。但是，这种折价补偿方式的问题在于：我国目前建筑市场处于买方市场阶段，发包人压价、承包人低价竞标的现象非常普遍和严重。在施工合同被确认无效后，如果脱离合同原有约定而按定额标准重新计价，其结果很可能比有效合同条件下的计价结果还要高。同时，重新计价的过程也是造价鉴定的过程。启动造价鉴定程序不仅会增加一笔不菲的鉴定费，而且会大大延长诉讼时间，降低诉讼效率，这样反而不能及时有效的保护当事人合法权益。

为更好的平衡合同当事人的利益，最高人民法院结合我国建筑市场的实际情况，在该司法解释第2条明确规定："建设工程施工合同无效，但建设工程经竣工验收合格，承包人请求参照合同约定支付工程价款的，应予支持。"这种参照合同约定来折价补偿的处理方式，是建立在当事人在订立合同时意思表示一致的基础上进行的，操作起来比较方便，容易被当事人所接受，既能节省诉讼费用，又能提高诉讼效率。

但是，适用上述规定的一个非常重要的前提条件是"建设工程经验收合格"。如果建设工程经修复后仍无法通过竣工验收，那么按照该司法解释第3条及其他相关规定，无论合同是否有效，承包人请求支付工程价款的，人民法院将不予支持。换句话说，如果工程质量不合格，发包人将有权拒付工程款。

三、垫资条款是否有效，垫资款利息如何处理

在以往的司法实践当中，人民法院倾向于认定含有垫资内容的施工合同条款无效。作无效认定的依据主要有两个：

第一，认为垫资行为违反了1996年原国家计委、建设部和财政部联合发布的《关于严格禁止在工程建设中带资承包的通知》的有关规定；

第二，认为垫资行为在性质上属于非金融机构企业之间的借贷行为，违反了《贷款通则》及最高人民法院有关司法解释的规定。

但是，《合同法》颁布实施后，只有违反法律、行政法规强制性规定的，才能认定合同无效。《关于严格禁止在工程建设中带资承包的通知》仅属行政规范性文件，《贷款通则》则属于部门规章，都不具有法律、行政法规的效力等级，因此均不能作为确认垫资条款无效的依据。此外，在我国目前的建筑市场，垫资承包已经相当普遍，在一定程度上已成为体现承包人竞争力的重要指标；同时，国际建筑市场是允许垫资的，为业主提供融资服务早已成为国际承包商综合实力竞争的重要领域。由于我国加入WTO后已经开放了国内建筑市场，如果对垫资承包一律认定为无效，也不符合国际惯例。

基于以上原因，该司法解释第6条第1款规定："当事人对垫资及其利息有约定，请求按照合同约定返还垫资款和利息的，应当予以支持，但是约定的利息计算标准高于中国人民银行发布的同期同类贷款利率的部分除外。"该条规定实际确立了垫资条款有效的基本原则，但同时对垫资利息计算标准设置了限制条件，即不得超过国家规定的贷款利率。

四、"阴阳合同",将以哪个作为结算依据

目前,我国建设行政主管部门对建设工程招投标以及施工合同实行备案制度,即自行招标备案、招标文件备案、招投标情况备案以及施工合同备案。

根据《招标投标法》第46条的规定,"招标任何中标人应当按照招标文件和中标人订立书面合同。招标人和中标人不得再行订立背离合同实质性内容的其他协议。"但在工程实践中,很多建设单位为获取不正当利益,往往强迫施工单位压价、垫资承包、压缩工期以及将工程肢解发包。由于上述这四种行为在实践中,均为我国建设行政主管部门所禁止,因此,如果写入招标文件或施工合同,将无法办理招标文件备案和施工合同备案手续。这样一来,建设单位在签订一份"规规矩矩"的备案合同(即"阳合同")之外,还会在私下里和施工单位签订一份补充协议(即"阴合同"),在补充协议中体现其要求。

因为"阴阳合同"发生的施工合同纠纷,首要的问题就是应当以哪份合同作为合同履行的依据。在以往的司法实践中,人民法院往往根据"实际履行原则",判决阴合同有效,并按阴合同结算。但是,《招标投标法》颁布实施后,《招标投标法》第46条的存在,又对"实际履行原则"形成了巨大冲击。

2003年11月,被称为建筑业首例"阴阳合同"纠纷案的北京某建筑公司诉北京某房地产公司工程款纠纷案在北京第二中级人民法院开庭审理。在案件审理过程中,承包商主张按价格高的阳合同结算,而开发商则坚持主张按价格低的阴合同结算。法院最终依据《招标投标法》第46条,判决阳合同有效。

该司法解释第21条明确规定:"当事人就同一建设工程另行订立的建设工程施工合同与经过备案的中标合同实质性内容不一致的,应当以备案的中标合同作为结算工程价款的根据。"这一规定实际是对《招标投标法》第46条在司法实践中的具体落实。也就是说,在今后的司法审判中,人民法院将会依据"阳合同"作为工程款结算的依据,"阴合同"将不受法律保护。这将有利于维护建筑市场公平竞争秩序,也有利于《招标投标法》的贯彻实施。

● 招标文件备案

《房屋建筑和市政基础设施工程施工招标投标管理办法》第19条规定:"依法必须进行施工招标的工程,招标人应当在招标文件发出的同时,将招标文件报工程所在地的县级以上地方人民政府建设行政主管部门备案。建设行政主管部门发现招标文件有违反法律、法规内容的,应当责令招标人改正。"

第20条规定:"招标人对已发出的招标文件进行必要的澄清或者修改的,应当在招标文件要求提交投标文件截止时间至少15日前,以书面形式通知所有招标文件收受人,并同时报工程所在地的县级以上地方人民政府建设行政主管部门备案。该澄清或者修改的内容为招标文件的组成部分。"

● 施工合同备案

《房屋建筑和市政基础设施工程施工招标投标管理办法》第47条第1款规定:"招标人和中标人应当自中标通知书发出之日起30日内,按照招标文件和中标人的投标文件订立书面合同;招标人和中标人不得再行订立背离合同实质性内容的其他协议。订立书面合

同后 7 日内，中标人应当将合同送工程所在地的县级以上地方人民政府建设行政主管部门备案。"

五、设计变更在约定不明时将如何计价

在工程实施过程中，往往会发生大量的设计变更。在确定变更价款问题上，《建设工程施工合同（示范文本）》（GF-1999-0201）第 31 条规定按如下方法进行：

（1）合同中已有适用于变更工程的价格，按合同已有的价格变更合同价款；

（2）合同中只有类似于变更工程的价格，可以参照类似价格变更合同价款；

（3）合同中没有适用或类似于变更工程的价格，由承包人提出适当的变更价格，经工程师确认后执行。

对于前两种情况，由于有合同约定的计价标准或方法，所以争议不大。但是对于第三种情况，由于无法按合同约定确定价格，导致当事人在协商确定价格的过程中很容易发生争议。

为了解决此类争议，该司法解释在第 16 条第 2 款规定："因设计变更导致建设工程的工程量或者质量标准发生变化，当事人对该部分工程价款不能协商一致的，可以参照签订建设工程施工合同时当地建设行政主管部门发布的计价方法或者计价标准结算工程价款。"

目前地方建设行政主管部门发布的计价方法和计价标准主要有两类：一个是传统的概预算定额及相应计价规则；另一个是和《建设工程工程量清单计价规范》相配套的计价规则。此外，地方建设行政主管部门的造价管理机构还会定期发布市场价格信息。建设行政主管部门发布的计价方法或计价标准属于行业惯例，其计价结果反映的是一种社会平均成本水平。这样一来，在当事人没有约定或约定不明的情况下，按照建设行政主管部门发布的计价方法或标准进行结算，比较容易被当事人所接受。

六、发包人拖延结算，承包人将获得怎样的法律保护

工程经竣工验收合格后，即进入工程竣工结算程序。工程竣工结算对业主和承包商的重要作用毋庸多言，经双方确认的工程竣工结算文件将形成明确的债权债务关系。正因为如此，业主拖延结算或不结算的行为已经成为其拖欠工程款的主要手段。

在《建设工程施工合同（示范文本）》（GF-1999-0201）中，尽管对有关工程竣工结算的程序进行了较为详细的规定。但是，该规定的内容和工程实践有一定差距，因此可操作性较差。而且，由于该示范文本仅为推荐使用，不具有强制性，业主完全可以利用优势地位在专用条款中进行对其有利的修改。由于缺乏合同条款的明确约定，承包商很难找到对自己有利的条款保护自身的合法权益，这常常使承包商陷入十分被动的境地。因为即使承包商起诉，由于尚未形成结算文件，即没有形成最终确定的债权债务关系，承包商接下来面临的很可能是旷日持久的造价鉴定程序，这往往是承包商所不愿接受的。

在我国现行的法律、行政法规当中，在工程竣工结算问题上没有任何有针对性的规定。2001 年 11 月 5 日，建设部发布了建设部第 107 号令《建筑工程发包与承包计价管理办法》。该办法在工程竣工结算程序上的显著特点，一是规定了业主在收到竣工结算文件后的约定期限内未答复的，竣工结算文件将视为已被认可；二是规定了约定期限的默认值为 28 日。这对弥补《建设工程施工合同（示范文本）》的不足，明确工程竣工结算的程

序，约束业主的竣工结算行为，保护承包商的合法权益具有非常积极的指导意义。但是，由于该办法既不是法律也不是行政法规，而属于部门规章，因此不能作为人民法院的审判依据。这样一来，该办法本应发挥的积极作用在实践中受到很大的限制。

为了更好地制约业主故意拖延结算的行为，使建设部第107号令更具有可操作性，该司法解释第20条明确规定："当事人约定，发包人收到竣工结算文件后，在约定期限内不予答复，视为认可竣工结算文件的，按照约定处理。承包人请求按照竣工结算文件结算工程价款的，应予支持。"

●《建筑工程发包与承包计价管理办法》第16条第1款规定："工程竣工验收合格，应当按照下列规定进行竣工结算：

（一）承包方应当在工程竣工验收合格后的约定期限内提交竣工结算文件。

（二）发包方应当在收到竣工结算文件后的约定期限内予以答复。逾期未答复的，竣工结算文件视为已被认可。

（三）发包方对竣工结算文件有异议的，应当在答复期内向承包方提出，并可以在提出之日起的约定期限内与承包方协商。

（四）发包方在协商期内未与承包方协商或者经协商未能与承包方达成协议的，应当委托工程造价咨询单位进行竣工结算审核。

（五）发包方应当在协商期满后的约定期限内向承包方提出工程造价咨询单位出具的竣工结算审核意见。"

第2款规定："发承包双方在合同中对上述事项的期限没有明确约定的，可认为其约定期限均为28日。"

七、拖欠工程款的利息如何确定

在工程款纠纷案件中，利息应从何时起算往往是争议的焦点之一。工程款主要表现为预付款、进度款和结算款这三种形式。在《建设工程施工合同（示范文本）》（GF-1999-0201）体系下，对于这三类工程款的应付款时间均有明确的规定，相应的对逾期付款的利息应计算也约定得较为明确。

但是，由于示范文本基本采用按月支付进度款的付款模式，而在工程实践中，不少工程项目是按形象进度付款的，这样就导致在很多工程款纠纷案件中，无法确定应付款日，进而无法确定利息的起算日。

为了统一拖欠工程款的利息起算时间，该司法解释第18条规定："利息从应付工程价款之日计付。当事人对付款时间没有约定或者约定不明的，下列时间视为应付款时间：

（一）建设工程已实际交付的，为交付之日；

（二）建设工程没有交付的，为提交竣工结算文件之日；

（三）建设工程未交付，工程价款也未结算的，为当事人起诉之日。"

八、发包人直接指定分包的质量缺陷责任

在工程质量问题上，发包人是重要的责任主体。特别是在我国建筑市场仍不规范的今天，因发包人的原因导致的工程质量问题屡见不鲜。为了更好的约束发包人的质量行为，合理划分发包承包双方的质量责任，该司法解释第12条第1款规定："发包人具有下列情形

之一，造成建设工程质量缺陷，应当承担过错责任：

（一）提供的设计有缺陷；

（二）提供或者指定购买的建筑材料、建筑构配件、设备不符合强制性标准；

（三）直接指定分包人分包专业工程。"

值得注意的是，该司法解释明确将"发包人直接指定分包"作为其应当承担质量责任的情形之一。《建筑法》禁止发包单位将建筑工程肢解发包，但对于什么是"肢解发包"至今仍无权威的解释。而在工程实践中，大量发生的是发包人直接指定分包商，同时要求总承包人和指定分包商就指定分包工程的质量承担连带责任。由于直接指定分包商缺乏竞争性，一方面无法保证指定分包商的履约能力，另一方面也大大增加了总承包人的协调管理难度。鉴此，《工程建设项目施工招标投标办法》和《房屋建筑和市政基础设施工程施工分包管理办法》均明确规定发包人不得直接指定分包单位。而司法解释则进一步明确规定，因发包人直接指定分包商而造成质量缺陷的，发包人将承担过错责任。该规定对限制发包人直接指定分包的违法行为，确保工程质量，维护承包人的合法权益，具有重要的现实意义。

● 《工程建设项目施工招标投标办法》第66条规定："招标人不得直接指定分包人。"

● 《房屋建筑和市政基础设施工程施工分包管理办法》第7条规定："建设单位不得直接指定分包工程承包人。任何单位和个人不得对依法实施的分包活动进行干预。"

九、发包人未经竣工验收提前交付使用的，将承担什么样的责任

工程建设项目应当先竣工验收后交付使用，这是确保工程质量的客观要求。我国不论是《建筑法》、《合同法》，还是《建设工程质量管理条例》，对此均严格禁止。

在《合同法》颁布实施前，我国《经济合同法》对发包人提前交付使用的行为，要求发包人承担严格的民事责任。《经济合同法》第34条规定：（发包方）工程未经验收，提前使用，发现质量问题，自己承担责任。

1999年3月15日正式颁布的《合同法》第279条第2款规定，"建设工程经验收合格后，方可交付使用；未经验收或者验收不合格的，不得交付使用。"但是，《合同法》虽然仍规定建设工程必须经验收合格后方可交付使用，但对于发包人提前交付使用应如何承担民事责任并无明确规定。由于《经济合同法》和《建筑安装工程承包合同条例》相继废止，关于业主提前交付使用所应承担的质量责任问题，出现了立法真空。

为了有效制约发包人未经竣工验收，擅自使用的行为，明确发、承包双方的质量责任，该司法解释第13条规定："建设工程未经竣工验收，发包人擅自使用后，又以使用部分质量不符合约定为由主张权利的，不予支持；但是承包人应当在建设工程的合理使用寿命内对地基基础工程和主体结构质量承担民事责任。"

从该司法解释第13条的内容来看，基本上沿袭了原《经济合同法》所采取的"严格责任"原则，即不管发包人是否对质量问题有过错，均要承担民事责任。但是，该司法解释又从工程实际情况出发，规定承包人要对地基基础和主体结构承担质量责任。这种责任划分，即能够有效制约发包人的违法行为，又能够保证承包人满足基本的工程质量要求，因此是比较符合实际的。

● 《建筑法》第61条规定："支付竣工验收的建筑工程，必须符合规定的建筑工程质

量标准，有完整的工程技术经济资料和经签署的工程保修书，并具备国家规定的其他竣工条件。建筑工程竣工经验收合格后，方可交付使用；未经验收或者验收不合格的，不得交付使用。"

● 《合同法》第二百七十九条规定："建设工程竣工后，发包人应当根据施工图纸及说明书、国家颁发的施工验收规范和质量检验标准及时进行验收。验收合格的，发包人应当按照约定支付价款，并接收该建设工程。建设工程竣工经验收合格后，方可交付使用；未经验收或者验收不合格的，不得交付使用。"

十、法院将对农民工采取什么样的特殊保护措施

该司法解释第26条规定："实际施工人以转包人、违法分包人为被告起诉的，人民法院应当依法受理。

实际施工人以发包人为被告主张权利的，人民法院可以追加转包人或者违法分包人为本案当事人。发包人只在欠付工程价款范围内对实际施工人承担责任。"

发生转包或者违反分包的，实际存在着两层合同法律关系：一个是发包人与承包人之间的合同关系；另一个是承包人与实际施工人之间的合同关系。在前一个合同法律关系中，实际施工人是第三人；在后一个合同法律关系中，发包人是第三人。

合同具有相对性，《合同法》第121条规定："当事人一方因第三人的原因造成违约的，应当向对方承担违约责任，当事人一方和第三人之间的纠纷，依照法律规定或者按照约定解决。"这意味着，当承包人拖欠实际施工人工程款时，实际施工人只能向与其有合同关系的承包人主张权利，而不应向第三人——发包人主张权利。该条第2款关于实际施工人可以起诉发包人的规定，在某种程度上是对合同相对性的突破，这是为保护农民工的合法权益而特别设立的。

在工程实践中，承包人将工程转包的目的在于收取管理费，对工程的具体实施并不干预。因此，其对工程结算与否，结算多少往往并不关心。由于实际施工人与发包人没有合同关系，如果实际施工人无法向发包人主张权利，则不仅实际施工人的利益不能得到保护，更重要的是农民工工资将直接受到影响。因此，该司法解释特别赋予了实际施工人可以直接起诉发包人的权利。

同时，为了不致给发包人造成必要的损害，该司法解释规定"发包人只在欠付工程价款范围内对实际施工人承担责任"。这样一来，如果发包人已经将工程价款全部支付给承包人，发包人就不必再承担付款责任了。

本节仅撷取了新司法解释中与发承包双方利益关系最为密切的十个问题。事实上，该司法解释对诸如"发承包双方行使合同解除权条件"、"工程造价鉴定应遵循什么原则"以及"实际竣工日期将如何认定"等重要问题均有明确规定，限于篇幅，就不在这里——介绍了。衷心希望大家能够充分结合实践，认真学习和掌握这个司法解释，依法维护自己的合法权益。

第十章　建设工程施工合同范本体系

第一节　《建设工程施工合同》（GF-1999-0201）应用

一、《协议书》的应用

《建设工程施工合同示范文本》（GF-1999-0201）由《协议书》、《通用条款》和《专用条款》三部分构成。制订《协议书》并单独作为文本的一个部分，主要有以下几个方面的目的：一是确认双方达成一致意见的合同主要内容，使合同主要内容清楚明了；二是确认合同文件的组成部分，有利于合同双方正确理解并全面履行合同；三是确认合同主体双方并签字盖章，约定合同生效；四是合同双方郑重承诺履行自己的义务，有助于增强履约意识。下面就《协议书》的内容及如何应用作具体的解释和说明：

（一）工程概况

1. 工程名称：应按照招标文件准确填写工程全称。

2. 工程地点：应填写工程所在地的详细地址。

3. 工程内容：主要包括工程的建设规模、结构特征等。例如：对于房屋建筑工程，应填写建筑面积、结构类型、层数等。群体工程包括的工程内容应列表说明，具体格式可参考该合同范本附件《工程项目一览表》。

4. 工程立项批准文号：对于须经有关部门审批立项才能建设的工程，应填写立项批准文号。批准立项的部门是指按照工程立项的有关规定和审批权限有权审批工程立项的部门。

5. 资金来源：指获得工程建设资金的方式或渠道，如政府财政拨款、银行贷款、单位自筹以及外商投资、国外金融机构贷款、赠款等。资金来源有多种方式的，应列明不同方式所占比例。明确规定资金来源，对于界定该工程项目的性质（如是否属于必须招标的项目）具有重要意义。

（二）工程承包范围

承包范围，指承包人承包的工作范围和内容。应根据招标文件或施工图纸确定的承包范围填写。如可以填写土建工程，或者填写土建、线路、管道、设备安装及装饰装修工程。也可以更具体一些，填写是否包括采暖卫生与煤气、电气、通风与空调、电梯、通讯、消防等专业工程的安装以及室外线路、管道、道路、围墙、绿化等工程。承包范围必须填写清楚，由于示范文本的可供填写的地方有限，建议可通过附件进行准确界定，这对于总价包干的合同尤其重要。

（三）合同工期

1. 开工日期：双方约定可以填写绝对日期，也就是具体的日期（应填写完整的年月日）。双方也可约定填写相对日期，也就是相对某一特定事件的日期。如：双方可以约定开工日期为签订合同后的第 15 天，也可以约定开工日期为收到发包人发出的开工指令的日期。但是对于后一种方式，特别是在竣工日期确定的情况下，如果不能相对确定开工日期，实际对承包人具有一定的风险。

2. 竣工日期：竣工日期是验证合同是否如期履行的重要依据，同时也是计算工期顺延和工期提前的依据。同开工日期一样，既可以填写绝对日期，也可以填写相对日期。绝对日期应填写完整的年月日，相对日期应在相对开工日期后加上合同工期总天数。如合同工期为 200 天，开工日期为签订合同后第 15 天，竣工日期则为签订合同后第 215 天。

3. 合同工期应填写总日历天数，如合同工期为 365 天，不宜写为 12 个月，或 1 年。

（四）质量标准

工程质量必须达到国家标准规定的合格标准，双方也可以约定以获得某种奖项作为质量标准，但应同时明确约定相应的奖罚标准。

（五）合同价款

合同价款应填写双方确定的合同金额。对于招标工程，合同价款就是被发包人接受的承包人的投标报价（中标价＝合同价），合同价款应同时填写大小写。

（六）组成合同的文件

组成合同的文件很多，不仅包括构成本示范文本的《协议书》、《通用条款》和《专用条款》三部分。为实现工程建设的目的，双方达成一致意见的协议或有关文件都应是合同文件的组成部分。对于招标工程，承包人的投标书及投标书附件，是承包人对发包人的要约，发包人授予承包人的中标通知书构成承诺，都应是合同文件的一部分。在发包人向承包人发出中标通知书之后，双方签订正式协议书之前，都要受投标书和中标通知书的约束。除此之外，工程施工所需的图纸、标准、规范及有关技术文件，工程计价所需的工程量清单、工程报价单或预算书，双方在招标投标过程中以及工程实施过程中的洽商记录、会议纪要以及工程变更的协议、文件等，也是合同文件的组成部分。《协议书》在此列出了组成合同的主要文件，合同双方可在此基础上进行补充。当合同文件内容不相一致时，双方按《通用条款》约定的顺序进行解释，双方也可以在《专用条款》内对合同文件的解释顺序进行调整。

（七）本协议书中有关词语含义与本合同第二部分《通用条款》中分别赋予它们的定义相同

示范文本第二部分《通用条款》对 23 个关键词语作了定义，这些定义的词语在协议书中出现，含义是相同的。

（八）承包人向发包人承诺按照合同约定进行施工、竣工并在质量保修期内承担工程质量保修责任

承包人据此向发包人承诺履行合同约定的义务，在合同工期内完成该工程，达到约定的质量标准，并在质量保证期内承担保修责任。

（九）发包人向承包人承诺按照合同约定的期限和方式支付合同价款及其他应当支付的款项

发包人据此向承包人承诺履行合同约定的义务，按照合同规定的时间和数额向承包人支付合同价款和其他应当支付的款项。拖欠工程款是当前工程建设中比较突出的问题，解决这个问题，发包人树立良好的履约意识是关键。

（十）合同生效

《合同法》第44条规定：依法成立的合同，自成立时生效。并且还规定，法律、行政法规规定应当办理批准、登记等手续生效的，依照其规定。对于建设工程施工合同，目前，《建筑法》及其他法律、行政法规并未规定需要办理批准、登记手续才能生效。

同时，按照《合同法》第32条规定，当事人采用合同书形式订立合同的，自双方当事人签字或者盖章时合同成立。《建筑法》和《合同法》都要求以书面形式订立施工合同，即采用合同书的形式，示范文本就是合同书的形式。因此，施工合同自双方当事人签字或者盖章时生效。必须是双方当事人都签字或者盖章合同才能生效。签字或者盖章两者选得其一即可，当然，为防止伪造公章或偷盖公章，最好同时签字又盖章。同时还应加盖骑缝章或有双方授权代表进行角签。

另外，《合同法》第45条还规定，当事人对合同的效力可以约定附条件。附生效条件的合同，自条件成就时生效。因此，发包人和承包人可以在协议书中约定合同生效的条件。如合同经公证、备案或鉴证后生效。

合同双方在此约定合同生效的方式或者条件。如不约定合同生效条件，可以写为：本合同双方约定双方签字盖章后生效。如约定合同生效条件，则写上双方约定合同生效的条件，如可以写为：本合同双方约定签字盖章并经公证后生效，或者写为：本合同双方约定签字盖章并经鉴证后生效。需要说明的是，公证或者鉴证都不是合同生效的法定条件，应根据双方当事人的自愿，协商确定，也可以约定其他生效条件。

合同订立时间指合同双方签字盖章的时间。双方如不约定合同生效条件，则合同订立时间就是合同生效时间。在此应填写完整的年月日。

合同订立地点指合同双方签字盖章的地点。在此应填写合同签订所在城市，设区的市应写明所在区县。

合同由发包人承包人双方法定代表人或由法定代表人授权委托的代理人签署姓名并加盖双方单位公章。如果有规定要求承包人使用合同专用章的，可以加盖合同专用章。发包人是个人的，可加盖个人印章。《协议书》还列出了双方住所、电话。传真、开户银行、账号、邮政编码等内容，便于双方通讯联系及资金往来，应当完整填写（如对付款至指定账号有要求，亦应明示）。双方可根据需要增加有关内容，如网址等。发包人住所按照发包人的不同性质分别填写企业法人的注册地址、非企业法人和其他组织的办公地或自然人的住所地等。邮政编码指双方住所的邮政编码。

二、《通用条款》的应用

（一）词语定义及合同文件

1. 词语定义

《合同法》第125条规定："当事人对合同条款的理解有争议的，应当按照合同所使用的词句、合同的有关条款、合同的目的、交易习惯以及诚实信用原则，确定该条款的真实意思。"因此，为减少对合同条款理解的争议，第1条（词语定义）对23个关键词语给出了定义，这与FIDIC合同条件等标准示范文本在形式上是很接近的。除非合同双方在专用条款中另有约定，这些词语在合同中的定义是相同的，即本条赋予的定义。如果需要合同双方可对除此之外的其他词语给出定义，可以在专用条款中约定。

下列词语除专用条款另有约定外，应具有本条所赋予的定义：

1.1 通用条款：是根据法律、行政法规规定及建设工程施工的需要订立，通用于建设工程施工的条款。

《通用条款》是根据《建筑法》、《合同法》、《建设工程质量管理条例》等法律、行政法规制定的。同时，也考虑了工程实践中的惯例，具有较强的普遍性和通用性，是通用于各类建设工程施工的基础性合同条款。

建设工程虽然具有单件性，不同的工程在施工方案以及工期、价款等方面各不相同，但在工程施工中所依据的法律、行政法规是统一的，发包人与承包人的权利和义务是基本一致的，对于违约、索赔和争议的处理原则也是相同的。因此，可以把建设工程施工中这些共性的内容固定下来，形成合同的《通用条款》。

发包人与承包人结合具体工程，经协商一致，可对《通用条款》进行补充或修改，在《专用条款》内约定。合同履行中是否执行《通用条款》要根据《专用条款》的约定。如果《专用条款》没有对《通用条款》的某一条款作出修改，则执行《通用条款》，反之，按修改后的《专用条款》执行。在工程招标中，《通用条款》是作为招标文件的一部分提供给投标人。无论是否执行《通用条款》，《通用条款》都应作为合同的一个组成部分予以保留，不应只把《协议书》和《专用条款》作为全部合同内容。

1.2 专用条款：是发包人与承包人根据法律、行政法规规定，结合具体工程实际，经协商达成一致意见的条款，是对通用条款的具体化、补充或修改。

《专用条款》是专用于具体工程的条款。每项工程都有具体的内容，都有不同的特点，《专用条款》正是针对不同工程的内容和特点，对应《通用条款》的内容，对不明确的条款作出具体约定，对不适用的条款作出修改，对缺少的内容作出补充，使合同条款更具有可操作性，便于理解和履行。如在《通用条款》内合同双方约定施工图纸应由发包人提供，但提供图纸的具体日期和套数，则需要发包人承包人协商后，在《专用条款》内约定。这些约定、补充和修改也要按照法律、行政法规的有关规定作出。《专用条款》的内容由双方根据要约和承诺，在签订协议书时约定。《专用条款》和《通用条款》不是各自独立的两部分，它们互为说明、互为补充，与《协议书》共同构成合同文本的内容。

1.3 发包人：指在协议书中约定，具有工程发包主体资格和支付工程价款能力的当事人以及取得该当事人资格的合法继承人。

发包人有时也称发包单位、建设单位或发包人、项目法人，这里统称为发包人。对于发包人的定义，有三点需要说明：

（一）关于工程发包主体资格。

1. 国家计委发布的《关于实行建设项目法人责任制的暂时规定》第 2 条规定："国有单位经营性基本建设大中型项目在建设阶段必须组建项目法人；项目法人可按《公司法》的规定设立有限责任公司（包括国有独资公司）和股份有限公司形式。"第 6 条规定："项目可行性研究报告经批准后，正式成立项目法人。并按有关规定确保资本金按时到位，同时及时办理公司设立登记。"

2.《房地产开发企业资质管理规定》按照企业条件分为一、二、三、四四个资质等级。房地产开发企业应当在核定的资质等级范围内承担房地产项目的开发建设。

（二）关于支付工程价款能力。

《合同法》第269条规定："建设工程合同是承包人进行工程建设，发包人支付价款的合同。"《建筑法》也规定："发包单位应当按照合同的约定，及时拨付工程款项。"由此可见，发包人支付工程价款是法律规定的义务。发包人和承包人的权利义务是对等的，享有权利的同时也要承担相应的义务。发包人有按照合同约定获得工程的权利，同时也应承担支付合同价款的义务。因此，发包人应具备支付工程价款的能力，不按照合同约定支付工程款项，就要承担违约责任。

（三）关于合法继承人。

《合同法》第90条规定："当事人订立合同后合并的，由合并后的法人或者其他组织行使合同权利，履行合同义务。当事人订立合同后分立的，除债权人和债务人另有约定的以外，由分立的法人或者其他组织对合同的权利和义务享有连带债权，承担连带债务。"因此，发包人的合法继承人，是指与发包人合并、分立的单位，包括兼并发包人的单位以及购买发包人合同和接受发包人出让的单位和个人。我国法律并未禁止发包人将合同转让，因此，只要承包人同意，发包人可以将合同的权利义务转让给第三人。

1.4 承包人：指在协议书中约定，被发包人接受的具有工程施工承包主体资格的当事人以及取得该当事人资格的合法继承人。

承包人有时也称承包单位，在施工合同中，通常指建筑施工企业。承包人的工程承包主体资格除满足《合同法》关于合同主体资格的要求外，还要满足《建筑法》关于承包人资质等级的要求。

1.5 项目经理：指承包人在专用条款中指定的负责施工管理和合同履行的代表。

《建筑施工企业项目经理资质管理办法》（建建字［1995］1号）规定，承包人在承包工程时，应向发包人提供负责该工程的项目经理情况。该项目经理应获得项目经理资质证书，项目经理资质分一、二、三、四级，其所负责的工程规模应符合项目经理资质等级要求。工程项目施工实行项目经理负责制。目前，我国已开始实施建造师执业资格制度，过渡期满后，建造师经注册后，方可担任施工项目的项目经理。

1.6 设计单位：指发包人委托的负责本工程设计并取得相应工程设计资质等级证书的单位。

2001年7月25日建设部令第93号发布的《建设工程勘察设计企业资质管理规定》规定，工程设计资质分为工程设计综合资质、工程设计行业资质、工程设计专项资质。

1.7 监理单位：指发包人委托的负责本工程监理并取得相应工程监理资质等级证书的单位。

国务院《建设工程质量管理条例》第12条规定："实行监理的建设工程，建设单位应当委托具有相应资质的工程监理单位进行监理，也可以委托具有工程监理资质并与被监理工程的施工单位没有隶属关系或者其他利害关系的该工程的设计单位进行监理。"

2001年8月29日建设部令第102号发布的《工程监理企业资质管理规定》规定工程监理企业的资质等级分为甲级、乙级和丙级。工程监理企业应当按照其拥有的注册资本、专业技术人员和工程监理业绩等资质条件申请资质，经审查合格，取得相应等级的资质证书后，方可在其资质等级许可的范围内从事工程监理活动。

1.8 工程师：指本工程监理单位委派的总监理工程师或发包人指定的履行本合同的代表，其具体身份和职权由发包人承包人在专用条款中约定。

根据我国目前监理实施情况,并非所有工程都实行了监理。有些工程实行了监理,由监理单位代表发包人监督施工合同的履行,行使发包人赋予的职责;有一些工程未实行监理,由发包人直接指派本单位人员负责合同的履行;还有一些工程虽然实行了监理,但发包人未将管理合同的全部职责委托给监理单位,仍有部分职责如工程款的确定等由自己负责。为了在上述情况下都能使用本合同文本,同时也是为了促进建设监理制的推行,本合同文本中没有给出发包人代表的定义,而是由工程师代替,工程师的身份视工程具体情况而定:

(1) 在发包人完全委托监理并由监理单位全权负责合同履行的情况下,工程师指监理单位委派的总监理工程师;

(2) 在不实行监理的情况下,工程师指发包人指定的履行合同的代表;

(3) 在发包人将部分职责委托监理而又指定代表负责合同履行时,工程师可指总监理工程师或发包人代表任何一方,但双方职责应在专用条款中写明,并不得交叉。

根据《建设工程监理规范》(GB 50319—2000)的术语规定,总监理工程师是指由监理单位法定代表人书面授权,全面负责委托监理合同的履行、主持项目监理机构工作的监理工程师。总监理工程师必须符合1992年7月1日建设部令第18号发布的《监理工程师资格考试和注册试行办法》中的有关规定。

1.9 工程造价管理部门:指国务院有关部门、县级以上人民政府建设行政主管部门或其委托的工程造价管理机构。

《通用条款》第23条"合同价款及调整"中涉及到工程造价管理部门。对于可调价格合同,合同价款的调整因素包括"工程造价管理部门公布的价格调整"。因此,工程造价管理部门公布的价格调整是合同价款调整的依据,有必要明确工程造价管理部门的定义。

按照国务院办公厅印发的《建设部职能配置、内设机构和人员编制规定》规定,建设部负责"组织制定和发布全国统一定额和部管行业标准、经济定额的国家标准;组织制定建设项目可行性研究经济评价方法、经济参数、建设标准、建设工期定额、建设用地指标和工程造价管理制度;监督指导各类工程建设标准定额的实施"。按照法律规定或国务院有关部门的职能分工,具有工程造价管理职能的国务院有关部门、县级以上人民政府建设行政主管部门或其委托的工程造价管理机构公布的价格调整,经约定可作为合同价款的调整依据。

1.10 工程:指发包人承包人在协议书中约定的承包范围内的工程。

本合同文本中工程是特指发包人承包人约定的具体工程,有具体的名称、地点和内容,是承包人承包范围以内的工程,不包括协议书以外的其他工程和临时的工程。

1.11 合同价款:按发包人承包人在协议书中约定,发包人用以支付承包人按照合同约定完成承包范围内全部工程并承担质量保修责任的款项。

合同价款是发包人承包人双方按国家有关规定在合同中约定的工程造价。对于招标工程,可通过招投标的方式确定合同价款,合同价款与中标价格一致。对于非招标工程,应以施工图预算为基础,由发包人承包人双方商定加工程变更增减价的方式确定。

合同价款不是全部工程价格,除合同价款外,工程价格还包括追加合同价款和由发包人支付的其他费用。目前,我国工程价构成包括成本、利润和税金构成。成本中包括直接成本和间接成本。合同价款应当按规定合理确定,发包人为了获得更多的利益往往任意压低合同价款,这种做法是不可取的,过低的合同价款必然影响工程的质量,并可能导致质量事故,最终损害发包人的利益。

1.12 追加合同价款:指在合同履行中发生需要增加合同价款的情况,经发包人确认后按计算合同价款的方法增加的合同价款。

合同履行中常会发生需要增加合同价款的情况,这些情况主要包括:

(1) 由于发包人原因增加的合同价款,如增加工程项目、扩大工程量、改变材料、因发包人原因导致的返工、停工等;

(2) 由于非发包人原因增加的合同价款,如法律、法规或国家政策变化以及不可抗力导致合同价款的增加。

发生上述情况,双方应本着实事求是的原则进行洽商,由承包人按计算合同价款的方法计算增加的价款,经发包人确认后,与合同价款一同结算。

1.13 费用:指不包含在合同价款之内的应当由发包人或承包人承担的经济支出。

在合同履行中,有些经济支出未包含在合同价款之内,而应由发包人或承包人承担。如施工临时占地费、办理施工噪音及环境保护所需费用、翻译标准、规范的费用等,应由发包人承担;而由于承包人的原因导致的经济支出,如返工的费用以及承包人办理自身手续所需费用,应由承包人承担。

1.14 工期:指发包人承包人在协议书中约定,按总日历天数(包括法定节假日)计算的承包天数。

工期是指合同工期,是发包人、承包人根据有关规定,结合具体工程在协议书中约定的从工程开工到工程竣工所需的时间。有关规定指国家或国务院有关主管部门及各省、自治区、直辖市规定的确定工期的方法及依据等,包括工期定额。我国的工期定额虽然通常不属于工程建设强制性标准,但由于其反映了通常工程项目建设周期一般规律,所以在实践中发包人和承包人应当以其为基本参考依据确定合理工期。而且工期已经双方当事人约定确定,根据《建设工程安全生产管理条例》的有关规定,建设单位(发包人)将无权要求压缩合同约定的工期。

1.15 开工日期:指发包人与承包人在协议书中约定,承包人开始施工的绝对或相对的日期。

注意事项见《协议书》部分说明。

1.16 竣工日期:按发包人承包人在协议书中约定,承包人完成承包范围内工程的绝对或相对的日期。

注意事项见《协议书》部分说明。

1.17 图纸:指由发包人提供或由承包人提供并经发包人批准,满足承包人施工需要的所有图纸(包括配套说明和有关资料)。

图纸是施工的依据,工程施工必须依照图纸进行。通常情况下,图纸由发包人提供,一切涉及图纸的问题,都由发包人负责。有时,承包人也具备工程设计能力,发包人可委托承包人负责部分设计。在此情况下,承包人提供的图纸应经发包人批准。图纸应能满足施工需要,包括所有的勘察、设计文件以及施工所必需的基础资料。

1.18 施工场地:指由发包人提供的用于工程施工的场所以及发包人在图纸中具体指定的供施工使用的任何其他场所。

施工场地是指满足施工使用所必需的场所，包括堆放材料、材料加工、施工作业、运料通道以及承包人办公生活用的场地。施工场地应由发包人提供，为保证施工正常进行，双方应在图纸中指定或在专用条款内详细约定施工场地的范围及不同场地在施工中的用途。涉及施工场地租用或征地的手续，发包人应负责办理。

1.19 书面形式：指合同书、信件和数据电文（包括电报、电传、传真、电子数据交换和电子邮件）等可以有形地表现所载内容的形式。

合同按照其订立方式可分为口头合同、书面合同以及采用其他方式订立合同。凡当事人的意思表示采用书面形式而订立的合同，称为书面合同。按照《合同法》规定，建设工程合同应当采用书面形式。

书面形式的合同由于对当事人之间约定的权利义务都有明确的文字记载，能够提示当事人适时地正确履行合同义务，当发生合同纠纷时，也便于分清责任，正确、及时地解决纠纷。

建设工程合同一般合同标的额大，合同内容复杂、履行期较长，所以要求采用书面形式。合同的书面形式有多种，最通常的是当事人双方对合同有关内容进行协商订立并由双方签字（或者同时盖章）的合同文本，也称合同书。施工合同示范文本就是合同书的一种。信件、电报、电传、传真也属于书面形式，也可以以此形式签订合同。《合同法》规定，电子数据交换和电子邮件可以有形地表现所载内容，也是书面形式。

1.20 违约责任：指合同一方不履行合同义务或履行合同义务不符合约定所应承担的责任。

违约责任是合同当事人违反合同约定所应承担的责任。按照《合同法》第 107 条规定："当事人一方不履行合同义务或者履行合同义务不符合约定的，应当承担继续履行、采取补救措施或者赔偿损失等违约责任。"依法成立的合同，对当事人具有法律约束力，当事人应当按照合同的约定履行自己的义务。如果不履行义务或者不按约定履行义务，不管主观上是否有过错，除不可抗力可以免责外，都要承担违约责任。这里按照《合同法》的规定，采取了严格责任。承担违约责任的方式包括继续履行、采取补救措施、赔偿损失或约定违约金、定金等。违约责任既具有补偿性又具有惩罚性。

1.21 索赔：指在合同履行过程中，对于并非自己的过错，而是应由对方承担责任的情况造成的实际损失，向对方提出经济补偿和（或）工期顺延的要求。

索赔是当事人在合同实施过程中，根据法律、行政法规及合同等规定，对于并非由于自己的过错，而是属于应由合同对方承担责任的情况造成，且实际发生了损失，向对方提出给予补偿的要求。补偿包括经济补偿和时间补偿即顺延工期。索赔事件的发生，可以是一定行为造成，也可以由不可抗力引起；可以是合同当事人一方引起，也可以是任何第三方行为引起。索赔的性质属于补偿行为，而不是惩罚。索赔的损失结果与被索赔人的行为并不一定存在法律上的因果关系。索赔是合同当事人的权利，既包括承包人向发包人索赔，也包括发包人向承包人索赔。索赔要遵循一定的程序，本合同文本通用条款对索赔的程序有明确的约定。索赔是承发包双方之间经常发生的管理业务，是双方合作的方式，而不是对立的表现。索赔有利于促进双方加强合同管理，严格履行合同。

1.22 不可抗力：指不能预见、不能避免并不能克服的客观情况。

这里采用了《民法通则》及《合同法》对不可抗力的定义。不可抗力是指当事人订立合同时不可预见，它的发生不可避免，人力对其不可克服的自然灾害、战争等客观情况。

按照《合同法》第 117 条规定，因不可抗力不能履行合同的，根据不可抗力的影响，可以部分或者全部免除责任，但法律另有规定的除外。因此，要对不可抗力的范围做出约定。不可抗力事件包括某些自然现象，例如地震、火山爆发、雪崩、洪灾、飓风等；也包括一些社会现象，如政府禁令、战争等。由于法律没有明确列举出不可抗力的范围，本合同通用条款给出了一些不可抗力的范围，但需要发包人承包人在专用条款内具体约定。

1.23 小时或天：本合同条款中规定按小时计算时间的，从事件有效开始时计算（不扣除休息时间）；规定按天计算时间的，开始当天不计入，从次日开始计算。时限的最后一天是休息日或者其他法定节假日的，以节假日次日为时限的最后一天，但竣工日期除外。时限的最后一天的截止时间为当日 24 时。

本合同文本中时间的计算单位为小时或天，对合同履行中发生需紧急处理的事件，一般按小时计算责任期限，而且连续计算时间，不扣除休息时间，通常不超过 72 小时；以天计算时间的，24 小时算一天，按日历天数计算。当时限的最后一天是节假日的，扣除节假日，但竣工日期除外，且仅适用于时限的最后一天。

2. 合同文件及解释顺序

2.1 合同文件应能相互解释，互为说明。除专用条款另有约定外，组成本合同的文件及优先解释顺序如下：

（1）本合同协议书

（2）中标通知书

（3）投标书及其附件

（4）本合同专用条款

（5）本合同通用条款

（6）标准、规范及有关技术文件

（7）图纸

（8）工程量清单

（9）工程报价单或预算书

合同履行中，发包人承包人有关工程的洽商、变更等书面协议或文件视为本合同的组成部分。

本款是关于组成合同的文件及优先解释顺序的约定。按照《合同法》规定，合同是平等主体的自然人、法人、其他组织之间设立、变更、终止民事权利义务关系的协议。因此，工程发包人承包人就工程施工依法设立、变更、终止民事权利义务关系的所有协议都是合同文件的组成部分，对双方都具有法律约束力。除构成合同文本的协议书、通用条款、专用条款三部分外，这里给出了组成合同的其他文件。对于招标工程，中标通知书、投标书及其附件是双方签订合同的主要依据，自然是合同文件的组成部分。其他如标准、规范及有关技术文件、图纸、工程量清单、工程报价单或预算书等也是工程施工中所必不可少的。双方在合同履行中有关工程的洽商、变更等书面协议是对合同的补充，也是合同文件的组成部分。

组成合同的文件是相互补充说明的，当出现不一致时，应按照本款给出的优先顺序进行解释。此优先顺序是参照国际咨询工程师联合会（FIDIC）制定土木工程施工合同条件确定的。双方可以在专用条款中对组成合同的文件进行补充，也可以对解释的优先顺序进行调整，但不得违反有关法律的规定。

2.2 当合同文件出现含糊不清或不相一致时，在不影响工程正常进行的情况下，由发包人承包人协商解决。双方也可以提请负责监理的工程师作出解释。双方协商不成或不同意负责监理的工程师的解释时，按本通用条款 37 条关于争议的约定处理。

本款是关于合同文件出现含糊不清或不一致时如何处理的约定。合同文件出现含糊不清或不相一致时，首先应由双方协商解决，经协商一致，作出明确的解释。本款赋予了监理工程师对合同文件的解释功能，监理工程师应对合同文件作出公正的解释，合同双方应自觉尊重监理工程师的决定。按照《合同法》第 125 条规定，当事人对合同条款的理解有争议的，应当按照合同所使用的词句、合同的有关条款、合同的目的、交易习惯以及诚实信用原则，确定该条款的真实意思。因此，无论是合同双方还是监理工程师，应按照以上原则对合同文件进行解释。当双方协商不成或不同意监理工程师的解释时，按发生争议时的约定处理，可要求有关主管部门调解，或者按仲裁协议申请仲裁，在没有达成仲裁协议或仲裁协议无效的情况下，可提起诉讼。

3. 语言文字和适用法律、标准及规范

3.1 语言文字。

本合同文件使用汉语语言文字书写、解释和说明。如专用条款约定使用两种以上（含两种）语言文字时，汉语应为解释和说明本合同的标准语言文字。

在少数民族地区，双方可以约定使用少数民族语言文字书写和解释、说明本合同。

本款是关于合同文件使用语言文字的约定。汉语是我们国家的通用语言，本合同约定使用汉语语言文字书写、解释和说明。对于涉外施工合同，合同双方可以约定使用外语。不同文字的合同文本应具有同等的效力，但为避免不同文字的合同文本因翻译或理解不同而产生争议，本示范文本约定，汉语为解释和说明合同的标准语言文字，当产生不一致时，以汉语合同文本为准。

3.2 适用法律和法规。

本合同文件适用国家的法律和行政法规。需要明示的法律、行政法规，由双方在专用条款中约定。

本款是关于合同文件适用法律和法规的约定。按照《合同法》规定，当事人订立、履行合同，应当遵守法律、行政法规。合同双方在签订、履行合同过程中，不得违反法律和行政法规的规定。本合同文件除适用中国的法律和行政法规外，中国作为缔约国签订的国际协定或准则，也适用于本合同文件。涉外合同的当事人可以选择处理合同争议所适用的法律，但法律另有规定的除外。需要特别指明适用的法律、行政法规，双方在专用条款中约定。应当注意的是，法律、行政法规没有作出规定的，合同双方在签订、履行合同时，应当遵守地方性法规和行政规章的规定。但对于拟适用的地方性法规和行政规章，应当在专用条款中特别说明。

3.3 适用标准、规范。

双方在专用条款内约定适用国家标准、规范的名称；没有国家标准、规范但有行业标准、规范的，约定适用行业标准、规范的名称；没有国家和行业标准、规范的，约定适用工程所在地地方标准、规范的名称。发包人应按专用条款约定的时间向承包人提供一式两份约定的标准、规范。

国内没有相应标准、规范的，由发包人按专用条款约定的时间向承包人提出施工技术要求，承包人按约定的时间和要求提出施工工艺，经发包人认可后执行。发包人要求使用国外标准、规范的，应负责提供中文译本。

本条所发生的购买、翻译标准、规范或制定施工工艺的费用，由发包人承担。

根据《中华人民共和国标准化法》的规定，我国的标准分为四级，即国家标准、行业标准、地方标准、企业标准。根据的法律效力不同，标准又分为强制性标准和推荐性标准。

《建设工程质量管理条例》规定，建设单位不得明示或者暗示设计单位或者施工单位违反工程建设强制性标准，降低建设工程质量；勘察、设计单位必须按照工程建设强制性标准进行勘察、设计，并对其勘察、设计的质量负责。

2000年8月21日建设部令第81号发布的《实施工程建设强制性标准监督规定》规定：在中华人民共和国境内从事新建、扩建、改建等工程建设活动，必须执行工程建设强制性标准。本规定所称工程建设强制性标准是指直接涉及工程质量、安全、卫生及环境保护等方面的工程建设标准强制性条文。

合同约定采用的标准规范应当赋予其明确的时间界限，如某年某月某日前有效的标准规范。特别是当可能发生新旧标准规范更替的情况下，这种约定尤其重要。否则，由于新旧标准规范的更替通常会引起费用和工期方面的变化，因此，极易导致发承包双方在此方面的争议。

4. 图纸

4.1 发包人应按专用条款约定的日期和套数，向承包人提供图纸。承包人需要增加图纸套数的，发包人应代为复制，复制费用由承包人承担；发包人对工程有保密要求的，应在专用条款中提出保密要求，保密措施费用由发包人承担。承包人在约定保密期限内履行保密义务。

4.2 承包人未经发包人同意，不得将本工程图纸转给第三人。工程质量保修期满后，除承包人存档需要的图纸外，应将全部图纸退还给发包人。

4.3 承包人应在施工现场保留一套完整图纸，供工程师及有关人员进行工程检查时使用。

本条是关于图纸的约定。前面关于图纸的词语定义已经说明，图纸指所有设计文件，包括配套说明和有关资料。除发包人委托具备设计能力的承包人设计的图纸外，图纸均由发包人提供。本条约定了关于图纸的有关费用承担，要求在专用条款中约定提供图纸的时间和数量。图纸属发包人所有，未经许可，承包人不得将图纸转给第三人，工程完工后，应按要求退还发包人，不得私自保留。对于保密工程，承包人应按发包人要求履行保密义务。

（二）双方一般权利和义务

5. 工程师

5.1 实行工程监理的，发包人应在实施监理前将委托的监理单位名称、监理内容及监理权限以书面形式通知承包人。

5.2 监理单位委派的总监理工程师在本合同中称工程师，其姓名、职务、职权由发包人承包人在专用条款内写明。工程师按合同约定行使职权,发包人在专用条款内要求工程师在行使某些职权前需要征得发包人批准的,工程师应征得发包人批准。

5.3 发包人派驻施工场地履行合同的代表在本合同中也称工程师,其姓名、职务、职权由发包人在专用条款内写明,但职权不得与监理单位委派的总监理工程师职权相互交叉。双方职权发生交叉或不明确时,由发包人予以明确,并以书面形式通知承包人。

5.4 合同履行中,发生影响发包人承包人双方权利或义务的事件时,负责监理的工程师应依据合同在其职权范围内客观公正地进行处理。一方对工程师的处理有异议时,按本通用条款第 37 条关于争议的约定处理。

5.5 除合同内有明确约定或经发包人同意外,负责监理的工程师无权解除本合同约定的承包人的任何权利与义务。

5.6 不实行工程监理的,本合同中工程师专指发包人派驻施工场地履行合同的代表,其具体职权由发包人在专用条款内写明。

本条"工程师"在实行工程监理的是指监理单位委派的总监理工程师;不实行工程监理的是指发包人派驻施工场地履行合同的代表。

有关工程监理单位及总监理工程师的条款法律依据是:

1.《建筑法》第 32 条规定:"建筑工程监理应当依照法律、行政法规及有关的技术标准、设计文件和建筑工程承包合同,对承包单位在施工质量、建设工期和建设资金使用等方面,代表建设单位实施监督。"

2.《建筑法》第 33 条规定:"实施建筑工程监理前,建设单位应当将委托的工程监理单位、监理的内容及监理权限,书面通知被监理的建筑施工企业。"

3.《建筑法》第 34 条规定:"工程监理单位应当在其资质等级许可的监理范围内,承担工程监理业务。工程监理单位应当根据建设单位的委托,客观、公正地执行监理任务。"

根据《合同法》第 276 条规定:"建设工程实行监理的,发包人与监理人的权利和义务以及法律责任,应当依照本法委托合同及其他有关法律、行政法规的规定。"依据这项规定直接涉及本条有关《合同法》的规定有如下内容:

1.《合同法》第 397 条:"委托人可以特别委托受托人处理一项或者数项事务,也可以概括委托受托人处理一切事务。"

2.《合同法》第 399 条:"受托人应当按照委托人的指示处理委托事务。需要变更委托人指示的,应当经委托人同意。"

本条为了建设工程部分实行监理和不实行监理的,约定了发包人必须把派驻施工场地履行合同的代表的姓名、职务、职权由发包人在《专用条款》内写明。本条第 3 款特别强调了实行部分监理的工程,发包人派驻施工场地履行合同的业主代表管理本合同的职权,应当避免与监理单位委派的总监理工程师管理本合同的职权相互交叉。

6. 工程师的委派和指令

6.1 工程师可委派工程师代表,行使合同约定的自己的职权,并可在认为必要时撤回委派。委派和撤回均应提前 7 日以书面形式通知承包人,负责监理的工程师还应将委派和撤回通知发包人。委派书和撤回通知作为本合同附件。

工程师代表在工程师授权范围内向承包人发出的任何书面形式的函件,与工程师发出的函件具有同等效力。承包人对工程师代表向其发出的任何书面形式的函件有疑问时,可将此函件提交工程师，工程师应进行确认。工程师代表发出指令有失误时，工程师应进行纠正。除工程师或工程师代表外，发包人派驻工地的其他人员均无权向承包人发出任何指令。

6.2 工程师的指令、通知由其本人签字后，以书面形式交给项目经理，项目经理在回执上签署姓名和收到时间后生效。确有必要时，工程师可发出口头指令，并在48小时内给予书面确认，承包人对工程师的指令应予执行。工程师不能及时给予书面确认的，承包人应于工程师发出口头指令后7天内提出书面确认要求。工程师在承包人提出确认要求后48小时内不予答复的，视为口头指令已被确认。

承包人认为工程师指令不合理，应在收到指令后24小时内向工程师提出修改指令的书面报告，工程师在收到承包人报告后24小时内作出修改指令或继续执行原指令的决定，并以书面形式通知承包人。紧急情况下，工程师要求承包人立即执行的指令或承包人虽有异议，但工程师决定仍继续执行的指令，承包人应予执行。因指令错误发生的追加合同价款和给承包人造成的损失由发包人承担，延误的工期相应顺延。

本款规定同样适用于由工程师代表发出的指令、通知。

6.3 工程师应按合同约定，及时向承包人提供所需指令、批准并履行约定的其他义务。由于工程师未能按合同约定履行义务造成工期延误，发包人应承担延误造成的追加合同价款，并赔偿承包人有关损失，顺延延误的工期。

6.4 如需更换工程师，发包人应至少提前7天以书面形式通知承包人，后任继续行使合同文件约定的前任的职权，履行前任的义务。

本条约定的"工程师可委派工程师代表"是指，负责监理的总监理工程师或发包人委派的工程师，都可以委派工程师代表。

根据国家技术质量监督局和建设部联合发布的《建设工程监理规范》（GB—50319—2000）1.0.4规定："建设工程监理应实行总监理工程师负责制。"依据这条规定，虽然总监理工程师可以委派代表行使合同约定的自己的职权，但总监理工程师仍应全面负责受委托的监理工作。

本条6.2款和6.3款约定了工程师的工作程序和相关责任。本条6.4款是对更换工程师的约定。

7. 项目经理

7.1 项目经理的姓名、职务在专用条款内写明。

7.2 承包人依据合同发出的通知，以书面形式由项目经理签字后送交工程师，工程师在回执上签署姓名和收到时间后生效。

7.3 项目经理按发包人认可的施工组织设计（施工方案）和工程师依据合同发出的指令组织施工。在情况紧急且无法与工程师联系时，项目经理应当采取保证人员生命和工程、财产安全的紧急措施，并在采取措施后48小时内向工程师送交报告。责任在发包人或第三人，由发包人承担由此发生的追加合同价款，相应顺延工期；责任在承包人，由承包人承担费用，不顺延工期。

7.4 承包人如需更换项目经理，应至少提前7天以书面形式通知发包人，并征得发包人同意。后任继续行使合同文件约定的前任的职权，履行前任的义务。

7.5 发包人可以与承包人协商，建议更换其认为不称职的项目经理。

工程项目施工应建立以项目经理为首的生产经营管理系统，实行项目经理负责制。项目经理在工程项目施工中处于中心地位，对工程项目施工负有全面管理的责任。《建筑施工企业项目经理资质管理办法》第 7 条规定："项目经理在承担工程项目施工管理过程中，履行下列职责：

（一）贯彻执行国家和工程所在地政府的有关法律、法规和政策。执行企业的各项管理制度；

（二）严格财经制度，加强财经管理，正确处理国家、企业与个人的利益关系；

（三）执行项目承包合同中由项目经理负责履行的各项条款；

（四）对工程项目施工进行有效控制，执行有关技术规范和标准，积极推广应用新技术，确保工程质量和工期，实现安全、文明生产，努力提高经济效益。"

从上述规定中可以看出，项目经理对工程项目施工负有全面管理的责任。除非承包单位有明确授权范围声明并告知发包人或相关方，否则承包单位将对项目经理及项目经理部的行为承担全部责任。

8. 发包人工作

8.1 发包人按专用条款约定的内容和时间完成以下工作：

（1）办理土地征用、拆迁补偿、平整施工场地等工作，使施工场地具备施工条件，在开工后继续负责解决以上事项遗留问题；

（2）将施工所需水、电、电讯线路从施工场地外部接至专用条款约定地点，保证施工期间的需要；

（3）开通施工场地与城乡公共道路的通道，以及专用条款约定的施工场地内的主要道路，满足施工运输的需要，保证施工期间的畅通；

（4）向承包人提供施工场地的工程地质和地下管线资料，对资料的真实准确性负责；

（5）办理施工许可证及其他施工所需证件、批件和临时用地、停水、停电、中断道路交通、爆破作业等的申请批准手续（证明承包人自身资质的证件除外）；

（6）确定水准点与坐标控制点，以书面形式交给承包人，进行现场交验；

（7）组织承包人和设计单位进行图纸会审和设计交底；

（8）协调处理施工场地周围地下管线和邻近建筑物、构筑物（包括文物保护建筑）、古树名木的保护工作，承担有关费用；

（9）发包人应做的其他工作，双方在专用条款内约定。

8.2 发包人可以将 8.1 款部分工作委托承包人办理，双方在专用条款内约定，其费用由发包人承担。

8.3 发包人未能履行 8.1 款各项义务，导致工期延误或给承包人造成损失的，发包人赔偿承包人有关损失，顺延延误的工期。

《合同法》把发包人和承包人双方相互协作列为施工合同的主要内容。本条对应当由发包人进行的工作，按一般情况和有关法律，作了明确约定。按一般情况约定的工作有：提供可供施工的场地，水、电，电讯线路，开通施工场地与城乡公共道路的通道，提供施工场地的工程地质资料，确定水准点与坐标控制点和设计交底等。按有关法律约定的有如下内容：

1.《建筑法》第 7 条规定："建筑工程开工前，建设单位应当按照国家有关规定向工程所在地县级以上人民政府建设行政主管部门申请领取施工许可证。"

2.《建筑法》第39条规定："施工现场对毗邻的建筑物、构筑物和特殊作业环境可能造成损害的,建筑施工企业应当采取安全防护措施。"

3.《建筑法》第40条规定："建设单位应当向建筑施工企业提供与施工现场相关的地下管线资料,建筑施工企业应当采取措施加以保护。"

4.《建筑法》第42条规定："有下列情形之一的,建设单位应当按照国家有关规定办理申请批准手续:

(一)需要临时占用规划批准范围以外场地的;

(二)可能损坏道路、管线、电力、邮电通讯等公共设施的;

(三)需要临时停水、停电、中断道路交通的;

(四)需要进行爆破作业的;

(五)法律、法规规定需要办理报批手续的其他情况。"

本条还约定了发包人可以把其应作的部分工作委托给承包人办理及其应承担的责任。本条还约定了发包人怠于承担应由其承担的工作应负的责任。

9. 承包人工作

9.1 承包人按专用条款约定的内容和时间完成以下工作:

(1)根据发包人委托,在其设计资质等级和业务允许的范围内,完成施工图设计或与工程配套的设计,经工程师确认后使用,发包人承担由此发生的费用;

(2)向工程师提供年、季、月度工程进度计划及相应进度统计报表;

(3)根据工程需要,提供和维修非夜间施工使用的照明、围栏设施,并负责安全保卫;

(4)按专用条款约定的数量和要求,向发包人提供施工场地办公和生活的房屋及设施,发包人承担由此发生的费用;

(5)遵守政府有关主管部门对施工场地交通、施工噪音以及环境保护和安全生产等的管理规定,按规定办理有关手续,并以书面形式通知发包人,发包人承担由此发生的费用,因承包人责任造成的罚款除外;

(6)已竣工工程未交付发包人之前,承包人按专用条款约定负责已完工程的保护工作,保护期间发生损坏,承包人自费予以修复;发包人要求承包人采取特殊措施保护的工程部位和相应的追加合同价款,双方在专用条款内约定;

(7)按专用条款约定做好施工场地地下管线和邻近建筑物、构筑物(包括文物保护建筑)、古树名木的保护工作;

(8)保证施工场地清洁符合环境卫生管理的有关规定,交工前清理现场达到专用条款约定的要求,承担因自身原因违反有关规定造成的损失和罚款;

(9)承包人应做的其他工作,双方在专用条款内约定。

9.2 承包人未能履行9.1款各项义务,造成发包人损失的,承包人赔偿发包人有关损失。

本条对应当由承包人进行的工作,按一般情况和有关法律作了明确约定。按一般情况约定的工作有:接受发包人委托的工程设计,提供有关报表,向发包人提供办公及生活房屋及设施,保护已完尚未交付的工程等。按有关法律和规章约定的有如下内容:

《建筑法》第 40 条规定:"建设单位应当向建筑施工企业提供与施工现场相关的地下管线资料,建筑施工企业应当采取措施加以保护。"

《建筑法》第 41 条规定:"建筑施工企业应当遵守有关环境保护和安全生产方面的法律、法规的规定,采取控制和处理施工现场的各种粉尘、废气、废水、固体废物以及噪声、振动对环境的污染和危害的措施。"

《建筑法》第 39 条规定:"施工现场对毗邻的建筑物、构筑物和特殊作业环境可能造成损害的,建筑施工企业应当采取安全防护措施。"

《环境噪声污染防治法》第 28 条规定:"在城市市区范围内向周围生活环境排放建筑施工噪声的,应当符合国家规定的建筑施工场界环境噪声排放标准。"

《环境噪声污染防治法》第 29 条规定:"在城市市区范围内,建筑施工过程中使用机械设备,可能产生环境噪声污染的,施工单位必须在工程开工 15 日以前向工程所在地县级以上地方人民政府环境保护行政主管部门申报该工程的项目名称、施工场所和期限、可能产生的环境噪声值以及所采取的环境噪声污染防治措施的情况。"

《中华人民共和国道路交通管理条例》规定:"建设工程施工需要挖掘道路时,须经市政管理部门或公路管理部门同意后,由公安机关办理手续。挖掘道路的施工现场,须设置明显标志和安全防卫设施。竣工后,须及时清理现场,修复路面和道路设施。"

(三)施工组织设计和工期

10. 进度计划

10.1 承包人应按专用条款约定的日期,将施工组织设计和工程进度计划提交工程师,工程师按专用条款约定的时间予以确认或提出修改意见,逾期不确认也不提出书面意见的,视为同意。

10.2 群体工程中单位工程分期进行施工的,承包人应按照发包人提供图纸及有关资料的时间,按单位工程编制进度计划,其具体内容双方在专用条款中约定。

10.3 承包人必须按工程师确认的进度计划组织施工,接受工程师对进度的检查、监督。工程实际进度与经确认的进度计划不符对,承包人应按工程师的要求提出改进措施,经工程师确认后执行。因承包人的原因导致实际进度与进度计划不符,承包人无权就改进措施提出追加合同价款。

这一条是关于施工组织设计和工程进度计划提交和确认程序的约定。施工组织设计是用科学管理方法全面组织施工的技术经济文件。主要包括如下内容:

1. 各分部分项工程的完整的施工方案,保证质量的措施;
2. 施工机械的进场计划;
3. 工程材料的进场计划;
4. 施工现场平面布置图及施工道路平面图;
5. 冬、雨季施工措施;
6. 地下管线及其他地上地下设施的加固措施;
7. 保证安全生产,文明施工,减少扰民降低环境污染和噪音的措施。

工程进度计划,是以分部工程作为施工项目划分对象,控制各分部工程的施工时间及分部之间互相配合、搭接关系的一种进度计划。工程进度计划应当与施工组织设计相适应。建设工程实行招标投标制,施工组织设计和工程进度计划是组成投标文件的重要部分。投标单位（承包人）必须在投标文件内提出合理、切实可行的施工组织设计，才能取得招标单位（发包人）的信任，而在竞争中取胜获得中标。在施工过程中，承包人必须按照施工组织设计和工程进度计划组织施工，在客观情况变化时，可以修改进度计划。因此，需要在施工合同内设置"进度计划"的提供和确认程序性的条款内容。《合同法》第277条有发包人可以随时检查作业进度的规定。

11. 开工及延期开工

11.1 承包人应当按照协议书约定的开工日期开工。承包人不能按时开工，应当不迟于协议书约定的开工日期前7天，以书面形式向工程师提出延期开工的理由和要求。工程师应当在接到延期开工申请后的48小时内以书面形式答复承包人。工程师在接到延期开工申请后48小时内不答复，视为同意承包人要求，工期相应顺延。工程师不同意延期要求或承包人未在规定时间内提出延期开工要求，工期不予顺延。

11.2 因发包人原因不能按照协议书约定的开工日期开工，工程师应以书面形式通知承包人，推迟开工日期。发包人赔偿承包人因延期开工造成的损失，并相应顺延工期。

建设工程的开工时间是《合同法》规定施工合同包括的主要内容。因此，在施工合同《协议书》内双方约定了开工日期，发包人和承包人都必须严格履行。由于建设工程涉及的面广，往往有一些预想不到的因素，影响按约定的日期开工，需要在施工合同内设置延期开工条款。在遇到因发包人和承包人的原因需推迟开工日期，双方应按合同约定的程序，通知对方。还要约定是否顺延工期，以及因一方推迟开工日期，给对方造成损失的赔偿责任。

12. 暂停施工

工程师认为确有必要暂停施工时，应当以书面形式要求承包人暂停施工，并在提出要求后48小时内提出书面处理意见。承包人应当按工程师要求停止施工，并妥善保护已完工程。承包人实施工程师作出的处理意见后，可以书面形式提出复工要求，工程师应当在48小时内给予答复。工程师未能在规定时间内提出处理意见，或收到承包人复工要求后48小时内未予答复，承包人可自行复工。因发包人原因造成停工的，由发包人承担所发生的追加合同价款，赔偿承包人由此造成的损失，相应顺延工期；因承包人原因造成停工的，由承包人承担发生的费用，工期不予顺延。

本条是关于暂停施工程序性条款。

在工程施工过程中经常因设计变更、质量事故、安全事故、材料供应不及时等因素需要暂停施工。为了明确发包人和承包人对暂停施工的责任和停工、复工的时间约束，需要设置这一条款。同时，在这一条款内，还明确了造成暂停施工的责任及损失赔偿和工期顺延等内容。

13. 工期延误

13.1 因以下原因造成工期延误，经工程师确认，工期相应顺延：

(1) 发包人未能按专用条款的约定提供图纸及开工条件；

(2) 发包人未能按约定日期支付工程预付款、进度款，致使施工不能正常进行；

(3) 工程师未按合同约定提供所需指令、批准等，致使施工不能正常进行；

(4) 设计变更和工程量增加；

(5) 一周内非承包人原因停水、停电、停气造成停工累计超过8小时；

(6) 不可抗力;

(7) 专用条款中约定或工程师同意工期顺延的其他情况。

13.2 承包人在13.1款情况发生后14天内,就延误的工期以书面形式向工程师提出报告。工程师在收到报告后14天内予以确认,逾期不予确认也不提出修改意见,视为同意顺延工期。

本条对经工程师确认,可以顺延工期的具体延误原因罗列了六项,第七项未罗列具体原因的有下列两种情况:

1. 发包人和承包人在《专用条款》内约定的;

2. 工程师同意的其他原因。

本条内还约定了发生延误情况,承包人向工程师报告和工程师确认的程序。

14. 工程竣工

14.1 承包人必须按照协议书约定的竣工日期或工程师同意顺延的工期竣工。

14.2 因承包人原因不能按照协议书约定的竣工日期或工程师同意顺延的工期竣工的,承包人承担违约责任。

14.3 施工中发包人如需提前竣工,双方协商一致后应签订提前竣工协议,作为合同文件组成部分。提前竣工协议应包括承包人为保证工程质量和安全采取的措施、发包人为提前竣工提供的条件以及提前竣工所需的追加合同价款等内容。

1991年版本《建设工程施工合同》文本内设置了"工期提前"条款。鉴于一些建设工程盲目抢工期,造成严重的质量隐患或事故,在修订合同文本时,取消了突出"工期提前"的条款,代之以本条款。

建设工程竣工时间也是《合同法》规定施工合同包括的主要内容。因此,在施工合同《协议书》内双方约定的竣工日期,发包人和承包人也都必须严格履行。特别是由于承包人不能按照《协议书》约定的竣工日期或工程师同意顺延的工期竣工的,一定要承担违约责任。

虽然,本合同未突出"工期提前",但个别工程还会因某些特殊情况,发包人要求承包人比《协议书》约定的竣工日期提前竣工。为了适应这种情况,在本条内仍设置了需要提前竣工双方签订协议及协议应包括的内容一款。

(四) 质量与检验

15. 工程质量

15.1 工程质量应当达到协议书约定的质量标准,质量标准的评定以国家或行业的质量检验评定标准为依据。因承包人原因工程质量达不到约定的质量标准,承包人承担违约责任。

15.2 双方对工程质量有争议,由双方同意的工程质量检测机构鉴定,所需费用及因此造成的损失,由责任方承担。双方均有责任,由双方根据其责任分别承担。

《建筑工程施工质量验收统一标准》(GB 50300—2001)内对工程质量检验评定按分项、分部、单位工程的质量均分为"合格"与"不合格"两个等级。在建设工程施工合同履行过程中,承包人能否向发包人提供"合格"的建设工程,关系到当事人双方最根本的利益。因为按照最高人民法院《关于审理建设工程施工合同纠纷案件适用法律问题的解释》第2条的规定,如果建设工程质量不合格且经修复后仍不合格,承包人请求支付工程价款的，将不能获得法院支持。换句话讲，当建设工程质量不合格时，发包人将有权拒付工程款。

16. 检查和返工

16.1 承包人应认真按照标准、规范和设计图纸要求以及工程师依据合同发出的指令施工，随时接受工程师的检查检验，为检查检验提供便利条件。

16.2 工程质量达不到约定标准的部分，工程师一经发现，应要求承包人拆除和重新施工，承包人应按工程师的要求拆除和重新施工，直到符合约定标准。因承包人原因达不到约定标准，由承包人承担拆除和重新施工的费用，工期不予顺延。

16.3 工程师的检查检验不应影响施工正常进行。如影响施工正常进行，检查检验不合格时，影响正常施工的费用由承包人承担。除此之外影响正常施工的追加合同价款由发包人承担，相应顺延工期。

16.4 因工程师指令失误或其他非承包人原因发生的追加合同价款，由发包人承担。

《建筑法》第58条规定："建筑施工企业对工程的施工质量负责。建筑施工企业必须按照工程设计图纸和施工技术标准施工；不得偷工减料。"

《合同法》第281条规定："因施工人的原因致使建设工程质量不符合约定的，发包人有权要求施工人在合理期限内无偿修理或返工、改建。经过修理或者返工、改建后，造成逾期交付的，施工人应当承担违约责任。"

《合同法》第277条规定："发包人在不妨碍承包人正常作业的情况下，可以随时对作业进度、质量进行检查。"

17. 隐蔽工程和中间验收

17.1 工程具备隐蔽条件或达到专用条款约定的中间验收部位，承包人进行自检，并在隐蔽或中间验收前48小时以书面形式通知工程师验收。通知包括隐蔽和中间验收的内容、验收时间和地点。承包人准备验收记录，验收合格，工程师在验收记录上签字后，承包人可进行隐蔽和继续施工。验收不合格，承包人在工程师限定的时间内修改后重新验收。

17.2 工程师不能按时进行验收，应在验收前24小时以书面形式向承包人提出延期要求，延期不能超过48小时。工程师未能按以上时间提出延期要求，不进行验收，承包人可自行组织验收，工程师应承认验收记录。

17.3 经工程师验收，工程质量符合标准、规范和设计图纸等要求，验收24小时后，工程师不在验收记录上签字，视为工程师已经认可验收记录，承包人可进行隐蔽或继续施工。

《合同法》第278条规定："隐蔽工程在隐蔽以前，承包人应当通知发包人检查。"《合同法》内也有关于中间交工工程的规定。

18. 重新检验

无论工程师是否进行验收，当其要求对已经隐蔽的工程重新检验时，承包人应按要求进行剥离或开孔，并在检验后重新覆盖或修复。检验合格，发包人承担由此发生的全部追加合同价款，赔偿承包人损失，并相应顺延工期。检验不合格，承包人承担发生的全部费用，工期不予顺延。

在隐蔽工程隐蔽前，发包人接到承包人通知后没有及时检查，《合同法》第278条规定:"承包人可以顺延工程日期,并有权要求赔偿停工、窝工等损失。"

19. 工程试车

19.1 双方约定需要试车的,试车内容应与承包人承包的安装范围相一致。

19.2 设备安装工程具备单机无负荷试车条件,承包人组织试车,并在试车前48小时以书面形式通知工程师。通知包括试车内容、时间、地点。承包人准备试车记录,发包人根据承包人要求为试车提供必要条件。试车合格,工程师在试车记录上签字。

19.3 工程师不能按时参加试车,须在开始试车前24小时以书面形式向承包人提出延期要求,延期不能超过48小时。工程师未能按以上时间提出延期要求,不参加试车,应承认试车记录。

19.4 设备安装工程具备无负荷联动试车条件,发包人组织试车,并在试车前48小时以书面形式通知承包人。通知包括试车内容、时间、地点和对承包人的要求,承包人按要求做好准备工作。试车合格,双方在试车记录上签字。

19.5 双方责任。

(1) 由于设计原因试车达不到验收要求,发包人应要求设计单位修改设计,承包人按修改后的设计重新安装。发包人承担修改设计、拆除及重新安装的全部费用和追加合同价款,工期相应顺延。

(2) 由于设备制造原因试车达不到验收要求,由该设备采购一方负责重新购置或修理,承包人负责拆除和重新安装。设备由承包人采购的,由承包人承担修理或重新购置、拆除及重新安装的费用,工期不予顺延;设备由发包人采购的,发包人承担上述各项追加合同价款,工期相应顺延。

(3) 由于承包人施工原因试车达不到验收要求,承包人按工程师要求重新安装和试车,并承担重新安装和试车的费用,工期不予顺延。

(4) 试车费用除已包括在合同价款之内或专用条款另有约定外,均由发包人承担。

(5) 工程师在试车合格后不在试车记录上签字,试车结束24小时后,视为工程师已经认可试车记录,承包人可继续施工或办理竣工手续。

19.6 投料试车应在工程竣工验收后由发包人负责,如发包人要求在工程竣工验收前进行或需要承包人配合时,应征得承包人同意,另行签订补充协议。

绝大多数的建设工程都有与之相配套的设备安装工程,不论是民用建筑工程的锅炉、变电配电、采暖通风系统、制冷设备、电梯等,还是工业建筑的生产工艺设备等,根据不同的设备安装,国家均制定了相应的验收规范,在规范内都规定了单机试车、无负荷联动试车和投料试车(带负荷联动试车)。本条约定了发包人和承包人,在不同试车阶段的责任。

关于试车费用,实行招标的工程,投标人(承包人)根据招标人(发包人)在招标文件内提出的要求计算在投标报价内。

(五)安全施工

20. 安全施工与检查

20.1 承包人应遵守工程建设安全生产有关管理规定,严格按安全标准组织施工,并随时接受行业安全检查人员依法实施的监督检查,采取必要的安全防护措施,消除事故隐患。由于承包人安全措施不力造成事故的责任和因此发生的费用,由承包人承担。

20.2 发包人应对其在施工场地的工作人员进行安全教育,并对他们的安全负责。发包人不得要求承包人违反安全管理的规定进行施工。因发包人原因导致的安全事故,由发包人承担相应责任及发生的费用。

《建筑法》第38条规定:"建筑施工企业在编制施工组织设计时,应当根据建筑工程的特点制定相应的安全技术措施;对专业性较强的工程项目,应当编制专项安全施工组织设计,并采取安全技术措施。"

《建筑法》第44条规定:"建筑施工企业必须依法加强对建筑安全生产的管理,执行安全生产责任制度,采取有效措施,防止伤亡和其他安全事故的发生。建筑施工企业法定代表人对本企业的安全负责。"该条目明确了施工单位必须严格执行安全生产的法律、法规和标准,接受工程安全监督机构的监督管理。施工单位的法定代表人是本单位安全生产的第一责任人,对本单位的安全生产全面负责。施工单位设立安全生产管理部门,配备与其生产规模相适应的、具有工程系列技术职称的专职安全管理负责人员,负责本单位的安全管理工作,并向工程项目派驻专职安全管理人员;施工单位发现按照设计图纸施工不能保障作业人员安全的,应当书面报告建设单位,并要求设计单位变更设计。安全生产责任制是企业岗位责任制的主要组成部分,是施工企业安全管理中最基本的制度。

21. 安全防护

21.1 承包人在动力设备、输电线路、地下管道、密封防震车间、易燃易爆地段以及临街交通要道附近施工时,施工开始前应向工程师提出安全防护措施,经工程师认可后实施,防护措施费用由发包人承担。

21.2 实施爆破作业,在放射、毒害性环境中施工(含储存、运输、使用)及使用毒害性、腐蚀性物品施工时,承包人应在施工前14天以书面形式通知工程师,并提出相应的安全防护措施,经工程师认可后实施,由发包人承担安全防护措施费用。

《建筑法》第41条规定:"建筑施工企业应当遵守有关环境保护和安全生产方面的法律、法规的规定,采取控制和处理施工现场的各种粉尘、废气、废水、固体废料,对环境的污染和危害的措施。"

《建筑法》第42条还规定,需要进行爆破作业的,建设单位应当按照国家有关规定办理申请批准手续。根据《民用爆炸物品管理条例》第27条的规定,使用爆破器材的建设单位,必须经上级主管部门审查同意,并持说明使用爆破器材的地点、品名、数量、用途、四邻距离的文件和安全操作规程,向所在地县、市公安局申请领取《爆炸物品使用许可证》,方准使用。该条例第30条规定,进行大型爆破作业,或在城镇与其他居民聚居的地方、风景名胜区和重要工程设施附近进行控制爆破作业,施工单位必须事先将爆破作业方案,报县、市以上主管部门批准,并征得所在地县、市公安局同意,方准爆破作业。

《建筑法》第47条规定:"建筑施工企业的作业人员有权对影响人身健康的作业程序和作业条件提出改进意见,有权获得安全生产所需的防护用品。"

22. 事故处理

22.1 发生重大伤亡及其他安全事故,承包人应按有关规定立即上报有关部门并通知工程师,同时按政府有关部门要求处理,由事故责任方承担发生的费用。

22.2 发包人承包人对事故责任有争议时,应按政府有关部门的认定处理。

《建筑法》第 51 条规定:"施工中发生事故时,建筑施工企业应当采取紧急措施减少人员伤亡和事故损失,并按照国家有关规定及时向有关部门报告。"工程质量事故报告制度是《建设工程质量管理条例》第 52 条规定:"建设工程发生质量事故后,有关单位应当在 24 小时内向当地建设行政主管部门和其他有关部门报告。对重大质量事故,事故发生地的建设行政主管部门和其他有关部门应当按照事故类别和等级向当地人民政府和上级建设行政主管部门和其他有关部门报告。特别重大质量事故的调查程序按照国务院有关规定办理。"

《工程建设重大事故报告和调查程序规定》(建设部第 3 号令)对重大事故的等级、重大事故的报告和现场保护、重大事故的调查等均有详细规定。

(六)合同价款与支付

23. 合同价款及调整

23.1 招标工程的合同价款由发包人承包人依据中标通知书中的中标价格在协议书内约定。非招标工程的合同价款由发包人承包人依据工程预算书在协议书内约定。

23.2 合同价款在协议书内约定后,任何一方不得擅自改变。下列三种确定合同价款的方式,双方可在专用条款内约定采用其中一种:

(1)固定价格合同。双方在专用条款内约定合同价款包含的风险范围和风险费用的计算方法,在约定的风险范围内合同价款不再调整。风险范围以外的合同价款调整方法,应当在专用条款内约定。

(2)可调价格合同。合同价款可根据双方的约定而调整,双方在专用条款内约定合同价款调整方法。

(3)成本加酬金合同。合同价款包括成本和酬金两部分,双方在专用条款内约定成本构成和酬金的计算方法。

23.3 可调价格合同中合同价款的调整因素包括:

(1)法律、行政法规和国家有关政策变化影响合同价款;

(2)工程造价管理部门公布的价格调整;

(3)一周内非承包人原因停水、停电、停气造成停工累计超过 8 小时;

(4)双方约定的其他因素。

23.4 承包人应当在 23.3 款情况发生后 14 天内,将调整原因、金额以书面形式通知工程师,工程师确认调整金额后作为追加合同价款,与工程款同期支付。工程师收到承包人通知后 14 天内不予确认也不提出修改意见,视为已经同意该项调整。

《招标投标法》第 46 条规定:"招标人和中标人应当自中标通知书发出之日起三十日内,按照招标文件和中标人的投标文件订立书面合同。招标人和中标人不得再行订立背离合同实质性内容的其他协议。"根据这条规定,发包人和承包人应当按照中标人在投标文件中报价,并由招标人在中标通知书内确认的中标标价在合同内约定。合同内约定的价款,应当与中标通知书内的中标标价相同,否则将构成"订立背离合同实质性内容的其他协议"的行为。同时《合同法》也把工程造价列为施工合同内容的主要条款。

24. 工程预付款

实行工程预付款的,双方应当在专用条款内约定发包人向承包人预付工程款的时间和数额,开工后按约定的时间和比例逐次扣回。预付时间应不迟于约定的开工日期前 7 天。

发包人不按约定预付，承包人在约定预付时间7天后向发包人发出要求预付的通知，发包人收到通知后仍不能按要求预付，承包人可在发出通知后7天停止施工，发包人应从约定应付之日起向承包人支付应付款的贷款利息，并承担违约责任。

《建筑工程施工发包与承包计价管理办法》（建设部令第107号）第14条规定："建筑工程的发承包双方应当根据建设行政主管部门的规定，结合工程款、建设工期和包工包料情况在合同中约定预付工程款的具体事宜。"

根据上述规定本条款作了如下几点约定：

1. 发包方向承包方预付工程款的时间和数额在专用条款内约定。
2. 开工后扣回的时间和逐次比例。
3. 预付时间不迟于约定的开工日期前7天。
4. 发包方不按约定预付，承包方应在约定预付时间7天后发出预付通知。
5. 发包方收到通知后仍不能按要求预付，承包方可停止施工。这是承包方行使先履行抗辩权行为。《合同法》第67条规定："当事人互负债务，有先后履行顺序，先履行一方未履行的，后履行一方有权拒绝其履行要求。"根据这一规定发包方预付工程款是先履行行为，而承包方收到预付工程款后，才履行施工义务。因发包方不按合同约定先履行预付工程款义务，因此，也就无权要求承包方履行施工义务。

发包方支付工程预付款，通常需要承包方出具预付款担保，双方可在协议条款中对预付款担保的有关事项进行约定。

25. 工程量的确认

25.1 承包人应按专用条款约定的时间，向工程师提交已完工程量的报告。工程师接到报告后7天内按设计图纸核实已完工程量（以下称计量），并在计量前24小时通知承包人，承包人为计量提供便利条件并派人参加。承包人收到通知后不参加计量，计量结果有效，作为工程价款支付的依据。

25.2 工程师收到承包人报告后7天内未进行计量，从第8天起，承包人报告中开列的工程量即视为被确认，作为工程价款支村的依据。工程师不按约定时间通知承包人，致使承包人未能参加计量，计量结果无效。

25.3 对承包人超出设计图纸范围和因承包人原因造成返工的工程量，工程师不予计量。

工程量的确认是工程的一项重要内容，《建设工程监理规范》对工程量确认工作的程序和内容作出了详细规定。

26. 工程款（进度款）支付

26.1 在确认计量结果后14天内，发包人应向承包人支付工程款（进度款）。按约定时间发包人应扣回的颈付款，与工程款（进度款）同期结算。

26.2 本通用条款第23条确定调整的合同价款，第31条工程变更调整的合同价款及其他条款中约定的追加合同价款，应与工程款（进度款）同期调整支付。

26.3 发包人超过约定的支付时间不支付工程款（进度款），承包人可向发包人发出要求付款的通知，发包人收到承包人通知后仍不能按要求付款，可与承包人协商签订延期付款协议，经承包人同意后可延期支付。协议应明确延期支付的时间和从计量结果确认后第15天起应付款的贷款利息。

26.4 发包人不按合同约定支付工程款（进度款），双方又未达成延期付款协议，导致施工无法进行，承包人可停止施工，由发包人承担违约责任。

《建筑法》第18条规定："发包单位应当按照合同的规定，及时拨付工程款项。"

《合同法》第283条规定："发包人未按照约定的时间和要求提供资金的，承包人可以顺延工程日期，并有权要求赔偿停工、窝工等损失。"

按照约定支付工程款，是发包人应当履行的最基本的合同义务。《示范文本》第41条规定了发包人承包人为了全面履行合同，应互相提供担保，发包人向承包人提供履约担保，按合同约定支付工程价款及履行合同约定的其他义务。同时，《房屋建筑和市政基础设施工程施工招标投标管理办法》（建设部令第89号）第48条规定："招标文件要求中标人提交履约担保的，中标人应当提交。招标人应当同时向中标人提供工程款支付担保。"《工程建设项目施工招标投标办法》也有类似的规定。上述规定对建立工程款支付担保制度，从而规范发包人的履约行为具有重大意义。

（七）材料设备供应

27. 发包人供应材料设备

27.1 实行发包人供应材料设备的，双方应当约定发包人供应材料设备的一览表，作为本合同附件（附件2）。一览表包括发包人供应材料设备的品种、规格、型号、数量、单价、质量等级、提供时间和地点。

27.2 发包人按一览表约定的内容提供材料设备，并向承包人提供产品合格证明，对其质量负责。发包人在所供材料设备到货前24小时，以书面形式通知承包人，由承包人派人与发包人共同清点。

27.3 发包人供应的材料设备，承包人派人参加清点后由承包人妥善保管，发包人支付相应保管费用。因承包人原因发生丢失损坏，由承包人负责赔偿。

发包人未通知承包人清点，承包人不负责材料设备的保管，丢失损坏由发包人负责。

27.4 发包人供应的材料设备与一览表不符时，发包人承担有关责任。发包人应承担责任的具体内容，双方根据下列情况在专用条款内约定：

（1）材料设备单价与一览表不符，由发包人承担所有价差；

（2）材料设备的品种、规格、型号、质量等级与一览表不符，承包人可拒绝接收保管，由发包人运出施工场地并重新采购；

（3）发包人供应的材料规格、型号与一览表不符，经发包人同意，承包人可代为调剂串换，由发包人承担相应费用；

（4）到货地点与一览表不符，由发包人负责运至一览表指定地点；

（5）供应数量少于一览表约定的数量时，由发包人补齐，多于一览表约定数量时，发包人负责将多出部分运出施工场地；

（6）到货时间早于一览表约定时间，由发包人承担因此发生的保管费用；到货时间迟于一览表约定的供应时间，发包人赔偿由此造成的承包人损失，造成工期延误的，相应顺延工期。

27.5 发包人供应的材料设备使用前，由承包人负责检验或试验，不合格的不得使用，检验或试验费用由发包人承担。

27.6 发包人供应材料设备的结算方法，双方在专用条款内约定。

《合同法》第287条规定："本章没有规定的，适用承揽合同的有关规定。"关于发包人供应材科设备，第十六章"建设工程合同"内没有详细规定，在第十五章"承揽合同"内第256条规定："定作人提供材料的，定作人应当按照约定提供材料。承揽人对定作人提供的材料，应当及时检验，发现不符合约定时，应当及时通知定作人更换、补齐或者采取其他补救措施。"第265条规定："承揽人应当妥善保管定作人提供的材料，因保管不善造成毁损、灭失的，应当承担损害赔偿责任。"这些条款适用建设工程施工合同时，定作人应为发包人；承揽人应为承包人。

《合同法》第283条规定："发包人未按约定的时间和要求提供原材料、设备的，承包人可以顺延工程日期，并有权要求赔偿停工、窝工等损失。"同时，根据最高人民法院《关于审理建设工程施工合同纠纷案件适用法律问题的解释》的规定，因发包人提供或指定的材料设备质量原因造成质量问题的，发包人应当承担过错责任，但是如果承包人如果有过错的，也要承担相应的责任。

28. 承包人采购材料设备

28.1 承包人负责采购材料设备的，应按照专用条款约定及设计和有关标准要求采购，并提供产品合格证明，对材料设备质量负责。

承包人在材料设备到货前24小时通知工程师清点。

28.2 承包人采购的材料设备与设计或标准要求不符时，承包人应按工程师要求的时间运出施工场地，重新采购符合要求的产品，承担由此发生的费用，由此延误的工期不予顺延。

28.3 承包人采购的材料设备在使用前，承包人应按工程师的要求进行检验或试验，不合格的不得使用，检验或试验费用由承包人承担。

28.4 工程师发现承包人采购并使用不符合设计和标准要求的材料设备时，应要求承包人负责修复、拆除或重新采购，由承包人承担发生的费用，由此延误的工期不予顺延。

28.5 承包人需要使用代用材料时应经工程师认可后才能使用，由此增减的合同价款双方以书面形式议定。

28.6 由承包人采购的材料设备，发包人不得指定生产厂或供应商。

《合同法》第十五章承揽合同内规定："承揽人提供材料的，承揽人应当按照约定选用材料，并接受定作人检验。"还规定："承揽人不得擅自更换定作人提供的材料，不得更换不需要修理的部件。"上列这些规定，在适用于"建设工程施工合同"时，承揽人应为承包人，定作人应为发包人。

《建筑法》第59条规定："建筑施工企业必须按照工程设计要求、施工技术标准和合同的约定，对建筑材料、建筑构配件和设备进行检验，不合格的不得使用。"

《建筑法》第25条规定："按照合同约定，建筑材料，建筑构配件和设备由工程承包单位采购的，发包单位不得指定承包单位购入用于工程的建筑材料、建筑构配件和设备或者指定生产厂、供应商。"

（八）工程变更

29. 工程设计变更

29.1 施工中发包人需对原工程设计进行变更，应提前14日以书面形式向承包人发出变更通知。变更超过原设计标准或批准的建设规模时，发包人应报规划管理部门和其他有关部门重新审查批准，并由原设计单位提供变更的相应图纸和说明。承包人按照工程师发出的变更通知及有关要求；进行下列需要的变更：

（1）更改工程有关部分的标高、基线、位置和尺寸；
（2）增减合同中约定的工程量；
（3）改变有关工程的施工时间和顺序；
（4）其他有关工程变更需要的附加工作。

因变更导致合同价款的增减及造成的承包人损失，由发包人承担，延误的工期相应顺延。

29.2 施工中承包人不得对原工程设计进行变更。因承包人擅自变更设计发生的费用和由此导致发包人的直接损失，由承包人承担，延误的工期不予顺延。

29.3 承包人在施工中提出的合理化建议涉及对设计图纸或施工组织设计的更改及对材料、设备的换用，须经工程师同意。未经同意擅自更改或换用时，承包人承担由此发生的费用，并赔偿发包人的有关损失，延误的工期不予顺延。

工程师同意采用承包人合理化建议，所发生的费用和获得的收益，发包人承包人另行约定分担或分享。

根据《建设工程项目管理规范》的规定，项目经理除应随时注意29.1中规定的设计变更外，还应注意工程的删减、永久工程的附加工作，设备、材料和服务的变更等。

在建筑市场仍不规范的条件下，有些发包人常常通过以设计变更的名义将一些利润丰厚的工程删减，另行发包。尽管29.1款赋予了承包人索赔的权利，但承包人减少的预期利润是否有权要求赔偿呢？在《合同法》生效以前，因发包人违约，承包人一般只能要求获得直接损失的赔偿，预期利润由于缺乏直接法律依据，通常不会得到法院或仲裁机构的支持。《合同法》第一次以法律的形式明确了期待利益可以索赔，该法第113条规定："当事人一方不履行合同义务或者履行合同义务不符合约定，给对方造成损失的，损失赔偿额应当相当于因违约所造成的损失，包括合同履行后可以获得的利益，但不得超过违反合同一方订立合同时预见到或者应当预见到的因违反合同可能造成的损失。"这就为承包人进行期待利益（即预期利润）索赔提供了法律依据。在工程实践中，对于承包人的预期利润，发包人在订立合同时是完全可以预见到的，因为承包人的预期利润通常是按定额利润率（如7%）下浮若干百分点后确定的。据此，发包人不仅应当赔偿承包人因此造成的停工、窝工等损失和实际费用，还应当赔偿承包人的预期利润。

30. 其他变更

合同履行中发包人要求变更工程质量标准及发生其他实质性变更，由双方协商解决。

《合同法》第77条规定："当事人协商一致，可以变更合同。"根据这条规定，工程其他变更事项，均需经过发包人和承包人协商一致。

31. 确定变更价款

31.1 承包人在工程变更确定后14日内，提出变更工程价款的报告，经工程师确认后调整合同价款。变更合同价款按下列方法进行：

（1）合同中已有适用于变更工程的价格，按合同已有的价格变更合同价款；
（2）合同中只有类似于变更工程的价格，可以参照类似价格变更合同价；
（3）合同中没有适用或类似于变更工程的价格，由承包人提出适当的变更价格，经工程师确认后执行。

31.2 承包人在双方确定变更后 14 日内不向工程师提出变更工程价款报告时，视为该项变更不涉及合同价款的变更。

31.3 工程师应在收到变更工程价款报告之日起 14 日内予以确认，工程师无正当理由不确认时，自变更工程价款报告送达之日起 14 天后视为变更工程价款报告已被确认。

31.4 工程师不同意承包人提出的变更价款，按本通用条款第 37 条关于争议的约定处理。

31.5 工程师确认增加的工程变更价款作为追加合同份款，与工程款同期支付。

31.6 因承包人自身原因导致的工程变更，承包人无权要求追加合同价款。

本条中有关期限的规定，对于发承包双方均非常重要。特别是对于承包人而言，当发生工程变更时，不仅要做好技术方面的准备，更重要的是做好经济方面的准备，及时向发包人提出变更工程价款的主张。

（九）竣工验收与结算

32. 竣工验收

32.1 工程具备竣工验收条件，承包人按国家工程竣工验收有关规定，向发包人提供完整竣工资料及竣工验收报告。双方约定由承包人提供竣工图的，应当在专用条款内约定提供的日期和份数。

32.2 发包人收到竣工验收报告后 28 日内组织有关单位验收，并在验收后 14 天内给予认可或提出修改意见。承包人按要求修改，并承担由自身原因造成修改的费用。

32.3 发包人收到承包人送交的竣工验收报告后 28 天内不组织验收，或验收后 14 天内不提出修改意见，视为竣工验收报告已被认可。

32.4 工程竣工验收通过，承包人送交竣工验收报告的日期为实际竣工日期。工程按发包人要求修改后通过竣工验收的，实际竣工日期为承包人修改后提请发包人验收的日期。

32.5 发包人收到承包人竣工验收报告后 28 日内不组织验收，从第 29 日起承担工程保管及一切意外责任。

32.6 中间交工工程的范围和竣工时间，双方在专用条款内约定，其验收程序按本通用条款 32.1 款至 32.4 款办理。

32.7 因特殊原因，发包人要求部分单位工程或工程部位甩项竣工的，双方另行签订甩项竣工协议，明确双方责任和工程价款的支付方法。

32.8 工程未经竣工验收或竣工验收未通过的，发包人不得使用。发包人强行使用时，由此发生的质量问题及其他问题，由发包人承担责任。

《合同法》第 279 条规定："建设工程竣工后，发包人应当根据施工图纸及说明书、国家颁发的施工验收规范和质量检验标准及时进行验收。"还规定："建设工程竣工验收合格后，方可交付使用；未经验收或者验收不合格的，不得交付使用。"

《建筑法》第 61 条规定："交付竣工验收的建筑工程，必须符合规定的建筑工程质量标准，有完整的工程技术经济资料和经签署的工程保修书，并具备国家规定的其他竣工条件。"还规定："建筑工程竣工经验收合格后，方可交付使用；未经验收或者验收不合格的，不得交付使用。"

《建设工程质量管理条例》第16条规定：建设单位收到建设工程竣工报告后，应当组织设计、施工、工程监理等有关单位进行竣工验收。建设工程竣工验收应当具备下列条件：

（1）完成建设工程设计和合同约定的各项内容；

（2）有完整的技术档案和施工管理资料；

（3）有工程使用的主要建筑材料、建筑构配件和设备的进场试验报告；

（4）有勘察、设计、施工、工程监理等单位分别签署的质量合格文件；

（5）有施工单位签署的工程保修书。

建设工程经验收合格的，方可交付使用。

《房屋建筑工程和市政基础设施工程竣工验收备案管理暂行办法》（2000年4月4日建设部令第78号发布）进一步规定，建设单位应当在工程竣工验收合格后的15日到县级以上人民政府建设行政主管部门或其他有关部门备案。建设单位办理工程竣工验收备案应提交以下材料：

（1）工程竣工验收备案表；

（2）工程竣工验收报告。竣工验收报告应当包括工程报建日期，施工许可证号，施工图设计文件审查意见，勘察、设计、施工、工程监理等单位分别签署的质量合格文件及验收人员签署的竣工验收原始文件，市政基础设施的有关质量检测和功能性试验资料以及备案机关认为需要提供的有关资料；

（3）法律、行政法规规定应当由规划、公安消防、环保等部门出具的认可文件或者准许使用文件；

（4）施工单位签署的工程质量保修书；

（5）法规、规章规定必须提供的其他文件；

（6）商品住宅还应当提交《住宅质量保证书》和《住宅使用说明书》。

建设行政主管部门或其他有关部门收到建设单位的竣工验收备案文件后，依据质量监督机构的监督报告，发现建设单位在竣工验收过程中有违反国家有关建设工程质量管理规定行为的，责令停止使用，重新组织竣工验收后，再办理竣工验收备案。建设单位有下列违法行为的，要按照有关规定予以行政处罚：

（1）在工程竣工验收合格之日起15日内未办理工程竣工验收备案；

（2）在重新组织竣工验收前擅自使用工程；

（3）采用虚假证明文件办理竣工验收备案。

《城市建设档案管理规定》（2001年7月4日建设部令第90号重发）还规定：

（1）列入城建档案馆档案接收范围的工程，建设单位在组织竣工验收前，应当提请城建档案管理机构对工程档案进行预验收。预验收合格后，由城建档案管理机构出具工程档案认可文件。

（2）建设单位在取得工程档案认可文件后，方可组织工程竣工验收。建设行政主管部门在办理竣工验收备案时，应当查验工程档案认可文件。建设单位应当在工程竣工验收后三个月内，向城建档案馆报送一套符合规定的建设工程档案。凡建设工程档案不齐全的，应当限期补充。

上述有关法律规定虽然不是建设工程合同的内容，却是法律法规对发包人的强制性义务规定，直接关系到合同双方的权利义务能否最终得到实现。

33. 竣工结算

33.1 工程竣工验收报告经发包人认可后 28 天内，承包人向发包人递交竣工结算报告及完整的结算资料，双方按照协议书约定的合同价款及专用条款约定的合同价款调整内容，进行工程竣工结算。

33.2 发包人收到承包人递交的竣工结算报告及结算资料后 28 日内进行核实，给予确认或者提出修改意见。发包人确认竣工结算报告后通知经办银行向承包人支付工程竣工结算价款。承包人收到竣工结算价款后 14 天内将竣工工程交付发包人。

33.3 发包人收到竣工结算报告及结算资料后 28 天内无正当理由不支付工程竣工结算价款，从第 29 天起按承包人同期向银行贷款利率支付拖欠工程价款的利息，并承担违约责任。

33.4 发包人收到竣工结算报告及结算资料后 28 天内不支付竣工结算价款，承包人可以催告发包人支付结算价款。发包人在收到竣工结算报告及结算资料后 56 天内仍不支付的，承包人可以与发包人协议将该工程折价，也可以由承包人申请人民法院将该工程依法拍卖，承包人就该工程折价或者拍卖的价款优先受偿。

33.5 工程竣工验收报告经发包人认可后 28 日内，承包人未能向发包人递交竣工结算报告及完整的结算资料，造成工程竣工结算不能正常进行或工程竣工结算价款不能及时支付，发包人要求交付工程的，承包人应当交付；发包人不要求交付工程的，承包人承担保管责任。

33.6 发包人承包人对工程竣工结算价款发生争议时，按本通用条款第 37 条关于争议的约定处理。

《合同法》第十六章"建设工程合同"把拨款结算、竣工验收，列为施工合同的主要内容。还具体规定："验收合格的，发包人应当按照约定支付价款，并接收该建设工程。"

《合同法》第 286 条规定："发包人未按照约定支付价款的，承包人可以催告发包人在合理期限内支付价款。发包人逾期不支付的，除按照建设工程的性质不宜折价、拍卖的以外，承包人可以与发包人协议将该工程折价，也可以申请人民法院将该工程依法拍卖。建设工程的价款就该工程折价或者拍卖的价款优先受偿。"

《建筑工程施工发包与承包计价管理办法》第 16 条对竣工结算的程序进一步详细规定："工程竣工验收合格，应当按照下列规定进行竣工结算：

（一）承包方应当在工程竣工验收合格后的约定期限内提交竣工结算文件。

（二）发包方应当在收到竣工结算文件后的约定期限内予以答复。逾期未答复的，竣工结算文件视为已被认可。

（三）发包方对竣工结算文件有异议的，应当在答复期内向承包方提出，并可以在提出之日起的约定期限内与承包方协商。

（四）发包方在协商期内未与承包方协商或者经协商未能与承包方达成协议的，应当委托工程造价咨询单位进行竣工结算审核。

（五）发包方应当在协商期满后的约定期限内向承包方提出工程造价咨询单位出具的竣工结算审核意见。

发承包双方在合同中对上述事项的期限没有明确约定的，可认为其约定期限均为28日。发承包双方对工程造价咨询单位出具的竣工结算审核意见仍有异议的，在接到该审核意见后一个月内可以向县级以上地方人民政府建设行政主管部门申请调解，调解不成的，可以依法申请仲裁或者向人民法院提起诉讼。"

34. 质量保修

34.1 承包人应按法律、行政法规或国家关于工程质量保修的有关规定，对交付发包人使用的工程在质量保修期内承担质量保修责任。

34.2 质量保修工作的实施。承包人应在工程竣工验收之前，与发包人签订质量保修书，作为本合同附件（附件3）。

34.3 质量保修书的主要内容包括：

(1) 质量保修项目内容及范围；

(2) 质量保修期；

(3) 质量保修责任；

(4) 质量保修金的支付方法。

工程质量保修制度是一项重要的法律制度。《建筑法》第62条规定："建筑工程的保修范围应当包括地基基础工程、主体结构工程、屋面防水工程和其他土建工程，以及电气管线、上下水管线的安装工程，供热、供冷系统工程等项目；保修的期限应当按照保证建筑物合理寿命年限内正常使用，维护使用者合法权益的原则确定。具体的保修范围和最低保修期限由国务院规定。"

国务院令第279号发布的《建设工程质量管理条例》第39条规定："建设工程实行质量保修制度。建设工程承包单位在向建设单位提交工程竣工验收报告时，应当向建设单位出具质量保修书。质量保修书中应当明确建设工程的保修范围、保修期限和保修责任等。"该条例第40条规定：在正常使用条件下，建设工程的最低保修期限为：

（一）基础设施工程、房屋建筑的地基基础工程和主体结构工程为设计文件规定的该工程的合理使用年限；

（二）屋面防水工程、有防水要求的卫生间、房间和外墙面的防渗漏为5年；

（三）供热与供冷系统为2个采暖期、供冷期；

（四）电气管线、给排水管道、设备安装和装修工程为2年。

其他项目的保修期限由发包方与承包方约定。建设工程的保修期，从竣工验收合格之日起计算。

根据上述法律及行政法规的条款，本条内约定了承包人应负的保修责任和与发包人应在竣工验收前，签订质量保修书，以及质量保修书的主要内容。

此外，房屋建筑工程的质量保修，还必须遵守《房屋建筑工程质量保修办法》（2000年6月30日建设部令第80号发布）作出的具体规定：

（一）房屋建筑工程在保修期限内出现质量缺陷，建设单位或者房屋建筑所有人应当向施工单位发出保修通知。施工单位接到保修通知后，应当到现场核查情况，在保修书约定的时间内予以保修。发生涉及结构安全或者严重影响使用功能的紧急抢修事故，施工单位接到保修通知后，应当立即到达现场抢修。

（二）发生涉及结构安全的质量缺陷，建设单位或者房屋建筑所有人应当立即向当地建设行政主管部门报告,采取安全防范措施;由原设计单位或者具有相应资质等级的设计单位提出保修方案,施工单位实施保修,原工程质量监督机构负责监督。

(三)保修完后,由建设单位或者房屋建筑所有人组织验收。涉及结构安全的,应当报当地建设行政主管部门备案。

(四)施工单位不按工程质量保修书约定保修的,建设单位可以另行委托其他单位保修,由原施工单位承担相应责任。保修费用由质量缺陷的责任方承担。在保修期内,因房屋建筑工程质量缺陷造成房屋所有人、使用人或者第三方人身、财产损害的,房屋所有人、使用人或者第三方可以向建设单位提出赔偿要求。建设单位向造成房屋建筑工程质量缺陷的责任方追偿。因保修不及时造成新的人身、财产损害,由造成拖延的责任方承担赔偿责任。

(五)房地产开发企业售出的商品房保修,还应当执行《城市房地产开发经营管理条例》和其他有关规定。

该条例第 31 条规定:"房地产开发企业应当在商品房交付使用时,向购买人提供住宅质量保证书和住宅使用说明书。住宅质量保证书应当列明工程质量监督部门核验的质量等级、保修范围、保修期和保修单位等内容。房地产开发企业应当按照住宅质量保证书的约定,承担商品房保修责任。保修期内,因房地产开发企业对商品房进行维修,致使房屋原使用功能受到影响,给购买人造成损失的,应当依法承担赔偿责任。"

该条例第 32 条规定:"商品房交付使用后,购买人认为主体结构质量不合格的,可以向工程质量监督单位申请重新核验。经核验,确属主体结构质量不合格的,购买人有权退房;给购买人造成损失的,房地产开发企业应当依法承担赔偿责任。"

(六)下列情况不属于本办法规定的保修范围:

1. 因使用不当或者第三方造成的质量缺陷;

2. 不可抗力造成的质量缺陷。

(七)违约、索赔和争议

35. 违约

35.1 发包人违约。当发生下列情况时:

(1) 本通用条款第 24 条提到的发包人不按时支付工程预付款;

(2) 本通用条款第 26.4 款提到的发包人不按合同约定支付工程款,导致施工无法进行;

(3) 本通用条款第 33.3 款提到的发包人无正当理由不支付工程竣工结算价款;

(4) 发包人不履行合同义务或不按合同约定量行义务的其他情况。

发包人承担违约责任,赔偿因其违约给承包人造成的经济损失,顺延延误的工期。双方在专用条款内约定发包人赔偿承包人损失的计算方法或者发包人应当支付违约金的数额或计算方法。

35.2 承包人违约。当发生下列情况时:

(1) 本通用条款第 14.2 款提到的因承包人原因不能按照协议书约定的竣工日期或工程师同意顺延的工期竣工;

(2) 本通用条款第 15.1 款提到的因承包人原因工程质量达不到协议书约定的质量标准;

(3)承包人不履行合同义务或不按合同约定履行义务的其他情况。

承包人承担违约责任，赔偿因其违约给发包人造成的损失。双方在专用条款内约定承包人赔偿发包人损失的计算方法或者承包人应当支付违约金的数额或计算方法。

35.3 一方违约后，另一方要求违约方继续履行合同时，违约方承担上述违约责任后仍应继续履行合同。

《合同法》第281条规定："因施工人的原因致使建设工程质量不符合约定的，发包人有权要求施工人在合理期限内无偿修理或者返工、改建。经过修理或者返工、改建后，造成逾期交付的，施工人应当承担违约责任。"

《合同法》第113条规定："当事人一方不履行合同义务或者履行合同义务不符合约定的，给对方造成损失的，损失赔偿额应当相当于因违约所造成的损失，包括合同履行后可以获得的利益，但不得超过违反合同一方订立合同时预见到或者应当预见到的因违反合同可能造成的损失。"

《合同法》第114条规定："当事人可以约定一方违约时应当根据违约情况向对方支付一定数额的违约金，也可以约定因违约产生的损失赔偿额的计算方法。当事人就迟延履行约定违约金的，违约方支付违约金后，还应当履行债务。"

根据上述法律条款，约定了双方属于违约的内容及违约责任的承担。

36. 索赔

36.1 当一方向另一方提出索赔时，要有正当索赔理由，且有索赔事件发生时的有效证据。

36.2 发包人未能按合同约定履行自己的各项义务或发生错误以及应由发包人承担责任的其他情况，造成工期延误和（或）承包人不能及时得到合同价款及承包人的其他经济损失，承包人可按下列程序以书面形式向发包人索赔：

(1) 索赔事件发生后28日内，向工程师发出索赔意向通知；

(2) 发出索赔意向通知后28天内，向工程师提出延长工期和（或）补偿经济损失的索赔报告及有关资料；

(3) 工程师在收到承包人送交的索赔报告和有关资料后，于28天内给予答复，或要求承包人进一步补充索赔理由和证据；

(4) 工程师在收到承包人送交的索赔报告和有关资料后28天内未予答复或未对承包人作进一步要求，视为该项索赔已经认可；

(5) 当该索赔事件持续进行时，承包人应当阶段性向工程师发出索赔意向，在索赔事件终了后28天内，向工程师送交索赔的有关资料和最终索赔报告。索赔答复程序与(3)、(4)规定相同。

36.3 承包人未能按合同约定履行自己的各项义务或发生错误，给发包人造成经济损失，发包人可按36.2确定的时限向承包人提出索赔。

工程索赔制度是国际承包工程的惯例。我国《民法通则》和《合同法》都有因合同当事人一方履行合同义务不符合约定的，应当赔偿损失的规定。本条参照国际通用施工合同文本，比较完善地约定了处理索赔事件的程序。

37. 争议

37.1 发包人承包人在履行合同时发生争议，可以和解或者要求有关主管部门调解。

当事人不愿和解、调解或者和解、调解不成的，双方可以在专用条款内约定以下一种方式解决争议：

第一种解决方式：双方达成仲裁协议，向约定的仲裁委员会申请仲裁；

第二种解决方式：向有管辖权的人民法院起诉。

37.2 发生争议后，除非出现下列情况的，双方都应继续履行合同，保持施工连续，保护好已完工程：

(1) 单方违约导致合同确已无法履行，双方协议停止施工；

(2) 调解要求停止施工，且为双方接受；

(3) 仲裁机构要求停止施工；

(4) 法院要求停止施工。

《合同法》第128条规定："当事人可以通过和解或者调解解决合同争议。当事人不愿和解、调解或者和解、调解不成的，可以根据仲裁协议向仲裁机构申请仲裁。涉外合同的当事人可以根据仲裁协议向中国仲裁机构或者其他仲裁机构申请仲裁。当事人没有订立仲裁协议或者仲裁协议无效的，可以向人民法院起诉。当事人应当履行发生法律效力的判决、仲裁裁决、调解书；拒不履行的，对方可以请求人民法院执行。"

《仲裁法》第4条规定："当事人采用仲裁方式解决纠纷，应当双方自愿，达成仲裁协议。没有仲裁协议，一方申请仲裁的，仲裁委员会不予受理。"

《仲裁法》第51条规定："仲裁庭在作出裁决前，可以先行调解。当事人自愿调解的，仲裁庭应当调解。调解不成的，应当及时作出裁决。"

《中华人民共和国民事诉讼法》第85条规定："人民法院审理民事案件，根据当事人自愿的原则，在事实清楚的基础上，分清是非，进行调解。"

《民事诉讼法》第18条规定："基层人民法院管辖第一审民事案件，但本法另有规定的除外。"第24条规定："因合同纠纷提起的诉讼，由被告住所地或者合同履行地人民法院管辖。"第25条规定："合同的双方当事人可以在书面合同中协议选择被告住所地、合同履行地、合同签订地、原告住所地、标的物所在地人民法院管辖，但不得违反本法对级别管辖和专属管辖的规定。"

《仲裁法》第6条规定："仲裁委员会应当由当事人协议选定。仲裁不实行级别管辖和地域管辖。"

根据上述法律规定，约定了本条各款内容，以及发生争议后对履行合同的约定。

（八）其他

38. 工程分包

38.1 承包人按专用条款的约定分包所承包的部分工程，并与分包单位签订分包合同。非经发包人同意，承包人不得将承包工程的任何部分分包。

38.2 承包人不得将其承包的全部工程转包给他人，也不得将其承包的全部工程肢解以后以分包的名义分别转包给他人。

38.3 工程分包不能解除承包人任何责任与义务。承包人应在分包场地派驻相应管理人员，保证本合同的履行。分包单位的任何违约行为或疏忽导致工程损害或给发包人造成其他损失，承包人承担连带责任。

38.4 分包工程价款由承包人与分包单位结算。发包人未经承包人同意不得以任何形式向分包单位支付各种工程款项。

《合同法》第272条规定："总承包人或者勘察、设计、施工承包人经发包人同意，可以将自己承包的部分工作交由第三人完成。第三人就其完成的工作成果与总承包人或者勘察、设计、施工承包人向发包人承担连带责任。承包人不得将其承包的全部建设工程转包给第三人或者将其承包的全部建设工程肢解以后以分包的名义分别转包给第三人。"

《招标投标法》第四十八条规定："中标人按照合同约定或者经招标人同意，可以将中标项目的部分非主体、非关键性工作分包给他人完成。接受分包的人应当具备相应的资格条件，并不得再次分包。中标人应当就分包项目向招标人负责；接受分包的人就分包项目承担连带责任。"

《建筑法》第28条规定："禁止承包单位将其承包的全部建筑工程转包给他人，禁止承包单位将其承包的全部工程肢解以后以分包的名义分别转包给他人。"

《建筑法》第29条规定："建筑工程总承包单位可以将承包工程中的部分工程发包给具有相应资质条件的分包单位；但是，除总承包合同中约定的分包外，必须经建设单位认可。施工总承包的建筑工程主体结构的施工必须由总承包单位自行完成。

建筑工程总承包单位按照总承包合同的约定对建设单位负责；分包单位按照分包合同的约定对总承包单位负责。总承包单位和分包单位就分包工程对建设单位承担连带责任。"

《建设工程质量管理条例》第78条规定，本条例所称违法分包，是指下列行为：

（一）总承包单位将建设工程分包给不具备相应资质条件的单位的；

（二）建设工程总承包合同中未有约定，又未经建设单位认可，承包单位将其承包的部分建设工程交由其他单位完成的；

（三）施工总承包单位将建设工程主体结构的施工分包给其他单位的；

（四）分包单位将其承包的建设工程再分包的。

本条例所称转包，是指承包单位承包建设工程后，不履行合同约定的责任和义务，将其承包的全部建设工程转给他人或者将其承包的建设工程肢解以后以分包的名义分别转给其他单位承包的行为。

上述法律规定，均为强制性法律规定，承包方必须严格遵守。

39. 不可抗力

39.1 不可抗力包括因战争、动乱、空中飞行物体坠落或其他非发包人承包人责任造成的爆炸、火灾，以及专用条款约定的风、雨、雪、洪、震等自然灾害。

39.2 不可抗力事件发生后，承包人应立即通知工程师，并在力所能及的条件下迅速采取措施，尽力减少损失，发包人应协助承包人采取措施。工程师认为应当暂停施工的，承包人应暂停施工。不可抗力事件结束后48小时内承包人向工程师通报受害情况和损失情况，及时预计清理和修复的费用。不可抗力事件持续发生，承包人应每隔7日向工程师报告一次受害情况。不可抗力事件结束后14天内，承包人向工程师提交清理和修复费用的正式报告及有关资料。

39.3 因不可抗力事件导致的费用及延误的工期由双方按以下方法分别承担：

（1）工程本身的损害、因工程损害导致第三人人员伤亡和财产损失以及运至施工场地用于施工的材料和待安装的设备的损害，由发包人承担；

（2）发包人承包人人员伤亡由其所在单位负责，并承担相应费用；

（3）承包人机械设备损坏及停工损失，由承包人承担；

（4）停工期间，承包人应工程师要求留在施工场地的必要的管理人员及保卫人员的费用由发包人承担；

（5）工程所需清理、修复费用，由发包人承担；

（6）延误的工期相应顺延。

39.4 因合同一方迟延履行合同后发生不可抗力的，不能免除迟延履行方的相应责任。

《民法通则》第107条规定："因不可抗力不能履行合同或者造成他人损害的，不承担民事责任，法律另有规定的除外。"

《合同法》第117条规定："因不可抗力不能履行合同的，根据不可抗力的影响，部分或者全部免除责任，但法律另有规定的除外。当事人迟延履行后发生不可抗力的，不能免除责任。"

《合同法》第118条规定："当事人一方因不可抗力不能履行合同的，应当及时通知对方，以减轻可能给对方造成的损失，并应当在合理期限内提供证明。"

根据上述法律规定的原则，约定本条各款内容。

40. 保险

40.1 工程开工前，发包人为建设工程和施工场地内的自有人员及第三人人员生命财产办理保险，支付保险费用。

40.2 运至施工场地内用于工程的材料和待安装设备，由发包人办理保险，并支付保险费用。

40.3 发包人可以将有关保险事项委托承包人办理，费用由发包人承担。

40.4 承包人必须为从事危险作业的职工办理意外伤害保险，并为施工场地内自有人员生命财产和施工机械设备办理保险，支付保险费用。

40.5 保险事故发生时，发包人承包人有责任尽力采取必要的措施，防止或者减少损失。

40.6 具体投保内容和相关责任，发包人承包人在专用条款中约定。

《中华人民共和国保险法》第2条规定："本法所称保险，是指投保人根据合同约定，向保险人支付保险费，保险人对于合同约定的可能发生的事故因其发生所造成的财产损失承担赔偿保险金责任，或者当被保险人死亡。伤残、疾病或者达到合同约定的年龄、期限时承担给付保险金责任的商业保险行为。"

《保险法》第65条规定："保险人对责任保险的被保险人给第三者造成的损害，可以依照法律的规定或者合同的规定，直接向该第三者赔偿保险金。

责任保险是指以被保险人对第三者依法应负的赔偿责任为保险标的的保险。"

《建筑法》第48条规定："建筑施工企业应当依法为职工参加工伤保险缴纳工伤保险费。鼓励企业为从事危险作业的职工办理意外伤害保险，支付保险费。"

工程保险是国际通行的做法，除意外伤害保险外，还有建筑工程一切险、安装工程一切险、社会保险、机动车辆险、十年责任险等。目前在工程建设领域，我国强制推行的只有意外伤害保险。

41. 担保

41.1 发包人承包人为了全面履行合同，应互相提供以下担保：

（1）发包人向承包人提供履约担保，按合同约定支付工程价款及履行合同约定的其他义务。

（2）承包人向发包人提供履约担保，按合同约定履行自己的各项义务。

41.2 一方违约后，另一方可要求提供担保的第三人承担相应责任。

41.3 提供担保的内容、方式和相关责任，发包人承包人除在专用条款中约定外，被担保方与担保方还应签订担保合同，作为本合同附件。

《中华人民共和国担保法》第2条规定："在借贷、买卖、货物运输、加工承揽等经济活动中，债权人需要以担保方式保障其债权实现的，可以依照本法规定设定担保。本法规定的担保方式为保证、抵押、质押、留置和定金。"

本条是在修订原合同文本时增加的条款。本条各款是依据《担保法》有关规定约定的。在工程实践中，建设工程担保的种类有很多种，如投标保证担保、履约担保（包括缺陷责任担保）、预付款担保、发包人付款担保等。

42. 专利技术及特殊工艺

42.1 发包人要求使用专利技术或特殊工艺，应负责办理相应的申报手续，承担申报、试验、使用等费用；承包人提出使用专利技术或特殊工艺，应取得工程师认可，承包人负责办理申报手续并承担有关费用。

42.2 擅自使用专利技术侵犯他人专利权的，责任者依法承担相应责任。

《中华人民共和国专利法》第12条规定："任何单位或者个人实施他人专利的，除本法第十四条规定的以外，都必须与专利权人订立书面实施许可合同，向专利权人支付专利使用费。被许可人无权允许合同规定以外的任何单位或者个人实施专利。"

《专利法》第14条规定："国务院有关主管部门和省、自治区、直辖市人民政府根据国家计划，有权决定本系统内或者所管辖的全民所有制单位持有的重要发明创造专利允许指定的单位实施，由实施单位按照国家规定向持有专利权的单位支付使用费。

中国集体所有制单位和个人的专利，对国家利益或公共利益具有重大意义，需要推广应用的，由国务院有关主管部门报国务院批准后，参照上款规定办理。"

《专利法》第60条规定："对未经专利权人许可，实施其专利的侵权行为，专利权人或者利害关系人可以请求专利管理机关进行处理；也可以直接向人民法院起诉。"

依据上述法律规定的原则，约定本条各款的相关内容。

43. 文物和地下障碍物

43.1 在施工中发现古墓、古建筑遗址等文物及化石或其他有考古、地质研究等价值的物品时，承包人应立即保护好现场并于4小时内以书面形式通知工程师，工程师应于收到书面通知后24小时内报告当地文物管理部门，发包人承包人按文物管理部门的要求采取妥善保护措施。发包人承担由此发生的费用，顺延延误的工期。

如发现后隐瞒不报，致使文物遭受破坏，责任者依法承担相应责任。

43.2 施工中发现影响施工的地下障碍物时，承包人应于8小时内以书面形式通知工程师，同时提出处置方案，工程师收到处置方案后24小时内予以认可或提出修正方案。发包人承担由此发生的费用，顺延延误的工期。

所发现的地下障碍物有归属单位时，发包人应报请有关部门协同处置。

《中华人民共和国文物保护法》2007第18条规定："在进行基本建设工程或者农业生产中，任何单位或个人发现文物，应立即报告当地文化行政管理部门。遇有重要发现，当地文化行政管理部门必须及时报请上级文化行政管理部门处理。"

《文物保护法》第20条规定："凡因进行基本建设和生产建设需要文物勘探、考古发掘的，所需费用和劳动力由建设单位列入投资计划和劳动计划，或者报上级计划部门解决。"

《文物保护法》第30条还规定："发现文物隐匿不报，不上交国家的，由公安部门给予警告或者罚款，并追缴其非法所得的文物。"第31条规定："对故意破坏国家保护的珍贵文物或者名胜古迹的，依法追究刑事责任。"

根据上述法律规定的原则，约定了本条43.1款的内容。同时，也对发生不可预见的地下障碍，如流沙等的处理程序和责任约定了本条43.2款的内容。

44．合同解除

44.1　发包人承包人协商一致，可以解除合同。

44.2　发生本通用条款第26.4款情况，停止施工超过56天，发包人仍不支付工程款（进度款），承包人有权解除合同。

44.3　发生本通用条款第38.2款禁止的情况，承包人将其承包的全部工程转包给他人或者肢解以后以分包的名义分别转包给他人，发包人有权解除合同。

44.4　有下列情形之一的，发包人承包人可以解除合同：

（1）因不可抗力致使合同无法履行；

（2）因一方违约（包括因发包人原因造成工程停建或缓建）致使合同无法履行。

44.5　一方依据44.2、44.3、44.4款约定要求解除合同的，应以书面形式向对方发出解除合同的通知，并在发出通知前7日告知对方，通知到达对方时合同解除。对解除合同有争议的，按本通用条款第37条关于争议的约定处理。

44.6　合同解除后，承包人应妥善做好已完工程和已购材料、设备的保护和移交工作，按发包人要求将自有机械设备和人员撤出施工场地。发包人应为承包人撤出提供必要条件，支付以上所发生的费用，并按合同约定支付已完工程价款。已经订货的材料、设备由订货方负责退货或解除订货合同，不能退还的货款和因退货、解除订货合同发生的费用，由发包人承担，因未及时退货造成的损失由责任方承担。除此之外，有过错的一方应当赔偿因合同解除给对方造成的损失。

44.7　合同解除后，不影响双方在合同中约定的结算和清理条款的效力。

《合同法》第93条规定："当事人协商一致，可以解除合同。当事人可以约定一方解除合同的条件。解除合同的条件成就时，解除权人可以解除合同。"

《合同法》第94条规定："有下列情形之一的，当事人可以解除合同：

（一）因不可抗力致使不能实现合同目的；

（二）在履行期限届满之前，当事人一方明确表示或者以自己的行为表明不履行主要债务；

（三）当事人一方迟延履行主要债务，经催告后在合理期限内仍未履行；

（四）当事人一方迟延履行债务或者有其他违约行为致使不能实现合同目的；

（五）法律规定的其他情形。"

《合同法》第 96 条规定："当事人一方依照本法第 93 条第 2 款、第 94 条的规定主张解除合同的，应当通知对方。合同自通知到达对方时解除。对方有异议的，可以请求人民法院或者仲裁机构确认解除合同的效力。"

《合同法》第 97 条规定："合同解除后，尚未履行的，终止履行；已经履行的，根据履行情况和合同性质，当事人可以要求恢复原状、采取其他补救措施，并有权要求赔偿损失。"

《合同法》第 98 条规定："合同的权利义务终止，不影响合同中结算和清理条款的效力。"

《合同法》第 284 条规定："因发包人的原因致使工程中途停建、缓建的，发包人应当采取措施弥补或者减少损失，赔偿承包人因此造成的停工、窝工、倒运、机械设备调迁、材料和构件积压等损失和实际费用。"

《民法通则》第 115 条规定："合同的变更或者解除，不影响当事人要求赔偿损失的权利。"

依据上述法律规定的原则，约定本条各款内容。

45. 合同生效与终止

45.1 双方在协议书中约定合同生效方式。

45.2 除本通用条款第 34 条外，发包人承包人履行合同全部义务，竣工结算价款支付完毕，承包人向发包人交付竣工工程后，本合同即告终止。

45.3 合同的权利义务终止后，发包人承包人应当遵循诚实信用原则，履行通知、协助、保密等义务。

《合同法》第 44 条规定："依法成立的合同，自成立时生效。"

《合同法》第 45 条规定："当事人对合同的效力可以约定附条件。附生效条件的合同，自条件成就时生效。"

《合同法》第 46 条规定："当事人对合同的效力可以约定附期限。附生效期限的合同，自期限届至时生效。"

《合同法》第 91 条规定："债务已经按照约定履行或合同解除，合同的权利义务终止。"

《合同法》第 92 条规定："合同的权利义务终止后，当事人应当遵循诚实信用原则，根据交易习惯履行通知、协助、保密等义务。"

依据上述法律规定，约定了本条各款内容。

46. 合同份数

46.1 本合同正本两份，具有同等效力，由发包人承包人分别保存一份。

46.2 本合同副本份数，由双方根据需要在专用条款内约定。

本条是根据常规和惯例约定的各款内容。

47. 补充条款

双方根据有关法律、行政法规规定，结合工程实际，经协商一致后，可对本通用条款内容具体化、补充或修改，在专用条款内约定。

《合同法》第 12 条规定："当事人可以参照各类合同的示范文本订立合同。"根据这一规定约定了本条的内容。

三、《专用条款》的应用

《建设工程施工合同》（示范文本）的《专用条款》是供发包人和承包人结合具体工程情况，经双方充分协商一致约定的条款。由于建设工程的单件性，每个具体工程都有一些特殊情况，发包人和承包人除使用《通用条款》外，还要根据具体工程的特殊情况，进行充分协商，取得一致意见后，在《专用条款》内约定。

《专用条款》作为招标文件的组成部分，其条款内容应当由招标人也就是发包人提出。但在招标文件内，由于承包人/中标人尚未最终选定，因此，招标文件内的《专用条款》通常涉及一些基本实质性和主要内容，而个别条款细节，一般需要在选定承包人后，才能详细谈判约定（但必须限定在法律允许的范围内）。

第二节 建设工程分包合同

对于任何一个工程建设项目，无论其规模如何，最后都是由劳务人员完成的。因此劳务分包单位的素质，劳务分包合同签订和履行，均直接关系到项目的顺利实施。近年来，随着我国市场经济制度的逐步完善，建筑市场各方主体的法律意识及合同意识不断增强，但是各方关注的焦点往往在总承包合同上，对分包合同尤其是劳务分包合同往往关注不够。例如，我国参照 FIDIC 合同条件编写了《建设工程施工合同（示范文本）》（GF-1999-0201），对发承包双方的主要权利义务进行了较为详尽明确的规定，但是劳务合同的编写水平与国际通用 ICE 分包合同及 FIDIC 分包合同条件要相差许多。劳务合同价款的相当一部分是劳务人员工资，随着民工工资拖欠问题受到社会各界越来越多的关注，加强劳务分包的管理工作已经成为规范建筑市场的关键工作。

一、国内建设工程分包合同（劳务）的主要内容

1. 合同价款的确定原则

（1）定额单价：按定额单价确定各工种的工日单价，如确定钢筋工、混凝土工、抹灰工的工日单价等。

（2）按建筑面积确定承包价：按建筑面积确定承包价一般适用于一个劳务分包单位承担绝大部分劳务工作的情况，一般按地上结构、地下结构、初装修工程、水电工程分别计算平方米单价，也可以统一按建筑面积确定平方米单价，有时总包单位还规定将辅材、小型机具和劳保用品所需费用这算成平方米单价，包含在承包价中。

（3）分项工程承包：在各分项工程由不同的分包单位承包的情况下，常常采用按分项工程工作量（通常以平方米为单位），如外墙面砖、水磨石地面、内墙普通抹灰、屋面防水、水泥砂浆等分项工程。

（4）对于定额工以外发生的零星用工，一般按工日单价的形式确定，以实际发生，书面签证资料为准。

（5）对于非因分包单位原因（如不可抗力，总包单位安排任务不及时等）造成的窝工、停工，一般规定一个补偿标准。补偿标准考虑人工调配的因素，要低于一般的工日单价。

2. 合同价款的支付

(1) 预付款：与总包合同预付款通常以备料款形式不同，劳务分包合同的预付款一般是以预支生活费的形式支付，在下月结算时扣回。

(2) 劳务费：劳务费一般按每月劳务分包单位完成的工程量支付。各地的劳务分包合同示范文本一般都规定：分期支付劳务费的，每期支付的劳务费数额不得少于已办理结算额的80%，余款在总包单位对结算资料予以确认后28日内付清。以上是相对较为合理的付款条件。在一些垫资项目中，总包商往往将垫资压力转嫁给分包单位。对于负责任的总承包人来说，为了保证施工人员的正常生活条件，往往采取向劳务分包单位预支生活费的方式支付部分劳务费，余款在结算时付清。同时要求劳务分包单位必须将预支的生活费专款专用，按时足额支付给劳务人员。这在一定程度上起到了防止包工头克扣民工工资的现象。

另外，有的总包单位还要求，对分包的付款计划要与发包人的付款条件保持同步，这实际上是总包单位被迫转嫁垫资压力的一种手段。从这个角度来看，解决工程款拖欠问题的根本还在于规范发包人市场，只有从源头解决工程款支付问题，才能治标又治本。

(3) 支付形式：分包合同价款的支付必须以银行转账的形式办理，付款时总包单位不得以现金方式向分包单位支付劳务费。在国内很多地方规定，如果分包单位是外地施工企业的，分包单位还必须向总包单位出具外地施工企业专用发票。

3. 材料机具的供应

(1) 材料供应：在劳务分包工程中，主要材料如水泥、钢材、商品构件、五金、油毡、沥青及水、电、暖、卫等专项用料一般均由总包单位供应，辅助材料通常由分包单位负责。

(2) 机具设备供应：大型工具由总包单位负责，手工工具由分包单位负责。施工中的中、小型机械设备通常由总包单位提供，并且配备专门的操作人员，劳务分包单位一般不得擅自操作。

(3) 限额领料制度：分包单位应当遵守总包单位的限额领料制度。对领用的材料、机具要与总包单位共同清点，履行书面领、还手续，对借用的发包人的机具，要严格按操作规程使用，加强维修保养。分包单位施工中用料浪费及不合理的超出限额部分，由分包单位负担。

以上只是劳务合同中与总包合同相区别的地方，其他方面的条款与总包合同类似，这里不再赘述。

二、《建设工程项目管理规范》对分包合同的要求

2002年5月1日开始实施的《建设工程项目管理规范》（GB/T 50326—2001以下简称《规范》）12.3.5规定：承包人经发包人同意或按照合同约定，可将承包项目的部分非主体工程、非关键工作分包给具备相应的资质条件的分包人完成，并与之订立分包合同。分包合同应符合下列要求：

1. 分包人应按照分包合同的各项规定，实施和完成分包工程，修补其中的缺陷，提供所需的全部工程监督、劳务、材料和工程设备和其他物品，提供履约担保、进度计划，不得将分包工程进行转让或再分包。

2. 承包人应提供总包合同（工程量清单或费率所列承包人的价格细节除外）供分包人查阅。

3. 分包人应当遵守分包合同规定的承包人的工作时间和规定的分包人的设备材料进场的管理制度。承包人应为分包人提供施工现场及其通道；分包人应允许承包人和监理工程师等在工作时间内合理进入分包工程的现场，并提供方便，做好协助工作。

4. 分包人延长竣工时间应根据下列条件：承包人根据总包合同延长总包合同竣工时间；承包人指示延长；承包人违约。分包人必须在延长开始14天内将延长情况通知承包人，同时提交一份证明或报告，否则分包人无权获得延期。

5. 分包人仅从承包人处接受指示，并应执行其指示。如果上述从总包合同来分析是监理工程师失误所致，则分包人有权要求承包人补偿由此导致的费用。

6. 分包人应根据以下指示变更、增补或删减分包工程：监理工程师根据总包合同做出的指示再由承包人作为指示通知分包人；承包人的指示。

《规范》还在12.3.6规定了分包合同文件组成及优先顺序应符合下列要求：

1. 分包合同协议书。
2. 承包人发出的分包中标书。
3. 分包人的报价书。
4. 分包合同条件。
5. 标准规范、图纸、列有标价的工程量清单。
6. 报价单或施工图预算书。

三、FIDIC土木工程施工分包合同条件

这本合同条件是与1992年再次修订重印的1987年第四版《土木工程施工合同条件》配套使用的。第一部分为通用条件，包括22节、22条、70款，这22节的内容包括：定义与解释，一般义务，分包合同条件，主合同，临时工程，承包人的设备和（或）其他设备，现场工作和通道，开工和竣工，指示和决定，变更，变更的估价，通知和索赔，保障，未完成的工作和缺陷，保险，支付，主合同的终止，分包商的违约，争端的解决，通知和指示，费用和法规的变更，货币和汇率。

第二部分为专用条件编制指南，之后附有分包商的报价书，报价书附录以及分包合同协议书范例格式。

该合同条件的内容十分详尽，这里仅就最具特点的几项内容作一简单介绍。

1. 主合同（即总承包合同）

承包人应提供主合同（价格细节除外），主合同的投标书附录及专用条件的真实副本以及适用于主合同的任何其他合同条件细节。应认为分包商已全面了解主合同（价格细节除外）的各项规定。

分包商在对分包工程进行（如有时）、实施、修补缺陷等工作时，应承担并履行与分包工程有关的主合同规定的承包人的所有义务和责任。

如分包单位由任何违约行为时，他应负责保障承包人免于承担由此违约造成的任何损害赔偿费。必要时，承包人可以从本应支付给分包商的款项中扣除这笔费用或采取其他赔偿方法。

2. 分包商仅从承包人处接受指示

分包商仅从承包人处接受指示。与工程师根据主合同有权在主包工程方面作出指示一样，承包人应有同样权力在分包工程方面作出指示。分包商尽管在有关分包工程方面应遵守工程师的所有指示和决定，但此类指示和决定应由承包人作为指示确认并通知承包人。

分包商不应执行从发包人或工程师处直接收到的有关分包工程变更的未经承包人确认的指示。如果分包商一旦直接收到了此类指示，他应立即将此类指示通知承包人并向承包人提供一份此类直接指示的副本。分包商仅应执行由承包人书面确认的指示，但承包人应立刻提出关于此类指示的处理意见。

3. 双方的保障义务

分包商应保障承包人免于承受在分包工程的实施和完成以及修补其任何缺陷过程中发生或由其引起的全部损失和索赔，包括任何人员的伤亡，任何财产的损失或损害（分包工程除外）。分包上还应保障承包人免于承担或与此有关的任何索赔等费用和其他开支。

承包人应保障分包商免于承担下述事宜有关的任何索赔等费用和其他开支。保障的程度应与发包人按主合同保障承包人的程度相类似：

（1）分包工程或其任何部分永久使用或占有的土地；

（2）发包人和（或）承包人在任何土地之上、之内或穿过其间实施分包工程的权利；

（3）实施和完成分包工程以及修补缺陷所导致的对财产的损害；

（4）由发包人、其代理人、雇员或工人或发包人雇佣的其他承包人的行为造成的人员伤亡或财产损失以及与此有关的任何索赔等费用和其他开支。

4. 支付

除包含最低支付限额的要求外，在下列情况下，承包人也有权扣发或缓发本应支付给分包商的全部或部分金额：

（1）月报表中包含的款额没有被工程师全部证明，而这又不是由于承包人的行为或违约导致的；

（2）承包人已依照主合同将分包商报表中所列的款额包括在承包人的报表中，且工程师已为此开具了证书，但发包人尚未向承包人支付上述全部金额，而这不是由承包人的行为或违约引起的；

（3）分包商与承包人之间和（或）承包人与发包人之间，就涉及计量或工程量问题或上述分包商的报表中包含的任何其他事宜发生了争执。

前述三类款项限于：分包商报表中未被证明的款项；发包人尚未支付的款项；或某一争端涉及的款项。

附录1 典型案例及评析

案例1

原告：××房地产开发有限公司（以下简称"甲方"）

被告：××建筑集团第六分公司（以下简称"乙方"）

一、基本案情

1998年4月，甲方与自称是××建筑集团第六分公司的乙方签订《建设工程施工合同》，约定：经甲方同意，技措费及赶工费用按实际发生进入结算价款。1999年1月双方又签订《终止协议》，该协议约定："技措费及赶工费另行协商，如不能达成协议，此纠纷交由某仲裁委员会仲裁"。2001年5月乙方根据《终止协议》中的仲裁条款就技措费、赶工费问题向协议约定的仲裁委员会申请仲裁。甲方则在仲裁庭首次开庭前向法院申请确认该仲裁条款无效。甲方认为：乙方在签订《建设工程施工合同》及《终止协议》时并未依法注册成立，因此根本不具有签订仲裁条款的主体资格。乙方辩称：1999年9月某建筑集团申请成立了第六分公司；而且早在1994年，某建筑集团就为乙方出具了授权其在该地区承揽工程的委托书，因此上述《建设工程施工合同》及《终止协议》有效，仲裁条款当然有效。

二、案件处理

法院认为，仲裁条款应由具有民事行为能力的民事主体签订。乙方与甲方签订仲裁条款时，尚未取得工商管理部门的工商登记，无缔约的民事行为能力，故法院裁定乙方与甲方签订的仲裁条款应属无效。

三、案例评析

本案的争议焦点为，未依法注册登记的公司分支机构签订的仲裁条款是否产生法律效力。根据《仲裁法》第17条的规定，无民事行为能力人或限制民事行为能力人订立的仲裁协议无效。在本案中，被告在签订《建设工程施工合同》及《终止协议》时尚未依法注册登记。根据《公司登记管理条例》第40条的规定："公司设立分公司的，应当向分公司所在地的市、县公司登记机关申请登记；核准登记的，发给营业执照"。因此，依法办理工商登记是公司分支机构取得民事主体资格的必要条件；未注册登记的公司分支机构，不具有合法的民事主体资格，即不具有民事权利能力及民事行为能力，其签订的仲裁条款当属无效。

此外，尽管某建筑集团曾为乙方出具授权委托书，但由于当时被告并未注册登记，不具有民事主体资格，因此这种代理行为不具有法律效力。

案例 2

原告：香港××投资有限公司（以下简称"香港公司"）
被告：广州××有限公司（以下简称"广州公司"）

一、基本案情

1994年6月10日，香港公司与广州公司在深圳签订了一份《土地使用权转让合同书》，约定广州公司将其拥有的位于广州市××工业区的一块面积为20000平方米的工业用地转让给香港公司，转让款共500万元。该合同签订后，香港公司即依约将转让款500万元支付给广州公司。广州公司收款后却迟迟没有办理有关转让手续。至1996年12月，香港公司从有关部门了解到，广州公司所转让的土地根本不能依法办理过户手续。为此香港公司要求广州公司返还转让金，并于1998年8月12日向法院提起诉讼，要求依法解除双方签订的土地使用权转让合同，依法判决广州公司返还香港公司土地转让费人民币500万元及利息，并赔偿经济损失港币28万元。而广州公司辩称，香港公司与广州公司于1994年6月10日签订了土地使用权转让合同后，该合同已于1994年履行完毕。此后，双方从未对上述合同的履行有过任何争议或补充协议，香港公司的起诉已超过了诉讼时效。请求依法驳回香港公司的诉讼请求。

二、案件处理

法院经审理认为，香港公司的起诉已超过了法定的诉讼时效，且未能举证证实诉讼时效有中止或中断的情况，其诉讼请求依法应予驳回，根据《中华人民共和国民法通则》第135条的规定，判决驳回香港公司的诉讼请求，本案受理费港币41000元由香港公司负担。

三、案例评析

本案中香港公司败诉关键在于其起诉已超过诉讼时效，而且又不能举证证实诉讼时效有中止或中断的情况。《民法通则》第135条规定"向人民法院请求保护民事权利的诉讼时效期间为二年。"第137条规定："诉讼时效期间从知道或者应当知道权利遭受侵害时起计算。"

本案中，原告与被告签订的合同约定：在合同签订后三个月内，香港公司付清余款的同时，广州公司应完善用地手续，即出具有效的土地使用权证书。因此，诉讼时效期间从合同签订之日后三个月开始计算，即从1994年9月10日起至1996年9月10日止。《民法通则》第139条、140条分别规定了诉讼中止和中断的情形。但是，本案中香港公司虽称其曾于1995年5月2日、1997年1月5日两次函告广州公司，但未举证证实其主张，所以未获法院采纳。因此，为了使诉讼时效延长，一定要留下证实诉讼时效中断的证据。例如，本案中香港公司致函给广州公司，应亲自送广州公司签收，留下回执，或通过邮局挂号邮寄，这样才能保证民事权利在被侵害时得到法律的保护。

案例 3

上诉人：某水泥厂

被上诉人：某建设公司

一、基本案情

1995年4月22日，某水泥厂与某建设公司订立《建设工程施工合同》及《合同总纲》，约定：由某建设公司承建某水泥厂第一条生产线主厂房及烧成车间等配套工程的土建项目。开工日期为1995年5月15日。建筑材料由某水泥厂提供，某建设公司垫资150万元人民币，在合同订立15日内汇入某水泥厂账户。某建设公司付给某水泥厂10万元保证金，进场后再付10万元押图费，待图纸归还某水泥厂后再予退还等。

合同订立后，某建设公司于同年5月前后付给某水泥厂103万元，某水泥厂退还13万元，实际占用90万元。其中10万元为押图费，80万元为垫资款，比约定的垫资款少付70万元。同年5月某建设公司进场施工。从5月24日～10月26日某建设公司向某水泥厂借款173539.05元。后因某建设公司未按约支付全部垫资款及工程质量存在问题，双方产生纠纷；某建设公司于同年7月停止施工。已完成的工程为：窑头基础混凝土、烟囱、窑尾、增温塔。

某水泥厂于同年11月向人民法院起诉。一审法院在审理中委托省建设工程质量安全监督总站对已建工程进行鉴定。结论为：窑头基础混凝土和烟囱不合格应于拆除。另查明，已建工程总造价为2759391.30元。窑头基础混凝土造价84022.92元，烟囱造价20667.36元，两项工程拆除费用为52779.51元；某水泥厂投入工程建设的钢筋、水泥等建筑材料折合人民币70738.96元；合格工程定额利润为5404.95元；砂石由某建设公司提供。还查明某水泥厂在与某建设公司订立合同和工程施工时，尚未取得建设用地规划许可证和建设工程规划许可证。

二、案件审理

一审法院审理认为，某水泥厂与某建设公司1995年4月22日签订施工合同及合同总纲时，建设工程的初步设计与概算未得到批准，某水泥厂也未到建设行政主管部门办理报建手续，故不具备1983年国务院《建筑安装工程承包合同条例》第5条第1款，1994年建设部《工程建设项目报建管理办法》，1991年国家工商总局、建设部《建筑市场管理规定》第8条、第12条第1款规定的发包条件。此外，订立该合同时，某水泥厂未进行招投标，违反了某省人大常委会1995年1月25日施行的《某省建设工程招投标管理条例》第二条第1款的规定，故合同无效。同时，该工程开工之前，某水泥厂未取得规划管理部门颁发的《建设工程规划许可证》；未得到建设行政部门发给的《施工许可证》，违反了《中华人民共和国规划法》第32条、1992年建设部《建筑工程施工现场管理规定》第5条第二款的规定，故开工亦不合法。因此，某水泥厂与某建设公司应互相返还对方财产，并按过错承担因合同无效而造成的损失。导致本案合同无效的主要过错是某水泥厂不具备发包条件而发包，某建设公司未审查发包方的条件而与之签约，也有一定的过错。因合同无效合同造成的损失，某水泥厂与某建设公司按7∶3的比例分担。因此，某水泥厂应返还某建设公司的所有款项1030000元，扣除某建设公司借支、退还、差款等费用173499.86元，某水泥厂应返还某建设公司856500.44元。某水泥厂占用某建设公司856500.44元的同期同类贷款利息，应视为合同无效造成的损失，某水泥厂与某建设公司分别承担70%和30%。施工现场上尚未使用的钢材、水泥、砖应返还某水泥厂。未使用的砂、石归某建设公司所有。鉴于窑头基础混凝土和整个烟囱不合格应予拆除，某水泥厂应付给某建设公司工程款168732.39元；拆除窑头基础混凝土及烟囱的费用52779.51元以及该两项工程中某水泥厂投入的水泥、钢材、砖的损失45405.95元，应由某建设公司承担。一审法院据此判决：

（1）某水泥厂与某建设公司于1995年4月22日订立的施工合同和合同总纲无效。

（2）某水泥厂应返还某建设公司垫资等款项856500.44元，支付某建设公司工程款168732.39元。窑头基础混凝土和烟囱由某水泥厂组织拆除，拆除费用52779.51元和某水泥厂的材料损失费用45405.95元由某建设公司向某水泥厂支付。上述费用相抵，则某水泥厂应在本判决生效后二十日内向某建设公司支付927047.37元。

（3）某水泥厂占用某建设公司856500.44元资金的同期同类贷款利息从1995年5月9日开始计算，某水泥厂应将其中的70%付给某建设公司，限于本判决生效后二十内付清。

（4）施工现场上未使用的水泥、钢材、砖返还归某水泥厂所有，砂石返还归某建设公司所有。

（5）驳回某水泥厂的其他请求。

案件受理费23010元；诉讼保全费1060元，鉴定费9000元，共计33070元，由某建设公司负担9921元，某水泥厂负担23149元。

某水泥厂不服一审判决，上诉称：双方签订的合同有效；原审判决将已返还给某建设公司的13万元重复认定，并且对建材计算调差费不当；在判决中未责令某建设公司返还施工图纸亦属不当，请求予以改判纠正。

某建设公司答辩承认已收到某水泥厂退还的13万元，原审判决确属重复认定，应予纠正。请求维持原审判决的其余部分。

二审法院经审理认为：某水泥厂在与某建设公司订立《建设工程施工合同》及《合同总纲》时，尚未取得建设用地规划许可证和建设工程规划许可证，并且违反有关规定，在合同中设立垫资施工的条款，因此上述合同应属无效。原判认定事实和适用法律基本正确。但将某水泥厂已返还给某建设公司13万元重复认定，且未判决某建设公司返还施工图纸以及计算未实际发生的建材调差费等，均属不当；应予纠正。上诉人的部分上诉请求有理，最高法院予以支持。

（1）维持原审判决的第（1）、（4）、（5）项；

（2）撤销原审判决第（2）、（3）项；

（3）某水泥厂退还某建设公司垫资款62646095元人民币并承担该款自1995年5月9日至本判决生效之日止的中国人民银行同期同类贷款利息的70%；

（4）某水泥厂支付某建设公司工程款275939.30元人民币，扣除不合格工程造价104690.28元、材料款70738.96元、定额利润5405.72元、拆除费52779.51元，实际应支付42324.83元人民币；

（5）某建设公司返还某水泥厂施工图纸（以收据为准）后；某水泥厂返还某建设公司押图费100000元人民币。

上述第（3）、（4）、（5）项判决，限于本判决生效之日起15日内履行完毕。

二审案件受理费 23010 元人民币由某水泥厂、某建设公司各负担一半。

三、案例评析

《建筑法》正式确立了建筑工程施工许可制度。《建筑法》第 7 条规定："建筑工程开工前，建设单位应当按照国家有关规定向工程所在地县级以上人民政府建设行政主管部门申请领取施工许可证；但是，国务院建设行政主管部门确定的限额以下的小型工程除外。按照国务院规定的权限和程序批准开工报告的建筑工程，不再领取施工许可证。"因此，依法领取施工许可证是工程建设项目必须遵守的强制性规定，也是工程建设行为合法的必要条件。如果违反了这一法律强制性规定，施工合同将是无效的。此外，根据《建筑法》第 8 条的规定，取得施工许可证的前提是取得土地使用证、规划许可证。因此，工程建设项目施工必须"三证"齐全，即必须同时具备土地使用证、规划许可证、施工许可证。

本案发生在《建筑法》实施前，但由于发包人某水泥厂没有依法取得建设用地规划许可证和建设工程规划许可证，属于违法建设，其签订的工程施工合同应属无效合同。同时，尽管法律规定领取施工许可证是建设单位的责任，但施工单位不经审查而签订了合同，也要承担一定的过错责任。

案例 4

原告：××建筑设计事务所（以下简称设计事务所）
原告：××建筑设计院（以下简称设计院）
被告：××投资有限公司（以下简称投资公司）

一、基本案情

1995 年 9 月，原告某设计事务所和原告某设计院下设的某分院（不具备法人资格）签订了联合设计"××商厦"建设项目协议。随后，设计事务所、设计院某分院与被告签订一份工程设计合同。约定：两原告为被告设计"××商厦"建设项目，总设计费 20 万元。两原告依约完成设计时，即通知被告付费 20 万元，被告未支付。经催讨未果，两原告向人民法院提起诉讼，要求被告支付 20 万元设计费。

被告辩称：被告的"××商厦"属乙级建设项目，而原告设计事务所设计资质属丙级，属越级设计。原告设计院无营业执照，根据建设部有关文件规定，不能从事地方上的设计，其下属的某分院更不具有法人资格，故原、被告间签订的工程设计合同属无效合同。由于两原告的过错造成合同无效，被告不应承担设计费 20 万元。

二、案件审理

一审法院经审理认为："××商厦"建设项目属"乙级"项目，原告设计事务所设计资质属"丙级"，设计院设计资质属"乙级"并具备收费资格证书、上海市勘察设计临时许可证。设计院某分院和设计事务所作为承包方与被告签订工程设计合同得到设计院的认可。1996 年 7 月 16 日，上海市勘察设计市场管理办公室出具确认意见，载明：设计院具备建设部建设工程乙级设计资质，并取得进沪许可；设计事务所具备建设工程丙级设计资质。现两设计单位就"××商厦"工程施工图进行联合设计，根据建设部建设（1993）

678号文件第三条、《上海市工程勘察设计市场管理暂行办法》第八章、上海市建设委员会沪建设（1993）第0597文件第六条的规定，两单位之间横向联合符合国家有关政策，应予确认。两原告与被告签订的工程设计合同可以认定为有效合同。原告依约完成了合同约定的设计，而被告未能支付设计费属违约，被告应即支付所欠设计费。被告辩称原告设计事务所设计资质不符，设计院无营业执照不能从事地方上设计，而造成合同无效之理由不能成立，遂判决被告应给付两原告设计费20万元。

被告不服一审判决，上诉至二审法院，请求撤销一审判决。二审法院经审理认为：设计院某分院虽属编外事业单位，但其签约行为得到具有乙级设计资质的上级主管单位设计院承认，并持总院资格证书对外承接任务；设计事务所虽属丙级设计资质，但其与乙级资质的设计院联合设计符合国家有关规定，故设计院某分院、设计事务所与被告签订的本案系争工程设计合同有效。上诉人未依约支付设计费，应承担责任。原审法院认定事实基本清楚，处理并无不当。判决驳回上诉，维持原判。

三、案例评析

合同当事人的主体资格合法，是合同生效的必要条件。我国对工程勘察设计行业实行准入制度，不具有相应资质等级条件的勘察设计企业不能承揽业务，也就不具有签订勘察设计合同的主体资格。

本案发生在《建筑法》施行之前，尽管法院根据当时的规范性文件确认了原告的主体资格，但《建筑法》对建筑市场准入有了更加严格的要求。《建筑法》第13条明确规定为"从事建筑活动的建筑施工企业、勘察单位、设计单位和工程监理单位，按照其拥有的注册资本、专业技术人员、技术装备和已完成的建筑工程业绩等资质条件，划分为不同的资质等级，经资质审查合格，取得相应等级的资质证书后，方可在其资质等级许可的范围内从事建筑活动。"简言之，从事建筑活动应与其资质等级相适应。具体来讲，就是根据建筑工程项目本身被评定的等级，应由不低于该等级的相应资质等级的建筑施工企业、勘察单位、设计单位等承包建筑工程的勘察、设计和施工。如本案涉及的建筑工程项目属"乙级"项目，所要求的设计单位应为具有"乙级"资质等级的单位。

本案的特殊之处在于两原告实行联合设计且资质等级不同。关于联合设计的资格认定，在《建筑法》施行之前，这种资格认定要求是比较宽松的，即当其资质等级不同时，以级别高的一方为主，并由其对工程质量负责。但在《建筑法》施行后，则从严要求。根据《建筑法》第27条第2款的规定，两个以上不同资质等级的单位实行联合共同承包的，应当按照资质等级低的单位的业务许可范围承揽工程。这在审判工作中应予以注意。

案例5

第一原告：宋某
第二原告：上海某房地产开发公司
被　　告：上海某区建设行政主管部门

一、基本案情

1999年3月15日，被告上海某区建设行政主管部门收到第二原告举报，称其正在进行施工的建筑施工图纸存在严重质量问题，希望被告对该图纸的设计单位进行查处。被告经调查后发现，该项目施工图纸是由第一原告宋某组织无证设计人员，私自安排刻制并使用本应当是由市建委统一管理发放的施工图出图专用章，且以蚌埠某建筑设计院上海分院的名义设计。据此，被告于1999年11月17日对第一原告作出了"责令停止建筑活动并处五万元罚款"的行政处罚。同时，上述项目的开发单位、第二原告在未验明设计单位的资质的情况下，将工程设计发包给事实上是个人的第一原告，并将无证人员设计的施工图纸交给施工单位使用，被告因此对第二原告也作出了"责令改正，并处罚款三万元"等的行政处罚。处罚决定书下达后，两原告均不服上述行政处罚，遂于2000年1月6日向法院提起行政诉讼，要求撤销被告的上述行政处罚。

第一原告认为其在设计活动中的一切行为均代表蚌埠某建筑设计院上海分院，施工图出图专用章系由该设计院的管理机关领取，是有证从事建筑设计活动，不应由其承担无证设计的法律后果；同时，委托设计合同是在1996年上半年签订的，被告援引1997年10月颁布实施的地方性法规和《上海市建筑市场管理条例》对其进行处罚，在法律适用上也是错误的。第二原告则认为其所委托的设计单位是有设计资质和入沪许可的蚌埠某建筑设计院上海分院，从未委托过第一原告个人；工程设计发包行为发生在1996年，1997年经上海市建设工程招投标办公室同意，补办了招标手续。被告援引1999年3月颁布实施的法规对其进行处罚，显系适用法律不当。

而被告方则以大量证据材料证明：

1. 第一原告与第二原告签订委托设计合同时使用的"合同章"蚌埠某建筑设计院并不认可，该院从未有此合同章，故更不可能同意第一原告使用；

2. 第一原告及其雇用的在施工设计图纸上签字的人员均不具备国家规定的相应从业资格；

3. 第一原告私自安排刻制了应由上海市建委颁发的"工程建设施工图出图专用章"，并在其组织无证人员设计的图纸上使用了该出图专用章，没有证据证明蚌埠某建筑设计院在此事上有授权或共同行为；

4. 第二原告在与第一原告签订合同时没有验证设计单位有效的证明文件；

5. 第二原告签订委托设计合同时，看了出示的无效的营业执照性质后，仍与第一原告签订合同，且在施工过程中委托第一原告担任项目经理，将工程全权委托给其管理，因此第一原告代表第二原告接受无证人员设计的施工图纸所引起的法律后果应追责至第二原告；

6. 第二原告所称的1997年补办招标手续时，提交的设计合同为1994年的，而当时蚌埠某建筑设计院尚未进沪，第二原告也尚未成立，招标手续显系欺骗取得；

7. 第一原告的无证设计活动自1996年至被告对其进行查处的过程中，一直处于持续状态；而第二原告委托第一原告设计的行为，自双方委托设计合同签订之日至第二原告重新委托设计之日止从未间断；且该工程一直没有竣工。因此，被告援引违法行为继续期间颁布实施的法律、法规对其予以处罚，在法律适用上是正确的。

二、案件审理

法庭对被告方提供的证据和法律依据逐项进行了审查，认为这些证据内容真实、与被

诉行政处罚决定认定的事实相关且合法,具有证明效力,法院全部予以采信,并据此确认:

1. 第一原告在进行工程项目设计时,组织没有本市建筑设计从业资格的设计人员进行设计,并在设计图纸上加盖了自行刻制的施工图出图章和施工图发图负责人章,其主观上违法的故意十分明显。被告认定其无证从事建筑设计活动的事实清楚、证据充分。

2. 第二原告在将设计这一工程重要环节发包给设计单位时,理应验明设计单位的资质证书和勘察设计临时许可证。以第二原告的行为能力,应当能够验明第一原告提供的注册税务登记证、企业法人代码证书、企业法人营业执照、进沪许可证已全部无效。

3. 第一原告与第二原告于1997年4月18日签订设计合同,委托设计行为自此开始,并一直继续到1999年9月1日第二原告将工程重新委托给其他设计所设计时止。期间,双方并未发生终止、解除合同的情形。故对违法行为的追责,应当从行为终了之日起计算。因此,被告适用法律正确。

2000年4月13日,受理案件的上海市某区人民法院作出了一审判决,依法维持了被告的具体行政行为。两原告不服一审判决,于2000年4月20日向上海市第一中级人民法院提起上诉。经开庭审理,二审法院于2000年11月17日作出了终审判决:"驳回上诉,维持原判。"

三、案例分析

在本案中,第一原告宋某未经注册,以注册执业人员的名义从事建设工程勘察、设计活动,且私刻图章,以其他单位的名义从事建设工程勘察、设计任务;第二原告上海市某房地产开发公司违反有关法律法规的规定,将建设工程勘察、设计任务发包给不具有相应资质等级的勘察、设计单位。第一原告和第二原告均违反了有关法律法规的强制性规定,本案被告建设行政主管部门依据有关法律规定对上述被告进行行政处罚,是正确的。

案例6

上诉人:××经济贸易公司(以下简称经贸公司)
被上诉人:××建设有限公司(以下简称建设公司)

一、基本案情

1992年10月2日,并不具备承包工程资质等级的某建设公司与某经贸公司签订《工程承包协议书》,约定由建设公司垫资承建某工程项目。根据该协议书的约定,双方同时还签订了《工程承包垫资协议书》,约定建设公司垫资中的5000万元人民币,垫资期限为三年,垫资款的年回报率为15%,如三年内银行贷款基准利率上浮,回报率亦随之上浮。建设公司负责协办的第二批垫资款5000万元人民币,暂定年限为一年半。1992年10月10日至11月2日,建设公司将其所承包的全部工程分别包给某勘察工程公司、某建筑工程总公司和某工业设备安装公司。

1993年10月,建设公司与经贸公司又签订《协议书》,约定:根据经贸公司的要求,为了减少管理上的中间环节,即撤出建设公司在该项目上的管理人员,建设公司总包的权利、责任和义务托由经贸公司承担执行,经贸公司付给建设公司人民币1100万元作为补偿。建设公司垫资的5000万元人民币年回报率上调为18%。1994年7月1日,建设公司与经贸公司进行总结算,建设公司应收经贸公司款项为63384052.05元,其中包括撤出总承包补偿费1100万元、承包工程协调费50万元、赔偿某建筑工程总公司、某工业设备安装公司延迟开工费23.12万元,1993年度垫资款利息850万元。扣除经贸公司已付的53430913.15元,经贸公司尚欠建设公司9953138.90元。

双方约定:经贸公司一次性补给建设公司280万元,余款以2958.28吨钢材冲抵。1995年6月16日,经贸公司以其在某市的物业冲抵尚欠建设公司的1292250元后,余款773338元作为欠建设公司5000万元垫资款的部分利息。1996年7月29日,经贸公司向一审法院提起诉讼,要求判令建设公司返还总承包管理费1100万元并赔偿经济损失1135万元。

二、案件审理

一审法院认为:建设公司与经贸公司之间订立的合同,因建设公司没有承包建设工程的资质等级,不具备履行合同的能力,依照国家有关法律规定,双方所订合同为无效合同。合同无效,双方均有过错,应各自承担其相应责任。建设公司收取的撤出总承包补偿费、承包工程协调费应返还给经贸公司。双方就已建部分工程的结算,因双方无争议,法院予以确认。经贸公司主张赔偿其他经济损失的请求,因举证不力而不予支持。一审法院据此判决:

(1) 经贸公司应于判决生效三十日内返还建设公司5000万元垫资款,并按建设银行同期同类贷款利率支付自1992年11月14日至还款之日的利息。

(2) 建设公司应于判决生效三十日内返还经贸公司下列款项:1) 撤出总承包补偿费1100万元。2) 承包工程协调费50万元。3) 经贸公司支付的垫资款利息9223338元,并按建设银行同期同类贷款利率支付利息(其中850万元的利息自1994年8月11日至还款之日,773338元的利息自1995年6月16日至还款之日)。

(3) 驳回经贸公司的其他诉讼请求。

诉讼费371760元由双方各负担185880元。

一审判决后,建设公司不服,向二审法院提出上诉。二审法院认为:建设公司没有承包建设工程的资质等级,即不具备建设工程总承包的主体资格,其与经贸公司签订的《工程承包协议书》应属无效。双方基于此合同签订的《协议书》也应无效,《协议书》约定由经贸公司支付建设公司总承包管理费1100万,将垫资款年利率上调到18%,违背法律规定,依法不予保护。双方签订的《工程承包垫资协议书》是《工程承包协议书》第五条有关垫资内容的进一步细化,约定垫资款的年回报率为15%,名为垫资实为借贷,违反了我国有关金融管理法规的规定,应当确认为无效。判决驳回上诉,维持原判。二审案件受理费371760元由建设公司承担。

三、案例评析

我国自1984年起,对建筑施工企业实行资质管理。1997年颁布的《建筑法》则以法律形式确立了这一制度。《建筑法》第26条规定:"承包建筑工程的单位应当持有依法取得的资质证书,并在其资质等级许可的业务范围内承揽工程。禁止建筑施工企业超越本企业资质等级许可的业务范围或者以任何形式用其他建筑施工企业的名义承揽工程。禁止建筑施工企业以任何形式允许其他单位或者个人使用本企业的资质证书、营业执照，以本企业的名义承揽工程。"在建设工程施工合同中，如果建筑施工企业不具有相应的资质等级，就意味着不具有签订合同的主体资格，合同应当认定为无效。

此外，二审法院对原、被告之间名为垫资实为拆借的行为做出了正确认定，由于企业拆借行为被国家有关法规严格禁止，因此双方关于利息的有关约定也是无效的。

合同被判无效以后的基本处理原则是相互返还，不能返还或者没有必要返还的，应当折价补偿。有过错的一方应当赔偿对方因此所受到的损失，双方都有过错的，应当各自承担相应的责任。承包单位没有资质等级自然有过错，发包单位没有审查承包单位的资质等级也有一定的过错，应当承担相应的责任。

案例7

原告：某经济技术开发区某建筑装饰公司
被告：某地区城乡建设委员会

一、基本案情

原告某经济技术开发区某建筑装饰公司（以下简称某装饰公司）于1995年5月15日经某地区工商行政管理局核准登记，并领取营业执照，经营范围为：室内外装饰等。1995年9月14日领取了由某省第二轻工业厅颁发的《室内装饰施工企业资质等级证书》。

1995年10月13日，原告某装饰公司与某地区河道工程管理处海河宾馆签订了室内装饰工程施工承包合同。10月15日，某装饰公司进入施工工地，同时聘用了江苏省泰兴市田河乡集城村的6名工人。10月20日，某地区建设市场管理办公室对原告某装饰公司在海河宾馆的施工现场进行检查、认定原告某装饰公司有违法行为，遂于1995年11月7日对原告某装饰公司作出（95）某地建查字1109号《建设工程检查处理决定通知书》，认定原告某装饰公司有如下违法行为，并分别予以罚款：

（1）地区海河宾馆装饰工程，在未取得建设装饰装修资质证书的情况下进行建筑装饰装修设计、施工，违反了建设部第46号令《建筑装饰装修管理规定》第25条第1款的规定，处以罚款12900元；

（2）海河宾馆装饰工程由某装饰公司非法转包给江苏泰兴施工队伍，违反了建设部、国家工商局建法（1991）798号即《建筑市场管理规定》第26条第2款的规定，处以罚款2万元；

（3）某装饰公司擅自招用未办理进省手续的省外队伍（江苏省泰兴施工队伍）进行施工，违反了《某省对省外建筑企业进省施工管理暂行办法》第15条第1款的规定，处以罚款5000元。原告某装饰公司不服某地区建设市场管理办公室对其作出的上述处罚，在法定期限内向某地区中级人民法院提起了行政诉讼。

二、案件审理

某地区中级人民法院经审理后认为：装饰行业管理问题，国务院办公厅（1992）31号文对此作了明确的规定，由轻工系统管理室内装饰企业，某装饰公司取得了某省二轻厅核发的施工资质证书，依据该证书与海河宾馆签订的室内装饰合同，符合国务院的有关规定，被告某地区城乡建设委员会以原告某装饰公司无资质证书为由对其进行处罚属超越职权。某地区城乡建设委员会以某装饰公司非法转包和招用省外施工队伍为由进行处罚，既缺乏事实根据又超越职权，其三项处罚应予撤销。依照《中华人民共和国行政诉讼法》第54条第（2）项第4目的规定，判决如下：

（1）撤销地区建委（1995）某地建查字第1109号建设工程检查处理决定通知书。

（2）案件受理费1526元由被告某地区城乡建设委员会负担。

被告某地区城乡建设委员会不服某地区中级人民法院的一审判决，以某地区中级人民法院的行政判决严重背离事实，适用法律错误为由向某省高级人民法院提起上诉，请求二审人民法院撤销一审人民法院的判决。

某省高级人民法院作为第二审人民法院，审理认为：关于装饰行业归口管理问题，国务院办公厅（1992）31号文已作了明确规定，室内装饰企业由轻工系统管理。某装饰公司已取得了某某省二轻厅核发的室内装饰企业资质证书，与海河宾馆签订的室内装饰合同，既未超出经营范围也不违反国务院办公厅的有关规定。经查，某装饰公司既未非法转包工程，也未招用省外施工队伍，某地区城乡建设委员会以某装饰公司无资质证书等为由对其进行行政处罚属超越职权，且无事实根据和法律依据。一审人民法院依法撤销其作出（95）某地建查字1109号《建设工程检查处理决定通知书》并无不当。一审人民法院的判决认定事实清楚，适用法律、法规正确，应当予以维持。依据《中华人民共和国行政诉讼法》第61条第（1）项之规定，某省高级人民法院判决如下：驳回上诉，维持原判；二审案件受理费1526元由上诉人承担。

三、案例评析

国务院办公厅（1992）31号文将室内装饰的行政许可权归于轻工系统，也就是将室内装饰企业的许可证的核发以及监督管理一并赋予轻工系统。这样，在《建设工程质量管理条例》颁布实施之前，对违反室内装饰行政许可有关规定的行为进行处罚的行政处罚权也只能属于轻工系统的行政主管部门。本案原告某装饰公司经某地区工商行政管理局核准登记，并领取了营业执照，并于同年取得由某某省第二轻工业厅颁发的《室内装饰施工企业资质等级证书》，手续齐备，程序合法，已具备从事室内装饰工程的法定条件。

本案被告某地区城乡建设委员会并不是室内装饰企业行政许可的法定机关（即无权颁发《室内装饰施工企业资质等级证书》），被告某地区城乡建设委员会依据1995年建设部第46号令，即《建筑装饰装修管理规定》第25条第1款的规定，以原告某装饰公司未领取资质证书为由对其进行行政处罚既无事实根据，又同国务院办公厅的有关规定冲突。又未经有权机关委托对原告某装饰公司进行处罚，此行为属于超越职权，应予撤销。

案例8

上诉人（原审被告）：某实业公司

被上诉人（原审原告）：某建筑工程总公司

一、基本案情

1994年6月15日，某实业公司与某建筑总公司第一工程处（以下简称第一工程处）签订了《工程协议书》，约定由第一工程处承建某大厦工程。合同签订后，某建筑工程总公司于1994年7月30日开始施工，1994年12月末因故停止施工。1995年4月21日实业公司、第一工程处、某建筑集团第四工程公司签订《某大厦工程交接协议书》（以下简称《交接协议书》），约定第一工程处将承建的某大厦工程移交给某建筑集团第四工程公司施工。工程移交时间为1995年4月22日，此后即由某建筑集团第四工程公司负责对该大厦的施工和工程管理工作。第一工程处除参与善后工作处理之外不再参与该项工程的任何工作。协议书确定了工程交接部位、移交时间及工程结算时间，同时还约定于1995年9月末由实业公司全部结清工程款。至1995年8月止，实业公司共给付工程款（包括材料折款）5160796元。1995年8月15日，某建筑工程总公司以要求实业公司依据《交接协议书》支付所欠工程款为由向法院起诉。

经一审法院委托某建设工程预算审查处决算审定，该工程由某建筑工程总公司施工部分造价为9943642元，实业公司尚欠某建筑工程总公司工程款4782846元。实业公司认可4782846元欠款。

另查明，某建筑工程总公司资质等级为一级。第一工程处隶属于某建筑工程总公司，以第一工程处名义所签《工程协议书》和《交接协议书》均系某建筑工程总公司法定代表人授权所签。某建筑工程总公司认可上述两个协议。

二、案件审理

一审法院经审理认为：某建筑工程总公司与实业公司签订的《工程协议书》及《交接协议书》，均是双方真实意思的表示，符合法律规定，应为有效合同。双方均应及时全面履行合同所约定的义务。实业公司未按协议约定结算应给付某建筑工程总公司的工程款，应当给付并应承担逾期付款的利息损失。

关于某建筑工程总公司是否转包问题，根据承包协议，这只是企业内部的一种经营方式，不能认定为转包，所以不能以此认定某建筑工程总公司违约。据此判决：1.实业公司给付拖欠某建筑工程总公司的工程款4782846元及利息（计息时间自1995年9月30日起至还款之日止，按银行同期间类贷款利率计算）。2.驳回双方的其他诉讼请求。案件受理费36315元由实业公司负担；鉴定费60000元由实业公司负担50000元，某建筑工程总公司负担10000元。

实业公司不服一审判决，向最高法院上诉称：某建筑工程总公司将此工程转包他人，只收取管理费，不承担任何风险。该行为违反了《工程协议书》约定的"本工程不准转包他人，如发现转包立即收回工程，所发生的一切损失由某建筑工程总公司负责"的条款。一审判决认定事实不清，请求予以改判。

最高法院认为：双方所签《工程协议书》及《交接协议书》双方经过平等协商的真实意思表示，内容符合有关法律、法规的规定，应当认定为有效。依据《交接协议书》，双方已终止了《工程协议书》的履行。实业公司应依《交接协议书》的约定，给付某建筑工程总公司的工程款，并承担逾期给付的利息损失。某建筑工程总公司直接参与工程施工方案的制定，并对施工组织机构、工程质量、工程安全进行管理，并非只收取工程管理费，不承担任何风险。某建筑工程总公司的内部经营方式，不能认定为转包。对实业公司要求某建筑工程总公司赔偿"转包"违约的损失，其请求亦不予支持。判决驳回上诉，维持原判。二审案件受理费36315元，由实业公司负担。

三、案例评析

在本案中，建筑工程总公司是否存在转包行为，是双方争议的一个焦点。实业公司认为"某建筑工程总公司将此工程转包他人，只收取管理费，不承担任何风险。该行为属于转包，根据双方约定，所发生的一切损失由某建筑工程总公司负责。"但法院判决认定某建筑工程总公司和第一工程处是属于内部经营方式，而不是转包。

我国《建筑法》明确禁止转包。可以说，转包是我国建筑工程承、发包活动中违法和无效的代名词。《建设工程质量管理条例》对"转包"所下的定义是：承包单位承包建设工程后，不履行合同约定的责任和义务，将其承包的全部工程转给他人或者将其承包的全部建设工程肢解以后以分包的名义分别转给其他单位承包的行为。

在工程实践中，转包与违法分包、挂靠行为的界限很难界定。应该说，转包一个最基本的特征是以包代管，不参加现场管理。因此，分清这三种违法行为，首先应当查明承包人在现场是否成立了管理机构，履行了管理职能。如果是，那么就不应该认定为转包行为。在此基础上，再考察承包人的分包情况和内部管理情况：如果承包人实施了《建设工程质量管理条例》规定的四种违法分包情形，特别是施工总承包单位将主体结构的施工分包的（劳务分包应当除外），应当认定为违法分包；如果承包人现场管理机构的主要管理人员与承包人无合法的劳动关系，那么很可能就是挂靠。

此外，现在建筑企业普遍实行的项目部管理模式与"挂靠"的界限就更加模糊了。特别是江浙一带很多大型的建筑企业，项目经理部具有很大的经营自主权，但正是这种灵活的管理模式使这些企业获得了飞速发展。现在面临的一个问题是，这种项目部管理模式与挂靠在很多方面是在相似，因此在多大程度上能得到法律的保护，始终是困扰企业发展的重大难题。《建筑法》第26条规定了"禁止建筑施工企业以任何形式允许其他单位或者个人使用本企业的资质证书、营业执照，以本企业的名义承揽工程。"但对什么是"任何形式"却无明确的规定。尽管《房屋建筑和市政基础设施工程施工分包管理办法》（征求意见稿）规定了三种挂靠行为，即（1）转让、出借资质证书或者以其他方式允许他人以本企业名义承揽工程的；（2）项目管理机构的项目经理、技术负责人、项目核算负责人、质量管理人员、安全管理人员等不是本单位人员，与本单位无合法的人事或者劳动合同、工资福利以及社会保险关系的；（3）建设单位的工程款直接进入项目管理机构财物的。但这种形式上的界定，大部分是比较容易规避的，也许最起作用的就是看项目主要管理人员的"社会保险关系"是否在承包单位。但仅凭"社会保险关系"来判断是否属于"挂靠"将会犯"形而上学"的错误。

案例9

原告：某监理公司
被告：某房地产开发公司

一、基本案情

某房地产开发公司投资开发一住宅小区,与某工程监理公司签订建设工程委托监理合同。在专用条件的监理职责条款中,双方约定:"乙方(监理公司)负责甲方(房地产开发公司)住宅小区工程设计阶段和施工阶段的监理业务。……房产开发公司应于监理业务结束之日起5日内支付最后20%的监理费用。"写字楼工程竣工一周后,监理公司要求房产开发企业支付剩余20%的监理费,房产开发公司以双方有口头约定,监理公司监理职责应履行至工程保修期满为由,拒绝支付。监理公司索款未果,诉至法院。法院判决双方口头商定的监理职责延至保修期满的内容不构成委托监理合同的内容,房产开发企业到期未支付最后一笔监理费,构成违约,应承担违约责任,支付监理公司剩余20%监理费及延期付款利息。

二、案例分析

依据《合同法》第276条和《建筑法》的有关规定,依法应当实行监理的建设工程,发包人应与监理人订立书面委托监理合同,由监理人按合同内容对建设工程进行监理。

根据《中华人民共和国建筑法》第四章的规定及《建设工程监理范围和规模标准规定》(建设部令第86号令)等有关规定,依法应当实行监理的建设工程有5类:(1)国家重点建设工程;(2)大中型公益事业工程;(3)成片建设的住宅小区工程;(4)利用外国政府或者国际金融组织赠贷款、援助资金的工程;(5)国家规定必须实行监理的其他工程。

本案中,房地产开发公司开发住宅小区,属于需要实行监理的建设工程,依法应当与监理人签订委托监理合同。本案争议焦点在于确定监理公司监理义务范围。依书面合同约定,监理范围包括工程设计和施工两阶段,而未包括工程的保修阶段;双方只是口头约定还应包括保修阶段。依据《合同法》第276条规定,委托监理合同应以书面形式订立,口头形式约定不成立委托监理合同。因此,该委托监理合同关于监理义务的约定,只能包括工程设计和施工两阶段,不应包括保修阶段,也就是说,监理公司已完全履行了合同义务,房产开发公司逾期支付监理费用,属违约行为,故判决其承担违约责任,支付监理费及利息是正确的。

案例10

原告:北京市某物资公司

被告:王某

一、基本案情

1995年10月17日,王某与北京市某物资公司签订了拆迁安置居民回迁购房合同书,根据此合同,王某原租住公房属于拆迁范围,王某属于拆迁安置对象,某物资公司对广外南街回迁楼建设完毕以后,安置王某广外南街小区53号楼601号3居室楼房1套。合同签订后,1998年10月,某物资公司如约将回迁楼建设完毕并交付使用。王某在没有办理回迁入住手续的情况下,私自进入广外南街小区53号楼601号房,在向某物资公司的房屋物业公司缴纳了装修押金1000元后,于1999年3月对该房进行了装修。装修过程中,雇用没有装修资质的装修人员对房屋内部结构进行拆改,将多处钢筋混凝土结构承重墙砸毁,并将结构柱主钢筋大量截断。其间,某物资公司曾多次向王某发出停工通知,并委托宣武区房屋安全鉴定站对此房屋进行了鉴定,结论为:房屋墙体被拆改、移位,已对房屋承重结构造成破坏,应恢复原状。王某对此均未理睬。1999年4月,某物资公司向某区人民法院提起诉讼,要求王某立即搬出强占的房屋,停止毁坏住宅楼主体结构的行为,排除妨碍,消除危险,承担对所破坏房屋由专业施工单位进行修复的费用47439.04元、鉴定费240元以及加固设计费10000元。

二、案件审理

一审法院经审理认为,根据建设部《建筑装饰装修管理规定》,凡涉及拆改主体结构和明显加大荷载的,房屋所有人、使用人必须向房屋所在地的房地产行政主管部门提出申请,并由房屋安全鉴定单位对装饰装修方案的使用进行审定。经批准后向建设行政主管部门办理报建手续,领取施工许可证。原有房屋装饰装修需要拆改结构的,装饰装修设计必须保证房屋的整体性、抗震性和结构安全性,并由有资质的装饰装修单位进行施工。北京市《关于加强对城镇居民住宅装饰装修改造管理的通知》规定:凡居民对住宅进行装饰、装修的,不得破坏建筑物结构,不得私自拆改各种住宅配套设施。本案中王某在没有办理房屋入住手续的情况下,私自进入房屋,并违反上述规定,未经有关部门批准,在装修过程中对房屋的主体结构及其他设施进行拆改,经某物资公司多次制止后仍不停止,给整幢房屋造成严重安全隐患(诉讼过程中,中国建筑科学研究院工程抗震研究所做出了广外南街小区53号楼加固报告,并提供了加固方案及加固工程造价计算书),应承担民事责任。关于加固费用,中国建筑科学研究院工程抗震研究所是建筑业的权威机关,出具的加固报告及费用具有权威性,对所需33746元的加固费用本院予以确认;对于恢复费用,因被告对原告提供的预算费用表示异议,且该费用未经有关部门审核,因此,恢复原状的费用以恢复后实际支出费用为准。故判决:

1. 自本判决生效后3日内,被告王某将本区广外南街小区53号楼601号住房腾空,交原告某物资公司;

2. 自本判决生效后3日内,被告王某给付原告某物资公司对本区广外南街小区53号楼601号住房的鉴定费240元、加固设计费10000元、加固费33746元,并由原告某物资公司负责加固施工;

3. 自加固工程完成后30日内,由被告王某负责对拆改的本区广外南街小区53号楼601号住房门厅隔断墙恢复原状。

三、案例评析

本案发生在《建筑法》和《建设工程质量管理条例》颁布实施之前。审理法院参照部门规章《建筑装饰装修管理规定》(建设部令第46号)对其进行了判决。

《建筑法》第49条规定:"涉及建筑主体和承重结构变动的装修工程,建设单位应当在施工前委托原设计单位或者具有相应资质条件的设计单位提出设计方案;没有设计方案的,不得施工。"《建筑法》第70条规定:"违反本法规定,涉及建筑主体或者承重结构变动的装修工程擅自施工的,责令改正,处以罚款;造成损失的,承担赔偿责任;构成犯罪的,依法追究刑事责任。"

《建设工程质量管理条例》第15条规定:"涉及建筑主体和承重结构变动的装修工程,建设单位应当在施工前委托原设计单位或者具有相应资质等级的设计单位提出设计方案;没有设计方案的,不得施工。房屋建筑使用者在装修过程中,不得擅自变动房屋建筑主体和承重结构。"《建设工程质量管理条例》第69条规定:"违反本条例规定,涉及建筑主体或者承重结构变动的装修工程,没有设计方案擅自施工的,责令改正,处50万元以上100万元以下的罚款;房屋建筑使用者在装修过程中擅自变动房屋建筑主体和承重结构的,责令改正,处5万元以上10万元以下的罚款。有前款所列行为,造成损失的,依法承担赔偿责任。"

根据上述法律规定,在房屋建筑装饰装修过程中,不论是建设单位还是房屋建筑使用者都必须严格遵守法律强制性规定。本案中,王某作为房屋建筑使用人,擅自变动建筑主体和承重结构,是严重的违法行为,不仅要依法承担赔偿责任,还应当受到建设行政管理部门的行政处罚。

案例11

原告:新华日报社
被告:南京华厦实业有限公司

一、基本案情

1991年4月,南京华厦实业有限公司(以下简称华厦公司)在毗邻新华日报社处投资建设的华荣大厦基础工程开始施工,未作护栏维护工程即进行敞开式开挖并大量抽排地下水,一个月后因施工现场附近地面下沉,施工暂时停止。经过修改施工方案,华荣大厦基础工程于同年7月28日恢复施工,进行人工开挖桩孔。同年10月中旬,新华日报社发现其印刷厂厂房墙壁、地面开裂,3台德国进口的UNIMAN4/2卷筒纸胶印机出现异常,报纸印刷质量明显下降,印刷机严重受损,厂房墙体受损危及人员安全。经南京市人民政府召集有关单位、专家共同研究提出补救措施予以实施后,新华日报社印刷厂地面沉降才得到控制,但对新华日报社所受损失没有涉及。"会议纪要"还明确指出了华厦公司在华荣大厦工程施工中违反有关施工规范、规程造成事故的错误。事故发生后,新华日报社还委托南京土木建筑学会、国家印刷机械质量监督检测中心和江苏省地震局等单位对事故原因进行了鉴定。鉴定认为:华荣大厦基础工程施工大量抽排地下水是造成新华日报社印刷厂厂房和印刷机受损的直接原因。1992年7月10日,新华日报社向南京市人民政府请求解决赔偿损失问题,但一直未得到解决。

1994年6月30日,新华日报社向江苏省高级人民法院起诉,称:华厦公司在建设与本社相距20m的华荣大厦基础工程施工期间,大量抽排地下水,造成本社印刷厂地面下沉,厂房墙体多处开裂,印刷机基础移位,印刷机受到严重损伤,造成巨额经济损失,要求华厦公司赔偿其请国内外专家调校修理印刷机的费用、修理所需零部件购置费、停机期间委托他人代印报纸的印刷费差价等各项损失共计1399万元。

被告华厦公司答辩称:原告的损失是华荣大厦基础工程施工单位造成的,应由施工单位赔偿。原告的起诉已超过了一年的诉讼时效,已丧失胜诉权。原告的请求应交由行政部门处理，请求驳回原告的诉讼请求。

二、案件审理

江苏省高级人民法院经审理查明：新华日报社所受经济损失包括，请外国专家调校修理印刷机费用179504元，修理调校印刷机期间请他人代印报纸费用差额31893.50元，外国专家调校修理印刷机期间食宿费6796.40元，修理印刷机必须进口的零部件购置费765万元，购置此零部件所交关税及增值税244万元，机装、运印刷机费用190万元，加固厂房和重做印刷机基础费用1506686.38元，有关单位鉴定、评估、咨询等费用168700元，上述损失共计人民币13883580.28元。

江苏省高级人民法院认为：华厦公司在建设华荣大厦时，未充分考虑相邻建筑物的安全，于施工期间大量抽排地下水，并于初期发现问题后又未能及时采取必要的防护措施，使新华日报社印刷厂地面发生沉降，损坏了厂房基础，致厂房及室内印刷机械受损，事实清楚，证据充分，可以认定。华厦公司违背处理相邻关系的原则，在建设房屋时给新华日报社造成了巨大损失，应负全部责任。新华日报社在法定期间内依法起诉，所举证据能证明其主张成立，依法应予支持。依照《中华人民共和国民法通则》第83条之规定，该院于1994年11月28日判决如下：

华厦公司于本判决生效后30日内，赔偿新华日报社各项损失共计人民币13883580.28元。

诉讼费79428元，诉讼保全费70520元，合计人民币149948元，由华厦公司负担。

华厦公司不服一审判决，以新华日报社胶印车间设计使用不合理，印刷机基础下未做砂石垫层，印刷机运转后无沉降观测记录，因此不能证明不均匀沉降是华荣大厦施工抽水所致为理由，上诉至最高人民法院，请求在分清双方当事人责任程度、合理计算对方损失的前提下，改判由双方分别承担民事责任；请求追加华容大厦施工人珠海特区中新建筑公司为本案第三人，并判令其承担相应的民事责任。

新华日报社答辩称：原审认定的事实完全符合实际，本社厂房和机器受损，完全是华荣大厦施工中长期、大量抽排地下水造成的，请求维持原判，驳回华厦公司的上诉。

最高人民法院审理期间，根据华厦公司的申请，委托江苏省技术监督建筑工程质量检验站就华荣大厦施工中抽取地下水对新华日报社厂房及进口胶印机基础有什么影响等问题，再次进行鉴定。鉴定认为："华荣大厦施工大量抽排地下水，是造成新华日报社厂房下沉开裂和印刷机不能正常运行、遭受损伤的直接原因。该厂房基础和设备基础的结构型式对沉降反应敏感，对环境变化适应性差，但事故发生前三年来的使用尚没有发现问题。在华荣大厦基坑施工期间如不抽水，不致突然发生这个事故。"

最高人民法院认为：华厦公司在新华日报社厂房相邻处修建华荣大厦，本应充分考虑相邻建筑物的安全，但其违反《中华人民共和国法通则》关于处理相邻关系的原则，未做维护工程即开始敞开式开挖，大量抽排地下水，初期发现问题后采取的补救措施亦未能完全阻止不均匀沉降，致使新华日报社印刷厂和设备基础地面发生沉降，厂房及进口胶印机严重受损，其应对此负全部责任。原审法院认定事实清楚，适用法律正确。华厦公司所持上诉理由经查不能成立，本院不予支持，依照《中华人民共和国民法通则》第83条之规定，于1996年5月13日判决如下：

驳回上诉,维持原判。

二审诉讼费 79428 元,鉴定费 232751.70 元,由华夏公司承担。

三、案例评析

《民法通则》第 83 条规定:"不动产的相邻各方,应当按照有利生产、方便生活、团结互助、公平合理的精神,正确处理截水、排水、通行、通风、采光等方面的相邻关系。给相邻方造成妨碍或者损失的,应当停止侵害,排除妨碍,赔偿损失。"人民法院根据该条的规定判决由建设单位华夏公司承担民事责任是正确的。

施工单位中新建筑公司应该承担什么样的责任?《建筑法》第 39 条规定:"建筑施工企业应当在施工现场采取维护安全、防范危险、预防火灾等措施;有条件的,应当对施工现场实行封闭管理。施工现场对毗邻的建筑物、构筑物和特殊作业环境可能造成损害的,建筑施工企业应当采取安全防护措施。"《建设工程质量管理条例》第 32 条的规定:"施工单位对施工中出现质量问题的建设工程或者竣工验收不合格的建设工程,应当负责返修。"据此,我们认为,中新建筑公司具有采取安全防护措施和对施工质量进行返修的义务。如果中新建筑公司在施工过程中没有履行上述义务,华夏公司有权依法向其追偿。

案例 12

一、基本案情

2001 年 11 月 16 日上午 10 时 30 分,高原古城西宁繁华街道西门口,正在进行爆破拆除的西关街四号商住楼。一声巨响过后,楼房没有如人们预料地轰然倒下,只是做过预处理的底层支柱受到了较为严重的破坏。经过专家"会诊",11 月 19 日上午,负责此次爆破的青海协力爆破工程有限责任公司加大药量,进行二次爆破,但楼房坐落 1 层后非但没有倒下,反而成了向北倾斜近 20 度的"斜楼"、斜而不倒,摇摇欲坠,使这座本来就已潜伏危险的商住楼成了一颗随时可能爆炸的"炸弹"。

根据西宁市政府规划,西宁市繁华市区西门要修建一个大型绿地广场,有关部门决定对位于此地区的西关街四号商住楼等进行爆破拆除。今年 10 月,成立仅仅一年半的青海协力爆破工程有限责任公司(以下简称协力公司)与西宁市城建开发总公司签订了爆破这座 7 层商住楼的合同,具体由西宁正华建设投资控股有限公司(以下简称正华公司)负责。今年 11 月 13 日,协力公司为第一次爆破召开了"工作汇报会",邀请负责工程发包的正华公司副总经理胡某,以及青海某建筑工程总公司总工程师田某参加。会上,发包方负责人胡某对不够施工资质的协力公司提出"原则上要求人工拆除六层、七层砖混结构后再实施爆破"的要求。田某则发表意见认为,为了取得较好的爆破解体效果,不宜将六、七层人工拆除,否则上部重量减轻,会使定向倾倒有难度……就这样,"专家"和发包方同意了事后被证明完全错误的《爆破方案》。而据了解,在此前,协力公司只爆破过两座钢炉房烟囱和一处景亭,根本没有爆破拆除楼房的经验和实力。这印证了爆破行业的一句行话:没有不敢炸的,只有掏不起钱的。据调查了解,两次爆破的协力公司总工程师和《爆破方案》的设计者邱某根本不具备公安部门认定的爆破工程设计资格。

根据《爆破工程施工企业资质等级标准》规定,三级资质企业只能爆破拆除五层的楼房、50m以下的烟囱；二级企业，应承接高度为5～10层的楼房、50～80m高度的烟囱。协力公司的资质为三级，根本不能承揽七层高楼的爆破工程，协力公司属于违规经营，越级施工。

据了解，作为西宁市城市中心广场——新世纪广场拆迁项目，共有3栋商住楼采取爆破拆除，项目都由西宁市城建开发总公司发包。

协力公司总经理曹某称，工程刚开始时，第一栋楼城建局进行了招标，共有3家爆破企业竞标，最后银川定向爆破有限责任公司中标。中标的那栋楼，银川公司第一次爆破也失败了，又经过两次重新爆破，才算交了差。后来的第二、三栋楼，我们才算和银川定向爆破公司展开了较量，100多万元的工程，连招标都省了，全靠"人工"操作。大的（指12层楼）我们做不了，我们通过关系做"小"，（指4层以下楼）的，这样两家都有钱赚。

11月23日，被公安部门取消使用爆破物品资格后，协力公司还在组织机械和人工拆除，在距离他们100多米的北侧，有一座更高的楼房已经拆完了门窗，正在加紧进行爆破前的最后准备。工人们说，那是北园迎宾楼，银川公司号称它为"某第一爆"，楼高12层、建筑面积9800平方米，26日前后起爆。银川公司是二级，只能承担低于10层的楼房，也是越级施工。当谈到具体由谁监管时，银川公司称爆破行业属于高度危险特种行业，主要由公安部门监管。但西宁市公安局治安处副处长吕某说，他们只对炸药的流向及起爆后的公共安全负责，企业资质应该由建设部门监管，而且公安部门也没有懂行的专家。

二、案例分析

《建筑法》第50条明确规定"房屋拆除应当由具备保证安全条件的建筑施工单位承担，由建筑施工单位负责人对安全负责"。实施房屋拆除的建筑施工单位应具备的安全条件是一个强制性规定。所谓具备安全条件是指具有拆除房屋建筑的技术人员、技术设备等保证房屋拆除安全的必备条件，不具备拆除条件的不能从事拆除作业。拆除房屋应具备的安全条件，应以建设行政主管部门和有关部门的规定为准，通常表现为符合一定的资质等级条件。例如，对于以采取爆破为拆除业务的建筑施工单位，除符合建设行政主管部门规定的条件外，还应当符合公安主管部门的有关规定。但是，交叉管理、监管不力，致使城市民用爆破行业市场混乱、漏洞重重，如何健全制度规章，堵塞漏洞，是值得我们深思的问题。

案例13

上诉人（原审被告）：深圳市中电照明有限公司（以下简称中电公司）
被上诉人（原审原告）：汕头市达诚建筑总公司深圳分公司（以下简称达诚公司）

一、基本案情

2000年7月4日，被告中电公司向深圳市建设局申请对中电照明研发中心工程进行对外招标，7月11日获得批准。8月11日，原告达诚公司向被告支付了保证金人民币100万元，并于8月18日向深圳市建设工程交易服务中心呈送《中电照明研发中心标书》。8月29日，中电公司在深圳市建设工程交易服务中心第四会议室召开中照研发中心开标会。会上由深圳市建设工程造价管理站（以下简称造价站）公开宣读中照研发中心的标底为人民币19010550.12元，然后公开了6个投标单位的投标价，其中原告的投标价为人民币17004308.68元。9月20日，被告向造价站发函，以造价站的标底与其送审的预算数额有出入为由，要求标底按隐框玻璃幕墙进行调整并重新定标。造价站回函称，被告送交的资料没有任何说明铝合金固定窗修改为隐框玻璃幕墙的资料，同意仅就该工程量清单中第143项（铝合金固定窗）用同一工程量按隐框玻璃幕墙单价计算调整。9月30日，被告以修改后的标底召开定标会，重新确定投标价为人民币1991.7393万元，并宣布深圳市第三某建筑工程总公司（以下简称三建）得分最高为中标单位。

原告则以其已中标但被告拒发中标通知书为由诉至深圳市福田区人民法院，请求判令被告违约并双倍返还保证金人民币200万元。

二、案件审理

一审福田区人民法院经审理后认为，造价站于2000年8月29日公开的标底是根据被告提供的《工程实物工程量表》、《招标书》、《答疑会书面答复书》核算出来的，按被告《招标书》承诺的评审方法，原告的投标书经公开后达到被告公开承诺中标要求，原告应是中照研发中心的公开招标的中标单位。被告拒绝向原告发出中标通知书和签订施工合同属于违约，应承担违约责任。被告在公开标底前没有书面形式向造价站和投标单位说明其《工程实物量表》第143条由铝合金窗改为玻璃幕墙，被告须承担对其在标底公开后对工程量改动的责任。因此，对于被告辩称其与原告无任何关系，以及在造价站公开标底后认为标底有误差为由进行修改标底是合法有效正常的，应驳回原告的诉讼请求的理由，本院不予采纳。依照《中华人民共和国招标投标法》第五条、《深圳经济特区建设工程施工招标投标条例》第十八条第二款、第三十条《深圳经济特区建设工程施工招标投标条例实施细则》第二十三条之规定，判决如下：被告应在本判决发生法律效力之日起十日内双倍返还原告保证金人民币100万元。逾期则应当加倍支付迟延履行期间的债务利息。案件受理费人民币20010元由被告负担。

上诉人深圳市中电照明有限公司不服一审判决，上诉至深圳市中级人民法院。诉称：原审认定事实错误，适用法律、法规不当。

本案经二审深圳市中级人民法院主持原、被告进行调解，双方在自愿、平等的基础上进行协商，达成了如下调解协议：被告补偿原告人民币30万元了结本案纠纷，在本案招投标过程中产生的其他纠纷双方不再追究。上述款项被告于本调解书送达之日起十日内支付给原告。一、二审案件受理费双方各自负担。

三、案例评析

本案是深圳市首例招投标争议案，因而备受传媒和社会各界的广泛关注。尽管该案经过二审法院的努力，在分清是非责任的基础上以调解方式解决。但是，该案所涉及的法律问题仍然值得探讨和研究。

（一）被告在开标后修改招标文件是无效的

《中华人民共和国招标投标法》第23条规定："招标人对已发出的招标文件进行必要澄清或者修改的，应当在招标文件要求提交投标文件截止时间至少十五日前，以书面形式通知所有招标文件接收人。该澄清或者修改的内容为招标文件的组成部分。"本条规定招标文件进行修改或者澄清的法定程序。这是法律强制性规定，没有遵守此规定的，其修改及其澄清是无效的。

本案中,《招标书》注明"外墙装饰:玻璃墙和灰色涂料。门窗:铝合金和高级柚木门。工程清单第189项为玻璃幕墙制作安装,第143项为铝合金固定窗。"因此,从被告提交的书面答复"第5项外墙按隐框幕墙制作安装",根本不能让人理解为修改招标中的门窗、铝合金和高级柚木门及工程实物量清单第143项铝合金固定窗。而原告对此并无过错。因此,被告在公布标底之后,又以标底错误为由中止招投标程序,并修改招标文件和标底,显然是不符合法律强制性规定的,应承担一定的法律责任。

（二）被告应承担缔约过失责任

招投标是以订立合同为目的的民事活动。招标人发出的招标公告或投标邀请书、投标人提交的投标文件、招标人向中标的投标人发出的中标通知书,按其法律性质分别属于《合同法》中的要约邀请、要约和承诺。但建设工程合同又是一种要式合同,其成立的标志是签订书面合同。在合同成立之前,招标人未履行向投标人发出中标通知的法定义务,致使合同不能成立,应承担缔约过失责任,而非违约责任。故一审法院认定招标人违约并承担违约责任值得商榷。

（三）投标保证金不应与定金等同

本案中,原告在招投标过程中交给被告100万元的保证金。原《深圳经济特区建设工程招标投标条例》第十八条第二款规定:"定标后,中标人拒绝签订工程承包合同的,应向中标人双倍返还保证金。"（2002年修订后的《条例》保留了类似条款）一审法院据此判决被告双倍返还保证金。但从二审法院调解的结果来看,事实上推翻了一审的判决,并没有把投标保证金按"双倍返还"的定金罚则处理。

关于投标保证金的性质,《最高人民法院关于适用〈担保法〉若干问题的司法解释》第118条明确规定:"当事人交付留置金、担保金、保证金、订约金或者订金等,没有约定定金性质的,当事人主张定金权利的,人民法院不予支持。"因此,如未约定为定金性质（双倍返还）,投标保证金是不应适用定金罚则的。建设部第89号令《房屋建筑和市政基础设施施工招标投标管理办法》在第47条第3款则规定:"招标人无正当理由不与中标人签订合同,给中标人造成损失的,招标人应当给予赔偿。"这种赔偿应是一种缔约过失责任,以实际损失为限。而2003年3月8日七部委联合发布的《工程建设项目施工招标投标办法》也没有明确规定"双倍返还"。

笔者强烈建议,这种地方性法规与部门规章、最高院司法解释之间的矛盾,有关机构应当依据《立法法》的有关规定及早解决,否则极易引起法律适用上的争议。

案例14

一、基本案情

中山医大三院医技大楼设计建筑面积为19945平方米,预计造价7400万元,其中土建工程造价约为3402万元,配套设备暂定造价为3998万元。2001年初,该工程项目进入广东省建设工程交易中心以总承包方式向社会公开招标。

经常以"广州辉宇房地产有限公司总经理"身份对外交往的包工头郑某得知该项目的情况后,即分别到广东省和广州市4家建筑公司活动,要求挂靠这4家公司参与投标。这

4家公司在未对郑某的广州辉宇房地产有限公司的资质和业绩进行审查的情况下，就同意其挂靠，并分别商定了"合作"条件：一是投标保证金由郑支付；二是广州市原告代郑编制标书，由郑支付"劳务费"，其余3家公司的经济标书由郑编制；三是项目中标后全部或部分工程由郑组织施工，挂靠单位收取占工程造价3‰～5‰的管理费。上述4家公司违法出让资质证明，为郑搞串标活动提供了条件。2001年1月郑某给4家公司各汇去30万元投标保证金，并支付给广州市原告1.5万元编制标书的"劳务费"。

为揽到该项目，郑某还不择手段地拉拢广东省交易中心评标处副处长张某、办公室副主任陈某。郑以咨询业务为名，经常请张、陈吃喝玩乐，并送给张某港币5万元、人民币1000元，以及人参、茶叶、香烟等物品；送给陈某港币3万元和洋酒等物品。张、陈两人积极为郑提供"咨询"服务，不惜泄露招投标中有关保密事项，甚至带郑到审核标底现场向有关人员打探标底，后因现场监督严格而未得逞。

2001年1月22日下午开始评标。评委会置该项目招标文件规定于不顾，把原安排22日下午评技术标、23日上午评经济标两段评标内容集中在一个下午进行，致使评标委员会没有足够时间对标书进行认真细致地评审，一些标书明显存在违反招标文件规定的错误未能发现。同时，评标委员在评审中还把标底价50%以上的配套设备暂定价3998万元剔除，使造价总体下浮变为部分下浮，影响了评标结果的合理性。下午7时20分左右，评标结束，中标单位为深圳市总公司。

由于郑某挂靠的4家公司均未能中标，郑便鼓动这4家公司向有关部门投诉，设法改变评标结果。因不断发生投诉，有关单位未发出中标通知书。

二、案件处理

广东省纪委、省监察厅、省建设厅组成联合调查组，对广东省建设工程交易中心个别工作人员在中山医科大学附属第三医院医技大楼工程招投标中的违纪违法问题展开调查。现已查实该工程项目在招投标中存在包工头串标、建筑施工单位出让资质证照、评标委员会不依法评标、省交易中心个别工作人员收受包工头钱物等违纪违法问题。经省建设厅、省监察厅研究决定，取消该项目招投标结果，依法重新组织招投标。目前，涉嫌违纪违法的交易中心工作人员张某、陈某已被停职，立案审查，其非法收受的钱物已被依法收缴。省纪委、省监察厅将依照有关法规和党纪政纪的涉案单位和人员进行严肃处理。这是广东省建立有形建筑市场以来查处的首宗建设工程交易中心工作人员违纪违法案件。

三、案例评析

中山医大三院医技大楼工程招投标中的违纪违法问题，是一宗包工头串通有关单位内部人员干扰和破坏建筑市场秩序的典型案件。本案中的有关当事人违反了多项法律强制性规定，依法应当受到惩处。但本案的行政处理结果值得斟酌。

首先，《招标投标法》规定了六种"中标无效"的法定情形。在本案中，从招标人和招标代理机构的行为看，并无导致中标无效的法定事由。而从投标人郑某的行为看，虽然实施了串标和骗标的行为，但由于中标人并不是郑某，所以也不符合中标无效的法定情形。因此，尽管本案中存在着一系列的违法违纪行为，但并不必然导致中标无效，行政监督部门做出的处理决定是不符合法律规定的。

其次，工程建设项目的招标投标活动，是建设工程合同订立的过程，在法律性质上属于民事行为。作为整个招投标活动的组成部分，中标自然也属于民事行为的一种，应当受到民法的调整。《民法通则》根据法律效力不同，把民事行为分为民事法律行为（合法有效的民事行为）、无效的民事行为以及可撤销、可变更的民事行为。而判定民事行为是否有效，只能由法院或仲裁机构做出，除此以外的任何机构（主要指行政管理部门）均无权确认民事行为的法律效力。《招标投标法》规定的六种中标无效情形，属于无效的民事行为，只能由人民法院依法确认无效；也就是说，人民法院是确认"中标无效"的唯一权力主体。如果赋予行政监督部门宣布"中标无效"的权力，就从根本上犯了行政法律规范与民事法律规范相竞合的错误，这在法理上是讲不通的。

案例 15

原告：××建筑集团第三公司

被告：××房地产开发有限公司

一、基本案情

1999年9月22日被告就某住宅项目进行邀请招标，原告与其他三家建筑公司共同参加了投标。结果由原告中标。1999年10月14日，被告就该项工程向原告发出中标通知书。该通知书载明：工程建筑面积82174平方米，中标造价人民币8000万元，要求10月25日签订工程承包合同，10月28日开工。

中标通知书发出后，原告按被告的要求提出，为抓紧工期，应该先做好施工准备，后签工程合同。原告同意了这个意见。随后，原告进场，平整了施工场地，将打桩桩架运入现场，并配合被告在10月28日打了两根桩，完成了项目的开工仪式。但是，工程开工后，还没有等到正式签订承包合同，双方就因为对合同内容的意见不一而发生了争议。2000年3月1日，被告函告原告："将另行落实施工队伍。"

双方协商不成，原告只得诉至法院。在法庭上，原告指出，被告既已发出中标通知书，就表明招投标过程中的要约已经承诺，按招投标文件和《施工合同示范文本》的有关规定，签订工程承包合同是被告的法定义务。因此，原告要求被告继续履行合同。但被告辩称：虽然已发了中标通知书，但这个文件并无合同效力，且双方的合同尚未签订，因此双方还不存在合同上的权利义务关系，被告有权另行确定合同相对人。

二、案件审理

法院在审理后认为，按照我国《招标投标法》第45条规定："中标人确定后，招标人应当向中标人发出中标通知书，并同时将中标结果通知所有未中标的投标人。中标通知书对招标人和中标人具有法律效力。中标通知书发出后，招标人改变中标结果的，或者中标人放弃中标项目的，应当依法承担法律责任。"第46条规定："招标人和中标人应当自中标通知书发出之日起三十日内，按照招标文件和中标人的投标文件订立书面合同。招标人和中标人不得再行订立背离合同实质性内容的其他协议。"很显然，被告的观点和行为是不符合法律规定的，因此法院依据上述规定认定了被告违约，并判决由被告补偿原告经济损失158万元。

三、案例评析

招标人发出中标通知书的行为，属于《合同法》规定的承诺。这时，双方虽然尚未签订书面合同，但是中标通知书已经对当事人具有法律约束力。任何一方拒绝签订合同，违反了诚实信用原则，应当承担缔约过失责任，而不是违约责任。这种缔约责任的赔偿方式，应当依据 2001 年 6 月 1 日建设部令第 89 号发布的《房屋建筑与市政基础设施施工招标投标管理办法》第 47 条规定，即"中标人不与招标人订立合同的，投标保证金不予退还并取消其中标资格，给招标人造成的损失超过投标保证金数额的，应当对超过部分予以赔偿；没有提交投标保证金的，应当对招标人的损失承担赔偿责任。招标人无正当理由不与中标人签订合同，给中标人造成损失的，招标人应当给予赔偿。"

案例 16

上　诉　人：××大酒店有限公司（以下简称某酒店）
上　诉　人：××设计研究院（以下简称某设计院）
被上诉人：××建筑工程总公司（以下简称某建筑公司）
原审第三人：××地质工程地质队（以下简称某地质队）

一、基本案情

1993 年 5 月，某酒店筹建处与某建筑公司签订《建设工程施工合同》，约定：某建筑公司承包建设某酒店的全部建筑安装工程、室外配套设施及附属工程等，合同价款以建设银行某支行审定价为准。

工程如期开工后，因在组织验槽纤探中发现地质资料与实际不符、需修改设计，于同年 6 月 1 日停工，直至 10 月下旬恢复施工。工程施工过程中，某酒店未能及时按约定拨付工程款，加之多次变更局部设计造成反复施工，工期受到严重影响。

1996 年 1 月，工程全部完工。某酒店和某建筑公司根据合同的约定，经某酒店委托，由中国建设银行某支行对工程造价进行结算，经会同某建筑公司、某酒店三方工程技术人员现场丈量核实，确认工程造价数额，并由三方共同签字盖章。同年 4 月，某建筑公司与某酒店双方财务人员对已付工程款、欠款进行核对，确认某酒店已付工程款 35144392.40 元，尚欠 5801305.60 元，其中某建筑公司未做工程造价为 24826 元。

此前，某酒店 1995 年 12 月～1996 年 1 月组织了该工程竣工验收并通过。1996 年 1 月，该工程经市质量监督站核验为优良工程，后又经省工程质量监督总站复验，被省建设委员会评定为省优质样板工程。同年 6 月，某酒店接管整个工程并向市城建局递交了《竣工验收报告》，请求对某酒店工程给予验收，后因某酒店未交纳相关费用，验收工作未能如期进行。

1997 年 3 月，某酒店在开始试营业。某建筑公司为此于同年 3 月 26 日、4 月 2 日、4 月 3 日先后三次致函某酒店，告知该工程未经国家工程质量监督部门验收，不得投入使用，并督促其尽快与质检部门联系组织验收。但某酒店仍未经验收的工程全面投入经营、使用至今。

1997 年 6 月，某酒店主楼客房部一楼非承重墙局部开始出现裂缝。同年 7 月 21 日，省质量监督总站针对某酒店工程质量问题,召集各有关部门在现场勘验调查的基础上,形成了《关于某大酒店工程质量问题会议纪要》(以下简称《纪要》),认定一楼非承重墙裂缝是由于地基不均匀压缩变形和湿陷下沉引起的。同时认为设计单位、施工单位、勘察单位、建设单位均存在问题,并提出了处理意见。某建筑公司对该《纪要》中与其有关的责任表示认可和愿意执行,但因某设计院提出异议,问题未能得到解决。

1997年10月18日,某建筑公司以拖欠工程款为由向法院提起诉讼,请求某酒店支付拖欠工程款5801305.60元及滞纳金等。

1998年12月7日,某酒店以某建筑公司为被告,某设计院、某地质队为第三人提起反诉,请求赔偿因一楼工程质量问题造成的损失5355640元及工期延误违约金等。

二、案件审理

一审法院经审理认为:

某建筑公司与某酒店签订合同合法、有效,双方的合法权益理应受到法律的保护。某建筑公司请求某酒店偿还工程欠款和赔偿银行利息的诉讼请求,有双方签订的合同、工程竣工验收单、双方签字盖章认可的由建设银行某支行审计核定的工程价款结算书和1996年4月17日双方财务人员核对工程已付款、欠款的材料等证据所证实,依法应予支持。但对未施工项目的工程款应从工程欠款额中予以扣除。某酒店辩称的建设银行审计核定的工程结算款不实,应以其委托审计的工程结算款作为工程款结算的唯一、合法、有效凭据,并以此为由认为超付了工程款,要求某建筑公司返还,因大酒店单方委托审计,违背了双方所签订合同的约定条款,理由不能成立,不予采信。

某酒店反诉要求某建筑公司对一楼非承重墙体的质量问题从基础予以彻底排除。根据其申请,为了查明某酒店工程一楼非承重墙墙体产生裂缝的原因和有关当事人的责任,法院依法委托省工程质量监督总站对某酒店工程质量进行鉴定。依据该站作出的鉴定意见及各方当事人提出的意见和相关证据说明:某酒店工程在建设单位投入使用15个月就发生一楼非承重墙体下沉裂缝,不是施工单位某建筑公司一方造成的。

1. 设计单位某设计院对该工程的个别部位设计违反了国家颁布实施的规范标准,而且对省建设委员会1993年1《关于某国际大酒店工程初步设计审查的批复》中第三个问题曾明确指出设计"应考虑不均匀沉降对建筑物的影响"的批复意见,未给予足够的重视,诸如一楼墙体应设计基础梁而未设计,将砌墙体直接坐落在回填土薄厚不等的垫层上,一楼地基下直埋管道而不设置检漏地沟等,因而未能有效解决地基的"不均匀沉降对建筑的影响",为一楼墙体下沉裂缝埋下了无法回避的隐患;因填土夯压不实和地表水的渗漏等,只是加速了问题的暴露;因此,设计单位对此质量问题应承担重要的责任。

2. 施工单位某建筑公司在施工过程中,回填土的压实系数未达到设计要求;自购的排水管个别管壁厚度偏薄,加之个别地段管道埋置的设计违反规范标准,导致使用不久出现破裂、跑水等原因,对造成地基下沉,墙体开裂应负直接责任。

3. 建设单位某酒店违反国家有关规范标准,在未采取任何防水措施的情况下,在大楼周围6m内种植草坪、花坛,并采用漫灌式浇水,致使大量排水渗入楼体地基下;由于一楼未设计基础地梁,加速了地基下沉,恶化了一楼墙体的裂缝;对此质量问题负有不可推卸的责任。

4. 地质勘察单位地质队提供的地质勘探报告虽然存在着几处资料不完善的地方，而作为使用该勘探资料的设计单位，并未对勘察报告提出任何异议，反诉原告也未提出赔偿请求，因此地质队对某酒店工程一楼部分墙体下沉裂缝不应承担责任。

这一反诉请求根据有关法律规定已超过诉讼时效，但鉴于某建筑公司已认可，并经有关部门鉴定，要求尽快加固整改，根据实际情况，某设计院、某建筑公司、某酒店均应承担相应责任。

某酒店要求某建筑公司赔偿因工程质量造成的损失5355640元的反诉请求，因其未提供造成损失的具体构成和相关合法证据，且该工程未经国家职能部门验收就投入使用，根据《中华人民共和国经济合同法》第三十四条第二款第4项和国务院《建筑安装工程承包合同条例》第十三条第二款第3项的规定，其责任应由自己承担，该反诉请求不予支持。

判决：

（1）某酒店再给付某建筑公司工程款5776479.60元及利息（按银行同期同类贷款利率计算至付清之日止），于判决生效十日内付清；

（2）某酒店工程一楼非承重墙体裂缝问题，应增设墙基地梁，进行加固，在判决生效二十日内，某建筑公司做好加固维修施工的准备工作，承担全部加固费用的30%；某酒店做好施工队伍进场前的有关准备工作，承担全部加固费用的30%；第三人某设计院拿出加固整改设计图，承担全部加固费用的40%。

某酒店和某设计院均不服一审判决，提起上诉。二审法院经审理认为：

某建筑公司将某酒店工程交付后，某酒店应依法履行其申请验收义务，但由于其不交纳相关费用，致使工程未能验收，对此某酒店应负完全责任。某酒店请求某建筑公司、某设计院、地质队赔偿因严重工程质量特别是一楼客房部非承重墙裂缝问题造成的损失等，由于某酒店工程未经验收即投入使用至今，根据《中华人民共和国经济合同法》"工程未经验收，提前使用，发现质量问题，自己承担责任"和国务院《建筑安装工程承包合同条例》"工程未验收，发包方提前使用或擅自动用，由此而发生的质量或其他问题，由发包方承担责任"的规定，某酒店工程出现的质量问题应由发包方和使用方某酒店自行承担责任。

鉴于某建筑公司对于省工程质量监督总站鉴定结论中属于自己的部分责任予以认可，且对于一审判决其承担某酒店工程一楼非承重墙体裂缝加固费用的30%未予上诉，可准予某建筑公司对于某酒店一楼的整改工作承担相应的费用。

某酒店一审中以某建筑公司为被告，某设计院、地质队为第三人提起的反诉，因其与某设计院、地质队属另外的法律关系，其对某设计院、地质队的诉讼请求超出本案的反诉范围，一审法院将其作为反诉一并审理不当，某酒店可依据委托设计合同和委托勘探合同另行对某设计院、地质队提起诉讼。

据此，依据《中华人民共和国经济合同法》第三十四条第二款第4项、国务院《建筑安装工程承包条例》第十三条第二款第3项、《中华人民共和国民事诉讼法》第一百二十六条、第一百五十三条第一款第（二）项之规定，二审法院于2001年3月判决如下：变更甘肃省高级人民法院（1998）甘民初字第22号民事判决第（4）项为：某酒店自行承担一楼非承重墙体裂缝的整改加固，某建筑公司承担其费用的30%；一审案件受理费69835元由某酒店承担，反诉费97000元由某酒店承担67900元，某建筑公司承担29100元，鉴定费 85748.94 元，由某酒店与某建筑公司各承担 42874.47 元；二审案件受理费 165935 元由某酒店承担。

三、案例评析

关于工程质量的责任划分是本案审理当中的一个争议焦点。由于本工程未经验收提前使用，法院依据当时有效的法律判决由发包人某酒店承担责任。

不论是已失效还是仍然有效的法律，我国法律均规定工程在交付使用之前，必须经过竣工验收。但在因提前使用而导致的质量责任界定上，新旧法的规定有很大差异。已失效的《经济合同法》和《建筑安装工程承包合同条例》均规定由发包方承担责任（后者多了个"由此"），但现行的《建筑法》、《合同法》和《建设工程质量管理条例》均无明确规定。

我们认为，原《建筑安装工程承包合同条例》"工程未验收，发包方提前使用或擅自动用，由此而发生的质量或其他问题，由发包方承担责任"的表述是比较合理的。"由此"体现了过错和责任相统一的原则。而原《经济合同法》"提前使用，责任自负"的法律规定，虽然有利于强化建设单位的验收责任，但在明显是由施工单位或设计单位原因造成的质量问题时，这条规定就不合理了。因此，现行法律虽然没有明确"提前交付工程"的归属，但应采用过错推定原则，对于难以查明导致质量问题原因的由建设单位自行承担质量责任；但如果建设单位能够证明其他单位也有过错，其他单位也要承担相应的责任。

案例 17

上　诉　人：××物资供应股份有限公司（以下简称物资公司）
被上诉人：××建筑工程总公司（以下简称建筑公司）

一、基本案情

1996 年 5 月 8 日，物资公司与建筑公司签订《施工协议书》，约定由建筑公司承包物资公司投资兴建的某商场项目。建筑公司垫付工程款 20 万元，超过 98 年如付不清工程款，物资公司承担欠款利息，其余工程款待竣工交付使用时全部付清。

1996 年 12 月 14 日，该工程交工验收，12 月 16 日经市质检部门核验评为合格工程。该工程 1997 年 12 月 16 日经结算，物资公司尚拖欠建筑公司工程款 434550.64 元。物资公司以建筑公司承建的工程存在严重质量问题为由拒付工程款。

1999 年 4 月 25 日，某市工程质量监督站和某市建设工程质量检测中心对该工程质量进行实地检测，做出了《关于某商场工程质量问题的处理意见》：(1) 该工程尚未发现明显的不安全因素，可以正常使用；(2) 楼梯梁距地面高度不够问题，应会同设计单位进行设计变更处理；(3) 墙面裂缝属填充墙体材料干燥收缩引起，影响观感质量可进行表面修补；(4) 对 C4～C5 段梁存在微小裂缝，缝宽仅为 0.2mm，在规范允许范围内可进行封闭处理，对四层楼地面裂缝应揭露检查并予以处理，对其他混凝土缺陷按规范要求进行修补。

1999 年 5 月 18 日，建筑公司起诉至一审法院，要求判令物资公司偿还拖欠款 44 万元及承担违约金 206 万元。

物资公司反诉称：建筑公司称物资公司拖欠其工程款 44 万元与事实不符，物资公司是按照现行建筑行业法律、法规拒付工程款 434550.64 元，扣款的原因是建筑公司交付的建筑物存在严重工程质量问题。故请求法院依法委托省建筑工程质量检测中心就涉案工程质量进行检测；依法确认某市质量监督站就涉案工程所作的交工核验文件无效；判令建筑公司承担交付不合格工程给物资公司造成的全部经济损失（对存在的质量问题，能重修的予以重修，不能重修的赔偿损失）。

在一审法院审理期间，物资公司申请要求对某商场大楼的工程质量重新进行检测。并对现有四层楼的基础上能否继续施工五、六层作出鉴定。经一审法院委托省工程质量监督总站检测，该站出具的"某大楼检测报告"称："该商场已经竣工的四层楼房，使用了两年零七个月时间。经过对一层地面和场地地面等的检查，未发现该建筑物地基的不均匀沉降情况和其他异常情况；施工时未严格地按设计图施工，未经设计单位同意，改变建筑物的使用功能，改变了设计约定的建筑材料等；混凝土表面粗糙，一、二层相对较好，三层麻面跑模较多，四层蜂窝、麻面、露筋严重，个别构件出现了影响结构性能的孔洞裂缝等缺陷，必须会同设计单位进行技术处理；一至四层实测混凝土强度均不满足设计要求。建议设计单位根据改变后的实际情况，实测的混凝土强度及部分混凝土构件的缺陷，按照七度抗震设防，对某商场的六层框架进行复核，提出能否继续施工五、六层及必需的加固方案，建议由建筑造价计算单位，预估经济损失和加固费用。"

随后，一审法院根据省工程质量监督总站的建议和物资公司的申请，分别委托省建筑设计研究院和省建设工程造价管理总站对某商场大楼的修缮加固进行设计和费用的造价，省建筑设计研究院"关于某商场大楼计算复检报告"称："原设计图纸未发现问题，满足设计要求。要满足现有四层的使用要求，按照检测报告所提出的加固部位进行加固补强处理。加固补强设计处理后方可进行五、六层施工。"省建设工程造价管理总站作出的"某商场大楼修缮加固工程"预算书表明：修缮加固费用为 115208 元（其中土建 111353 元、安装 3855 元）。

物资公司对此提出异议，要求重新设计和造价。

一审法院经合议庭研究决定，具有资质的省级部门在双方当事人未能提供有关资料的情况下，根据现场实际作出的鉴定具有法律效力，故不再委托重新设计和造价。

一审法院认为：

建设方物资公司与施工方建筑公司签订的某商场施工协议，双方意思表示真实，建设手续齐全，应视为有效协议。工程竣工验收交付使用后，物资公司未按协议约定偿还建筑公司的工程款属违约行为，建筑公司要求物资公司偿还工程欠款和赔偿损失的请求，应予支持。物资公司反诉提出某商场存在严重工程质量的问题，虽然该工程经交工验收，被县、市评为合格工程，并交付使用近两年，按双方施工协议的约定，保修期外出现的问题应由物资公司负责。但该工程质量经省、市质检部门进行检测，确实存在工程质量缺陷等问题，造成工程质量缺陷等问题，双方均有责任。工程竣工验收交付使用后，双方将属于自己所有的楼房，在框架结构楼上，未经设计单位同意，擅自进行隔墙和装修，改变建筑物的使用功能。施工方在施工中，改变设计图指定的材料和做法，作为建设方派有工地代表，在施工中对施工方的过错行为未进行制止，也未提出任何异议，应视为默认。因此，造成修缮加固的费用和损失由双方各自承担，各自负责对自己所有的楼房进行修缮加固，修缮加固后的质量要经有关单位的验证，否则出现的问题自负。物资公司要求确认市质检站就涉案工程作出的交工核验文件无效及要求建筑公司承担因工程质量给其造成的经济损失的请求,证据不足,不予支持。关于物资公司主张在某商场大楼现有四层上继续施工五、六层的问题,经修缮加固和有关部门的验证后,由物资公司自己决定。一审法院据此判决:

(1) 物资公司在判决生效后30日内偿还建筑公司修建永富商场的工程欠款434550.64元;

(2) 物资公司按照银行同期同类贷款利率,向建筑公司支付拖欠工程款(434550.64元)的利息,自1996年12月14日交工验收之日起至物资公司交清欠款之日止;

(3) 某商场的修缮加固,由双方各自负责对自己权属的楼房进行修缮加固,造成的一切费用由各自承担。修缮加固后的质量要经有关单位验证,否则出现的问题自负。

一审案件诉讼费35000元、反诉费10010元、质量鉴定费25000元、加固设计费23000元、加固造价费2000元,共计95010元,由建筑公司负担38004元,物资公司负担57006元。

物资公司不服一审判决提起上诉称:一审判决将存在严重质量问题的不合格工程认定为质量缺陷是十分错误的。按照双方《施工协议书》第三条的约定,应自1999年1月1日起支付利息,一审判决却将计息时间提前到了1996年12月14日,显然是错误的。一审法院对不合格工程给物资公司造成的经济损失只审不判;对已经评估出的加固费用115208元也没有处理。故请求二审法院撤销原判,依法改判:确认涉案工程为不合格工程,物资公司不再支付应按合格工程结算的工程款余额434550.64元;判决建筑公司赔偿因工程质量问题给物资公司造成的全部经济损失。

建筑公司答辩称:物资公司提出确认涉案工程为不合格工程,不属本案应调整的民事法律关系。本案所涉工程已经有关部门确认为合格工程,如果物资公司对鉴定结论不服,可以依法提起行政诉讼。时至今日物资公司一分工程欠款未付,建筑公司蒙受重大经济损失,故一审法院利息计算期间与事实相符。

在二审期间,物资公司请求对所涉工程因质量问题引起的加固设计、加固造价和其他经济损失等事项进行重新设计、造价。

二审法院经审理认为:

(1) 本案所涉工程1996年12月14日竣工验收,12月16日经市质检部门核验评为合格工程,当时物资公司并未提出异议且实际使用将近五年。

(2) 在一审期间,一审法院已经委托省建筑设计研究院对某商场大楼的修缮加固进行了设计及委托省建设工程造价管理总站进行修缮加固费用的估算,物资公司在二审时再次提出重新设计、造价的请求依据不足,不予支持。

(3) 根据有关部门的检测,涉案工程尚未发现明显的不安全因素,可以正常使用,但也确实存在一些质量问题。甘肃省建设工程造价管理总站估算出的修缮加固费用为115208元,此费用应当由建筑公司承担。物资公司应支付的工程欠款为434550.64元,两项折抵,故物资公司还应向建筑公司支付工程欠款319342.64元。由于已从物资公司应付工程欠款中扣除了修缮加固费用,故一审判决第(3)项内容应予撤销。

(4) 关于欠款利息的计算问题,根据物资公司与建筑公司签订的《施工协议书》第三条的约定:"物资公司必须在1997~1998年之间付给建筑公司垫资款20万元,超过98年如还付不清工程款者,物资公司承担欠款利息。其余的工程款,待工程竣工验收后,物资公司使用开始时全部付清",故对拖欠的20万元工程款应从1999年1月1日起算利息,对其余的工程款119342.64元,应从1996年12月14日交工验收之日起算利息。

一审案件受理费等按一审判决执行,二审案件受理费45010元,由物资公司和建筑公司各负担22505元。

二、案例评析

在工程款拖欠纠纷中,当承包商追索欠款时,业主往往以工程质量有缺陷(或工期延误)为理由抗辩。实际上拖欠工程款与工程质量纠纷之间并没有必然的联系,是不同的诉讼。

在这种工程款拖欠和工程质量问题纠缠在一起的诉讼当中,对诉讼时效的要求是不一样的。对于承包商追索欠款之诉而言,按一般诉讼时效的规定即可。但对于业主提出的工程质量之诉来说,只要是在保修期中发生的质量问题,从知道或应当知道发生质量问题之日起内二年即为诉讼时效;如果不在二年内提起诉讼(或发生诉讼时效中止中断等情形),即使保修期没有届满,业主仍将丧失胜诉权。如果是在保修期期满后发生的质量问题,则承包商将不承担质量保修责任。但这并不意味着承包商可以就此不承担质量责任,因为《建筑法》第80条特别规定:"在建筑物的合理使用寿命内,因建筑工程质量不合格受到损害的,有权向责任者要求赔偿。"

本案涉及工程质量诉讼的另外一个问题就是重复鉴定。当事人都倾向于选择与自己由关系的鉴定机构,双方在此问题上往往不能达成一致意见。2001年12月21日《最高人民法院关于民事诉讼证据的若干规定》(以下简称《规定》)对鉴定人的的确定和重新鉴定作了明确的规定。其中第二十六条规定:"当事人申请鉴定经人民法院同意后,由双方当事人协商确定有鉴定资格的鉴定机构、鉴定人员。协商不成的,由人民法院指定。"这就是说,以当事人协商确定鉴定机构、鉴定人员为原则,法院一般不主动指定,只有在当事人协商不成的情况下,法院才制定鉴定机构或鉴定人员。对于重新鉴定,《规定》第二十七条规定:"当事人对人民法院委托的鉴定部门作出的鉴定结论有异议申请重新鉴定,提出证据证明存在下列情形之一的,人民法院应予准许:(一)鉴定机构或者鉴定人员不具备相关的鉴定资格的;(二)鉴定程序严重违法的;(三)鉴定结论明显依据不足的;(四)经过质证认定不能作为证据使用的其他情形。对有缺陷的鉴定结论,可以通过补充鉴定、重新质证或者补充质证等方法解决的,不予重新鉴定。"这一规定明确了申请重新鉴定的法定条件,这对减少当事人动辄要求重新鉴定从而导致诉讼效率降低的现象很有意义。

此外,《建筑法》第58条第2款明确规定:"建筑施工企业必须按照工程设计图纸和施工技术标准施工,不得偷工减料。工程设计的修改由原设计单位负责,建筑施工企业不得擅自修改工程设计。"在本案中,建筑公司擅自修改设计,应承担相应责任。物资公司作为发包人有权利纠正建筑公司的违约行为,但这是发包人基于合同享有的一项权利而非义务。一审认为"建设方工地代表在施工中对施工方的过错行为未进行制止,也未提出任何异议,应视为默认。"的判决是不正确的,二审法院判决加固费用由建筑公司承担是正确的。

案例 18

原告：某大学
被告：某建筑公司

一、基本案情

2000年4月，某大学为建设学生公寓，与某建筑公司签订了一份建设工程合同。合同约定：工程采用固定总价合同形式，主体工程和内外承重砖一律使用国家标准砌块，每层加水泥圈梁；某大学可预付工程款（合同价款的10%）；工程的全部费用于验收合格后一次付清；交付使用后，如果在6个月内发生严重质量问题，由承包人负责修复等。1年后，学生公寓如期完工，在某大学和某建筑公司共同进行竣工验收时，某大学发现工程3~5层的内承重墙体裂缝较多，要求某建筑公司修复后再验收，某建筑公司认为不影响使用而拒绝修复。因为很多新生急待入住，某大学接收了宿舍楼。在使用了8个月之后，公寓楼5层的内承重墙倒塌，致使1人死亡，3人受伤，其中1人致残。受害者与某大学要求某建筑公司赔偿损失，并修复倒塌工程。某建筑公司以使用不当且已过保修期为由拒绝赔偿。无奈之下，受害者与某大学诉至法院，请法院主持公道。

二、案件审理

法院在审理期间对工程事故原因进行了鉴定，鉴定结论为某建筑公司偷工减料致宿舍楼内承重墙倒塌。因此，法院对某建筑公司以保修期已过为由拒绝赔偿的主张不予支持，判决某建筑公司应当向受害者承担损害赔偿责任，并负责修复倒塌的部分工程。

三、案例评析

《建设工程质量管理条例》第40条规定："在正常使用条件下，建设工程最低保修期限为：
（一）基础设施工程、房屋建筑的地基基础工程、主体结构工程，为设计文件规定的该工程的合理使用年限；
（二）屋面防水工程、有防水要求的卫生间、房间和外墙面的防渗漏，为5年；
（三）供热与供冷系统，为2个采暖期、供冷期；
（四）电器管线、给排水管道、设备安装和装修工程，为2年。
其他项目的保修期限由发包方与承包方约定。
建设工程的保修期，由竣工验收合格之日起计算。"

根据上述法律规定，建设工程的保修期限不能低于国家规定的最低保修期限，其中，对地基基础工程、主体结构工程实际规定为终身保修。

在本案中，某大学与某建筑公司虽然在合同中双方约定保修期限为6个月，但这一期限远远低于国家规定的最低期限，尤其是承重墙属主体结构，其最低保修期限依法应终身保修。双方的质量期限条款违反了国家强制性法律规定，因此是无效的。某建筑公司应当向受害者承担损害赔偿责任。承包人损害赔偿责任的内容应当包括：医疗费、因误工减少的收入、残废者生活补助费等。造成受害人死亡的，还应支付丧葬费、抚恤费、死者生前抚养的人必要的生活费用等。

此外，某建筑公司在施工中偷工减料，造成质量事故，有关主管部门应当依照《建筑法》第74条的有关规定对其进行法律制裁。

案例19

原告：××建筑公司
被告：××房地产公司

一、基本案情

1997年原告与被告签订建筑安装工程施工合同，约定由原告承包被告某项目一期和二期工程。一期工程如期于1998年9月竣工并交付使用。工程质量经建筑工程质量监督站评定为优良等级，后又经省建设厅评定为省优良样板工程。而此项工程，被告欠工程尾款75万元。二期工程由原告施工，工程进度按合同约定进行，至收尾阶段，被告欠工程尾款560万元。另按合同约定，被告还应付两项工程逾期付款违约金46万元，逾期付款利息100万元。被告拖欠巨额工程款，原告为维护企业的合法权益，在多次与被告交涉未果的情况下，于1999年诉至人民法院。

二、案件审理

法院审理过程中，被告对原告诉指无异议，但对一期工程延误20天的工期，要求原告承担违约责任。法院在审理中查明，原告施工期间，市防汛国道指挥部于1998年8月1日发布冻结全市所有建筑施工单位的砂石建筑材料，以备统一调用的6号令。直到8月28日此令才得以解除。延误工期20天系不可抗拒力造成，原告不承担责任。

1999年12月法院对此案作出判决，就一期工程欠款判决被告偿付原告75万元，并付给原告垫付的案件受理费49300元。然而，判决下达后，被告既未在法定时限内提出上诉，判决生效后又不履行法律文书确定的还款义务。2000年11月，法院裁定将被告二期工程1~8层和地下室。

当法院下达194号《民事裁定书》后，某保险公司于12月15日向法院提出执行异议，声明二期工程由该公司全额出资兴建，拥有产权，并出示了一份实际上并未履行的所谓"联合开发"的合同，希图否定被告作为开发单位的身份。可是，在同年12月12日给原告的复函中则称该公司"已按合同向被告付款"，表明被告是开发单位。原来被告将未竣工在建项目二期卖给了保险公司，保险公司则在四层以上安排了员工居住。依据《建筑法》，未验收工程是不准使用的。处于此种情况下，保险公司想为自身一辩。但是，市法院在2001年4月12日明确通知该公司，"你公司提出的执行异议不成立，现予以驳回。你公司应按我院194号裁定书履行。"

三、案例分析

业主的不规范行为是造成建筑市场混乱的一个主要原因。在本案中，房地产开发商一方面拖欠巨额工程款，另一方面又将在建工程卖给他人，这种不规范行为应当受到法律的制裁。我国《建筑法》及《建设工程质量管理条例》均明确规定，建设工程未经竣工验收合格，不得交付使用。违反了这一强制定规定的交易行为是违法的。本案中，案外人某保

229

险公司在无完备竣工验收手续的情况下购买楼盘,这种行为是不受法律保护的。法院根据《建筑法》的有关规定驳回保险公司的异议是正确的。

案例20

申请人:××建筑集团公司

被申请人:××跨国集团

一、基本案情

××跨国集团作为业主与作为承包商××建筑集团公司订立了一份施工总承包合同,就业主投资的某室内装修工程作了约定。该室内装修工程总承包面积9954平方米,以原报价单为基础,双方确认合同总价款为6771435美元。在施工过程中发生设计变更所引起的工程费用在工程决算中予以调整。装修工程完工后,承包商应提前通知业主并与业主指定的设计师及管理人员进行验收,经验收合格后由业主委任的设计师、管理人员签发验收证明书。如验收中发现施工安装质量部分未全达到合同规定的技术要求但又不影响使用的,由承包商提出书面承诺在保修期内按合同规定的技术要求加以改善后,业主发给承包商工程验收证明书。业主在合同生效后两个星期内付给承包商合同总价30%作预付款。半年保修期满后,业主付还承包商合同总价5%的工程保修金。合同签订后,乙方开始装修工程的施工。但装修完成后,双方因拖欠装修工程款的争议协商未果,乙方遂依合同约定争议条款向中国国际经济贸易仲裁委员会深圳分会申请仲裁,请求裁决甲方偿付工程尾款110000万美元、工程保修金283777万美元及两项欠款利息。

在仲裁庭审理期间,被申请人的主要答辩意见是:由于工程质量问题,双方曾口头协商不再付给申请人5%保修金,此外的工程款早已全部支付。装修工程进行到最后,经双方协商确定最后付款额为5651443美元。因被申请人通过申请人将43044077美元转交香港某公司用来购买装修材料,而该香港公司的法定代表人与申请人的法定代表人都是同一个人,被申请人有理由认为,该笔款项实际上是由申请人收取了,故应冲抵工程款,且余额应返还被申请人。对于申请人提交的工程竣工验收证书,被申请人提出没有其公章、未经总经理签字,是申请人单方面制造的。

二、案件审理

仲裁庭审理查明:关于工程总价款问题,双方认可曾共同签字确认合同总价款由原来6771435美元降为5610099美元,申请人交给被申请人的工程预(结)算表中,就增加工程及签证分项列价,标明新增工程价为56636美元。被申请人代表对部分单价做修改,并注明"实际数量及价格合理,应按我们改后之单价结算,实际为52057美元"。仲裁庭由此认定工程总价款为5662156美元。

关于工程验收问题,申请人在装修工程完工后,即会同被申请人指定的设计师及管理人员进行验收,并且设计师及管理人员向申请人签发了"工程竣工验收证书"。由此仲裁庭认为被申请人有关验收证书异议不成立。

关于5%保修金问题,在工程竣工后的保修期内,申请人按照被申请人在验收证书中所列的保修项目做了全面整改,被申请人对整改项目也有签字认可。仲裁庭认为,被申请人主张无事实依据，应按合同约定支付申请人5%保修金及利息。关于工程尾款问题，根据被申请人已付数额，认定尚欠尾款为110000美元。对于多支付的430440美元，被申请人称双方均同意转交给某香港公司作为被申请人装修酒店购买装修材料的定金，被申请人同时承认申请人已将该定金汇给某香港公司。仲裁庭认为，香港公司和申请人是两个不同法人，被申请人不能以该两公司的法定代表人系同一人为由，而认为是申请人收取了定金，也不能以香港公司未履约为由，认为定金抵偿了工程款。最后仲裁委员会裁决被申请人偿付申请人工程尾款110000美元、保修金283777美元及两款相应利息。

三、案例评析

诉讼与仲裁，是解决合同争议的两个基本法律途径。仲裁一般以不公开审理为原则，有着很好的保密性，对当事人今后的商业机会影响较小。同时仲裁实行一裁终局制、有利于迅速解决纠纷，并且由于时间上的快捷性，费用相应节省，又无需多级审级收费，故仲裁收费总体来说要比诉讼低一些。相对诉讼而言，建筑企业可优先考虑通过仲裁解决拖欠工程款等工程合同纠纷。此外，由于仲裁员通常是具有行业背景的专家，在解决复杂的专业问题上更有权威，因此仲裁结果更能符合实际。

选择仲裁解决工程合同纠纷，应在合同中事先约定或在发生争议后各方对通过仲裁解决达成一致，这是仲裁协议成立的法律要件之一。我国一些直辖市、省、自治区人民政府所在地及其他设区的市设有仲裁委员会，受理国内仲裁案件。中国国际经济贸易仲裁委员会和中国海事仲裁委员会是我国两个常设涉外仲裁机构，前者受理涉及中国法人、自然人、其他经济组织利用外国的、国际组织的或香港、澳门特别行政区、台湾地区的资金、技术或服务进行项目融资、招标投标、工程建设等活动的争议以及其他涉外争议，后者受理的是涉外海事争议。

案例 21

一、基本案情

2000年10月25日上午10时10分，南京三建（集团）有限公司（以下简称南京三建）承建的南京电视台演播中心裙楼工地发生一起重大职工因工伤亡事故。大演播厅舞台在浇筑顶部混凝土施工中，因模板支撑系统失稳，大演播厅舞台屋盖坍塌，造成正在现场施工的民工和电视台工作人员6人死亡，35人受伤（其中重伤11人），直接经济损失70.7815万元。

（一）事故经过

南京电视台演播中心工程位于南京市白下区龙蟠中路，由南京电视台投资兴建，东南大学建筑设计院设计，南京工苑建设监理公司对工程进行监理（总监理工程师韩××、副总监理工程师卞××）。该工程在南京市招标办公室进行公开招投标，南京三建于2000年1月13日中标，于2000年3月31日与南京电视台签订了施工合同，并由南京三建上海分公司组建了项目经理部，由上海分公司经理史××任项目经理，成××任项目副经理。

南京电视台演播中心工程地下二层、地面十八层，建筑面积34000平方米，采用现浇框架剪力墙结构体系。工程开工日期为2000年4月1日，计划竣工日期为2001年7月31日。工地总人数约250人，民工主要来自南通、安徽、南京等地。

演播中心工程大演播厅总高38米（其中地下8.70米，地上29.30米）。面积为624平方米。7月份开始搭设模板支撑系统支架，支架钢管、扣件等总吨位约290吨，钢管和扣件分别由甲方、市建工局材料供应处、铁心桥银泽物资公司提供或租用。原计划9月底前完成屋面混凝土浇筑，预计10月25日下午4时完成混凝土浇筑。

在大演播厅舞台支撑系统支架搭设前，项目部按搭设顶部模板支撑系统的施工方法，完成了三个演播厅、门厅和观众厅的施工（都没有施工方案）。

2000年1月，南京三建上海分公司由项目工程师茅××编制了"上部结构施工组织设计"，并于1月30日经项目副经理成××和分公司副主任工程师赵××批准实施。

7月22日开始搭设大演播厅舞台顶部模板支撑系统，由于工程需要和材料供应等方面的问题，支架搭设施工时断时续。搭设时没有施工方案，没有图纸，没有进行技术交底。由项目部副经理成××决定支架三维尺寸按常规（即前五个厅的支架尺寸）进行搭设，由项目部施工员丁××在现场指挥搭设。搭设开始约15天后，上海分公司副主任工程师赵××将"模板工程施工方案"交给丁××。丁××看到施工方案后，向成××作了汇报，成××答复还按以前的规格搭架子，到最后再加固。

模板支撑系统支架由南京三建劳务公司组织进场的朱××工程队进行搭设（朱××是南京标牌厂职工，以个人名义挂靠在南京三建江浦劳务基地，6月份进入施工工地从事脚手架的搭设，事故发生时朱××工程队共17名民工，其中5人无特种作业人员操作证），地上25米至29米最上边一段由木工工长孙××负责指挥木工搭设。10月15日完成搭设，支架总面积约624平方米，高度38米。搭设支架的全过程中，没有办理自检、互检、交接检、专职检的手续，搭设完毕后未按规定进行整体验收。

10月17日开始进行支撑系统模板安装，10月24日完成。23日木工工长孙××向项目部副经理成××反映水平杆加固没有到位，成××即安排架子工加固支架，25日浇筑混凝土时仍有6名架子工在加固支架。

10月25日6时55分开始浇筑混凝土，项目部资料质量员姜××8时多才补填混凝土浇捣令，并送工苑监理公司总监韩××签字，韩××将日期签为24日。浇筑现场由项目部混凝土工长邢××负责指挥。南京三建混凝土分公司负责为本工程供应混凝土，为B区屋面浇筑C40混凝土，坍落度16～18cm，用两台混凝土泵同时向上输送（输送高度约40米，泵管长度约60米×2）。浇筑时，现场有混凝土工工长1人，木工8人，架子工8人，钢筋工2人。混凝土工20人。以及南京电视台3名工作人员（为拍摄现场资料）等。自10月25日6时55分开始至10时10分，输送机械设备一直运行正常。到事故发生止，输送至屋面混凝土约139立方米，重约342吨，占原计划输送屋面混凝土总量的51%。

10时10分，当浇筑混凝土由北向南单向推进，浇至主次梁交叉点区域时，该区域的1平方米理论钢管支撑杆数为6根，由于缺少水平连系杆，实际为3根立杆受力，又由于梁底模下木枋呈纵向布置在支架水平钢管上，使梁下中间立杆的受荷过大，个别立杆受荷最大达4吨多，综合立杆底部无扫地杆、步高大的达2.6米，立杆存在初弯曲等因素，以及输送混凝土管有冲击和振动等影响，使节点区域的中间单立杆首先失稳并随之带动相邻立杆失稳，出现大厅内模板支架系统整体倒塌。屋顶模板上正在浇筑混凝土的工人纷纷随塌落的支架和模板坠落，部分工人被塌落的支架、楼板和混凝土浆掩埋。

事故发生后，南京三建电视台项目经理部向有关部门紧急报告事故情况。闻讯赶到的领导，指挥公安民警、武警战士和现场工人实施了紧急抢险工作，采用了各种先进的手段，将伤者立即送往空军454医院进行救治。

（二）事故的原因分析

事故的直接原因：

1. 支架搭设不合理，特别是水平连系杆严重不够，三维尺寸过大以及底部未设扫地杆，从而主次梁交叉区域单杆受荷过大，引起立杆局部失稳。

2. 梁底模的木枋放置方向不妥，导致大梁的主要荷载传至梁底中央排立杆，且该排立杆的水平连系杆不够，承载力不足，因而加剧了局部失稳。

3. 屋盖下模板支架与周围结构固定与连系不足，加大了顶部晃动。

事故的间接原因：

1. 施工组织管理混乱，安全管理失去有效控制，模板支架搭设无图纸，无专项施工技术交底，施工中无自检、互检等手续，搭设完成后没有组织验收；搭设开始时无施工方案，有施工方案后未按要求进行搭设，支架搭设严重脱离原设计方案要求、致使支架承载力和稳定性不足，空间强度和刚度不足等是造成这起事故的主要原因。

2. 施工现场技术管理混乱，对大型或复杂重要的混凝土结构工程的模板施工未按程序进行，支架搭设开始后送交工地的施工方案中有关模板支架设计方案过于简单，缺乏必要的细部构造大样图和相关的详细说明，且无计算书；支架施工方案传递无记录，导致现场支架搭设时无规范可循，是造成这起事故的技术上的重要原因。

3. 工苑监理公司驻工地总监理工程师无监理资质，工程监理组没有对支架搭设过程严格把关，在没有对模板支撑系统的施工方案审查认可的情况下即同意施工，没有监督对模板支撑系统的验收，就签发了浇捣令，工作严重失职，导致工人在存在重大事故隐患的模板支撑系统上进行混凝土浇筑施工，是造成这起事故的重要原因。

4. 在上部浇筑屋盖混凝土情况下，民工在模板支撑下部进行支架加固是造成事故伤亡人员扩大的原因之一。

5. 南京三建及上海分公司领导安全生产意识淡薄，个别领导不深入基层，对各项规章制度执行情况监督管理不力，对重点部位的施工技术管理不严，有法有规不依。施工现场用工管理混乱，部分特种作业人员无证上岗作业，对民工未认真进行三级安全教育。

6. 施工现场支架钢管和扣件在采购、租赁过程中质量管理把关不严，部分钢管和扣件不符合质量标准。

7. 建筑管理部门对该建筑工程执法监督和检查指导不力；建设管理部门对监理公司的监督管理不到位。

二、对事故的责任分析和对责任者的处理意见

重大事故调查组经调查，在对事故责任进行分析的基础上，对责任者提出如下处理意见：

1. 南京三建上海分公司项目部副经理成××具体负责大演播厅舞台工程，在未见到施工方案的情况下，决定按常规搭设顶部模板支架，在知道支架三维尺寸与施工方案不符时，不与工程技术人员商量，擅自决定继续按原尺寸施工，盲目自信，对事故的发生应负主要责任，建议司法机关追究其刑事责任。

2. 工苑监理公司驻工地总监韩××，违反"南京市项目监理实施程序"第三条第二款中的规定没有对施工方案进行审查认可，没有监督对模板支撑系统的验收，对施工方的违规行为没有下达停工令，无监理工程师资格证书上岗，对事故的发生应负主要责任，建议司法机关追究其刑事责任。

3. 南京三建上海分公司南京电视台项目部项目施工员丁××，在未见到施工方案的情况下，违章指挥民工搭设支架，对事故的发生应负重要责任，建议司法机关追究其刑事责任。

4. 朱××违反国家关于特种作业人员必须持证上岗的规定，私招乱雇部分无上岗证的民工搭设支架，对事故的发生应负直接责任，建议司法机关追究其刑事责任。

5. 南京三建上海分公司经理兼项目部经理史××负责上海分公司和电视台演播中心工程的全面工作，对分公司和该工程项目的安全生产负总责，对工程的模板支撑系统重视不够，未组织有关工程技术人员对施工方案进行认真的审查，对施工现场用工混乱等管理不力，对这起事故的发生应负直接领导责任，建议给予史××行政撤职处分。

6. 工苑监理公司总经理张××违反建设部"监理工程师资格考试和注册试行办法"（第18号令）的规定，严重不负责任，委派没有监理工程师资格证书的韩××担任电视台演播中心工程项目总监理工程师；对驻工地监理组监管不力，工作严重失职，应负有监理方的领导责任。建议有关部门按行业管理的规定对工苑监理公司给予在南京地区停止承接任务一年的处罚和相应的经济处罚。

7. 南通三建总工程师郎××负责三建公司的技术质量全面工作，并在公司领导内部分工负责电视台演播中心工程，深入工地解决具体的施工和技术问题不够，对大型或复杂重要的混凝土工程施工缺乏技术管理，监督管理不力，对事故的发生应负主要领导责任，建议给予郎××行政记大过处分。

8. 南京三建安技处处长李××负责三建公司的安全生产具体工作，对施工现场安全监督检查不力，安全管理不到位，对事故的发生应负安全管理上的直接责任，建议给予李××行政记大过处分。

9. 南京三建上海分公司副总工程师赵××负责上海分公司技术和质量工作，对模板支撑系统的施工方案的审查不严，缺少计算说明书；构造示意图和具体操作步骤，未按正常手续对施工方案进行交接，对事故的发生应负技术上的直接领导责任，建议给予赵××行政记过处分。

10. 项目经理部项目工程师茅××负责工程项目的具体技术工作，未按规定认真编制模板工程施工方案，施工方案中未对"施工组织设计"进行细化，未按规定组织模板支架的验收工作，对事故的发生应负技术上重要责任，建议给予茅××行政记过处分。

11. 南京三建副总经理万××负责三建公司的施工生产和安全工作，深入基层不够，对现场施工混乱、违反施工序缺乏管理，对事故的发生应负领导责任，建议给予万××行政记过处分。

12. 南京三建总经理刘××负责三建公司的全面工作，对三建公司的安全生产负总责，对施工管理和技术管理力度不够，对事故的发生应负领导责任，建议给予刘××行政警告处分。

三、案例分析

本案中，施工单位严重违反了安全生产责任制度的有关规定，酿成了重大安全生产事故，这个教训是十分深刻的。

安全生产责任制度是工程建设中最基本的安全管理制度，是所有安全规章制度的核心。《安全生产法》和《建筑法》均把安全生产责任制度作为重点内容予以明文规定。安全责任制的主要内容包括：一是从事建筑活动主体的负责人的责任制。比如，建筑施工企业的法定代表人要对本企业的安全负主要的安全责任。二是从事建筑活动主体的职能机构或职能处室负责人及其工作人员的安全生产责任制。比如，建筑企业根据需要设置的安全处室或者专职安全人员要对安全负责。三是岗位人员的安全生产责任制。岗位人员必须对安全负责。从事特种作业的安全人员必须进行培训，经过考试合格后方能上岗作业。

本案中，调查组建议司法机关追究总监理工程师韩某的刑事责任，这一处理意见曾引起巨大的社会反应。我国《刑法》第137条规定："建设单位、设计单位、施工单位、工程监理单位违反国家规定，降低工程质量标准，造成重大安全事故的，对直接责任人员，处五年以下有期徒刑或者拘役，并处罚金；后果特别严重的，处五年以上十年以下有期徒刑，并处罚金。"尽管韩某的行为能否构成重大安全事故罪还存在争议，但在整个事件中，韩某在主观方面存在一定的过失，应当承担相应的法律责任。这起重大安全事故也为整个监理行业敲响了一个警钟，监理企业及监理人员作为工程质量责任主体之一，必须严格依法履行监理职责，否则很可能承担严重的法律后果。

案例 22

原告：封××

被告：××国道指挥部（以下简称国道指挥部）

被告：××道桥工程公司（以下简称道桥公司）

一、基本案

1996年3月，308国道某段改建工程由该国道指挥部发包给道桥公司。同年年8月15日晚9时，乌××驾两轮摩托车上班，途经该处。由于道桥公司的施工作业区两端在夜间未设置明显夜光标志和危险警示标志，乌××撞到道桥公司因挖坑施工而堆放在公路上的水泥石块上，经抢救无效于第二天死亡。原告封××（死者之母）共花去抢救医疗费15800元。

原告难掩丧子之痛，起诉道桥公司及国道指挥部，要求赔偿原告抢救医疗费死亡补助费、丧葬费等共计人民币35000元。

被告国道指挥部辩称：308国道的改建工程，发包给施工单位承建，在施工中发生事故，应由施工单位承担责任。

被告道桥公司辩称：事故性质应属道路交通事故，现交警大队未作出交通事故责任认定书，法院不能先行裁决；308 国道指挥部已发文通告施工，被告在施工作业区两端竖立明显警告标志，已做到按章施工，因乌××疏忽才酿成事故，故被告不应承担赔偿责任。

二、案件审理

法院经审理认为，道桥公司应负特殊侵权全部赔偿责任，其理由是：

（1）道桥公司在公路上挖坑施工，掘起的水泥石块堆在作业区旁，危及来往行人安全，又未设置明显标志，根据《民法通则》第一百二十五条规定，施工人道桥公司对造成乌××死亡的损害结果，应承担民事责任。

（2）施工人不能证明事故是死者故意造成的，故乌××依法不承担民事责任。

（3）国道指挥部已经把工程发包给道桥公司承包施工，其不合《民法通则》第一百二十五条所规定的特殊侵权损害的责任主体，故其不应对乌××的死亡后果承担民事责任。

根据《民法通则》第一百一十九条规定，道桥公司应赔偿原告医疗费、丧葬费、死亡补偿费等费用。上列费用的确定可参照《道路交通事故处理办法》第三十七条规定计算。

法院依照《中华人民共和国民法通则》第一百二十五条、第一百一十九条规定，参照《道路交通事故处理办法》的规定，主持双方当事人进行了调解。达成了如下调解协议：

被告道桥公司赔偿原告人民币 20000 元，本案诉讼费 1300 元，由被告道桥公司负担。

三、案例评析

《民法通则》第 125 条："在公共场所、道旁或者通道上挖坑、修缮安装地下设施等，没有设置明显标志和采取安全措施造成他人损害的，施工人应当承担民事责任。"该条规定的是施工人应承担的特殊侵权损害赔偿的民事责任。

本案中，施工人道桥公司虽设有警告标志，但其标志在夜间无明显反光功能，也无其他警告标志，以致不能引起过往行人的足够注意。也就是说，道桥公司安全设施是有缺陷的，对由此造成的损害，应当承担赔偿责任。

案例 23

原告：吴某

被告：××工程公司

被告：郑某

一、基本案情

1998 年，被告某工程公司与该公司职工被告郑某签订工程承包合同，约定由郑某承包某大桥行车道板的架设安装。该合同还约定，施工中发生伤、亡、残事故，由郑某负责。

原告吴某经人介绍到被告郑某处打工。为防止工伤事故，郑某曾召集民工开会强调安全问题，要求民工在安放道板下的胶垫时必须使用铁钩，防止道板坠落伤人。某日下午，吴某在安放道板下的胶垫时未使用铁钩，直接用手放置。由于支撑道板的千斤顶滑落，重达 10 多吨的道板坠下，将吴某的左手砸伤。郑某立即送吴某到医疗住院治疗 23 天后出院。吴某住院期间的医疗费、护理费、交通费、伙食费，以及出院后的治疗费用总计

5310元，已由郑某全部承担。

1999年2月，某法医技术室对吴某的伤情进行鉴定，结论是：伤残等级为工伤七级。

随后，吴某与郑某因赔偿费用发生争执，吴某以郑某和工程公司为共同被告，提起诉讼，请求判令两被告赔偿误工费7000元、住院生活补助费300元、鉴定费500元、交通费1450元、残疾人生活补助费1.1万元和再次医疗的费用；诉讼费由被告承担。

两被告辩称：原告违反安全操作规定造成工伤，不同意赔偿。

二、案件审理

法院经审理认为：被告郑某是某大桥道板架设安装工程的承包人，招收原告吴某在该工程工作后，双方形成了劳动合同关系。郑某作为工程承包人和雇主，依法对民工的劳动保护承担责任。采用人工安装桥梁行车道板本身具有较高的危险性，对此，郑某应采取相应的安全措施，并临场加以监督和指导，而郑某仅在作业前口头予以强调，疏于注意，以致吴某发生安全事故。虽然吴某在施工中也有违反安全操作规则的过失，但其并非铁道建设专业人员、且违章情节较轻，故不能免除郑某应负的民事责任。

被告工程公司作为某大桥的施工企业，在有条件采用危险性较小的工作方法进行行车道板架设安装的情况下，为了降低费用而将该项工程发包给个人，采用人工安装，增加了劳动者的安全风险。该公司在与被告郑某签订的承包合同约定"施工中发生伤、亡、残事故，由郑某负责"，把只有企业才有能力承担的安全风险，推给能力有限的自然人承担，该条款损害了劳动者的合法权益，违反了我国宪法和劳动法前述有关规定，依照《中华人民共和国民法通则》第五十八条第一款（五）项的规定，该约定应当属于无效条款，不受法律保护。工程公司对原告吴某的工伤事故，依法应当承担连带责任。

法院据此判决：被告郑某在本判决生效后5日内付给原告吴某医疗、误工、住院生活补助、护理、交通、伤残补助金、伤残就业补助金，共计18700元（已付5310元，执行时予以扣除）。被告工程公司对上列费用承担连带责任。案件受理费760元，鉴定费500元，由郑某负担。

三、案例评析

在本案中，工程公司把只有企业才有能力承担的安全风险，推给能力有限的自然人承担，该条款损害了劳动者的合法权益，违反了我国宪法和劳动法有关规定，属于违反法律或者社会公共利益的无效民事行为，不受法律保护。本案法院判决由郑某承担赔偿责任，由工程公司承担连带责任，是正确的。相对于企业而言，劳动者属于弱者。虽然原告在施工中也有违反安全操作规则的过失，但法院从加强对劳动者保护的立场出发，没有因此免除被告应负的民事责任，同样是合理的。

案例24

一、基本案情

江苏省无锡市太湖娱乐城工程地处无锡闹市区，主体地上22层，地下3层，建筑面积$47800m^2$，该工程建设单位为无锡太湖娱乐城总公司，工程监理单位为无锡同济建筑工程监理公司。该工程建筑结构、水电暖通设计由无锡市建筑设计研究院承担，建筑结构土建施工由无锡市第二某建筑工程总公司承建，基坑围护结构设计和施工单位为南京勘察工程公司，工程桩基施工也同时由南京勘察工程公司承建。该工程自1995年2月开始由南京勘察工程公司进场开始围护及桩基施工，于1995年9月开始从东向西进行挖土、内支撑安装及桩间压密注浆施工，于1996年4月13日基本完成深基坑围护支护工程项目，1996年4月13日至4月20日，继续以人工挖除基坑西南角剩余土方约2000m³，同年4月20日下午5时左右，基坑西南剩余土方基本挖清后，不满10小时，即于当夜4月21日凌晨2时25分左右，基坑西南角发生倒塌。

二、事故责任的分析和处理

无锡市太湖娱乐城工程的基坑围护结构系由南京勘察工程公司一体负责设计和施工，该公司一并对施工防护、基坑安全以及施工场地周围建筑物、地下管线的保护负责做出了合同成果。在该基坑维护支护结构的设计和施工实践中，南京勘察工程公司应认真掌握该基坑围护支护的技术条件，对可能发生的各种情况进行强度和变形计算分析，且须加强管理。但在基坑围护支护结构的设计和施工中，该公司仅进行单一情况的强度计算，特别是对该基坑西边线的大转折凸角结点受力复杂部位考虑疏漏，未进行受力分析和变形计算，形成薄弱突破点，留下严重隐患。在施工中发现有关情况又未采取有效措施，致使该处钢围檩凸角结点连接焊缝强度严重不足，在土的被动压力减小后而首先破坏失效，引起基坑西南角维护支撑系统失去平衡稳定，而发生该基坑局部坍塌。作为该基坑围护支护结构设计和施工的一体承建的南京勘察工程公司是该基坑部分坍塌事故的主要责任单位，该单位的工程项目设计负责人和工程项目施工现场负责人应为主要责任人。该工程深基坑西南角部位于1992年4月21日坍塌前一段时间，已明显出现周边邻近道路沉降和裂缝的非正常迹象，且不断有所发展，甚至临近4月21日该基坑部分坍塌前更曾明显发生险情迹象，但均未受到现场有关方面的应有重视，而心存侥幸，未采取妥善预防措施，因此，无锡太湖娱乐城总公司作为建设单位，疏忽严格管理，应部分承担组织管理责任。

(1) 南京勘察工程公司为该事故的主要责任单位，承担赔偿事故经济损失的80%。在事故处理、经济损失赔偿实现前，吊销该单位进入无锡市"进市施工许可证"。在调查中发现有转包现象，由建设行政主管部门另行处理。该单位的事故责任人，由有关部门按规定进行处理。

(2) 太湖娱乐场总公司应部分承担组织管理的责任，承担事故经济损失的20%。

(3) 对周围建筑物的维修加固费用，考虑到基坑坍塌事故发生前已有一定影响，故可作为工程预算按实际发生数进入工程总造价中处理。

(4) 土方总包单位苏州地质工程勘察院以及分包单位锡山市市政运输公司在基坑土方工程施工中也有缺陷，给予通报批评。

(5) 无锡同济建筑工程监理公司监理不力，给予行政批评，并督促其加强管理。

三、案例评析

《建筑法》第37条规定："建筑工程设计应当符合按照国家规定制定的建筑安全规程和技术规范，保证工程的安全性能。"《建设工程质量管理条例》第19条第1款规定："勘察、设计单位必须按照工程建设强制性标准进行勘察、设计,并对其勘察、设计的质量负责。"

本案中,南京勘察工程公司仅进行单一情况的强度计算,造成重大质量隐患,实际上是违反工程建设强制性标准的行为,依法应当承担法律责任。

案例 25

一、基本案情

陕西省子洲县子洲中学教学楼工程由榆林市榆阳区规划设计院设计(项目负责人宋××),延安市建筑工程总公司施工(项目经理杜××),于1998年7月6日开工,1999年10月31日竣工验收,2000年4月4日正式投入使用。该工程为5层外廊式砖混结构,建筑面积3535平方米,楼层为预应力多孔板混凝土梁结构。6月5日,校方发现部分大梁及五层多功能厅、阶梯挑梁出现不同程度的裂缝,最宽处达1.5毫米左右。经省质量安全监督总站组织省设计院、省检测中心专家对事故进行全面分析鉴定,并经建设部建筑管理司质量技术处、勘察设计司技术质量处负责同志现场察看,一致认为,造成质量事故的主要原因是:施工图设计文件未严格按该地区6度抗震设防的规定进行设计,结构体系不合理,整体性差,构造措施不符合要求;施工单位施工的混凝土梁不能满足设计混凝土强度等级的要求,梁的质量不均匀,离差太大。

二、事故处理

事故发生后,陕西省建设厅、榆林地区建设局、子洲县建设局等有关部门非常重视,采取了一系列有效措施保证师生的安全,并对事故进行了认真的调查处理。2001年8月3日,陕西省建设厅就这起事故的处理情况发出了《关于子洲中学教学楼质量事故的通报》,对有关责任单位和责任人做出了严肃处理。

根据《中华人民共和国建筑法》、国务院《建设工程质量管理条例》以及陕西省建筑市场、建设工程质量管理的有关规定,对子洲中学教学楼质量事故有关责任单位和责任人处理如下:

1. 对事故主要责任方榆林市榆阳区规划设计院责令停业整顿,整顿经榆林市建设局验收合格后,方可承接新的设计任务。收回该项目设计负责人宋××二级注册建筑师资格证书,五年内不得承担设计任务;

2. 对事故次要责任方延安市建筑工程总公司黄牌警告,收回项目经理杜××三级项目经理资格证书,一年内不得担任施工项目经理;

3. 对未认真履行建设单位职责、向延安市建筑工程总公司介绍不符合条件的联营单位,并对事故负有一定责任的子洲中学,由子洲县委、县政府调查处理;

4. 对既无施工企业资质、又无企业法人营业执照的子洲县东关建筑队,由子洲县政府依法处理;

5. 对在质量监督过程中把关不严的子洲县质监站予以通报批评;

6. 事故造成的经济损失,待加固结束后由榆林市建设局根据各方责任大小另行处理。

三、案例评析

建设行政管理部门及有关部门应当从这次质量事故中认真吸取教训，本着对国家、对人民生命财产高度负责的精神，认真贯彻《建设工程质量管理条例》，加强建筑市场管理，落实建筑市场主体各方质量责任制严格执行工程建设强制性标准，依法查处工程质量事故，防止重大质量事故的发生。

案例 26

一、基本案情

奉贤县贝港桥，位于奉贤县南桥镇新建西路的贝港河上，该桥东西方向共三孔，两个边孔跨径各为 16m，采用非预应力预制梁，中孔跨径为 20m，采用预应力预制梁，全长 52.54m，桥宽 16m。该工程 1995 年 5 月 4 日开工，同年 10 月 16 日桥梁部分竣工，因桥接坡未完成，在桥梁坍塌时，尚未验收使用。1995 年 12 月 26 日下午 4 时 15 分，贝港桥两个桥墩突然下沉，致使整个桥面中间部位下沉后呈 V 字形。经过调查，事故原因查明，造成这起桥梁下沉坍塌事故的主要原因是两个桥墩的钻孔灌注桩施工质量低劣，桩身质量差，长度不足，桩尖没有达到设计要求的持力层，由于承载力不足，造成桥梁突然下沉。

二、事故责任及处理

(1) 古华市政建设工程公司按工程承包合同承担桥梁下部结构施工，该公司承接任务后，转包给陈某私人承包施工。施工时偷工减料弄虚作假、施工质量低劣。在施工过程中，施工单位未按规定桩基施工完成后应及时报质监站核验桩基质量，直至桥基和下盖梁完成后即 1995 年 8 月 10 日，才通知奉贤县质监站核验检查质量，奉贤县质监站于 8 月 11 日到位检查时指出了贝港桥存在的包括钻孔灌注桩成桩后无质量检查报告等五个问题，并要求弄清情况后，再进行下一步施工。施工单位对质监站指出的质量问题，既未进行检测，也未予答复而继续施工。同时该公司为市政三级资质企业，按规定仅能承担跨度为 15m 以下的桥梁，却未办报批手续，属擅自越级施工。因此，该施工企业应对这起事故负主要责任。为此对其作出降低一级资质，赔偿事故直接经济损失 80% 的决定。

(2) 奉贤县市政管理所是该工程的建设单位，在工程开工前，将本工程的桥基进行了设计修改，其修改设计未提交原设计单位同意，却转给了无桥梁设计资质的奉贤建筑设计所出图；在发包工程时，未对施工企业进行资质审核；违反规定，将工程发包给不具备相应资质的施工单位施工。在施工中现场管理形同虚设，质量管理严重失控，对质监站提出的整改意见，没有督促施工单位落实，而让其继续施工，因此对这起事故负重要责任。对该单位给予通报批评，赔偿事故直接经济损失 20%。

(3) 古华市政建设公司法定代表人管理不严，违反规定擅自越级承包施工，将工程交给公司以外私人承包施工，负有领导责任，给予行政撤职处分。该公司技术负责人质量管理不严，未落实桩基质量验收措施，负有技术把关不严之责，给予行政记过处分。该工程承包方陈某，在施工中偷工减料，弄虚作假，致使工程质量低劣，对酿成这起重大事故应负直接责任，由司法部门立案侦查，追究刑事责任。县市政管理所法人代表管理不严，违反规定，将工程发包给无桥梁设计资质的非桥梁设计单位修改设计，将工程发包给无相应资质企业施工，对现场管理人员缺乏教育，质量管理失控，负有领导之责，给予行政撤职处分。现场项目负责人对施工企业监督检查不严，质量管理失控，工作失职，给予留用察看一年处分。

三、案例评析

本案中，施工单位古华市政建设公司和建设单位奉贤县市政管理所违反了多项法律禁止性规定。具体有：

1．《建设工程质量管理条例》第 7 条第 1 款规定："建设单位应当将工程发包给具有相应资质等级的单位。"第 54 条规定："违反本条例规定，建设单位将建设工程发包给不具有相应资质等级的勘察、设计、施工单位或者委托给不具有相应资质等级的工程监理单位的，责令改正，处 50 万元以上 100 万元以下的罚款。"

2．《建设工程质量管理条例》第 25 条规定："施工单位应当依法取得相应等级的资质证书，并在其资质等级许可的范围内承揽工程。禁止施工单位超越本单位资质等级许可的业务范围或者以其他施工单位的名义承揽工程。禁止施工单位允许其他单位或者个人以本单位的名义承揽工程。施工单位不得转包或者违法分包工程。"该条例第 60 条第 1 款规定："违反本条例规定，勘察、设计、施工、工程监理单位超越本单位资质等级承揽工程的，责令停止违法行为，对勘察、设计单位或者工程监理单位处合同约定的勘察费、设计费或者监理酬金 1 倍以上 2 倍以下的罚款；对施工单位处工程合同价款 2%以上 4%以下的罚款，可以责令停业整顿，降低资质等级；情节严重的，吊销资质证书；有违法所得的，予以没收。"第 62 条规定："违反本条例规定，承包单位将承包的工程转包或者违法分包的，责令改正，没收违法所得，对勘察、设计单位处合同约定的勘察费、设计费 25%以上 50%以下的罚款；对施工单位处工程合同价款 0.5%以上 1%以下的罚款；可以责令停业整顿，降低资质等级；情节严重的，吊销资质证书。"

案例 27

被告人陈××，男，34 岁，原系上海市奉贤县南桥镇新建西路贝港桥工地负责人。

被告人乌××，男，29 岁，原系上海市奉贤县市政工程管理所施工一科科长兼该所驻贝港桥工程施工管理员。

被告人虞××，男，31 岁，原系上海市奉贤县新建西路贝港桥工地技术负责人兼质量检查员（聘员）。

公诉人：上海市奉贤县人民检察院。

一、基本案情

1995 年 3 月至 10 月，上海古华市政建设工程公司和浙江萧山市市政工程公司分别与奉贤县市政工程管理所签订了承建奉贤县南桥镇新建西路贝港桥的合同，两份合同总造价 191 万元。被告人陈××作为两个承包单位在贝港桥工地的负责人，全面负责建造贝港桥。在桥梁施工过程中，陈××不尽职守，对工作严重不负责任，违反《上海市建设工程质量监督管理办法》等有关规定，聘用无证人员上岗，又未按图纸要求施工，偷工减料，粗制滥造。该桥两个桥墩的钻孔灌注桩施工质量严重低劣，桩身质量差，长度不足，桩身混凝土没有达到设计持力层——26m，承载能力严重不足，致使贝港桥刚竣工尚未通行，便于1995年12月26日下午4时15分下沉坍塌，造成直接经济损失75万余元。

1995年3月至10月，被告人乌××受奉贤县市政工程管理所指派，在担任本县南桥镇新建西路贝港桥工程施工管理员期间，不正确履行管理职责，在钻孔灌注桩施工过程中，违反市政工程及验收的有关规定，未对钻孔灌注桩的孔径、孔深、混凝土质量、用量等进行检查和计算，并盲目在有关施工质量验收单及施工记录上签字。由于被告人乌××玩忽职守，建桥施工人员偷工减料，使贝港桥施工质量严重低劣。被告人乌××对该桥事故的发生负有直接责任。

被告人虞××，于1995年3月7日由其妻兄陈××聘为奉贤县南桥镇新建西路贝港桥工地的技术员和质检员。在贝港桥的建造过程中，虞××违反上海市政工程管理局《市政工程施工及验收技术规程》等规章制度，未对钻孔灌注桩混凝土抗压强度、孔径、孔深等进行检验，并且伪造了钻孔桩钻孔终孔后灌浇混凝土前检查记录、钻孔桩记录（回转钻进）、水下混凝土灌注记录表等原始记录，从而掩盖了桩身混凝土存在的严重质量问题，导致了贝港桥的坍塌。

上海市奉贤县人民检察院分别于1996年5月29日，以玩忽职守罪对陈××、乌××立案侦查；6月1日，以重大责任事故罪对虞××立案侦查。经侦查认为，被告人陈××、乌××在贝港桥的施工中有章不循，不正确履行自己的职责，致使国家遭受重大损失，其行为已构成玩忽职守罪；被告人虞××在贝港桥施工中不负责任，违反规章制度，伪造原始记录，致使国家遭受重大损失，其行为已构成重大责任事故罪。奉贤县人民检察院根据《中华人民共和国刑事诉讼法》第100条之规定，分别于1996年10月24日、11月15日向奉贤县人民法院提起公诉。

二、案件审理

1996年12月6日，上海市奉贤县人民法院经公开审理，依照《中华人民共和国刑法》第187条、第67条之规定，以玩忽职守罪判处被告人陈××有期徒刑二年，判处被告人乌××有期徒刑一年，缓刑一年；以重大责任事故罪判处虞××有期徒刑一年，缓刑一年。

三、案例评析

本案中，法院根据旧刑法第67条判处被告虞××犯有重大责任事故罪。关于重大责任事故罪，新《刑法》第137条的规定："建设单位、设计单位、施工单位、工程监理单位违反国家规定，降低工程质量标准，造成重大安全事故的，对直接责任人员，处五年以下有期徒刑或者拘役，并处罚金；后果特别严重的，处五年以上十年以下有期徒刑，并处罚金。"

法院根据旧刑法判处被告人陈××、乌××犯有玩忽职守罪。关于玩忽职守罪，新刑法第397条规定："国家机关工作人员滥用职权或者玩忽职守，致使公共财产、国家和人民利益遭受重大损失的，处三年以下有期徒刑或者拘役；情节特别严重的，处三年以上七年以下有期徒刑。本法另有规定的，依照规定。"

案例 28

1. 江苏省泰州市鼓楼北路 1 号商住楼。

该工程建筑面积 5461 平方米，六层砖混结构，一层为商业用房，二至六层为住宅。由泰兴市城镇建设开发总公司开发建设，丹徒县建筑设计研究院勘察队进行岩土工程勘察，泰兴市建筑设计院设计，泰兴市新市建筑安装工程有限公司施工，泰兴市工程建设监理有限公司监理。在检查中专家发现，在这项工程中勘察地质结构的方法、判定建筑物场地类别的方法都是错误的。其一层结构设计方案不合理，抗震构造柱有漏设，构造柱箍筋相当一部分弯钩不符合规范要求（135 度），砌筑砂浆饱满度不够。必须对结构方案、抗震构造、受力计算进行全面审核后，提出相应的处理方案，消除结构隐患。

2. 湖北武汉佳园 19 号楼。

该工程为七层砖混结构。由武汉房地产开发集团股份有限公司开发建设，湖北省地质勘察基础工程公司勘察，武汉华太建筑设计工程有限公司设计，福建惠安建筑工程发展公司武汉分公司施工。该工程勘察报告无钻孔柱状图，违反《岩土工程勘察规范》的规定。勘察报告中夯扩桩参数违反《建筑桩基技术规范》的规定。施工中砼的养护、内外墙留槎处理、砌体洞口的处理、三层柱 C-4 轴强度、部分砌体拉结筋等多方面违反工程建设标准强制性条文。

3. 浙江省杭州市拱西小区浙麻小学。

该工程建筑面积 7162 平方米，五层框架结构。由拱宸桥旧城改造国道指挥部建设，煤炭工业部杭州建筑设计研究院设计，浙江省化工地质勘察院勘察，杭州明康建设监理有限公司监理，杭州广天建筑安装有限公司施工。该工程桩基持力层是第 5 层黏土夹粉质黏土，层面起伏较大，勘察单位没有按规范要求加密勘探孔；第 2 层土 11 个土样大部分为粉质黏土，仅 1 个土样为黏质粉土，勘察报告却竟将该层确定为黏质粉土，严重违反了《岩土工程勘察规范》的规定。施工质量问题也很严重，混凝土柱多处烂根，部分混凝土柱钢筋表面锈蚀严重；个别混凝土梁移位 3cm，使上部墙体部分悬空。经混凝土回弹仪测试，二层框架混凝土强度只达到原设计强度等级 C25 的 71.2% 和 84.8%。抽测二层楼面板，设计板厚 110mm，实测两点板厚分别为 104mm、100mm，违反了《混凝土结构工程施工及验收规范》，完全是粗制滥造。

4. 湖南省岳阳市华泰小区 2 号住宅楼。

该工程建筑面积 3484 平方米，六层砖混结构。由岳阳纸业集团华泰木材公司建设，湖南水文地质基础工程勘察院勘察，岳阳造纸厂造纸设计研究所设计，岳阳工程公司施工。经查，勘察单位对场地类别判定依据不足；对第二层土的认识、评价不合理，导致结论错误。检查中还发现，预应力多孔楼板存在大量蜂窝、多处露筋严重。还发现设计单位无房屋设计资质，属无证设计。

5. 山东省章丘市阜村煤矿机关 18 号宿舍。

该工程建筑面积 5680 平方米，六层砖混结构。由淄博矿务局建设，章丘建筑设计院设计，章丘明水二建施工，章丘市监理公司监理。该工程设计前未做场地勘察，利用距拟建建筑物分别为 40m 和 50m 的两份勘察报告提供的地基承载力进行设计。

6. 甘肃省兰州市解放门立交桥。

该工程造价 7940 万元，结构类型为单跨 20m 混凝土桥。由兰州市城建投资公司建设，兰州市城市建设设计院勘察设计，兰州沿河工程监理有限公司监理，兰州市市政工程总公司施工。检查中发现，该工程初勘报告提示可能存在地质断裂带，需要进行详勘，但建设单位未委托有关勘察单位进行详细勘察，设计单位仅依据初勘报告进行结构设计，违反了《建设工程质量管理条例》的规定。

7. 新疆克拉玛依家佳乐超市。

该工程建筑面积 19645m^2，为框架结构。由克拉玛依市供销社建设，新疆时代石油工程有限公司勘察，克拉玛依市建筑规划设计院设计，克拉玛依市监理公司监理，克拉玛依市三联工程建设有限责任公司施工。该工程二层一框架柱主筋严重偏位，且竖向 500mm 长度内无箍筋（设计箍筋间距为 200mm）；底层框架柱设计强度为 C30，现场回弹强度普遍偏低；一层柱（400×400）根部（300mm 处）预留 110×110 方洞，没有结构设计确认；该工程有局部地下独立工程，设计单位未进行抗浮计算。

8. 河南省郑州市西三环郑上路立交桥。

该工程长 43.7km，另有 5 座桥，工程总造价 14 亿。由郑州市环城路工程指挥项目部建设，铁道部隧道工程局勘测设计院勘察设计，郑州新开源工程监理咨询公司监理，河南第五建筑工程公司施工。该工程勘察钻孔孔数、孔深都达不到规范要求，未采用现场静载荷载试验确定单桩承载力，违反《建筑桩基技术规范》。33m 后张法 T 形梁端部锚头下端碎裂，违反《市政桥梁工程质量检验评定标准》。

（源自郑一军副部长在全国整顿和规范建筑市场秩序第三次电视电话会议上的讲话）

案例 29

原告：王某

被告：××市××投资公司（以下简称"投资公司"）

被告：××市公路发展有限公司（以下简称"发展公司"）

一、基本案情

1992 年 11 月，王某与拆迁人投资公司签订拆迁安置协议，约定安置其到××区 10 号院 7 号楼居住。1994 年 5 月，王某入住后发现该楼邻近××高速公路，噪声污染十分严重，日常生活和学习受到严重干扰。王某多次要求解决噪声污染问题，均没有结果。为此，王某于 2000 年 8 月向法院提起诉讼，请求判令投资公司、公路局、发展公司限期采取减轻噪声污染的措施，将住房内噪声值降低到标准值以下，赔偿从入住以来的噪声扰民补偿费每月 60 元，总计 4500 元。

1997 年 11 月 3 日晚 22 时，××区环境保护监测站对 10 号院 7 号楼进行噪声监测，噪声值分别为 78.4dB、77.3dB、69.2dB。该区域适用国家《城市区域环境噪声标准》的 4 类标准，环境噪声最高限值昼间为 70dB、夜间为 55dB。

被告投资公司辩称，10 号院的规划、设计、施工均履行了法定手续。房屋竣工后，经过了××区建设工程质量监督站的验收，符合交付使用条件。建设期间（1992～1993 年）××高速公路已通车，当时的设计已考虑了高速公路的影响。但随着发展，××高速公路的车流量增加了很多，而且××市实行的交通管制又使大型载重汽车只能在夜间进城，这是规划设计时无法预见的。

被告发展公司辩称，原告住房的噪声污染问题完全是由于投资公司的过错造成的。理由是：一、根据收费站的统计，××高速公路的现流量还远未达到设计流量，并且公路局和我公司管理××高速公路时也没有由于未尽管理义务而导致交通噪声加大的情形，对噪声污染的损害结果没有任何过错。二、投资公司在已有的城市交通干线的一侧过近的地方建设噪声敏感建筑物，应当预见而未能预见可能给居民带来的噪声污染，未能采取有效措施防止噪声污染，应当承担本案的全部责任。

二、案件审理

法院审理后认为，投资公司在开发建设7号楼时，××高速公路已通车数年，该公司有关建楼规划手续虽符合当时规定，但并不能免除该公司对噪声污染进行治理的责任，故投资公司在治理和改善住户居住条件的问题上应承担主要责任。发展公司是目前京石高速公路的经营管理人和受益人，且此次纠纷所争议的噪声污染源主要来自于××高速公路，故发展公司在经营管理过程中有义务承担起治理和改善环境的责任。判决如下：一、投资公司在2个月内为原告居住的住房南侧大间、门厅及阳台安装隔声窗（双层），将住房的室内噪声降到昼间60分贝以下，夜间45分贝以下；二、投资公司、发展公司赔偿王某所受噪声污染损每月60元，其中，投资公司负担50元，发展公司负担10元，自1994年5月起到住房安装隔声窗之月止。

三、案例评析

环境污染致人损害民事责任是一种特殊侵权行为的民事责任，适用无过错责任原则，即无论行为人有没有过错，只要法律规定应当承担民事责任，行为人即应对其行为造成的损害承担责任。尽管无过错责任是解决环境污染问题的一般原则，但对于错综复杂的环境污染案件来说，单一的无过错责任原则是远远不足的，因为加害主体和因果关系的复杂性使每一对法律关系各具其特殊性，这就有必要适用不同的归责原则。

第一被告投资公司。投资公司作为拆迁人，其与原告有基于拆迁安置合同为原告安排好适合居住的合格房屋义务，所以，原告可追究投资公司的违约责任或侵权责任。尽管合同条款一般不会涉及噪声指标，可基于投资公司在投资开发建设该楼房时没有做环境影响评价、没有充分考虑该楼因距离高速公路过近给住户带来的噪声污染危害、没有采取减轻和避免交通噪声影响的措施等事实，认定投资公司应为某些法律义务而不为，其主观过错是明显的。况且适用过错责任原则，还可根据其过错程度加大其应当承担的责任。

第二被告发展公司。发展公司是××高速公路的经营单位。作为噪声的制造者，其应按无过错责任原则承担侵权责任，并不能以主观上无过错为由进行抗辩。

案例30

原告：庞某。

被告：××露天煤矿建设国道指挥部。

1983年，××露天煤矿的建设确定为"七五"期间的重点工程项目。1985年6月，××煤矿设计院编制出《××露天矿可行性研究报告》，肯定该露天煤矿爆破引起的噪声和震动会对周围自然环境产生影响，但对如何采取预防措施未加论述。1988年，××矿务局成立露天建设管理委员会，1990年更名为××露天煤矿建设国道指挥部（下称国道指挥部），1991年该矿开始建设。在国道指挥部计划建设露天煤矿期间，××煤矿劳动服务公司在该露天煤矿东南界线的边缘建立养鸡场。1991年4月，劳动服务公司将该养鸡场发包给本案原告庞某，承包期为4年。1992年2至6月，庞某分4次购进雏鸡6970只，饲养在鸡场。同年8至10月，这些鸡先后进入产蛋期。与此同时，国道指挥部在露天煤矿进行土层剥离爆破施工，其震动和噪声惊扰养鸡场的鸡群，鸡的产蛋率突然大幅度下降，并有部分鸡死亡。同年12月底和1993年初，庞某将成鸡全部淘汰。经计算，庞某因蛋鸡产蛋率下降而提前淘汰减少利润收益120411.78元。

××畜牧科学院兽医研究所对庞某承包的养鸡场的活、死鸡进行抽样诊断、检验，结论为：因长期放炮施工的震动和噪声造成鸡群"应激产蛋下降综合症"。

另，国道指挥部在露天煤矿爆破施工的震动、噪声，致使附近居民的房屋墙壁出现裂损和正常的生活秩序受到影响，引起一些居民不满，政府有关部门曾拨专款给予补偿。

1993年2月，国道指挥部委托地震局、环保局，对露天煤矿爆破施工的震动和噪声进行监测，结论是震动速度和噪声均没超出国家规定的标准。

原告庞某向人民法院起诉称：国道指挥部开矿爆破造成蛋鸡产蛋率由原来的90%以上下降到10%左右，并出现部分鸡死亡的现象，要求被告赔偿损失402418.42元。

被告国道指挥部辩称：我部开矿爆破经国家有关部门批准，没有违法，不构成侵权，不应承担赔偿责任。

一、案件审理

一审法院经审理认为：露天煤矿开始施工建设时，养鸡场已经建成并投入生产，养鸡场的建立没有违反有关规定。国道指挥部长期开矿爆破施工，其震动和噪声惊扰庞某养鸡场的鸡群，造成该鸡群"应激产蛋下降综合症"，应该承担赔偿责任。该院根据《民法通则》第一百二十四条之规定，于1993年4月28日判决如下：国道指挥部赔偿庞某的经济损失120411.78元。

国道指挥部对判决不服，以原诉答辩理由提起上诉。二审法院在审理中，对地震、环保部门的监测结论进行了核实，认为：这种事后委托有关部门作出的监测结论，因用作监测的对象与当时的客观情况不相一致，放炮点也发生了变化，加之养鸡场的鸡不复存在，故该监测结论不能作为推翻兽医研究所诊断结论的证据。二审法院还就鸡群"应激产蛋下降综合症"的问题听取了有关专家的咨询意见。专家认为：根据兽医学的理论研究，包括鸡在内的各种动物都对外界环境的变化有一定本能的反应，当这种反应超过其本身的适应能力时，就会给其生理和心理造成不良的影响，这种"反应"就是"应激"。庞某养鸡场的鸡群，属于对周围环境要求较高、适应环境能力较低的鸡种，这种鸡好静，长期爆破产生的震动和噪声完全改变了它生长的环境，给鸡群的生理和心理造成了不良的影响，以致产蛋率下降。据此，排除了庞某养鸡场的鸡群产蛋率下降是由于患病所致的因素。

二审法院经重新核算，庞某所受到的经济损失为131000元。

二审法院在进一步查明事实和分清是非、责任的基础上进行调解。经调解，双方于1994年2月2日自愿达成如下协议：

1. 国道指挥部赔偿庞某的经济损失131000元；
2. 国道指挥部于1994年2月20日付给庞某65500元，剩余部分于2月底全部付清，否则加倍支付迟延履行期间的利息。

二、案例评析

本案被告国道指挥部在其露天煤矿爆破施工，造成原告养鸡场鸡群的产蛋率大幅度下降，属于环境污染致人损害，法院适用《民法通则》第一百二十四条的规定处理本案的实体问题，是正确的。

环境污染一般是指由于生产、科研、生活及其他活动而向人类生存环境排放废水、废渣、粉尘、垃圾、放射性物质、有毒物质等有害物及产生噪声、震动、恶臭等有害于人类生存环境的行为。这些污染源进入人类环境，使人的生命、健康、财产遭受损害及正常的生产、工作、学习、生活受到妨害，即为环境污染致人损害。环境污染致人损害的民事责任属于一种特殊侵权民事责任。《民法通则》第一百二十四条规定："违反国家环境防止污染的规定，污染环境造成他人损害的，应当依法承担民事责任。"环境保护法第四十一条规定："造成环境污染危害的，有责任排除危害，并对直接受到损害的单位或个人赔偿损失"。本案被告在其露天煤矿爆破施工产生的震动和噪声，使原告养鸡场的鸡群的安静生活环境受到破坏，引起该鸡场鸡群的产蛋率大幅度下降，这显然属于环境污染致人损害。

案例31

一、基本案情

2001年1月2日江西省环保局收到举报信，反映奉新县某水泥有限公司违法生产，污染严重，对周围居民造成极大影响。1月2日省环境监理总队接到省环保局转来的举报信后，1月3日派人和奉新县环保局共赴现场检查。在检查过程中约见了某水泥公司的总经理许某和投诉人，查明：某水泥有限公司是当地招商企业，由许某等人投资200余万元兴建，2000年5月3日动工，2000年10月23日投产，截止到2001年1月3日未办理环保审批手续，也未办理工商营业执照。奉新县环保局曾于2000年5月18日对该公司下达了停止建设通知书。该公司从事水泥半成品加工，从其他厂家购买水泥熟料进行加工，生产425#硅酸盐水泥。该公司的主要生产设备是一台直径2.2m的球磨，污染防治措施只有一套简易的布袋除尘装置。省环境监理总队建议责令江西瑞达水泥有限公司停止生产，按规定限期补办环保手续。

二、案件处理

江西省环保局认为江西某水泥公司的行为，违反了《中华人民共和国大气污染防治法》第11条的规定。根据《中华人民共和国大气污染防治法》第47条的规定，对某水泥厂作出如下行政处罚：一、责令江西某水泥厂立即停止生产；二、处2万元罚款。

三、案例分析

《建设项目环境保护管理条例》确立了"三同时"制度，即建设项目需要配套建设的环境保护设施，必须与主体工程同时设计、同时施工、同时投产使用。在本案中，某水泥厂违法该项制度，其结果是违反了《大气污染防治法》的有关规定，依法应当承担法律责任。

案例 32

原告：××建筑有限责任公司（以下简称"建筑公司"）
被告：××房地产开发有限公司（以下简称"房地产公司"）

一、基本案情

1996 年 12 月，原告与被告某房地产公司签订了一份《工程协议书》。双方约定由建筑公司承建某住宅工程，总建筑面积约 6 万平方米，每平方米造价 739 元，合同总价款为 4300 余万元。其中协议第四条第二款约定："本工程甲方（房地产公司）要求乙方（建筑公司）全过程垫资施工，施工过程中发生的所有贷款利息由甲方承担"。一天以后，双方又签订了《建设工程施工合同》，除了将工程造价改为 500 元/平方米，以及未约定垫资外，其余主要条款均与协议基本一致。

工程开工不久，双方对电气、自来水等配套工程是否包括在先期双方约定的每平方米 739 元的造价中发生争议。为此双方多次往来函件进行协商，并于 1997 年 4 月形成一份《会议纪要》："双方约定由甲方（房地产公司）负责上述配套工程。"之后，房地产公司于 1997 年 11 月出具一份付款承诺书，承诺工程款在当年 12 月底以前结清并支付完毕。但后来双方对是否要在工程总造价中扣除配套工程款后才支付给建筑公司又产生分歧。到 1997 年 12 月底，房地产公司除支付了部分工程款外，其余款项一直未付。建筑公司在数次要求房地产公司付清款项未果的情况下，于 1998 年向法院提起诉讼，请求判令由房地产公司偿还拖欠工程款及违约金。

二、案件审理

一审法院经审理认为，建筑公司与房地产公司虽然分别签订了《工程协议书》和《建设工程施工合同》，但双方实际履行的是《工程协议书》。由于双方在《工程协议书》中有约定建筑公司垫资施工的条款，违反了 1996 年建设部、国家计委、财政部下发的《关于严格禁止在工程建设中带资承包的通知》（以下简称《通知》）的第四条规定："任何建设单位都不得以要求施工单位带资承包作为招标设标的条件，更不得强行要求施工单位将此类内容写入工程承包合同。"和第五条规定："施工单位不得以带资承包作为竞争手段承揽工程"。据此法院判定双方执行的《工程协议书》为无效协议；双方签订的《建设工程施工合同》虽没有垫资条款，但双方并未实际按该合同履行，因此该合同也不认为是有效合同。而基于无效的《工程协议书》基础上签订的《会议纪要》及还款承诺都不具有法律约束力。因此法院不能按双方约定的方法以及工程量来作为定案的依据，而只能依据鉴定部门出具的鉴定意见。据此，法院裁决：房地产公司支付建筑公司拖欠工程款 744326 元及利息。

一审判决下达后，建筑公司不服并上诉至二审法院。但二审法院审理后也认为，原审法院依据《通知》确认《工程协议书》无效并无不当。同时考虑到房地产公司对协议无效也有过错，应对建筑公司垫资产生的利息承担赔偿责任。因此二审法院判决：维持一审判决；房地产公司赔偿建筑公司部分损失。

终审判决下达后，建筑公司仍不服，又向最高人民法院提出申诉。最高人民法院研究后发函要求二审法院对此案进行复查。二审法院复查的焦点集中在"国务院各部委的规范性文件能否作为审判民事经济案件依据"的问题上。该院就这个问题形成两种意见：一种意见认为，国务院部委的规范性文件，不属于法律规定的行政法规范畴，不能作为人民法院审判案件的依据，原判决以两部一委通知确认承包合同无效是不当的；另一种意见认为，国务院两部一委的规范性文件，是针对各行业在实际经济生活中出现的问题而制发的，目的在于规范管理，维护市场有序发展；原判决确认合同无效有利于避免建设单位在资金不实的情况下盲目上新的建设项目，有利于规范建设市场，预防和减少纠纷。二审法院就这两种意见向最高人民法院请示。

2000年10月，最高人民法院经研究对该请示作出如下答复：人民法院在审理民事、经济纠纷案件时，应当以法律和行政法规为依据。建设部、国家计委、财政部《关于严格禁止在工程建设中带资承包的通知》，不属于行政法规，也不是部门规章。从该通知内容看，主要以行政管理手段对建筑工程合同当事人带资承包进行限制，并给予行政处罚，而对于当事人之间的债权债务关系，仍应按照合同承担责任。因此，不应以当事人约定了带资承包条款，违反《通知》而认定合同无效。

三、案例评析

该案争论的焦点在于垫资条款能否导致合同无效。或者说，《关于严格禁止在工程建设中带资承包的通知》这样一个部门文件是否具有法律约束力。从最高人民法院的答复中可以看出，最高人民法院认为该通知并不具有法律约束力。根据我国《合同法》及其司法解释的规定，判定合同无效，只能依据法律和行政法规。二部一委通知仅属于行政规范性文件，不具有法律效力，不能作为判定合同无效的依据。也就是说，从我国目前的法律条件下，垫资并不在法律禁止的范围内。2003年7月由建设部组织召开的《建筑法》实施情况研讨会上，是否在修改后的《建筑法》中禁止垫资成为争论的焦点之一。从我国目前的建筑市场情况来看，全面禁止垫资既不符合实际，也不符合国际惯例。规范建筑市场重在规范建设单位的行为，加强建筑市场主体的信用制度建设才是关键所在。

在本案中，原被告分别签订了两个合同，这属于典型的"阴阳合同"行为。我国地方普遍实行建设工程合同备案制度，建设部89号令《房屋建筑与市政基础设施工程施工招标投标管理办法》以及一些地方人大常委会颁布《建筑市场管理条例》也明确了该项制度。合同备案制度的本意是加强建设工程合同管理，但却间接地导致了"阴阳合同"的产生。"阴阳合同"严重扰乱建筑市场交易秩序，应当予以坚决制止。但对于阴、阳合同的效力问题，仍有很大争议。从本案的判决结果看，一审法院以"阳合同"未实际履行为由判定其无效，而二审法院及最高院并没有推翻这个结论，这种司法倾向值得关注。

案例33

原告：××通信有限公司（以下简称"通信公司"）
被告：××建筑总承包公司（以下简称"总承包公司"）

被告：××建筑设计研究院（以下简称"设计院"）

一、基本案情

原告通信公司因建办公楼与被告总承包公司签订了工程总承包合同。其后，经通信公司同意，总承包公司分别与××建筑设计院和××建筑工程总公司签订了《工程勘察设计合同》和《工程施工合同》。《工程勘察设计合同》约定由设计院为通信公司提供办公楼及其附属工程的设计服务，并按勘察设计合同的约定交付有关的设计文件和资料。《工程施工合同》约定由××建筑工程总公司根据设计院提供的设计图纸进行施工，工程竣工时依据国家有关验收规定及设计图纸进行质量验收。合同签订后，设计院按时将设计文件和有关资料交付给××建筑工程总公司，××建筑工程总公司依据设计图纸进行施工。工程竣工后，通信公司会同有关质量监督部门对工程进行验收，发现工程存在严重质量问题，是由于设计不符合规范所致。原来设计院未对现场进行仔细勘察即自行进行设计导致设计不合理，给通信公司带来了重大损失。设计院已与通信公司没有合同关系为由拒绝承担责任，总承包公司又以自己不是设计人为由推卸责任，通信公司遂以设计院为被告向法院起诉。

法院受理后，追加总承包公司为共同被告，判决总承包公司与设计院对工程建设质量问题承担连带责任。

二、案例评析

本案中，通信公司是发包人，总承包公司是工程总承包人，设计院和某某建筑工程总公司是分包人。《合同法》第272条规定，总承包人或者勘察、设计、施工承包人经发包人同意，可以将自己承包的部分工作交由第三人完成。第三人就其完成的工作成果与总承包人或者勘察、设计、施工承包人向发包人承担连带责任。《建筑法》也有类似的规定。

在本案中，总承包公司虽然没有进行勘察设计，但作为总承包人仍应向发包人通信公司承担责任。而设计院虽然和通信公司没有直接的合同关系，但此时应依照法律的特别规定，在其承包工作范围内，与总承包公司承担连带责任。本案判决总承包公司和设计院共同承担连带责任是正确的。

在工程实践中，存在大量的所谓"甲指分包"，即分包商由业主指定，但合同仍由总承包商与指定分包签订。在国际建筑市场，对于一些业主有特殊要求的分部分项工程业主往往采用指定分包商（Nomitated Subcontractor）的形式，但在诸如FIDIC"红皮书"等合同条件中，一般都要规定指定分包商应当保证总承包商免于承担责任的条款。事实上，超过合理数量的"甲指分包"实际是一种变相的肢解发包，往往会给总承包商的管理工作造成很大的困难，相应的管理成本也将大大增加。但从国内签约的情况来看，总承包商对这种现象大都是无可奈何的。同时，不管怎么说，甲指分包在法律性质仍是分包，总承包商仍难免要承担连带责任。因此笔者建议，在条件允许的情况下，尽量签订由业主、总包商和分包商共同签署的三方合同，在合同中明确约定总包商承担总包管理和配合的责任范围，尽可能避免出现连带责任的情况。

案例 34

原告：某建筑工程承包公司
被告：某房地产开发公司

一、基本案情

某房地产开发公司欲建一豪华别墅，遂与某建筑公工程承包司签订建设工程施工合同。关于施工进度，双方在专用条件中约定：4月1日～4月20日，地基完工；4月21日～6月30日，主体工程竣工；7月1日～7月10日，封顶，全部工程竣工。4月初工程开工，该项目楼盘在房地产市场极为走俏，为尽早建成该项目，该房地产开发公司便派专人检查监督施工进度。检查人员曾多次要求建筑公司缩短工期，均被建筑公司以质量无法保证为由拒绝。为使工程尽早完工，房地产开发公司所派检查人员遂以承包公司名义要求材料供应商提前送货至目的地，造成材料堆积过多，管理困难，部分材料损坏。该承包公司遂起诉该企业，要求其承担损害赔偿责任。房地产开发公司以检查作业进度，督促完工为由抗辩。法院判决该房地产开发公司抗辩不成立，应依法承担赔偿责任。

二、案例分析

本案涉及发包方如何行使检查监督权问题。《合同法》第277条规定："发包人在不妨碍承包人正常作业的情况下，可以随时对作业进度、质量进行检查。"

发包人有权随时对承包人作业进度和质量进行检查，但这一权利的行使不得妨碍承包人的正常作业，这是其行使监督检查权利的前提。所谓正常作业，是指承包人依据建设工程合同的约定，按施工进度计划表、预先设计的施工图纸及说明书等完成建设工程任务的行为。在行使监督检查权利的时间方面，《合同法》第277条未有限制，规定发包人可随时行使。在行使权利的范围方面，包括作业进度和质量两方面。发包人对承包人作业进度的检查，一般依承包方提供的施工进度计划表、月份施工作业计划为据。检查、监督为发包人的权利，接受检查、监督便成为承包人的义务。对于发包人不影响其工作的必要监督、检查，承包人应予以支持和协助，不得拒绝。

根据《合同法》第277条规定，如果发包人对作业进度质量进行检查，妨碍了承包人正常作业，那么，承包人有权要求发包人承担由此造成的一切后果和损失；如果发包人的检查工作虽未妨碍承包人正常作业，但却超出了进度和质量两方面的范围限制，则承包人亦可拒绝接受检查，或要求发包人承担由此造成的损失。

在本案中，房地产开发公司派专人检查工程施工进度的行为本身是行使检查权的表现。但是，检查人员的检查行为，已超出了法律规定的对施工进度和质量进行检查的范围，且以承包公司名义促使材料供应商提早供货，在客观上妨碍了承包公司的正常作业，因而构成权利滥用行为，理应承担损害赔偿责任。

案例 35

原告：××实业有限公司（以下简称"甲方"）
被告：××建筑工程有限责任公司（以下简称"乙方"）

一、基本案情

2002年3月，甲乙双方施工总承包合同，由乙方负责××宿舍楼施工。双方在合同中约定：隐蔽工程由双方共同检查，相应检查费用由甲方支付。地下室防水工程完成后，乙方通知甲方检查验收，甲方则答复：因公司内事务繁多，由乙方自己检查出具检查记录即可。一周后，甲方又聘请专业人员对地下室防水工程质量进行检查，发现未达到合同所定标准，遂要求乙方负担此次检查费用，并对地下室防水工程返工。乙方则认为，合同约定的检查费用由甲方负担，不应由乙方负担此项费用，但对返工重修地下室防水工程的要求予以认可。甲方多次要求乙方付款未果，诉至法院。法院对地下室防水工程重新鉴定，鉴定结论为地下室防水工程不符合同中约定的标准。法院据此判决由乙方承担复检支出费用。

二、案例分析

《合同法》第278条规定："隐藏工程在隐蔽以前，承包人应当通知发包人检查。发包人没有及时检查的，承包人可以顺延工程工期，并有权要求赔偿停工、窝工等损失。"

隐蔽工程隐蔽以前，发包人的义务是及时对该隐蔽工程进行检查。如果没有履行这一义务或者没有及时履行这一义务，发包人应当承担因停工、窝工造成的损失。如果发包人不能及时履行检查义务的原因是承包人怠于通知，则所造成的损失由承包人自己承担。

对承包人来说，隐蔽工程在隐蔽前，它首先有通知发包人检查的义务，如未履行这一义务，造成工程延期，承包人自己承担责任；其次，履行通知义务后，如发包人未履行及时检查义务，致使承包人不能进行隐蔽工程的隐蔽工作，则应当顺延工期，因顺延工期造成的停工、窝工损失，承包人有权要求发包人赔偿。第三，发包人未及时检查的，承包人可以停工待其检查，并有权要求发包人承担相应的违约责任。

按《合同法》第278条的规定，承包方在隐蔽工程隐蔽前，应通知发包方检查，发包方未及时检查，承包方可以停工。在本案中，乙方履行了通知义务，对于甲方不履行检查义务的行为，乙方有权停工待查，停工造成的损失应当由甲方承担。但乙方未这样做，反而自行检查，并出具检查记录交与甲方后，继续进行施工。对此，双方均有过错。至于甲方的事后检查费用，则应视检查结果而定，如果检查结果是地下室质量未达到标准，那因这一后果是乙方所致，检查费用应由乙方承担；如果检查质量符合标准，重复检查的结果是甲方未履行义务所致，则检查费用应由甲方承担。因此，法院的判决是正确的。但是，我们认为，由于甲方也有过错，根据《合同法》第120条的规定，当事人双方都违反合同的，应当各自承担相应的责任，因此，甲方也应根据过错程度承担部分责任。

案例36

原告：××建筑工程有限责任公司（以下简称"建筑公司"）
被告：××机械设备制造厂（以下简称"制造厂"）
被告：××实业有限公司（以下简称"实业公司"）

一、基本案情

1998年3月,原告建筑公司与被告制造厂就该厂技术改造工程签订《建设工程承包合同》。合同约定:建筑公司承担制造厂技术改造工程项目32项,负责承包各项目的土建部分;承包方式为固定总价合同一次包死,竣工后办理结算。合同签订后,建筑公司按合同约定完成该工程的各土建项目,并于1999年9月14竣工。没有想到的是,制造厂于1999年7月被实业公司兼并,由实业公司承担制造厂的全部债权债务,继承制造厂的各项工程合同、借款合同及各种协议。建筑公司在工程竣工后多次催促实业公司对工程进行验收并支付所欠工程款,实业公司对此一直置之不理,既不验收已完工程,也不付工程款。建筑公司无奈将两公司诉至法院。法院经审理后,判决实业公司对已完工的土建项目进行验收,验收合格后向建筑公司支付所欠工程款。

二、案例分析

《合同法》第90条规定,当事人订立合同后合并的,由合并后的法人或者其他组织行使合同权利,履行合同义务。本案中,签订建设工程承包合同的是建筑公司与制造厂,但制造厂在被实业公司兼并后,实业公司承担了制造厂的全部债权债务并承接了制造厂的各项工程合同,应当继续履行建筑公司与制造厂签订的建设工程承包合同,代替制造厂成为建设工程承包合同的当事人。

《合同法》第279条规定:"建设工程竣工后,发包人应当根据施工图纸及说明书、国家颁发的施工验收规范和质量检验标准及时进行验收。验收合格的,发包人应当按照约定支付价款,并接收该建设工程。建设工程竣工经验收合格后,方可交付使用;未经验收或者验收不合格的,不得交付使用。"

所谓竣工验收,是指新建、扩建、改建的基本建设项目(工程)和技术改造项目,已按设计要求建成并具备生产、使用条件时,由发包人依据验收标准组织验收,并与承包人办理移交手续。竣工验收是工程建设过程的最后一环,是全面考核建设工作,检查是否符合设计要求和工程质量的重要步骤,也是基本建设转入生产或使用的标志。因此,它对促进建设项目尽快投入使用、发挥投资效益、全面总结建设工程的经验都有很重要的意义和作用。

竣工验收的依据是施工图纸和说明书、国家颁发的施工验收规范和质量检验标准,包括上级主管部门批准的设计纲要、设计文件,设计说明书,招投标文件和工程合同,图纸会审记录,设计修改签证和技术核定单,协作配合协议,以及施工单位即承包方提供的有关质量保证文件和技术资料等。工程项目的规模、工艺流程、工艺管线、生产设备、土地使用、建筑结构、建筑面积、内外装修、质量标准等必须与上述文件、合同所规定的内容一致。

根据《合同法》第279条的规定,建设工程竣工后,发包人负有如下法定义务:第一,发包人应当依据建设工程的施工图纸及说明书、国家颁发的施工验收规范和质量检验标准,对已完工的建设工程进行验收;第二,如果建设工程经验收合格,发包人应当按照合同约定支付工程款;第三,发包人应当接收经验收质量合格的建设工程,不得无故拒绝接收。在本案中,对已完工的工程项目,实业公司依法应当进行竣工验收。验收合格无质量争议的，应当按照合同规定向建筑公司支付工程款，接收该工程项目，办理交接手续。因此，法院的判决实业公司对已完工的土建项目进行验收，验收合格后向建筑公司支付所欠工程款是正确的。

案例 37

原告：××建筑工程承包公司（以下简称"承包公司"）

被告：××房地产开发有限公司（以下简称"房地产公司"）

一、基本案情

2000年7月，原告某承包公司与被告某房地产公司与就某项目签订了一份前期工程协议书，双方约定：承包公司负责该项目的前期工程，包括动拆迁和七通一平；房地产公司按面积分四期支付工程款。

在合同履行过程中，承包公司由于疏忽，对在项目基地红线边缘的两所协议规定应该拆除的民房未予以拆除。房地产公司虽然知道这个情况，但就是一直不予提醒，而且还不加说明地拒付了大部分工程款（因此还耽搁了一段时间的工期），这种状况一直延续至该项目完工。

结算过程中，承包公司根据协议，要求房地产公司支付尚欠的2000万元工程款，但遭到了房地产公司的拒绝。理由是，承包公司没有按协议的约定完成任务，两所民房仍未拆除，而且还拖延了工期。2001年4月，无可奈何的承包公司只能以欠款为由，将房地产公司告上了法庭。

庭审中，承包公司承认，这两所民房是双方协议规定应该拆除的，未予拆除的原因确实是承包公司的疏忽。但是，这两所民房未拆并未实际影响项目施工，现在工程已全部完工，房地产公司可以扣除这两所房子的拆迁费用，但不应拒付大部分的工程款；对此，房地产公司不但不予认可而且还提出反诉，要求承包公司支付延误工期的巨额违约金1000万元。

二、案件审理

2001年5月，法院经审理做出判决：承包公司应拆清剩余的2所民房；房地产公司则应按约支付全部工程款给房地产公司。至于延误工期的违约金系由房地产公司拒付巨额工程款而造成，是房地产公司的人为原因使损失扩大，依法予以驳回。

三、案例评析

"全面履行"是合同当事人依法应当履行的基本义务，《合同法》第60条第1款规定："当事人应当按照约定全面履行自己的义务。"承包公司没有按约定将应该拆除的民房拆除，就是没有"全面履行"，应当判令其全部完成。

同时，法律又为当事人设定了"减损义务"，这是诚实信用原则的根本体现。《民法通则》规定："当事人一方因另一方违反合同受到损失的，应及时采取措施防止损失的扩大；没有及时采取措施致使损失扩大的，无权就扩大的损失要求赔偿。"防止损失扩大是在合同履行过程中因某种原因致使当事人遭受损失，双方在有条件的情况下都有采取积极措施防止损失扩大的义务；而不管这种损失的造成与自己是否有关。房地产公司显然是属于在"另一方违反合同受到损失"时，没有及时采取措施防止损失的扩大。因此对于扩大了的损失，当然也就不能要求赔偿了。

案例 38

原告：××建筑材料设备租赁站（以下简称租赁站）
被告：××建筑工程总公司（以下简称建筑公司）

一、基本案情

1998年5月，被告建筑公司承包了某工程项目。被告就脚手架工程与原告租赁站签订分包合同，约定建筑公司以每平方米15元的造价，并以包工包料的方式将搭建脚手架工程分包给租赁站。至工程完工，租赁站共计完成搭架工程量5000平方米，合计工程款为75000元。但建筑公司仅支付工程款20000元，余款一直未付。2002年3月，租赁站将建筑公司告上法庭，要求该公司支付余款及违约金。

建筑公司辩称，该公司与原告租赁站签订搭设脚手架合同后，双方于1998年11月另外签订了一份协议，明确约定：建筑公司给付租赁站20000元后，双方就不存在任何权利义务了。因此建筑公司要求法院驳回原告的诉请。

二、案件审理

一审法院经审理认为，原告租赁站与被告签订的搭设脚手架承包合同，是双方当事人真实意思的表示，应确认合法有效。签约后，原告实际完成的工程量经被告项目经理签字确认的是5000平方米，但被告仅付20000元，拖欠余额支付属被告违约。对此，被告应给付该工程余款并承担延付该工程余款的违约金。同时，一审法院还认为，按照原告与被告在1998年11月签订的协议，原告放弃大部分工程款是不切实际的，故应确认该协议不是其真实的意思表示，依法应确认其无效。2002年8月，法院判决被告于判决生效后的十日内给付尚欠原告工程款55000元及延付该工程款的违约金，被告逾期付清的，则由被告按《民事诉讼法》的有关规定，向原告加倍支付延迟履行期间的债务利息。

一审判决下达后，建筑公司不服并提出上诉。

二审法院经审理后认为：虽然建筑公司与租赁站在1998年5月的合同中约定了脚手架以每平方米15元计算，而且建筑公司也签字确认了该工程量。但1998年11月双方再次达成协议，即：约定建筑公司给予租赁站20000元之后，双方之间的合同终止。同时，这个协议签订后，双方均履行了各自的义务。根据该协议，双方在履行了各自的义务后，就已经不存在债权债务关系了。如果被租赁站认为该协议显失公平，那么他应该在一年内向人民法院提出予以撤消的要求，而事实上租赁站直至2002年3月才提起诉讼，显然已超过法定时间，因此，租赁站要求建筑公司给付工程款是没有法律依据的。2002年11月，二审法院对该案做出改判：撤消一审法院的判决，驳回租赁站要求建筑公司支付工程欠款的诉讼请求。

三、案例评析

本案中的当事人对工程价款有过两次约定。《合同法》规定，当事人协商一致的，可以变更合同。后一个协议虽然明显不利于原告，但它毕竟是当事人双方协商一致的结果，具有变更原合同的法律效力。当事人双方的债权债务关系应当根据后一个协议重新确定。租赁站如果认为该协议显示公平，应当在法律规定的时效内（知道或者应当知道撤销事由之日起一年内）行使撤销权。但遗憾的是，租赁站并没有及时行使该项权利，其诉讼请求无法得到法律保护。

建设工程合同履约期长，影响因素多。尽管建筑企业越来越重视合同的谈判和签订过程，但对合同履行过程中诸如会议纪要、补充协议等同样具有合同效力的法律文件重视不够，这种"头重脚轻"的现象必须引起重视，否则很容易从根本上改变建设工程合同最初约定的内容。

案例 39

原告：重庆市××建筑工程总公司（以下简称建筑公司）
被告：重庆市××电子控股有限公司（以下简称电控公司）

一、基本案情

1998年9月，被告某电控公司对其待建办公综合楼工程进行招标，原告某建筑公司中标，双方签订了该楼建筑工程承包合同。合同规定：建筑公司承包电控公司办公综合楼建筑工程，工程价款执行预算定额和取费标准，以评标委员会审定的建筑公司投标书为准，结算价按某造价咨询公司出具的审价结论确定。工程于1999年12月竣工，经验收合格交付使用。工程造价经某造价咨询公司审定为5418万元，双方对此结算无异议。

此后不久，市审计局对电控公司办公综合楼工程决算进行审计。审计结论认为，某造价咨询公司审定的工程造价多计343万元，应予审减。审计局作出处理决定：限期由电控公司向建筑公司收回该多计款。

2000年1月，建筑公司又承包了电控公司的某厂房工程。该工程完工后于2001年11月办理结算时，电控公司以执行审计局的决定为理由，从建筑公司的厂房工程款中扣除了办公楼多计工程款343万元。

建筑公司认为电控公司扣款是违约行为，据此向人民法院起诉，要求电控公司退回扣除的工程款。电控公司辩称其扣除有依据，不同意建筑公司的诉讼请求。

二、案件审理

一审法院经审理认为：建筑公司与电控公司签订的建筑工程承包合同有效，并已履行完毕。审计局作出的审计决定对建筑公司不具有法律效力，电控公司据此扣付建筑公司建筑工程款不当，判决电控公司退回扣付的343万元工程款给建筑公司。

电控公司不服此判决，提起上诉称：审计局是法定的审计监督机关，依法独立行使审计监督权。因此，审计局对我司基建项目作出的审计结论和决定具有法律效力。我司依此决定扣回工程款并无不当。建筑公司不同意扣款是对审计行为不服，属行政纠纷，不应由法院作经济纠纷处理。现审计决定未经法定程序撤销，我司仍应执行，建筑公司也应协助执行。建筑公司辩称：双方履行合同后经某造价咨询公司办理工程决算，合法有效。审计局的审计决定是对电控公司作出的，对我公司无约束力，因此，电控公司无权扣回该工程款。

二审法院认为：电控公司与建筑公司是平等主体间的合同关系，双方应全面履行合同。审计局作出的审计结论和处理决定，对建筑公司没有法律约束力。电控公司仅以执行审计决定为理由，扣回建筑公司的工程款没有合法根据，故其上诉理由不成立。原审判决认定事实清楚，适用法律正确，判决驳回上诉，维持原判。

三、案例评析

在我国，目前以国有投资为主体的基建项目仍占有建筑市场的很大比例。这些基建项目在竣工验收后一般都要面临着行政审计的问题。审计机关的审计结论常常成为建设单位拒付或少付工程结算款的借口。由于是国家行政机关做出的结论，承包单位往往不得不认可。但本案告诉我们，行政审计与合同结算的法律关系不同，发包人不能依据行政审计结论推翻结算结果。

本案建筑公司与电控公司之间，因签订和履行建筑工程承包合同而产生平等主体之间的合同关系，双方依据合同享有权利和承担义务。电控公司的主要义务就是依合同规定向建筑公司支付工程款；建筑公司的主要义务就是依合同规定按期交付承包的建筑工程。除此以外，双方之间都不享有合同以外的权利，也不承担合同以外的义务。现电控公司并不是依据合同规定来扣除工程款的，因此，其扣留应付给建筑公司的工程款没有法律依据，是无效的，应予退回。

审计机关与被审计单位之间是一种行政监督法律关系，其审计监督行为只对被审计单位具有法律约束力。在本案中，被审计单位是电控公司，不是建筑公司，因此，建筑公司不是该审计行政法律关系的一方主体，故审计机关的审计决定对其不具有法律约束力。由于建筑公司不是审计对象，故不存在对审计决定不服的问题，其与审计局之间也不存在行政纠纷，其对审计决定也不存在执行义务。由于电控公司和建筑公司之间只存在建筑工程承包合同关系，故电控公司无权以审计决定为依据扣除应依合同付给建筑公司的工程款项。

案例 40

原告：福建省某某建筑工程总公司海南公司（以下简称福建海南工程公司）
被告：三亚××建设有限公司（以下简称建设公司）
被告：广州××实业总公司（以下简称实业公司）

一、基本案情

被告建设公司系被告实业公司于1993年10月15日在三亚市注资1000万元成立的有限责任公司，用于建设某商住楼，该楼由建设公司运作。

原告福建海南工程公司与被告建设公司于1996年6月3日签订某商住楼《工程承包合同书》。约定建设公司将某商住楼发包给原告施工，原告依约完成该楼土建工程，被告建设公司也支付了土建工程款。进入装修阶段，原告垫资施工，并完成80%的装修工程量，被告建设公司因建设资金严重紧缺，不能依时支付原告装修工程款，自1996年12月起，该工程被迫停工。原告与被告建设公司办理工程交工后，要求结算，但被告建设公司置之不理。

1999年4月30日，实业公司与广州市某银行签订流动资金贷款2000万元合同。建设公司用某商住楼为该笔借款作抵押担保，并签订抵押担保借款合同。原告福建海南工程公司得知该情况后，认为二被告行为严重侵犯了其合法权益，遂诉至法院，请求依法判令二被告支付所欠工程款5300000元。在庭审中，原告增加诉求，请求判令：二被告支付工程款为5947488.70元；并依法确认垫资修建的某商住楼5～14层楼房进行拍卖所得价款具有优先受偿权。

被告建设公司辩称，建设公司对原告要求工程结算一事并非置之不理，而是依据公正、合理的原则，按照程序和标准积极与原告结算。被告实业公司未作书面答辩。

庭审过程中，2000年5月31日，经双方结算实欠原告垫资于某商住楼工程款4018578.50元及其利息1928915.20元，共计5947488.70元。建设公司对上述欠款做出了确认书。

二、案件审理

法院经审理认为，原告福建海南工程公司与被告建设公司签订某商住楼《工程承包合同书》，意思表示真实，且内容不违法，属有效合同。因双方已办理交工决算，且被告建设公司已无力支付所欠原告工程款，继续履行合同已成为不必要，该工程合同应予依法解除。原告依约完成该楼土建及大部分装修工程，被告建设公司未依约支付工程进度款，致成工程被迫停建，给原告带来重大经济损失，被告建设公司应负全部责任。在本案审理中，原告与被告建设公司达成工程决算欠款协议，应予确认。被告建设公司尚欠原告某商住楼工程款（含利息）5947488.70元应支付给原告。

被告实业公司注资兴办被告建设公司，并投资兴建某商住楼，但在该楼房尚未竣工，且有原告590余万财产在内的情况下，实业公司指使其下属建设公司，将该商住楼全部用于抵押借款，其行为侵犯了原告的财产权益。《中华人民共和国民法通则》第一百三十条规定"二人以上共同侵权造成他人损害的，应承担连带责任。"故被告实业公司对被告建设公司所欠原告的工程款（含利息）应负连带责任。根据《中华人民共和国合同法》第二百八十六条和最高人民法院关于适用《中华人民共和国合同法》若干问题的解释（一）第一条之规定，原告福建海南工程公司对某商住楼工程折价或者拍卖所得价款具有优先受偿权。工程承包人享有优先权的效力优先于发包人的其他债权人的担保物权。

据此，依照《中华人民共和国民法通则》第一百零六条、第一百三十条；《中华人民共和国经济合同法》第二十六条第一款第三项、第二十九条第一款；《中华人民共和国合同法》第二百八十六条；参照最高人民法院关于适用《中华人民共和国合同法》若干问题的解释（一）第一条之规定，判决如下：

1. 解除原告福建海南工程公司与被告建设公司签订的《工程承包合同书》。

2. 被告建设公司应自本判决生效之日起三十日内向原告福建海南工程公司支付工程款（含利息）人民币5947488.70元。被告实业公司对上述债务承担连带责任。逾期付款则加倍支付延迟履行期间的债务利息。

3. 原告福建海南工程公司对被告建设公司的财产某商住楼 5～14 层楼房折价或者拍卖所得价款具有优先受偿权。本案诉讼费 39748 元，保全费 32740 元，均由被告建设公司负担。

三、案例评析

这是一起典型的承包人运用优先受偿权使自己的合法权益受到保护的案件。《合同法》第 286 条规定："发包人未按照约定支付价款的，承包人可以催告发包人在合理期限内支付价款。发包人逾期不支付的，除按照建设工程的性质不宜折价、拍卖的以外，承包人可以与发包人协议将该工程折价，也可以申请人民法院将该工程依法拍卖。建设工程的价款就该工程折价或者拍卖的价款优先受偿。"该条规定尽管有利于保护承包人的合法权益，但由于规定得过于原则，可操作性不强。因此几年来人民法院在适用 286 条时，一直持慎重态度。正是在这种背景下，本案的判决结果对于人民法院正确的适用法律规定起到了积极的示范作用。最近，随着最高人民法院关于如何适用《合同法》第 286 条司法解释的出台，承包人的优先受偿权获得了进一步法律保障。建筑业企业应当认真学习该司法解释的具体规定，在法律规定的时效（自竣工验收合格或约定的竣工验收合格之日起 6 个月）内及时行使优先受偿权。

附录2 《建设工程安全生产管理条例》图解要点

周显峰　叶万和
（北京市德恒律师事务所）

前言

《建设工程安全生产管理》于2003年11月12日经国务院第28次常务会议通过，2003年11月24日国务院总理温家宝签署国务院第393号令，自2004年2月1日起施行。

《建设工程安全生产管理条例》是我国第一部规范建设工程安全生产的行政法规。该条例的颁布实施，是工程建设领域贯彻落实《建筑法》和《安全生产法》的具体表现，标志着我国建设工程安全生产管理进入法制化、规范化发展的新时期。《建设工程安全生产管理条例》全面总结了我国建设工程安全管理的实践经验，借鉴了国外发达国家建设工程安全管理的成熟做法，对工程建设活动各方主体的安全责任、政府监督管理、生产安全事故的应急救援和调查处理以及相应的法律责任作了明确规定，确立了一系列符合中国国情以及适应社会主义市场经济要求的建设工程安全管理制度。《建设工程安全生产管理条例》的颁布实施，对于规范和增强建设工程各方主体的安全行为和安全责任意识，强化和提高政府安全监管水平和依法行政能力，保障从业人员和广大人民群众的生命财产安全，具有十分重要的意义。

下面，笔者拟将《建设工程安全生产管理条例》的主要内容，用图解的方式进行系统归纳，希望能够帮助广大读者更好地学习和掌握这部重要的行政法规。

一、建设单位的安全责任

建设单位是工程建设项目的投资主体，是整个建设工程的总负责人，在工程建设的全过程都起着主导作用。就建设工程安全生产而言，建设单位的行为对包括施工单位在内的各参建单位的安全生产活动均有重大影响。但是，长期以来，我国对建设单位安全责任的法律规范不足，而在工程实践中，因建设单位的不规范行为，直接或间接导致生产安全事故的案例屡见不鲜。鉴此，《建设工程安全生产管理条》对建设单位的安全责任作了明确规定，具体内容如下图所示：

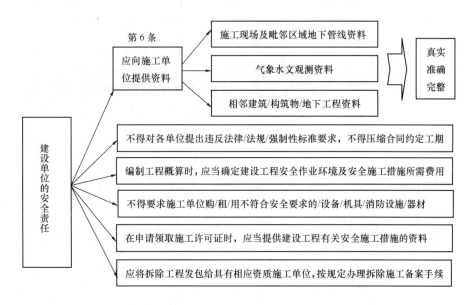

二、施工单位的安全责任

建设工程的施工是工程建设全过程的关键环节。施工现场的复杂性、特殊性以及建设工程自身施工周期长、易受环境影响等特性,决定了建设工程的施工安全除要符合《建筑法》、《安全生产法》的基本规定外,还需要更具体和有针对性的法律规定。鉴此,根据《建筑法》和《安全生产法》的有关规定,针对实践中施工现场存在的主要问题,《建设工程安全生产管理条例》对施工单位的资质等级、安全资金的保障制度、安全生产责任制度、安全教育培训制度以及安全措施保障制度等一系列重要制度作了详细规定。具体内容如下图所示:

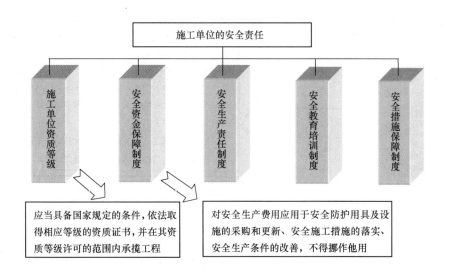

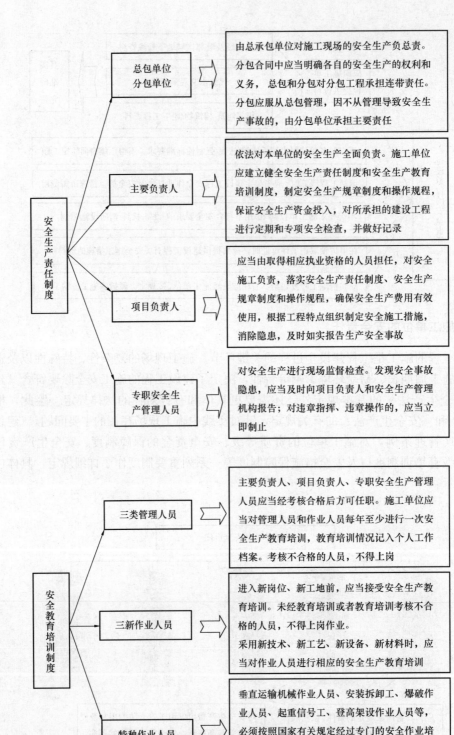

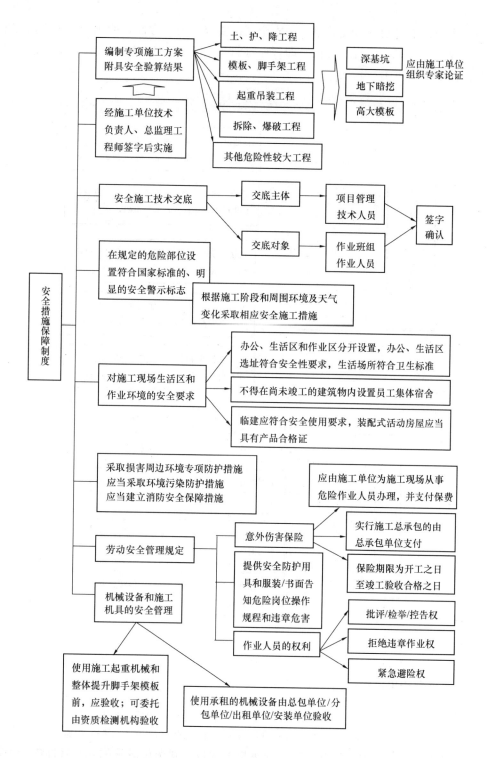

三、勘察、设计、工程监理单位的安全责任

安全生产是一个系统工程。虽然施工单位要对施工现场的安全生产负总责,但是勘察、设计、工程监理等单位也是重要的安全责任主体。在《建设工程安全生产管理条例》

中，一方面强化了对勘察、设计单位的安全责任要求；另一方面，明确规定工程监理单位对建设工程安全生产承担监理责任，即"监理管安全"。有关勘察、设计、工程监理单位的安全责任如下图所示：

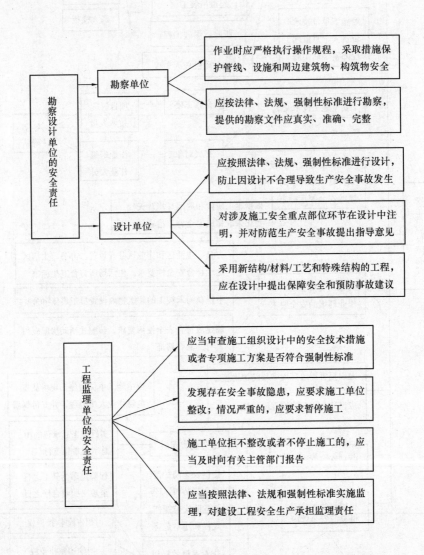

四、其他有关单位的安全责任

除建设单位、施工单位、勘察、设计单位以及工程监理单位这几大建设工程安全生产责任主体外，《建设工程安全生产管理条例》还对提供或出租机械设备和施工机具及配件单位的安全责任进行了规定，并对施工起重机械和自升式架设设施的安全管理进行了特别规定。具体内容如下图所示：

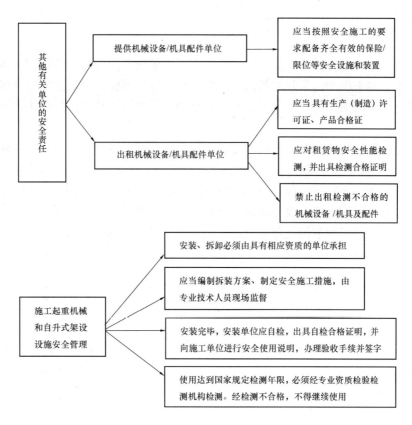

五、生产安全事故的应急救援和调查处理

建设工程生产安全事故一旦发生,最重要的是应急救援。围绕着施工单位应急救援制度的建立和落实,《建设工程安全生产管理条例》进行了一系列明确规定。此外,生产安全责任事故必须在查明事故原因的基础上,依法追究责任主体的法律责任,只有这样,才能避免类似事故的重复发生,真正落实"安全第一,预防为主"的安全生产管理方针。该部分具体内容如下图所示:

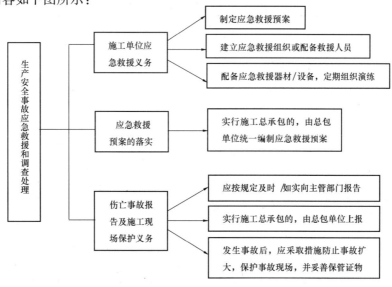

结语

从施工单位安全责任在《建设工程安全生产管理条例》中所占的篇幅不难看出，施工单位是建设工程安全生产的最基本和最关键的责任主体。因此，学习和掌握《建设工程安全生产管理条例》所规定的一系列安全生产管理制度，对施工单位的安全生产具有特别重要的意义。

此外，我国建造师执业资格考试制度目前已全面展开，首次一级建造师执业资格考试即将于 2005 年 3 月 12～13 日举行。作为一部新颁布的、内容繁多且对施工单位的生产经营活动具有重要作用的行政法规，《建设工程安全生产管理条例》也将是建造师执业资格考试的重点和难点内容。笔者衷心地希望通过本文，能够帮助拟参加建造师执业资格考试的读者们，更好的学习和掌握这部重要的条例，并在考试中取得好成绩！